КОММЕРЧЕСКАЯ КОРРЕСПОНДЕНЦИЯ И ДОКУМЕНТАЦИЯ НА АНГЛИЙСКОМ ЯЗЫКЕ

Е. Е. Израилевич

КОММЕРЧЕСКАЯ КОРРЕСПОНДЕНЦИЯ И ДОКУМЕНТАЦИЯ НА АНГЛИЙСКОМ ЯЗЫКЕ

Санкт-Петербург
Лениздат
1992

65.050.9(3)
И 39

И $\frac{0605010000 - 171}{М 171 (03) - 92}$ без объявл. © Подготовка к изданию, Объединенная брокерская контора СП "Л.А.-Росс", 1992.

ISBN 5-289-01616-3

Глава I

СТРУКТУРА КОММЕРЧЕСКИХ ПИСЕМ
THE STRUCTURE OF BUSINESS LETTERS

§ 1. ЧАСТИ КОММЕРЧЕСКОГО ПИСЬМА И ИХ РАСПОЛОЖЕНИЕ

Коммерческие письма пишутся по установленной форме на напечатанных типографским способом бланках.

Для удобства изучения формы коммерческого письма, написанного на английском языке, его принято делить на следующие части:

1) заголовок, 2) дата письма, 3) наименование и адрес получателя письма (внутренний адрес), 4) вступительное обращение, 5) основной текст письма, 6) заключительная формула вежливости, 7) подпись, 8) указание на приложения.

Приведенная ниже схема показывает общепринятое расположение частей коммерческого письма:

```
                    1) Заголовок
                                        2) Дата письма
3) Наименование и адрес
   получателя письма
4) Вступительное
   обращение
                    5) Текст письма
   . . . . . . . . . . . . . . . . . . . . . . . . . . . . . . .
   . . . . . . . . . . . . . . . . . . . . . . . . . . . . . . .
   . . . . . . . . . . . . . . . . . . . . . . . . . . . . . . .

                                    6) Заключительная
                                       формула вежливости

                                             7) Подпись
8) Указание на
   приложения
```

Ширина поля с левой стороны листа должна быть не менее 2 см для удобства подшивки письма к соответствующему делу. С правой стороны строчки текста заканчиваются не на одинаковом расстоянии от края листа, поскольку в деловых письмах стремятся, по возможности, избегать переноса слов. При необходимости переноса нужно следить за тем, чтобы линия правого поля не была слишком ломаной.

§ 2. ЗАГОЛОВОК

Напечатанный типографским способом заголовок содержит наименование и адрес организации или фирмы, отправляющей письмо, и ряд подробностей, как то: адрес для телеграмм, номер и условное название телетайпа *, номера телефонов, названия коммерческих кодов **, употребляемых для телеграфных сношений и т.п. Под названием организации часто указывается род ее деятельности. В заголовках писем английских акционерных компаний иногда проставляются фамилии директоров компании.

Названия внешнеторговых объединений не переводятся на иностранные языки. Слова "внешнеторговое объединение" и "экспортно-импортное объединение" пишутся латинским шрифтом в транскрипции, принятой для всех иностранных языков — VNESHNETORGOVOJE OBJEDINENIJE, EXPORTNO-IMPORTNOJE OBJEDINENIJE:

Vneshnetorgovoje Objedinenije "Machinoexport" ***
Exportno-Importnoje Objedinenije "Exportles"

В конце названий многих английских торговых и промышленных предприятий, банков и т.д. стоит слово Limited (сокращенно Ltd.):
A. Smith & Co. ****, Limited
The Sheffield Engineering Co., Ltd.

Слово Limited представляет собой сокращение выражения limited liability company *компания с ограниченной ответственностью*. Это выражение означает, что ответственность членов компании (акционеров) ограничивается номинальной стоимостью приобретенных ими акций.

---

* Телетайпом (teletype) называется телеграфный буквопечатающий аппарат. Установка телетайпа в торговом учреждении значительно ускоряет телеграфную связь.

** Коммерческими кодами (codes) называются словари условных сокращений коммерческих терминов и фраз, используемых при составлении телеграмм (§ 129, 3).

*** Названия предприятий, втречающиеся в данном издании - условные.

**** Знак & - так называемый ampersand - часто употребляется в названиях фирм вместо and: & Co. читается and Company.

В США вместо слова Limited после названий многих торгово-промышленных предприятий стоит слово Corporation или слово Incorporated (сокращенно Inc.). Corporation означает *соединение лиц, корпорация* и в названиях американских фирм, банков и т. д. в большинстве случаев употребляется вместо stock corporation *акционерная корпорация*. Incorporated (Inc.) означает *зарегистрированный как корпорация:*

  The American Mining Corporation
  James Smith and Company, Incorporated

Отсутствие слова Limited (Ltd.) в названиях английских предприятий и слов Corporation или Incorporated (Inc.) в названиях американских предприятий указывают на то, что данное предприятие является товариществом (partnership), члены которого отвечают по обязательствам предприятия всем своим имуществом.

  О б р а з ц ы   н а з в а н и й   т о в а р и щ е с т в:

    James Brown & Co.
    A. Robinson & Sons
    Bennet Bros. *
    Mills & Green

  П р и м е ч а н и е. В так называемых «коммандитных товариществах» (limited partnership) один или несколько участников могут не отвечать своим имуществом по обязательствам товарищества.

Часто в заголовке напечатано указание на ссылку, которую отправитель письма просит адресата упомянуть в своем ответе. В ссылках обычно приводятся инициалы составителя письма, инициалы машинистки, сокращенное обозначение отдела, номер дела, и т.п.:

Our reference (*или*: Our ref.) AC/DK/156.	Наша ссылка AC/DK/156.
Your reference (*или*: Your ref.) 15/16/1865.	Ваша ссылка 15/16/1865.
In your reply please refer to FL/KD/151621.	В Вашем ответе просим сослаться на FL/KD/151621.
In your reply please mention our reference CA/DB.	В Вашем ответе просим упомянуть нашу ссылку CA/DB.
Kindly mention Ex. 16/1716 in your reply.	Просим упомянуть Ex. 16/1716 в Вашем ответе.
Our file No. 12/16/1865.	Наше дело № 12/16/1865.
Please quote No. 161718/AC when replying.	В ответ просим сослаться на № 161718/AC.

---

  * Bros. является сокращением от слова Brothers *братья;* Bennet Bros. в переводе на руский язык означает *братья Беннет.*

В заголовках некоторых фирм можно встретить следующую фразу:

All communications to be addressed* to the company and not to individuals.

Все сообщения должны быть адресованы компании, а не отдельным лицам.

В заголовках часто встречаются также надписи, иногда напечатанные красным шрифтом, предупреждающие возможных покупателей о том, что оферты данной фирмы являются свободными, т. е. не связывают ее:

All offers are subject to the goods being unsold on receipt of reply (*или:* All offers are subject to prior sale).

Все оферты действительны лишь в том случае, если товары еще не будут проданы к моменту получения ответа**.

Образец заголовка английской машиностроительной фирмы:

All communications to be addressed to the company and not to individuals

BROWN & SWITH, LIMITED
Steam Turbines, Steam Engines, Air Compressors
65, Victoria Street, London E.C.4

Codes:
Bentley
A.B.C. 7th edition

Telephone:
Central 2856
Telegraphic address:
Brosmith, London

In your reply
please refer to ...

All offers are subject to the goods being unsold on receipt of reply.

§ 3. ДАТА ПИСЬМА

Дата отправления письма обычно пишется в правом углу под заголовком. Дата обозначается одним из следующих способов:

1. 12th September, 1958
2. 12 September, 1958
3. September 12th, 1958
4. September 12, 1958

читается: the twelfth of September, nineteen fifty-eight
читается: September the twelfth nineteen fifty-eight

---

* To be addressed здесь означает are to be addressed. В торговых документах инфинитив часто встречается в функции сказуемого, выражающего долженствование
. ** См. § 85, 2А.

Предлог on и артикль перед датой не ставятся.

В Англии наиболее распространен первый способ обозначения даты - 12th September, 1958. Этот же способ обычно употребляется в письмах, исходящих от российских внешнеторговых организаций. В США чаще всего применяется четвертый способ - September 12, 1958.

При обозначении даты по способам 1 и 3 необходимо обращать внимание на правильное написание порядкового числительного при помощи цифр и одного из окончаний st, nd, rd и th: lst, 21st, 31st, 2nd, 22nd, 3rd, 23rd, 4th, 5th и т.д.

Следует также иметь в виду, что перед числительными, обозначающими год, обычно ставится запятая. Точка в конце обозначения даты не обязательна.

Названия месяцев, кроме March, May, June и July часто сокращаются:

January - Jan.	September - Sept.
February - Feb.	October - Oct.
April - Apr.	November - Nov.
August - Aug.	December - Dec.

П р и м е ч а н и е. Следует избегать употребления в датах цифр вместо названий месяцев, поскольку цифровое обозначение даты может быть понято в различных странах по-разному. Так, дата 6.2.1962 будет понята в США как 2 июня 1962 г. ввиду того, что в этой стране принято указывать в датах сначала месяц, а затем число. В Англии, как и в России, такая дата означает 6 февраля 1962 г.

§ 4. НАИМЕНОВАНИЕ И АДРЕС ПОЛУЧАТЕЛЯ ПИСЬМА (ВНУТРЕННИЙ АДРЕС)

1. Наименование и адрес организации или фамилия и адрес лица, которому направляется письмо, проставляются на левой стороне бланка письма у линии поля немного ниже строки с датой (см. схему на стр. 5) *. Название организации или фамилия лица обычно пишутся на отдельной строке.

Если письмо адресуется фирме, то перед ее названием принято ставить слово Messrs. Messrs. представляет собой сокращение французского слова Messieurs *господа* и употребляется со значением *фирма* обычно в том случае, когда в названии фирмы имеются фамилии каких-либо лиц. В конце слова Messrs. обычно ставиться точка:

Messrs. A. Robinson and Sons	Фирме А. Робинсон энд Санз
Messrs. John Brown & Co., Ltd.	Фирме Джон Браун энд Ко Лимитед.

---

* В письмах, адресуемых государственным учреждениям или исходящих от таких учреждений, а также в дипломатической переписке внутрений адрес часто пишется в левом нижнем углу под подписью.

Если в названии фирмы нет фамилий лиц, то слово Messrs. перед ним обычно не пишется:

The Sheffield Engineering Co., Limited	Шеффильд Энджиниринг К⁰. Лимитед *
The Modern Machine Tool Corporation	Модерн Машин Тул Корпорейшн

В США слово Messrs. перед названием корпораций и акционерных обществ обычно не ставится.

Примечание. Слово Messrs. со значением *фирма* самостоятельно, т. е. без названия фирмы, не употребляется. Русскому слову *фирма*, не сопровождаемому названием фирмы, соответствует в английском языке слово firm. Когда речь идет об английской акционерной компании или американской акционерной корпорации, то наряду со словом firm часто употребляются слова company и corporation.

При адресовании писем какой - либо фирме или другой организации следует приводить название организации полностью в таком же виде, в каком оно дано в заголовках писем, исходящих от этой организации, или в торговых справочниках, не допуская каких-либо сокращений или изменений. Так, вместо названия компании Robert Brown and Co., Ltd. не следует во внутреннем адресе писать R. Brown and Co., Ltd., поскольку буква R может быть первой буквой не только слова Robert, но и слов Richard, Reginald и т. д.

2. Когда письмо адресуется отдельному лицу-мужчине, то перед его фамилией ставится слово Mr., которое представляет собой сокращение слова Mister *мистер, господин* и полностью никогда не пишется. В конце слова Mr. обычно ставится точка.

Перед фамилией лица следует указать его имя или первые буквы имен **:

Mr. Harold Brown	мистеру *(или:* господину*)* Гарольду Брауну
Mr. A. White	мистеру *(или:* господину*)* А. Уайту
Mr. M. Black	мистеру *(или:* господину*)* М. Д. Блэку

В Англии вместо Mr. иногда после фамилии лица пишется слово Esq. Слово Esq. представляет собой сокращение слова esquire *эсквайр* и полностью никогда не пишется. В конце слова Esq. ставится точка. Перед фамилией лица необходимо и в этом случае указать его имя или инициалы:

---

* Назвавния торгово-промышленных предприятий не переводится на русский язык, а транскрибируются русскими буквами.

** Во многих странах, включая Англию и США, мужчины и женщины часто носят два имени и более.

Harold Brown, Esq.	Гарольду Брауну, эсквайру
A. White, Esq.	А. Уайту, эсквайру
M. D. Black, Esq.	М. Д. Блэку, эсквайру

Слово Esq. ранее употреблялось в Англии после фамилии лиц, занимающих видное общественное положение, а также лиц с университетским образованием. В настоящее время Esq. имеет то же значение, что и Mr. В США слово Esq. употребляется очень редко.

Слова Mr. и Esq. самостоятельно, т. е. без фамилии лица, не употребляются.

П р и м е ч а н и е. В отличие от русского языка, в английском языке имя или первые буквы имен какого-нибудь лица (включая имена или инициалы граждан России) никогда не пишутся после фамилии, а всегда перед ней. Прописные буквы, встречающиеся после фамилий каких-либо лиц, являются сокращениями, указывающими на принадлежность к определенной организации, на звание или на орден, которым награждено это лицо: A. B. Smith, M. P. (M. P. = Member of Parliament *член парламента*); C. D. Brown, M. I. C. E. (M. I. C. E. = Member of the Institution of Civil Engineers *член Института гражданских инженеров*); A. F. White, LL. D. (LL. D. = Doctor of Laws *доктор юридических наук*); G. H. Black, K. C. V. O. (K. C. V. O. = Knight Commander of the Victorial Order *кавалер ордена королевы Виктории*).

Письма, посылаемые лицам, после фамилии которых имеются подобные сокращения, адресуются следующим образом: A. B. Smith, Esq., M. P.; C. D. Brown, Esq., M. I. C. E. и т. д.

3. Иногда письмо адресуется должностному лицу в какой-нибудь организации. Когда фамилия лица, занимающего определенную должность в данной организации, неизвестна, то адресат обозначается следующим образом:

The Chairman,	председателю компании А. Смит
A. Smith & Co., Ltd	энд Ко. Лимитед

Указание должности без фамилии лица, ее занимающего, возможно, однако, лишь тогда, когда эта должность является единственной в организации, указанной в адресе (Chairman *председатель.*, President *президент*, *председатель*, Managing Director *директор-распорядитель,*. Secretary *секретарь*, Chief Accountant *главный бухгалтер*). В этом случае перед названием должности ставится артикль the (The Chairman, The Secretary и т. д.) Если же известны как фамилия, так и должность адресата, то они пишутся следующим образом:

R.S.Jones, Esq.,	Р. С. Джоунзу, эсквайру -
Chairman,	председателю компании
A. Smith & Co., Ltd.	А. Смит энд Ко. Лимитед

Harold Brown, Esq., Director, The Sheffield Engineering Company, Ltd.	Гарольду Брауну, эсквайру - директору компании Шеффильд Энджиниринг Компани Лимитед

Артикль перед названием должности в таких случаях не употребляется.

4. При адресовании писем замужним женщинам в Англии и США употребляется слово Mrs. *миссис, госпожа*. За словом Mrs. следует обычно имя (первая буква имени) и фамилия адресата:

Mrs. Mary Jones	миссис (*или:* госпоже) Мэри Джоунз
Mrs. D. Brown	миссис (*или:* госпоже) Д. Браун

В Англии и США после слова Mrs. часто пишут имя и фамилию мужа адресата:

Mrs. Harold Green	миссис (*или:* госпоже) Гарольд Грин
Mrs. R. Palmer	миссис (*или:* госпоже) Р. Палмер (*Р является первой буквой имени мужа адресата*)

Слово Mrs. представляет собой сокращение слова Mistress *миссис, госпожа*. Mrs. полностью никогда не пишется и самостоятельно, т.е. без фамилии лица, не употребляется. В конце слова Mrs. обычно ставится точка - так же, как и после всех сокращенных слов.

При адресовании писем незамужним женщинам употребляется слово Miss *мисс*, госпожа, за которым следует имя адресата (или первая буква имени) и фамилия:

Miss Mary White	мисс (*или:* госпоже) Мэри Уайт
Miss L. Brown	мисс (*или:* госпоже) Л. Браун

Слово Miss без фамилии и имени не употребляется. После Miss точка не ставится, так как это не сокращенное слово.

5. Имя и фамилию лица, которому адресуется письмо, следует писать так, как они даны в справочнике или в личной подписи лица на полученных от него письмах.

Если данное письмо подписывается James Robinson, то оно обозначается в адресе Mr. James Robinson или James Robinson, Esg., а не Mr. J. Robinson или J. Robinson, Esq.

6. После наименования организации или фамилии адресата на отдельной строке пишется номер дома и название улицы, а затем - также на отдельной строке - название города: Номер дома всегда стоит перед названием улицы. Название города сопровождается в необходимых случаях принятым обозначением почтового района. Графство (в Англии) или штат (в США) пишутся после названия города. Если письмо адресуется за границу, то после названия города следует название страны. После наименования организации или фамилии адресата ставится запятая. Запятая ставится также после названия улицы и перед обозначением почтового района, штата, страны. Между номером дома и названием улицы (площади и т. п.) запятая не обязательна. Слова Street, Place, Avenue пишутся с прописной буквы.

П р и м е р ы :

1. Messrs. A. Smith & Company, Limited,
   25, Leadenhall Street,
   London, E. C.,
   England.
2. The Modern Machine Tool Corporation,
   300 Lincoln Place,
   Chicago, Illinois,
   U.S.A.

В приведенных примерах все строчки внутреннего адреса напечатаны без отступов, т. е. начинаются с линии поля. Этот способ применяется в США и в последнее время находит все большее распространение в Англии, где ранее строчки адреса обычно печатались с отступами.

Пример 1, напечатанный с отступами, выглядит следующим образом:

   Messrs. A. Smith & Company, Limited,
    25, Leadenhall Street,
     London, E. C.,
      England.

§ 5. ОБОЗНАЧЕНИЕ В АДРЕСАХ НАЗВАНИЙ ГРАФСТВ АНГЛИИ И ШТАТОВ США

Если письмо адресуется в небольшой населенный пункт в Англии или предприятию, расположенному около такого пункта, то после названия города, села и т.п. пишется полное или сокращенное название соответствующего графства:

  Messrs. A. B. Green & Co., Limited,
   Dursley, Gloucestershire,
   England.

Названия английских графств *(полностью и сокращенно):*

Argyllshire	Аргилшир	Argyl.
Bedfordshire	Бедфоршир	Beds.
Berkshire	Беркшир	Berks.
Buckinghamshire	Бакингемшир	Bucks.
Cambridgeshire	Кембриджшир	Cambs.
Carmarthenshire	Кармартеншир	Carm. (*или:* Carmarths.)
Carnarvonshire	Карнарвоншир	Carn.
Cheshire	Чешир	Ches.
Cornwall	Корнуэлл	Corn.
Cumberland	Камберленд	Cumb.
Denbighshire	Денбишир	Den.
Derbyshire	Дербишир	Derbs. (*или:* Derb.)
Devonshire	Девоншир	Devon.
Flintshire	Флинтшир	Flints. (*или:* Flint.)
Glamorganshire	Гламорганшир	Glam.
Gloucester	Глостершир	Glos.
Hampshire	Гемпшир	Hants.
Hertsfordshire	Хартфордшир	Herts.
Huntihgdonshire	Хантингдоншир	Hunts.
Lancashire	Ланкашир	Lancs.
Leicestershire	Лестершир	Leics.
Lincolnshire	Линкольншир	Li. (*или:* Lincs.)
Middlesex	Мидлсекс	Midds. (*или:* Midd'x, *или* Mx.)
Monmouthshire	Монмутшир	Mon.
Northamptonshire	Нортгемптоншир	Northants. (*или:* Northn.)
Nottinghamshire	Ноттингемшир	Notts.
Oxfordshire	Оксфордшир	Oxon.
Pembrokeshire	Пембрукшир	Pemb.
Somersetshire	Сомерсетшир	Soms.
Staffordshire	Стаффордшир	Staffs.
Warwickshire	Уорикшир	Warw.
Wiltshire	Уилтшир	Wilts.
Worcestershire	Вустершир	Wo. (*или :* Worcs.)
Yorkshire	Йоркшир	Yks. (*или :* Yorks.)

Если письмо адресуется в США, то необходимо после названия города указать название штата. Объясняется это тем, что в разных штатах США имеются города с одним и тем же названием. Так, например, существует пять городов с названием *Нью-Йорк*, пять - с названием *Филадельфия*, двадцать - с названием *Бостон* и т.д. Названия штатов часто сокращаются (за исключением названий: Idaho *Айдахо*, Iowa *Айова*, Maine *Мэн*, Ohio *Огайо*, Utah *Юта*).

Названия штатов в США *(полностью и сокращенно):*

Alabama	Алабама	Ala.
Arizona	Аризона	Ariz.
Arkansas	Арканзас	Ark.
California	Калифорния	Calif.
Colorado	Колорадо	Colo.
Connecticut	Коннектикут	Conn.
Delaware	Делавэр	Del.
Dirtrict of Columbia	Округ Колумбия	D. C.
Florida	Флорида	Fla.
Georgia	Джоржия (*или:* Георгия)	Ga. (*или:* Geo.)
Illionis	Иллинойс	I.
Indiana.	Индиана	Ind.

Kansas	Канзас	Kans.
Kentucky	Кентукки	Ky.
Louisiana	Луизиана	La.
Maryland	Мериленд	Md.
Massachusetts	Массачусетс	Mass.
Michigan	Мичиган	Mich.
Minnisota	Минесота	Minn.
Mississippi	Миссисипи	Miss.
Missouri	Миссури	Mo.
Montana	Монтана	Mont.
Nebraska	Небраска	Nebr.
Nevada	Невада	Nev.
New Hampshire	Нью Гемпшир	N. H.
New Jersey	Нью Джерси	N. J.
New Mexico	Нью-Мексико	N. Mex.
New York	Нью-Йорк	N. Y.
North Carolina	Северная Каролина	N. C.
North Dakota	Северная Дакота	N. D. (*или:* N. Dak.)
Oklahoma	Оклахома	Okla.
Oregon	Орегон	Oreg.
Pennsylvania	Пенсильвания	Pa.
Rhode Island	Род-Айленд	R. I.
South Carolina	Южная Каролина	S. C.
South Dakota	Южная Дакота	S. D. (*или:* S.Dak.)
Tennessee	Теннесси	Tenn.
Vermont	Вермонт	Vt.
Virdginia	Виргиния	Va.
Washington	Вашингтон	Wash.
Wisconsin	Висконсин	Wis.
Wyoming	Вайминг	Wyo.

Название города *Нью-Йорк* в штате того же названия пишется двояким образом: New York, N. Y. *или* New York City.

§ 6. ВСТУПИТЕЛЬНОЕ ОБРАЩЕНИЕ И ЗАКЛЮЧИТЕЛЬНАЯ ФОРМА ВЕЖЛИВОСТИ

Вступительное обращение и заключительная форма вежливости представляют собой общепринятые стандартные формулы, играющие в письмах ту же роль, какую в разговоре играют соответственно выражения good morning и good-bye.

Вступительное обращение помещается на левой стороне письма под внутренним адресом, а заключительная формула - на правой стороне, в конце основного текста (см. схему на стр. 5). Обе формулы пишутся на отдельных строках.

В настоящее время в деловых письмах наиболее распространены нижеследующие формулы вежливости.

1. В письмах к фирмам и организациям:

Вступительное обращение -

Dear Sirs	Господа; Уважаемые господа
Gentlemen	Господа

Обращение Gentlemen употребляется главным образом в США.
Заключительные формулы —

Yours faithfully	
Faithfully yours	С уважением
Yours trully	

В США распространена также формула Yours very trully и ряд других формул. В Англии наиболее употребительными формулами являются Dear Sirs и Yours faithfully. Эти же формулы используются в письмах российских внешнеторговых объединений и других организаций, связанных с внешней торговлей.

2. В письмах к отдельным лицам:

Вступительное обращение -

Dear Sir
Dear Madam *(как к замужним женщинам, так и незамужним)*

Заключительные формулы -

Yours faithfully
Faithfully yours
Yours truly
Truly yours
Yours very truly

Российские организации обычно пользуются формулой Yours faithfully.

Обращения Dear Sir и Dear Madam соответствуют дореволюционным русским формулам «милостивый государь» и «милостивая государыня».

Обращение Dear Sir и Dear Madam к отдельным лицам являются строго официальными. Однако, если письмо адресуется хорошо знакомому лицу и не носит официальный характер, то во вступительном обращении слова Sir, Madam заменяются фамилией лица с предшествующим Mr.,Mrs. или Miss; имя или инициалы адресата при этом обычно опускаются:

Dear Mr. Smith	Уважаемый мистер Смит
Dear Mrs. Brown	Уважаемая миссис Браун
Dear Miss White	Уважаемая мисс Уайт

В этих случаях в качестве заключительной формулы обычно употребляется Yours sincerely или Yours very sincerely искренне *Ваш(и)*.

После вступительного обращения ставится запятая (в Англии) или двоеточие (в США), а после заключительной формулы - запятая.

Таблица распространенных формул вежливости:

Адресат	Вступительное обращение	Заключительная формула
Messrs. A.Smith & Co., Ltd	Dear Sirs, Gentlemen:	Yours faithfully, Yours truly, Yours very truly,
Mr. A. Smith A. Smith, Esq	Dear Sir,	Yours faithfully, Your s truly, Yours very truly,
(строго официально)		
Mr. A. Smith A. Smith, Esq	Dear Mr. Smith,	Yours sincerely, Yours very sincerely
(менее официально)		
Mrs.B. Brown Miss C. White	Dear Madam,	Yours faithfully, Yours truly, Yours very truly,
(строго официально)		
Mrs.B. Brown Miss C. White	Dear Mrs. B. Brown, Dear Miss. C. White.	Yours sincerely, Yours very sincerely
(менее официально)		

Примечание. При адресовании писем руководителям правительственных учреждений, членам дипломатического корпуса, лицам, имеющим дворянские титулы или военные звания, судьям и т.п. следует обращаться к специальным справочникам, где указаны принятые формы адресования писем таким лицам и соответствующие вступительные и заключительные формулы.

Когда отправитель письма, адресованного какой-нибудь организации, желает, чтобы письмо было прочитано определенным лицом в этой организации, то перед вступительным обращением (или под ним) ставится следующая надпись:

For the Attention of Mr. D. Robinson Attention of Mr. D. Robinson Attention: Mr. D. Robinson	Вниманию г-на Д.Робинсона

Такая надпись обычно подчеркивается для того, чтобы она бросалась в глаза сотруднику, разбирающему почту в данной организации, и была направлена соответствующему лицу.

Вступительное приветствие в этих случаях всегда пишется во множественном числе, т. е. Dear Sirs или Gentlemen, поскольку письмо адресуется организации, а не отдельному лицу:

Messrs. A. Smith & Co., Limited,
25 Leadenhall Street,
London, E. C.,
England.

<u>Attention of Mr. D. Robinson</u>

Dear Sirs,
We have received your letter ...

§ 7. УКАЗАНИЕ НА ОБЩЕЕ СОДЕРЖАНИЕ ПИСЬМА

Перед основным текстом письма часто дается краткое указание относительно содержания или темы письма. Это указание обычно помещается между вступительным обращением и основным текстом и подчеркивается для того, чтобы привлечь внимание лица, разбирающего почту. Все слова в указании, кроме артиклей, предлогов и союзов, пишутся с прописной буквы.

П р и м е р ы :

1. Dear Sirs,
<u>Order No. 1234 for "Volga" Cars</u>
We have received your letter...

Уважаемые господа!
<u>Заказ № 1234 на автомобили "Волга"</u>
Мы получили Ваше письмо...

2. Dear Sirs,
<u>S.S.* "Erevan", Contract No. 252</u>
We thank you for your letter...

Уважаемые господа!
<u>П/х "Ереван", Контракт № 252</u>
Мы благодарим Вас за Ваше письмо...

---

* S.S. - сокращение слова steamship *пароход;* пишется как прописными, так и строчными буквами.

3. Dear Sirs,
          Re: Letter of Credit No. 12/1416
We have received your telegram...
Уважаемые господа!
          Кас. аккредитива № 12/1416
Мы получили Вашу телеграмму...

В последнем примере слово Re представляет собой сокращение латинского выражения in re *по делу* и имеет значение *касательно, относительно*. В настоящее время Re (*или* re) в обычной торговой переписке в Англии и США выходит из употребления и встречается наряду с выражением in re главным образом в переписке юридического характера со значением *по делу:*

Re: s.s. "Clyde"   по делу п/х "Клайд"
in re: Smith v. * Brown   по делу Смита против Брауна

§ 8. ПИСЬМА, НЕ ПОМЕЩАЮЩИЕСЯ НА ОДНОЙ СТРАНИЦЕ

Письма обычно пишутся только на лицевой стороне бланка. Если письмо не помещается на лицевой стороне бланка, оно пишется на двух или нескольких листах, причем используется также лишь одна сторона каждого листа.

В качестве дополнительных рекомендуется употреблять листы с названием организации, напечатанным типографским способом в левом верхнем углу, с отступом в 1 см от верхнего края листа; рядом, в правом верхнем углу, должны быть напечатаны слова Continuation Sheet No. ... *Лист для продолжения письма №* ... Под названием организации-отправителя пишется на машинке имя лица или наименование организации, которой адресуется письмо, а также дата письма:

Vneshnetorgovoje Objedinenije   Continuation Sheet No.1
     "Machinoimport"
Messrs. A. Smith & Co., Ltd.   12th May, 19...

Многие английские фирмы пользуются дополнительными листами без надписи Continuation Sheet No. .... . В этих случаях на дополнительных листах проставляются номера страниц: на первой дополнительной странице ставится номер 2, на второй - номер 3 и т.д.

В нижнем правом углу каждой страницы текста, включая первую, но кроме последней, пишется слово Continued или сокращенно Contd. (*или:* Cont'd.) продолжено.

---

* Сокращение латинского предлога versus *против*.

§ 9. ПОДПИСЬ

Подпись на письме помещается на правой стороне листа под заключительной формулой. Подпись на письме иностранной фирмы или организации выглядит обычно следующим образом. На первой строчке под заключительной формулой проставлено название фирмы или организации, напечатанное на пишущей машинке или воспроизведенное путем оттиска каучукового штемпеля. Оно должно точно совпадать с названием фирмы или организации, напечатанным типографским способом в заголовке письма. Под названием уполномоченное фирмой или организацией лицо ставит чернилами свою подпись. На той же строке или ниже следует напечатанное на машинке название должности лица, подписавшего письмо, или название соответствующего отдела предприятия. Часто фамилия подписавшего письмо также напечатана на машинке под рукописной подписью. Отдельные строчки в подписи не разделяются запятыми. Председатель, директора и секретарь акционерной компании обычно подписывают текущую корреспонденцию, например, так:

A.Smith & Co., Ltd

A. Brown Director

(A.BROWN)

Другие служащие компании, которым директорами поручено подписывать письма, делают это следующим образом:

1. For A. Smith & Co., Ltd.
D. White
Export Department
2. A. Smith & Co., Ltd.
per *D. White*
Export Department

(Per D. White употреблено в примере 2 в смысле by the hand of D.White рукой *Д. Уайта*.)

Когда торговая организация в Англии представляет собой не акционерное общество, а товарищество (в этом случае слово Limited в названии организации отсутствует), то каждый участник товарищества (компаньон) при подписании письма вместо своей фамилии собственноручно пишет название фирмы непосредственно после заключительного приветствия:

Yours faithfully,

Mills & Green

Образец такой подписи каждого компаньона с указанием его фамилии товарищество посылает банкам и другим организациям, с которыми оно имеет деловые отношения, что дает им возможность по почерку определить, кто именно из компаньонов подписал письмо или документ.

Договоры, чеки, финансовые обязательства, гарантии и другие важные документы должны подписываться за соответствующую сторону законно уполномоченными на то лицами. При подписании таких документов перед названием организации в подписи часто пишутся слова For and on behalf of *за* и *от имени* или Per pro. (от латинского выражения per procurationem) *по доверенности*.

Согласно советскому законодательству, внешнеторговые сделки, заключаемые советскими внешнеторговыми объединениями в Москве, должны иметь две подписи: председателя объединения или его заместителя и лица, получившего право такой подписи на основании специальной доверенности председателя объединения. Векселя и другие денежные обязательства, выдаваемые указанными объединениями в Москве, подписываются председателем (или его заместителем) и главным бухгалтером объединения. Сделки, совершаемые от имени объединения вне Москвы как на территории России, так и за границей, должны иметь подписи двух лиц, уполномоченных на то специальной доверенностью председателя объединения.

Имена и фамилии лиц, получивших право подписи от имени объединений внешнеторговых сделок и денежных обязательств по внешней торговле, публикуются в официальном журнале Министерства Внешней Торговли СССР "Внешняя торговля".

Подпись на договоре, заключенном каким-нибудь экспортным объединением, имеет, например, следующий вид:

For and on behalf of
Vneshnetorgovoje Objedinenije
Rossexport
A. *Petrov* President

D.*Ivanov* Manager...
Department

За и от имени Внешнеторгового объединения "Россэкспорт"

А.. *Петров* Председатель

Д. *Иванов* Директор ... конторы

§ 10. УКАЗАНИЕ НА ПРИЛОЖЕНИЯ

Если к письму приложены какие-нибудь материалы или документы, то в левом углу письма ниже подписи (см. схему на стр.5) пишется слово Enclosure *приложение* или слово Enclosures *приложения*, чаще сокращенно-Encl. Если имеются два приложения и более, то указывается их число: 3 Enclosures или 3 Encl. 3 *приложения*.

В указании на приложения рекомендуется перечислить посылаемые материалы, в особенности когда это важные или ценные документы. Слова в названиях материалов или документов пишутся при этом с прописной буквы, кроме предлогов; артикли обычно опускаются:

Encl.: Cheque   Приложение: чек.
      Enclosures: Приложения:
Bill of Lading   коносамент
Insurance Policy   страховой полис
Invoice   счет-фактура

§ 11. ПОСТСКРИПТУМ

Постскриптум (Postscript), т. е. приписка в конце письма после подписи, допускается лишь в том случае, когда после подписания письма произошло событие, о котором нужно немедленно сообщить адресату. Приписка начинается с сокращения P.S. (читается: Postscript); в конце приписки снова ставится подпись.

§ 12. КОНВЕРТ

Адрес на конверте печатается на машинке так же, как и адрес над текстом письма (§ 4). Номер дома пишется перед названием улицы, а город - после улицы.

Над адресом крупным шрифтом печатаются слова, указывающие способ отправки, а именно: Registered *Заказное*, Air Mail *Авиа*, Express Delivery *Со срочной доставкой*, To Be Called For (или: Poste Restante) *До востребования*.

Образцы адресов на конвертах:

1. REGISTERED
            Messrs. A. Smith & Co., Limited,
               25 Leadenhall Street,
                 London, E.C. 1,
                    England.

2. AIR-MAIL
           The Modern Machine Tool Corporation,
              300 Lincoln Street,
               Chicago, Illinois,
                 U.S.A.

Обратный адрес пишется в нижней части лицевой стороны конверта или на его обратной стороне. Ему часто предшествует следующая надпись: If not delivered, please return to... *В случае недоставки просьба вернуть письмо...* (далее следует адрес отправителя).

Если письмо адресуется лицу, чей точный адрес неизвестен, то оно часто направляется какой-либо организации, с которой данное лицо поддерживает деловую связь и которая может передать или переслать ему это письмо. В этом случае перед названием организации пишутся слова In care of или Care of (сокращенно C/o), означающие *на попечение* и употребляющиеся в смысле *по адресу, через*. Например, письмо инженеру российского промышленного предприятия, уехавшему в командировку в Лондон и связанному по работе с Торгпредством России в Англии, может быть адресовано следующим образом:

AIR-MAIL
Mr. A.D. Ivanov,
C/o The Trade Delegation of Russia in the U.K.,
    "Westfield",
           32, Highgate West Hill,
               London, N. 6,
                  England.

§ 13. ПРАВИЛА УПОТРЕБЛЕНИЯ ПРОПИСНЫХ БУКВ В КОММЕРЧЕСКИХ ПИСЬМАХ

Следующие слова должны начинаться с прописной буквы:

1. Имена существительные собственные и прилагательные, обозначающие интернациональную принадлежность (English, French и т.д.).

2. Все слова (включая сокращения) в названиях фирм и организаций, за исключением союзов, предлогов и артиклей. Артикль the пишется с прописной буквы, когда он является первым словом в строке:
    A. Smith and Company, Limited
    The Modern Engineering Co., Incorporated

3. Сокращения Mr., Mrs., Messrs., Esq и слово Miss:
    Mr. John J. Carson
    A. B. Smith. Esq.
    Mrs. A. Green
    Messrs Black & White

4. Все слова в обозначениях должностей или занимаемого положения, за исключением предлогов и артиклей:

President	президент, председатель
Chairman of the Board of Directors	председатель совета директоров
Chief Accountant	главный бухгалтер

5. Все слова в названиях отделов в организациях, за исключением союзов, предлогов и артиклей:

Accounts Department	бухгалтерия
Department of Fire Insurance	отдел страхования от огня

6. Все слова (включая сокращения) в названиях городов, штатов, улиц, дорог, бульваров, площадей, районов, зданий, гостиниц, в обозначениях этажей, квартир, комнат:

6 Main Street, Grand Avenue. New York, N. Y.
Bush House, London, W. C.
Hotel Savoy, Room 28.

7. Названия месяцев (полные и сокращенные) и названия дней.

8. Слова и обращения Dear Sirs, Gentlemen, Dear Sir, Dear Madam.

9. Первое слово в заключительных приветствиях Yours faithfully, Faithfully yours, Yours truly, Truly yours, Yours sincerely.

10. Все слова и указания на предмет, тему или содержание письма, за исключением союзов, предлогов и артиклей (§ 7):
Your Order for Two Steam Engines Ваш заказ на две паровые машины
Слово ге в таких надписях часто пишется со строчной буквы.

11. Наименование предлагаемых, купленных или проданных товаров и названия некоторых документов.

12. Слова в надписях, указывающих на способ отправки письма: Air Mail, Registered.

§ 14. НЕКОТОРЫЕ ПРАВИЛА УПОТРЕБЛЕНИЯ ЗНАКОВ ПРЕПИНАНИЯ В КОММЕРЧЕСКИХ ПИСЬМАХ

1. В конце всех сокращенных слов ставится точка (Mr., Mrs., Messrs., Co., Ltd., Inc., Sept., Oct., и т.д.) *.

2. Если дата письма (§ 3) обозначена таким образом, что сначала стоит числительное, затем месяц и год, то месяц отделяется от года запятой. Если название месяца сокращено, то после него ставится точка, затем запятая:
11th September, 1990
11th Sept., 1990
Если числительное следует за названием месяца, то оно отделяется от года запятой:
September 11, 1990
Точка после обозначения года не является обязательной.

3. В названиях фирм перед словом Limited или Incorporated, а также перед сокращениями этих слов часто ставится запятая, которая, однако, не является обязательной:
The Modern Machine Tool Company, Ltd.
Smith, White and Co., Inc.

4. Между названием города и названием штата или страны, а также перед обозначением почтового района ставится запятая:

---

* Когда первая и последняя буквы сокращенного слова совпадают с такими же буквами полного слова, то точка в конце сокращенного слова может не ставиться.

>   Chicago, Illinois
>   Glasgow, England
>   London, E. C.

5. В адресах на конверте или над текстом письма запятые обычно ставятся после названия организации или фамилии адресата и перед названием района, города, штата и страны. Между номером дома и названием улицы (площади и т.д.) запятая часто не ставится:

>   The British Engineering Co., Ltd.,
>   12 City New Road,
>   London, E. C. 1.

Запятая ставится также перед сокращением Esq. (§ 4) и перед словами, обозначающими должность и положение:

>   A. B. Smith, Esq.,
>   Managing Director,
>   Smith & Brown, Ltd.,
>   12 High Street,
>   Manchester.

6. После приветствий Dear Sir, Dear Madam, Dear Sirs, Gentlemen в Англии ставится запятая, а в США - двоеточие. Восклицательный знак после вступительного приветствия никогда не ставится (в отличие от русского языка):

>   Dear Sirs,
>   In answer to your letter ...
>   Gentlemen:
>   We have received your letter ...

7. В выражениях типа *Вниманию г-на* ... (§ 6) после слова Attention ставится двоеточие (если после него нет предлога of). Двоеточие ставится также после слова Re или ге в надписях, указывающих на предмет или тему письма (§ 7):

>   Attention: Mr. Henry Watson
>   Re: Order No. 225

8. После заключительных приветственных формул Yours faithfully, Yours truly и т.д. всегда ставится запятая, отделяющая приветствие от подписи. Строчки подписи запятыми не отделяются:

>   Yours faithfully,
>   Smith & Company, Ltd.
>   *A. Brown*
>   Chairman.

§ 15. УПРАЖНЕНИЯ

Распределите надлежащим образом указанные ниже в таблице элементы писем, написав соответствующие приветствия.

Письма исходят от Внешнеторгового объединения "Россимпорт" (Rossimport). Упражнения должны быть сделаны по следующему образцу (см. задание № 1 таблицы на стр. 26):

Messrs. A. B. Wilson & Co., Ltd.,　　　　　　　　　Moscow, 5th May, 19 . . .
15 Leadenhall Street,
London E. C. 3,
England.

Dear Sirs,

       Attention: Mr. Charles Shaw

. . . .
. . . .
. . . .

            Yours faithfully,

      Vneshnetorgovoje Objedinenije "Rossimport"

             (Signatures)

Задания:

№ задания	Дата письма	Кому адресовано письмо	Адрес получателя письма	Особые указания в письме
1	5.V. 19..	A. B. Wilson & Co. Ltd	15 Leadenhall Street London, E. C. 3	Вниманию г-на Charles Shaw
2	12. VIII. 19...	The Liverpool Forwarding Agency; Ltd.	19 Brunswick Street, Liverpool	Относительно п/х "Смольный"
3	16. 1. 19..	The Export and Transport Co., Ltd.	25 Water Street, Hull	Относительно договора № 1608
4	23. XI. 19...	Председателю The Pennsylvania Mashine Tool Coporation г-ну A. B. Bennet	1568 Commerce Street, Pittsburgh, Pennsylvania	Относительно заказа № 1678
5	22. II. 19...	The Bandis Tool Co., Inc.	1534 North Poplar Avenue, Boston, Massachusetts	Вниманию г-на Winston Barnes
6	31. VIII. 19...	Секретарю Assocition of British Motor Manufacturers	40 Conduit Street London, W.1	

Глава II

ПРОСТЫЕ КОММЕРЧЕСКИЕ ПИСЬМА
SIMPLE COMMERCIAL LETTERS

§ 16. СТАНДАРТНЫЕ ВЫРАЖЕНИЯ В ДЕЛОВЫХ ПИСЬМАХ

В коммерческих письмах, написанных по-английски, встречается большое число стандартных выражений, используемых для подтверждения получения деловых писем, для выражения просьбы, при сообщении о посылке документов, каталогов и образцов, при ссылках на документы и т.п. Среди этих стереотипных выражений встречаются вычурные обороты и выражения, свойственные коммерческому жаргону.

В последнее время наблюдается тенденция к упрощению стиля деловых писем и приближению его к стилю обычной литературной речи. В связи с этим некоторые стереотипные выражения стали употребляться гораздо реже, чем раньше, а ряд оборотов постепенно выходит из употребления. Однако и в настоящее время в деловой переписке употребляется много стандартных выражений, придающих письмам официальный характер и редко встречающихся как в литературной, так и в разговорной речи на деловые темы.

§ 17. ВЫРАЖЕНИЯ, УПОТРЕБЛЯЕМЫЕ ДЛЯ ПОДТВЕРЖДЕНИЯ ПОЛУЧЕНИЯ ПИСЕМ, ТЕЛЕГРАММ И Т.П.

Для подтверждения получения деловых писем в настоящее время наиболее употребительными являются выражения следующего типа:

1. We have received your letter of the 15th May.

   Мы получили Ваше письмо от 15 мая.

2. We thank you (*или:* Thank you) for your letter dated the 15th May.

   Благодарим Вас за Ваше письмо, датированное 15 мая.

3. In reply (*или:* In answer, In response) to your letter of ...   В ответ на Ваше письмо от ...

4. We are obliged for your letter of ...   Мы благодарны (*или:* признательны) за Ваше письмо от ...

5. We acknowledge (the) receipt of your letter of ...
We acknowledge your letter of ...   Подтверждаем получение Вашего письма от ...

Как видно из последнего примера, при подтверждении получения документов наряду с выражением to acknowledge (the) receipt of a letter *подтвердить получение письма* употребляется с тем же значением выражение to acknowledge a letter, т.е. to acknowledge без дополнения receipt также имеет значение *подтвердить получение*. Употребление глагола to acknowledge со значением *подтвердить получение* особенно часто встречается в разговорной речи. При составлении писем, однако, рекомендуется для ясности пользоваться выражением to acknowledge receipt.

Для подтверждения получения деловых бумаг встречаются также различные другие выражения, как, например:

1. We are in receipt [1] of your letter of ...*   Мы получили Ваше письмо от ...

(*В настоящее время это выражение встречается в письмах гораздо реже, чем в довоенные годы.*)

2. We beg [2] to acknowledge (the) receipt of your letter of ...   Подтверждаем (*или:* Имеем честь подтвердить) получение Вашего письма от ...

3. We duly received your letter of ...   Мы своевременно получили Ваше письмо от ...

4. We are in possession of your letter of ...   Мы получили Ваше письмо от ... (*дословно:* Мы находимся во владении Вашим письмом от ...) ...

5. Your letter of ... has come into our possession.   Ваше письмо от ... нами получено (*дословно:* поступило в наше владение).

---

* В этой и последующих главах цифры при словах указывают на пояснения, которые даются к каждой главе в отдельных параграфах (перед упражнениями).

6. Your letter of ... is (*или*: has come) to hand (*или*: is at hand).	Ваше письмо от ... получено нами. Или: Мы получили Ваше письмо от ... (*дословно*: Ваше письмо от ... в наших руках *или*: поступило в наши руки).
7. We hasten to acknowledge receipt of your letter.	Мы спешим подтвердить получение Вашего письма.

(*Выражения 2, 3, 4, 5, 6, 7 считаются устаревшими и при составлении писем ими пользоваться не рекомендуется.*)

§ 18. ССЫЛКИ НА ДАТЫ В ТЕКСТЕ ПИСЬМА

При подтверждении получения писем или телеграмм необходимо указывать их даты. Эти даты, равно как и другие даты, на которые приходится ссылаться в письмах, обозначаются и читаются так же, как и дата посылаемого письма (§ 3). Однако, в отличие от даты посылаемого письма, которая пишется без предлога, перед датой, упоминаемой в тексте письма, ставится соответствующий предлог. Если число месяца проставляется перед названием месяца, то в отличие от даты посылаемого письма, перед числом в тексте должен стоять артикль the. Как перед обозначением года, так и после него (если оно не в конце предложения), ставится запятая:

We have received your letter of (the) 20th May, 19... (*или:* of May 20, 19...; of May 20th, 19...).	Мы получили Ваше письмо от 20 мая 19... г.
We have cabled you on (the) 22nd June, 19...	Мы Вам телеграфировали 22 июня 19... г.
The goods ordered by you on (the) 26th November, 19..., <u>are ready for shipment</u>.	Товары, заказанные Вами 26 ноября 19... г., готовы к отгрузке.

Вместо предлога of перед датой часто встречается слово dated *датированный:*

We have received your letter dated (the) 20th May, 19...	Мы получили Ваше письмо, датированное 20 мая 19...г.

Когда речь идет о еще не истекшем месяце или о месяце, непосредственно предшествовавшем текущему месяцу, то год в письмах обычно не указывается:

We wrote you on (the) 15th May.	Мы Вам писали 15 мая.

(*Из письма, посланного, например, в мае или июне.*)

Во всех остальных случаях при составлении писем рекомендуется указывать год соответствующим численным обозначением:

Мы ссылаемся на Ваше письмо от 15 мая текущего года (*или:* на Ваше письмо от 15 мая 1991 г.).	We refer to your letter of (the) 15th May, 1991.

(Из письма, посланного, например, в июле 1991 г.)

Мы ссылаемся на Ваше письмо от 15 августа прошлого года (*или:* на Ваше письмо от 15 августа 1990 г.).	We refer to your letter of (the) 15th August, 1990.

(Из письма, посланного, например, в 1991 г.)

Вместо численного обозначения года предшествовавшего месяца встречается также слово last:

We refer to your letter of (the) 15th May last (*или:* of (the) 15th May, 1991).	Мы ссылаемся на Ваше письмо от 15 мая текущего года (*дословно:* от 15 числа последнего мая).

(Из письма, посланного, например, в июле 1991 г.)

We refer to your letter of the 15th December last (*или:* of the 15th December, 1990).	Мы ссылаемся на Ваше письмо от 15 декабря прошлого года (*дословно:* от 15 числа последнего декабря).

(Из письма, посланного, например, в январе 1991 г.)

При ссылках на даты договоров, коносаментов, фактур, чеков и т.п. необходимо всегда обозначать год даже в том случае, когда документ датирован текущим месяцем и текущим годом:

Контракт, датированный 15 мая текущего года (*или:* Контракт, датированный 15 мая 1991 г.)...

Contract dated (the) 15th May, 1991...

(Из письма, посланного, например, 25 мая 1991 г.)

В прежние годы в обозначениях дат в тексте писем вместо названия месяца часто встречались слова instant (сокращенно inst.) *текущего месяца,* ultimo (сокращенно ult.) *прошлого месяца* и реже proximo (сокращенно prox.) *следующего месяца:*

Your letter of (the) 20th instant (*или:* inst.) ...	Ваше письмо от 20 числа текущего месяца...

Your telegram dated (the) 25th ultimo (*или:* ult.) ...
Ваша телеграмма, датированная 25 числом прошлого месяца...

The vessel will arrive on (the) 2nd proximo (*или:* prox.)
Судно прибудет 2 числа следующего месяца.

В настоящее время слово instant употребляется реже, а слово ultimo встречается очень редко. Вместо instant и ultimo теперь пишутся названия соответствующих месяцев. Слово proximo вышло из употребления, вместо него приводится название следующего месяца, после которого следует обозначение года или слово next:

The vessel will arrive on (the) 10th June, 1991 (*или:* on the 10th June next).
Судно прибудет 10 июня 1991 г.

Следует запомнить перевод русских выражений:

от сегодняшнего числа	of today's date
Наша телеграмма от сегодняшнего числа ...	Our telegram of today's date... (*или:* Our telegram sent to you today ...)
от вчерашнего числа	of yesterday's date
Наша телеграмма от вчерашнего числа ...	Our letter of yesterday's date...

(*В этом случае, однако, предпочтительнее указать число:* Our letter of the 8th May ...)

от того же числа	of the same date
Наше письмо от 5 марта и наша телеграмма от того же числа ...	Our letter of (the) 5th March and our telegram of the same date ...

Вместо of the same date встречается с тем же значением также выражение of even date. Однако из стилистических соображений рекомендуется пользоваться выражением of the same date.

§ 19. LETTERS

1.
V/O "Rossimport",
Smolenskaya-Sennaya, 32/34,
Moscow, 200,
Russia.

London, 15th Oct., 19...

Dear Sirs,

We have received your[3] letter of the 10th October for which we thank you.

Yours faithfully,
C.Brown & Co., Ltd.

2.

Moscow, 5th May 19...

Messrs. Smith & Brown, Ltd.,
12 High Street,
London, E. C. 2,
England.

Dear Sirs,

We have received your[3] letter of the 4th May sent by air-mail and thank you[3] for information you sent us[4].

Yours faithfully,
V/O "Rossexport"

3. Air-Mail

Liverpool, 28th June, 19...

V/O "Rossimport"
Smolenskaya-Sennaya, 32/34.
Moscow, 200,
Russia.

Dear Sirs,

<u>s. s. "Clyde"</u>

In reply to your telegram of the 17th June we are glad to inform you that the s. s. "Clyde" will arrive in Liverpool on the 2nd July next.

Yours faithfully,
A. White & Co.

4.

Moscow, 16th August, 19...

Dear Sirs,

<u>M.V. "Neva"</u>

We acknowledge with thanks receipt[5] of your telegram of today's date informing us of the sailing[6] of the m.v. "Neva".

Yours faithfully,
. . . .

5.

Bombay, 22nd Sept., 1960

Dear Sirs,

We thank you for your letter dated the 18th September with which you send us your catalogue of Compressors⁷.
                                                  Yours faithfully,
                                                  . . . .

6.   Moscow, 2nd March, 19...
Dear Sirs,
    We have received your letter of the 28th February and send it to our Clients for their consideration. We will inform you of their decision in a few days¹⁰.
                                                  Yours faithfully,
                                                  . . . .

7.   Moscow, 10th Dec., 19...
Dear Sirs,
                <u>Moskvitch Cars. Contract dated 5th June, 19...</u>

    We are obliged for your letter of the 5th December. We are contacting the plant producing Moskvitch Cars on the questions raised by you and will write to you¹¹ immediately upon receipt of their reply.
                                                  Yours faithfully,
                                                . . . .

§ 20. TELEPHONE CONVERSATION

    A.- Is that Brown & Co.?
    B.- You've got the wrong number. This is Central 6708 (six-seven-oh-eight)¹².
    A.- So sorry... Is that Brown & Co.?
    C.- Yes, it is.
    A.- I want Mr. Soames, please.
    C.- I beg your pardon?
    A.- Mr. Soames.
    C.- Sorry, I didn't quite catch the name. How do you spell it?
    A.- Soames: S for Sam ¹³, O for orange, A for Andrew, M for Mary' E for Edward and S for Sam - Soames.
    C.- Oh, Soames. I'm sorry, Mr. Soames is away from the office at the moment. Who is calling?
    A.- This is Mr. A. from the Russian Trade Delegation. When will Mr. Soames be back?
    C.- He'll be back at three o'clock. Will you leave a message?
    A.- No, thanks. I'll ring up again at half past three. Good-bye.

§ 21. СЛОВА И ВЫРАЖЕНИЯ К §§ 17-20

К § 17

to thank благодарить; we thank you (*или:* thank you) for your letter благодарим Вас за Ваше письмо
to date датировать
reply ответ; *синонимы* answer, response; in reply (*или:* in answer, in response) to your letter в ответ на Ваше письмо
to be obliged for something быть благодарным, быть признательным за что-л.; I am much obliged to you = thank you very much благодарю Вас
to acknowledge подтверждать; подтверждать получение
receipt получение; to acknowledge (the) receipt подтверждать получение; we are (I am) in receipt of your letter мы получили (Я получил) Ваше письмо
we beg to acknowledge the receipt подтверждаем получение, имеем честь подтвердить получение; we beg to inform (*или:* to advise) you сообщаем Вам, имеем честь сообщить Вам
duly своевременно
possession владение; we are in possession of your letter мы получили Ваше письмо; to come into possession получить;
your letter has come into our possession Ваше письмо нами получено
your letter is to hand (*или:* has come to hand) Ваше письмо нами получено; мы получили Ваше письмо
to hasten спешить

К § 18

to cable телеграфировать
shipment отгрузка
to refer ссылаться (*на* - to)
instant (*сокр.* inst.) текущего месяца (*в обозначении дат*)
ultimo (*сокр.* ult.) прошлого месяца
vessel судно
proximo (*сокр.* prox.) следующего месяца
last прошлый, последний
next следующий, ближайший
date дата, число (*месяца*)

К § 19

Письмо 1

to receive получать; *синоним:* to get (употребляется главным образом в разговорной речи)

Письмо 2

air-mail воздушная почта, авиапочта; Air-Mail (*или:* By Air-Mail) Авиапочта, Авиа (*надпись на письме или конверте - обратите внимание на прописные буквы*); to send (to receive) a letter by air-mail послать (получить) письмо авиапочтой
information (*только в ед.ч.*) информация, сведения

Письмо 3

telegram телеграмма; *синонимы:* cable, wire
to arrive прибывать, приезжать; to arrive in прибывать, приезжать в (*в страну, в крупный город, крупный порт*); to arrive at прибывать, приезжать в (*в небольшой город, небольшой населенный пункт, небольшой порт*)

Письмо 4

thanks благодарность; (very) many thanks (*или:* thanks very much) большое спасибо, очень благодарен (*разговорное выражение*); with thanks с благодарностью; thanks to something благодаря чему-л.
to inform сообщать, извещать; to inform somebody of something сообщать кому-л. о чем-л.; *синоним:* to advise
to sail плыть, отплывать, уходить в море, отправляться в море
m. v. (*или:* M. V., m/v, M/V) = motor vessel теплоход

Письмо 5

catalogue (*в США* - catalog) каталог; catalogue of machines каталог машин
compressor компрессор

Письмо 6

client *здесь:* комитент
consideration рассмотрение, обсуждение; to send for consideration послать на рассмотрение, послать для обсуждения
decision решение
in a few days через несколько дней

Письмо 7

to contact somebody сноситься с кем-л.,

связаться с кем-л.; *синонимы:* to communicate with somebody, to get in touch with somebody
plant завод
to produce производить, изготовлять
car автомобиль *(легковой)*
on the question по вопросу
to raise поднимать
immediately немедленно
on *(или:* upon) receipt по получении (обратите внимание на отсутствие артикля перед receipt)

К § 20

telephone conversation телефонный разговор, разговор по телефону; *синонимические выражения:* conversation by telephone
to get the wrong number ошибиться номером
Central *название одной из районных телефонных станций в Лондоне*
so sorry = I'm sorry

I beg your pardon? *вежливый оборот, означающий:* как вы сказали? *(или:* будьте добры повторить)
I didn't quite catch the name я не расслышал фамилию (*дословно:* я не вполне уловил *фамилию)*
to spell диктовать, произносить или писать *(слово)* по буквам; how do you spell it? как она *(фамилия)* пишется?
to be away отсутствовать; Mr. S. is away from the office г-на С. нет в конторе
at the moment в данную минуту, сейчас
to call вызывать; who is calling? кто говорит? *(дословно:* кто вызывает?)
message послание, сообщение; will you leave a message? вы хотите что-нибудь передать?

§ 22. ПОЯСНЕНИЕ К §§ 17-20

[1] We are in receipt of ...

Выражение to be in receipt употребляется только с глаголом to be в настоящем времени: I am in receipt *(или:* I have received) *я получил,* we are in receipt *(или:* we have received) *мы получили,* they are in receipt *(или:* they have received) *они получили* и т. д. Эти выражения не употребляются со словами, указывающими на время получения документа, при наличии которых употребляется Present Perfect или Past глагола to receive. Так, предложению: *Сегодня мы получили ...* соответствует английское предложение: Today we have received ..., а не Today we are in receipt ...; предложению: *Вчера мы получили ...* соответствует предложение: Yesterday we received ... и т.д.

[2] We beg to acknowledge ...

Глагол to beg означает *просить, умолять.* В выражении we beg to acknowledge слова we beg употреблены вместо устаревшей вежливой формулы we beg leave *мы просим разрешения (или: мы позволяем себе).* В настоящее время beg, за которым непосредственно следует инфинитив с частицей to (we beg to acknowledge), не имеет отдельного смыслового значения и лишь усиливает официальный характер сообщения, приблизительно соответствуя русскому устаревшему выражению вежливости *имеем честь.**

Слово beg с непосредственно следующим за ним инфинитивом встречается также в выражении we beg to inform (to advise) you *сообщаем Вам* или *имеем честь сообщить Вам* и в некоторых других выражениях. В современной переписке выражение we beg to встречается очень редко, его употребление придает письму подчеркнуто официальный характер.

---

* В переписке между государственными организациями и в дипломатической переписке со значением *имеем честь* употребляется выражение to have the honour.

Некоторые фирмы употребляют глагол to beg со следующим за ним местоимением you для выражения просьбы: we beg you to send us *просим Вас прислать нам*. Такого употребления глагола to beg следует избегать и пользоваться для выражения просьбы глаголами to ask или to request.

³ В отличие от русских деловых писем, в которых местоимения *Вы, Вас, Вам, Ваш, Ваши* и т.д. пишутся с прописной буквы, английские местоимения you, your, yours пишутся со строчной буквы.

⁴ ... the information you sent us ... ... *информация, которую Вы нам прислали* ...
Перед определительным предложением you sent us опущено относительное местоимение which, являющееся дополнением придаточного предложения: you sent us = which you sent us.

⁵ We acknowledge ... receipt of your telegram. *Подтверждаем ... получение Вашей телеграммы.*
Когда после сочетания to acknowledge receipt следует оборот с предлогом of, то receipt может употребляться как без артикля, так и с артиклем the. При отсутствии такого оборота receipt обычно употребляется без артикля: We acknowledge (the) receipt of your letter. *Мы подтверждаем получение Вашего письма.* Но: Please acknowledge receipt. *Пожалуйста, подтвердите получение.*

⁶ .. the sailing of the m. v. "Neva" ... ... *отплытие теплохода "Нева"* ...
The sailing является отглагольным существительным, образованным от глагола to sail *отплывать, отходить, отправляться в море.*

⁷ ... catalogue of Compressors ... ... *каталог компрессоров* ...
Названия товаров, являющихся предметом переговоров, а также названия проданных или купленных товаров обычно пишутся в деловых письмах с прописной буквы.

⁸ We have received and sent ... = We have received and have sent...
Когда два однородных сказуемых, выраженных глагольной формой с одним и тем же вспомогательным глаголом (have received, have sent) соединены союзом and или or, то вспомогательный глагол обычно опускается во второй глагольной форме. Аналогично: We shall sign the contract and send (*или*: shall send) it to you to-morrow. *Мы подпишем контракт и пошлем его Вам завтра.*

⁹ We will inform you ... *Мы сообщим Вам* ...
Глагол will употреблен здесь с 1-ым лицом для выражения обещания или намерения.

¹⁰ We will inform you in a few days... *Мы сообщим Вам через несколько дней...*
Предлог in со значением *через* употребляется с глаголом в будущем времени (will inform). Когда же глагол стоит в прошедшем времени, то со значением *через, спустя* употребляется предлог after или наречие later: After a few days (a few days later) we informed them... *Через (спустя) несколько дней мы сообщили им...*

¹¹ We will write to you immediately... *Мы напишем Вам немедленно...*
Когда в деловых письмах при глаголе to write имеется лишь косвенное дополнение (отвечающее на вопрос: *кому?*), а прямое дополнение (на вопрос: *что?*)

отсутствует, то косвенное дополнение может употребляться как с предлогом to, так и без него: We will write (to) you immediately.

При наличии же при глаголе to write обоих дополнений, употребление предлога to перед косвенным дополнением зависит от расположения дополнений по отношению друг к другу так же, как и после глаголов to give, to send, to show и др.: We shall write the suppliers a letter (или: We shall write a letter to the suppliers). *Мы напишем поставщикам письмо.*

[12] В Англии каждая цифра номера телефона называется отдельно: *1235* one-two-three-five. Цифра *0* читается [oh].

Когда первые две или последние две цифры номера телефона одинаковые, употребляется слово double *двойной*: *6694* double six-nine-four; *3466* three-four-double six; *6666* double six-double six.

Когда же средние цифры одинаковые, слово double не употребляется: *3446* three-four-four-six.

Номера *1000, 2000, 3000* и т.д. читаются one thousand, two thousand, three thousand и т.д.

[13] Когда слово диктуется во время телефонного разговора по буквам, то после каждой буквы для ясности называют какое-нибудь распространенное слово (обычно мужское или женское имя), начинающееся с данной буквы, например: A for Andrew (эй - первая буква слова *Эндрю*; дословно: *эй вместо Эндрю*).

В Англии принято для пояснения отдельных букв называть следующие слова:

A for Andrew
C for Charlie
E for Edward
G for George
I for Isaak
K for king
M for Mary
O for orange (*или*: for Oliver)
Q for Queenie
S for Sam
U for uncle
W for Walter
Y for yellow

B for Benjamin
D for David
F for Frederick
H for Harry
J for Jack
L for Lucy
N for Nellie (*или:* for nobody)
P for Peter
R for Robert
T for Tommy
V for Valentine
X for Xmas
Z for zebra

Слово Xmas является распространенным сокращением слова Christmas *рождество.*

§ 23. УПРАЖНЕНИЯ

I. Перепишите письма и переведите их текст на русский язык.

II. Вставьте, где требуется, предлоги и переведите на русский язык:

Письма 1, 2, 3, 4

1. We have received your letter ... the 16th ... October.
2. Our letter dated ... the 5th May was sent ... air-mail.
3. We acknowledge receipt ... your letter ... the 15th ... which we thank you.

4. The m.v. "Neva" will arrive ... Odessa ... the 23rd ... December.
5. The s.s. "Erevan" arrived ... Poti yesterday.

Письма 5, 6, 7

6. Please inform us ... your decision immediately.
7. We will write ... you ... this question ... a few days.
8. We are obliged ... your letter ... yesterday's date ... which you sent us your catalogue ... Compressors.
9. We will write ... you again ... receipt ... your catalogue.
10. Our letter ... the 15th May was sent ... reply ... your telegram ... the same date.

III. Переведите на английский язык:

Письма 1, 2, 3, 4

1. Мы получили Ваше письмо, датированное 28 февраля.
2. Подтверждаем * получение Вашего письма от 15 мая, за которое мы Вас благодарим.
3. Мы получили Ваше письмо от 22 мая, посланное Вами в ответ на нашу телеграмму от 21 мая.
4. П/х "Ереван" прибудет в Бомбей (Bombay) 2 августа (*из письма, посланного 20 июля*).
5. Подтверждаем с благодарностью получение Вашего письма от 20 января, посланного Вами в ответ на наше письмо, датированное 15 января.

Письма 5, 6, 7

6. Мы получили Ваше письмо, датированное 5 января, по вопросу, поднятому нами в нашем письме от 28 декабря прошлого года (*из письма, посланного в январе*).
7. Мы напишем Вам немедленно по получении ответа от завода, изготовляющего эти машины.
8. Просим Вас снестись с Торговым представительством России** в Англии по поднятому Вами вопросу.
9. Благодарим Вас за Ваше письмо от 15 января, с которым Вы послали нам Ваш каталог газовых турбин.
10. Подтверждаем получение Вашего письма от 15 марта, копию (copy) которого мы послали нашим комитентам на рассмотрение. Мы сообщим Вам их решение через несколько дней.
11. В ответ на Ваше письмо от 26 сентября, посланное воздушной почтой, мы рады сообщить Вам, что теплоход "Нева" вышел в море из Санкт-Петербурга 27 сентября и прибудет в Лондон 5 октября (*из письма, посланного 28 сентября*).
12. Просим Вас прислать нам копию контракта, датированного 20 мая текущего года.

---

* *Подтверждаем* - we acknowledge. В отличие от русского языка, личное местоимение, служащее подлежащим, не может быть опущено. Исключение составляет выражение thank you вместо we thank you: Thank you for your letter of... .
** Торговое представительство - trade representation; в Англии, однако, Торговое представительство России носит исторически сложившееся название: The Trade Delegation of Russia in the United Kingdom (*или:* in the U.K.).

IV. Переведите на русский язык, пользуясь в случае необходимости словарём в конце книги:

1. We are in receipt of your esteemed * letter of the 27th ultimo.
2. We beg to acknowledge receipt of your favour ** of the 15th instant.
3. Your favour of the 25th ult. has come to hand this morning.
4. We have before us your esteemed favour of the 10th inst.
5. Your letter of the 29th ult. came into our possession yesterday.
6. We thank you very much for your favour of May 16 the contents of which we have duly noted.
7. Your letter of the day before yesterday reached us only this morning.
8. We hasten to reply to your favour of the 5th inst.
9. In response to your favour of the 30th ult. we are pleased to send you our current prices.
10. We are in possession of your letter of the 1st June and of your telegram of even date and beg to advise you that the s.s. "Manchester" left London for St.Petersburg on the 31st ultimo.

---

* Слово esteemed *ценный* встречается в письмах в сочетаниях esteemed letter *ценное письмо*, esteemed order *ценный заказ* и т.п. Это слово является излишним, и в письмах российских организаций не употребляется.

** Слово favour встречается в письмах иностранных фирм со значением letter *письмо*. При составлении писем рекомендуется, однако, употреблять слово letter, а не favour.

Глава III

ПРОСТЫЕ КОММЕРЧЕСКИЕ ПИСЬМА
(продолжение)
SIMPLE COMMERCIAL LETTERS
(Continued)

§ 24. ПРОСЬБЫ

При обращении с просьбой о чём-л. в письмах обычно используются выражения следующего типа:

1. Please inform us ... — Пожалуйста, сообщите нам (*или:* Просим сообщить нам) ..

2. We shall (should) be obliged if you will (would) inform us[1] (*или:* if you will (would) kindly inform us) ... — Мы будем (были бы) благодарны (*или:* признательны), если Вы сообщите (если бы Вы сообщили) нам ...

3. We shall (should) appreciate it[2] if you will (would) inform us (*или:* if you will (would) kindly inform us) ... — Мы будем (были бы) благодарны (*или:* признательны), если Вы сообщите (если бы Вы сообщили) нам ...

4. We ask (*или:* We request) you to inform us ... — Мы просим Вас сообщить нам ...

5. We would ask you to inform us ... — Мы просили бы Вас сообщить нам ...

Выражения 4 и 5 редко употребляются в качестве первых слов письма, т.е. не принято начинать письмо непосредственно со слов we ask you, we request you или we would ask you. Вместе с тем письма часто начинаются фразами следующего типа:

In reply to your letter of ... we request you ... — В ответ на Ваше письмо от ... просим сообщить нам ...

Referring to our letter of ..., we would ask you ... — Ссылаясь на наше письмо от ..., мы просили бы Вас ...

В сообщениях об исполнении просьбы употребляются следующие выражения:

In accordance (*или:* In conformity) with your request ...	В соответствии с Вашей просьбой ...
In compliance with your request ...	Во исполнение Вашей просьбы ...
According to your request ...	Согласно Вашей просьбе ...
As requested by you (*или:* As requested) ...	Согласно Вашей просьбе ...
As requested in your letter of ...	Как Вы просили в Вашем письме от ...

§ 25. ВЫРАЖЕНИЯ, УПОТРЕБЛЯЕМЫЕ ПРИ ПОСЫЛКЕ ДОКУМЕНТОВ, КАТАЛОГОВ И Т.П.

При извещении о посылке документов, каталогов, образцов и т.п. обычно используются следующие выражения:

We are sending (*или:* We send) you (herewith) ...	Посылаем Вам (с этим письмом, при сем) ...
We are glad to send you ...	С удовольствием посылаем Вам (*дословно*: Мы рады послать Вам) ...
We are pleased to send you ...	С удовольствием посылаем Вам ...
We have pleasure in sending you ...	С удовольствием посылаем Вам ...
We enclose (*или - реже:* We are enclosing) ...	Мы прилагаем ...
We attach (*или - реже:* We are attaching) ...	Мы прилагаем ...

Реже в настоящее время встречаются выражения следующего типа:

We are sending you enclosed (*или:* attached) ...	Посылаем Вам с этим письмом или: при сем (*дословно*: Посылаем Вам приложенным/и) ...

Enclosed (*или:* Attached) is (are) ...	Мы прилагаем (*дословно:* Приложенным/и является/являются)...
Please find enclosed (*или:* attached) ...	Мы прилагаем (*дословно:* Пожалуйста, найдите приложенным/и) ...
Enclosed (*или:* Attached) you will find ...	Мы прилагаем (*дословно:* Приложенным/и Вы найдёте) ...
We are handing (*или:* We beg to hand) you ...	Посылаем Вам ...

Последнее выражение является устаревшим; глагол to hand со значением *посылать* встречается очень редко.

П р и м е ч а н и е. Выражения we are glad to ..., we are pleased to... и we have pleasure in... часто используются при всяких других извещениях, благоприятных для адресата, например: We are glad to inform you that the goods have arrived in good condition. *Мы рады сообщить Вам, что товары прибыли в хорошем состоянии.*
Если извещение неблагоприятно для адресата, то употребляется выражение we regret (или we are sorry) to inform you с сожалением сообщаем Вам. Например: We regret to inform (*или:* to advise) you that we are not in a position to offer you these goods. *С сожалением сообщаем (Вам), что мы не в состоянии предложить Вам этот товар.*
Когда извещение носит нейтральный характер, то письмо обычно начинается со слов we write to inform you *сообщаем Вам* (дословно: *мы пишем, чтобы сообщить Вам*) или we have to inform you *сообщаем Вам* (дословно: *мы имеем сообщить Вам*). В начале писем встречаются также выражения this is to inform you *сообщаем Вам* (дословно: *это (письмо) предназначается для того, чтобы сообщить Вам*), the purpose of this letter is to inform you *цель настоящего письма - сообщить Вам*, please be informed *сообщаем Вам* (дословно: *пожалуйста будьте извещены*). Из стилистических соображений выражением please be informed пользоваться не рекомендуется.

§ 26. ВЫРАЖЕНИЯ, УПОТРЕБЛЯЕМЫЕ ПРИ ССЫЛКАХ НА ДОКУМЕНТЫ, ПЕРЕГОВОРЫ И Т.Д.

При ссылках на письма, телеграммы и другие документы, на телефонные разговоры, переговоры и т.д. обычно употребляются следующие выражения:

With reference to your (our) letter of ...	Ссылаясь на Ваше (наше) письмо от ... (*дословно:* Со ссылкой на Ваше (наше) письмо от ...) ...
Referring to your (our) letter of ...	Ссылаясь на Ваше (наше) письмо от ...
We refer to your (our) letter of ...	Мы ссылаемся на Ваше (наше) письмо от ...

We revert to our letter of ...	Мы возвращаемся к нашему письму от ...
Reverting to our letter of ...	Возвращаясь к нашему письму от ...

При повторной ссылке обычно употребляются выражения with further reference to your (our) letter of ... *снова ссылаясь на Ваше (наше) письмо от* ... или further to our letter of... *в дополнение к нашему письму*...

§ 27. LETTERS

1. London, 12th Oct., 19 ...

V/O "Rossexport",
Smolenskaya-Sennaya, 32/34,
Moscow, 200,
Russia.

Dear Sirs,
    We shall be obliged if you will send us your latest catalogue of Passenger Cars and Motor Cycles.

                                        Yours faithfully,
                                        A. Smith & Co., Ltd.

2. Moscow, 15th oct., 19 ...

Messrs. A. Smith & Co., Ltd.,
20, Moorgate Street,
London, E. C. 2,
England.

Dear Sirs,
    In accordance with your request, we have pleasure in sending you, under separate cover, our latest illustrated catalogue of Passenger Cars and Motor Cycles.
    We hope that the catalogue will be of interest to you.

                                        Yours faithfully,
                                        V/O "Rossexport"

3. London, 3rd January, 19 ...

Dear Sirs,
                    <u>Order No. 1016</u>

We enclose our cheque for[3] £1,020[4]. 10s. 8d. in final settlement of your invoice dated the 20th December, 19..., for the goods shipped by S.S. "Svir"[5] against our Order No. 1016.

               Yours faithfully,
               . . . .

Encl.: Cheque.

4.
               Moscow, 6th January, 19 ...

Dear Sirs,

Order No. 1016

We acknowledge with thanks receipt of your letter of the 3rd January enclosing[6] your cheque for £1,020.10. 8d. in final payment of our invoice dated the 20th December, 19..., for the goods shipped by S.S. "Svir" against Order No. 1016.

               Yours faithfully,
               . . . .

5.
               Moscow, 2nd March, 19 ...

Dear Sirs,

S.S. "Clyde". Contract No. 25

We attach a copy of the Charter-Party for the S.S. "Clyde" chartered by us for the transportation of 5,000 tons of Manganese Ore sold to you c. i. f. Manchester under Contract No. 25[7].

Please acknowledge receipt.

               Yours faithfully,
               . . . .

1 Encl.

6.
               Manchester, 3rd March, 19 ...

Dear Sirs,

Manganese Ore. Contract No. 25

With reference to Contract No. 25 for the sale to us of 5,000 tons of Manganese Ore c. i. f. Manchester, we would ask you to inform us whether you have already chartered a vessel for the transportation of the ore from Poti to Manchester.

               Yours faithfully,
               . . . .

7.
               Moscow, 5th March, 19 ...

Dear Sirs,

S.S. "Clyde". Contract No. 25

In reply to your letter of the 3rd March, we refer to our letter of the

2nd March in which we advised you of the chartering of the S.S. "Clyde" and with which we sent you a copy of the Charter-Party for this vessel.

Yours faithfully,

. . . .

Manchester, 5th March, 19 ...

8.
Dear Sirs,

5,000 tons Manganese Ore. S.S. "Clyde"

We thank you for your letter of the 2nd March enclosing a copy of the Charter-Party for the S.S. "Clyde". We request you to keep us informed of the position of the vessel. We should also be obliged if you would advise us by cable of the date of the vessel's sailing from Poti and the quantity of ore loaded.

Yours faithfully,

. . . .

Moscow, 10th March, 19 ...

9.
Dear Sirs,

S.S. "Clyde"

With further reference to our letter of the 2nd March, we wish to inform you that we have received a telegram$_9$ from the Owners of the S.S. "Clyde" stating that the vessel had to call at Piraeus owing to a severe storm on the Mediterranean Sea. However, she$_{10}$ is now again on the way to the port of loading and is expected at Poti on the 22nd March.

Yours faithfully,

. . . .

§ 28. TELEPHONE CONVERSATION

Mr. Brown. - Is that Rossexport? Put me through to Mr. Petrov, please.

Secretary. - His number is engaged at the moment. Hold on a minute, please ... Are you there? I'm putting you through now.

A. B. Petrov. - Mr. Petrov speaking.

Mr. Brown. - Good morning, Mr. Petrov. This is Mr. Brown of Smith & Company, Limited, speaking. Can you tell me whether you've already chartered a steamer for the transportation of ore against Contract No. 25?

A. B. Petrov. - Yes, we have. The name of the vessel is "Pirogov".

Mr. Brown. - I can't hear you. How do you spell the name of the steamer?

A. B. Petrov. - P for Peter, I for Isaac, R for Robert, O for orange, G for George, O for orange and V for Valentine - Pi-ro-gov.

Mr. Brown. - Will you, please, spell it again?

A. B. Petrov.- P for Peter, I for Isaac, R for Robert, O for orange, G for George, O for orange, V for Valentine.

Mr. Brown.- Thank you. I've got it now: Pi-ro-gov. Please send us a copy of the Charter-Party for this boat.

A. B. Petrov.- We sent it to you yesterday.

Mr. Brown.- Thank you, Mr. Petrov. That's all. Good-bye.

A. B. Petrov.- Good-bye.

§ 29. СЛОВА И ВЫРАЖЕНИЯ К §§ 24-28

К § 24

request просьба
to appreciate быть благодарным, быть признательным
we would ask you мы просили бы Вас (*обратите внимание на употребление* would, *а не* should *в этом выражении*)
in accordance with в соответствии с; *синонимическое выражение*: in conformity with
in compliance with во исполнение чего-л., в соответствии с чем-л.
according to согласно чему-л.
to request просить; *синоним*: to ask; **as request (by you)** согласно Вашей просьбе; **as requested in your letter** как Вы просили в Вашем письме

К § 25

herewith с этим письмом, при сем
to please нравиться, доставлять удовольствие; **to be pleased to do something** с удовольствием делать что-л.; **we are pleased to send you** с удовольствием посылаем Вам
pleasure удовольствие; **we have pleasure in sending you** с удовольствием посылаем Вам; *синонимические выражения*: we are pleased to send you, we are glad to send you
to enclose прилагать (*в смысле*: вкладывать что-л. в тот же конверт); **enclose something with** (*или*: in) **a letter** прилагать что-л. к письму; **the cheque was enclosed with** (*или*: in) **our letter** чек был приложен к нашему письму
to attach прилагать (*в смысле*: прикреплять булавкой, скрепкой, приклеивать и т.п.); **to attach something to a letter** прилагать что-л. к письму; **the cheque was attached to our letter** чек был приложен к нашему письму
to regret сожалеть; **we regret to inform you** с сожалением сообщаем Вам

К § 26

with reference to ссылаясь на
to revert to возвращаться к (*документу, вопросу*)
with further reference to снова ссылаясь на
further to в дополнение к; **further to our letter** в дополнение к нашему письму

К § 27

Письмо 1

latest последний (*в смысле:* самый новый, позднейший); **the latest catalogue** последний каталог; **the latest news** последние известия (latest *не следует смешивать с* last - последний *в смысле* предшествующий, предыдущий: **our last order was placed in May** наш последний заказ был помещен в мае; **during my last visit to London** во время моего последнего посещения Лондона)
passenger car легковой автомобиль
motor cycle мотоцикл

Письмо 2

cover *здесь:* обертка, конверт, пакет
separate отдельный; **under separate cover** в отдельном пакете, в отдельном конверте
to illustrate иллюстрировать
to hope надеяться
interest интерес; **to be of interest to somebody** представлять интерес для кого-л.

Письмо 3

order заказ; to order заказывать
cheque (в *США и Канаде* - check) чек
£ *условное сокращенное обозначение слова* pound(s) фунт(ы); *пишется перед числительным, но читается после него:* £1,020 - one thousand and twenty pounds 1020 фунтов
s. *условное сокращенное обозначение слова* shilling(s) шиллинг(и); *читается и пишется после числительного:* 10s. - ten shillings 10 шиллингов
d. *условное сокращенное обозначение слов* penny пенс, пенни и pence пенсы; *пишется и читается после числительного:* 1d. - one penny один пенс, одно пенни; 8d. eightpence 8 пенсов
£1,020.10s.8d. *читается:* one thousand and twenty pounds ten shillings and eightpence 1020 фунтов 10 шиллингов и 8 пенсов
final окончательный
settlement расчет *(денежный)*, уплата
invoice счет, фактура; счет-фактура *(счет на отправленный товар с указанием краткой спецификации, цены, расходов и других подробностей контракта)*; invoice for the goods счет на товар
goods *(мн. ч.)* товар(ы); the goods were shipped yesterday товар(ы) был(и) отгружен(ы) вчера
to ship (shipped, shipping) отгружать, отправлять *(со значением: отправлять на морском или речном судне; в США означает также: отправлять по железной дороге или другим видом транспорта)*; to ship to somebody *(но не: to ship somebody)* отгружать кому-л.; to ship by a steamer отгружать пароходом, отправлять на пароходе
against our order по нашему заказу

Письмо 4

payment уплата, платеж

Письмо 5

contract договор, контракт
copy 1. копия; a copy of a letter копия письма; 2. экземпляр; a copy of a catalogue экземпляр каталога
charter-party чартер-партия, чартер *(договор о найме судна; в письмах и других документах пишется с прописных букв)*
to charter фрахтовать (нанимать судно для перевозки груза)
transportation перевозка
ton тонна

ore руда
manganese марганец; manganese ore марганцевая руда
c. i. f. *(первые буквы слов* cost. insurance, freight стоимость, страхование, фрахт) сиф *(условие продажи, в силу которого в продажную цену включена стоимость морской перевозки (фрахта) до указанного порта и стоимость страхования, ввиду чего в обязанность продавца входит отправка товаров морским путем и их страхование);* c. i. f. Manchester сиф Манчестер, на условиях сиф Манчестер; on c. i. f. terms на условиях сиф
under the contract по договору, по контракту *(в смысле:* на основании договора, контракта); against the contract по договору, по контракту *(в смысле:* в счет или во исполнение договора, контракта)

Письмо 6

vessel судно

Письмо 7

s.s. "Clyde" пароход "Клайд"
to advise сообщать, извещать (о - of *или* about); *синоним:* to inform
chartering фрахтование

Письмо 8

to keep somebody informed *(или:* advised) of something держать кого-л. в курсе чего-л. *(дословно:* держать кого-л. информированным о чем-л.)
position положение, местонахождение, позиция *(время, в течение которого судно может прибыть в порт под погрузку)*
cable телеграмма; by cable телеграммой, по телеграфу *(обратите внимание на отсутствие артикля перед* cable)
quantity количество
to load грузить; to load on a steamer грузить на пароход

Письмо 9

telegram телеграмма; *синоним:* cable
owner владелец; Owners судовладельцы *(вместо* shipowners; *в этом значении* owners *пишется в письмах и документах с прописной буквы)*
to state заявлять, сообщать, указывать
Piraeus Пирей *(название порта в Греции)*
owing to из-за, вследствие; *синоним:* because of

47

storm шторм, буря; severe storm сильная буря
the Mediterranean Sea Средиземное море (*в разговорной речи слово Sea обычно опускается:* the Mediterranean)
on the way в пути, на пути
port of loading порт погрузки; *антоним:* port of discharge порт разгрузки

К § 28

to put somebody through to someone соединить кого-л. с кем-л. (*по телефону)*; put me through to Mr. Petrov соедините меня с г-ном Петровым
to be engaged быть занятым
to hold on *здесь:* держать трубку (*телефона),* не вешать трубки; hold on a minute подождите минутку у телефона
Mr. Petrov speaking = This is Mr. Petrov speaking говорит Петров
I can't hear you я плохо вас слышу (*дословно:* я не могу вас слышать)
I've got it now теперь я понял

§ 30. ПОЯСНЕНИЯ К §§ 24-28

[1] We shall (should) be obliged if you will (would) inform us ... Мы будем (были бы) благодарны, если Вы сообщите (если бы Вы сообщили) нам ...

В условных предложениях, выражающих просьбу, глагол придаточного предложения обычно представляет сочетание will (would) с инфинитивом. Will и would в этом случае не являются вспомогательными глаголами, а служат для выражения просьбы.

[2] We shall (should) appreciate it if you will (would) inform us ... Мы будем (были бы) признательны, если Вы сообщите (если бы Вы сообщили) нам ...

Местоимение it является является формальным прямым дополнением при глаголе to appreciate со значением *быть признательным, быть благодарным, ценить.* В данном случае содержание формального дополнения it , т.е. то, за что автор письма будет признателен, раскрывается в придаточном предложении if you will inform us.

[3] Our cheque for £1,020. 10s. 8d. *Наш чек на 1020 фунтов 10 шиллингов и 8 пенсов ...*

Предложенный оборот с for после названий документов (cheque) указывает на основное содержание документа; for в этом случае соответствует русскому предлогу *на:* a contract for the sale of wheat *контракт на продажу пшеницы;* an order for a gas turbine *заказ на газовую турбину;* an invoice for machinery *счет-фактура на машины.*

[4] ... £1,020... ... *1020 фунтов...*

В английском языке в многозначных целых числах, обозначающих денежные суммы, меры и веса, каждые три цифры справа налево отделяются запятой: $2,075 - 2075 долл.; 5,000 tons - 5000 *тонн;* 1,216,375 kgs — *1216375 кг.* При чтении эти запятые оставляются без внимания.

Запятые не ставятся в числах, обозначающих номера документов, телефонов, в обозначениях года и т.п.: Cheque No. 174050; Order No. 1786

[5] ... by S.S. "Svir"

Названия судов пишутся с артиклем the: The S.S. "Svir" arrived yesterday. *Пароход "Свирь" прибыл вчера.* The goods were loaded on the S.S. "Svir". *Товары были погружены на пароход "Свирь".*

После предлога by артикль перед названиями судов часто опускается: The goods were shipped by S.S. "Svir" (или: by the S.S. "Svir"). *Товары были отгружены пароходом "Свирь".*

Артикль редко употребляется после предлогов латинского происхождения per, соответствующего предлогу by, и ex, соответствующего предлогу from: The goods were shipped per S.S. "Svir". *Товары были отгружены пароходом "Свирь".* The wheat was delivered ex S.S. "Svir". *Пшеница была сдана с парохода "Свирь".*

6 ... letter of ... enclosing your cheque ... *письмо от ... с приложенным к нему Вашим чеком* (дословно: *письмо от ..., прилагающее Ваш чек*) ...

Аналогичные обороты: your letter requesting us ... *Ваше письмо с просьбой* (дословно: *Ваше письмо, просящее нас*) ...; your telegram stating ... *Ваша телеграмма с сообщением* (дословно: *Ваша телеграмма, сообщающая*) ...

7 ... under Contract No. 25 ... ... *по контракту №25* ...

Артикль не употребляется с существительными, за которыми следует число, обозначающее номер, размер, условное буквенное или цифровое обозначение и т.п. Существительное в таких случаях часто пишется с прописной буквы: Order No. 1015 *заказ № 1015;* size 15 *размер № 15;* paragraph 25 *параграф 25;* Series AD *серия АД;* Model 12AM *модель 12 АМ.*

8 We should be obliged if you would inform us of the quantity of ore loaded. *Мы были бы благодарны, если бы Вы сообщили нам количество погруженной руды.*

Когда причастие Past Participle Passive, служащее определением и не имеющее пояснительных слов, выражает лишь действие, произведенное над предметом (loaded), а не качество, приобретенное предметом в результате этого действия, оно обычно стоит, в отличие от русского причастия, после определяемого слова (ore); ore loaded. Past Participle Passive без пояснительных слов, выражающее качество, приобретенное предметом в результате действия, стоит, как и русское причастие, перед определяемым словом: illustrated catalogue *иллюстрированный каталог,* damaged goods *поврежденные товары.*

К числу причастий, выражающих лишь действие и обычно стоящих после определяемого слова, относятся, кроме loaded, причастия received *полученный,* sent *посланный,* dispatched *отправленный,* bought *купленный,* sold *проданный* и др.: the letter received *полученное письмо;* the goods dispatched *отправленные товары;* the machines bought (sold) *купленные (проданные) машины.*

Некоторые причастия, не имеющие пояснительных слов, могут стоять как перед определяемым словом, так и после него: the required specification или specification required *требуемая спецификация;* the enclosed letter или the letter enclosed *приложенное письмо;* the attached cheque или the cheque attached *приложенный чек.*

Причастие Past Participle Passive, имеющее при себе пояснительные слова, всегда стоит после определяемого слова: a telegram received from London *телеграмма, полученная из Лондона* (или: *полученная из Лондона телеграмма*); goods damaged by sea water *товары, поврежденные морской водой;* the cheque attached to the letter *чек, приложенный к письму* (или: *приложенный к письму чек*).

9 The vessel had to call at Piraeus. *Судно должно было* (или: *Судну пришлось) зайти в Пирей.*

Глагол to have употреблен здесь в качестве модального глагола для выражения необходимости совершить действие в силу определенных обстоятельств.

49

¹⁰ She is on the way ... Оно (судно) *находится в пути* ...

Существительные vessel, boat, steamer и другие обозначения и названия судов часто относятся к женскому роду и заменяются местоимением she.

§ 31. УПРАЖНЕНИЯ

I. Перепишите письма § 27 и переведите их на русский язык.

II. Ответьте на вопросы:

Письма 3, 4

1. What is the amount of the cheque?
2. Was the cheque sent under separate cover or was it enclosed with the letter?
3. What was the name of the steamer by which the goods were shipped?
4. Against which order were the goods shipped?
5. What purpose was the cheque sent for?

Письмо 5

1. What document was attached to the letter?
2. What purpose was the S.S. "Clyde" chartered for?
3. What is a Charter-Party?
4. Why were the Sellers obliged to charter a vessel for the transportation of the ore?
5. Under which contract were the goods sold?
6. What quantity of manganese ore was sold under contract No. 25?

Письмо 6

1. Had the Buyers already received the Sellers' letter of the 2nd March when they wrote their letter of the 3rd March?
2. Which contract did the Buyers refer to?
3. Which port was the port of loading and which was the port of discharge under the contract?

Письмо 7

1. What did the Buyers ask the Sellers to keep them informed of?
2. What did the Buyers ask the Sellers to cable them after the vessel's sailing from Poti?

Письмо 8

1. Who informed the Sellers that the S.S. "Clyde" had to call at Piraeus?
2. Why had the steamer to call at Piraeus?
3. When was the steamer expected at the port of loading?

III. Вставьте, где требуется, предлоги и переведите предложения на русский язык:

Письма 1, 2, 3, 4

1. We have received your cheque ... £ 2,000 enclosed ... your letter ... the 15th June.

2. We are sending you, ... separate cover, our latest catalogue ... Compressors.
3. We have pleasure ... informing you that the goods ... your Order № 225 were shipped ... the s.s. "Neva" yesterday.
4. ... accordance ... your request we are sending you a copy ... our invoice ... these goods.
5. In reply ... your letter dated ... the 20th July we are sending you our catalogue and price-list ... Compressors, which, we hope, will be ... interest ... you.
6. We acknowledge ... thanks receipt ... your catalogue ... Gas Turbines.
7. We shall be obliged if you will contact ... the Sellers ... this question and advise us ... their decision.

Письма 5, 6, 7, 8, 9

1. As the goods were sold ... c. i. f. terms, the Sellers were obliged to charter a vessel ... the transportation ... the goods.
2. The goods were shipped ... Odessa ... London ... accordance ... § 3 ... the contract.
3. The vessel will arrive ... St.Petersburg ... the 20th May.
4. ... reference ... Contract No. 252, we have pleasure ... informing you that the goods sold ... this contract will be shipped ... May.
5. We are sending you two copies ... Contract No. 225 ... the sale ... you ... 10,000 tons of Wheat.
6. A copy ... the Charter-Party ... the s.s. "Erevan" was attached ... our letter ... the 15th June.
7. Referring ... your letter dated ... the 12th May we would ask you to send us a copy ... your invoice ... the goods shipped ... the s.s. "Neva".
8. Please inform us ... cable ... the quantity ... ore loaded ... the s.s. "Neva".
9. The vessel was late owing ... a severe storm ... the Black Sea.
10. The vessel will call ... Hamburg ... the way ... London.

IV. Переведите на английский язык:

Письма 1, 2, 3, 4

1. В соответствии с Вашей просьбой мы Вам выслали сегодня отдельным пакетом образцы (samples) пшеницы.
2. Мы надеемся, что образцы представят для Вас интерес.
3. Прилагаем счет-фактуру на товар, отгруженный 24 июня пароходом "Нева". Просим подтвердить получение.
4. Мы рады сообщить Вам, что товары по Вашему заказу № 1026 будут отгружены из С.Петербурга на следующей неделе (next week).
5. Мы будем благодарны, если Вы пришлете нам Ваш последний каталог дизельных локомотивов (Diesel Locomotives).
6. Наш чек на 300 фунтов 15 шиллингов и 6 пенсов был приложен к нашему письму от 3 октября.
7. Подтверждаем с благодарностью получение грузовых документов (shipping documents) на товар, отгруженный Вами по заказу № 1026.
8. Мы будем обязаны, если Вы снесетесь по этому вопросу с заводом, производящим электрические моторы (electric motors), и напишете нам по получении их ответа.

9. Авиапочтой   Лондон, 22 октября 19.. г.

Внешнеторговому Объединению "Россимпорт"
Москва 200, Смоленская-Сенная 32/34

Кас. заказа № 1225

В соответствии с Вашими инструкциями мы отправили товар по заказу № 1225 на теплоходе «Смольный» ("Smolny").
Прилагаем коносамент (Bill of Lading) на этот товар и фактуру, датированные 2 сентября.
Просим подтвердить получение.

А. Смит энд Ко. Лимитед

2 приложения

10.
Фирме "А. Смит энд Ко. Лимитед"
12 Мургейт Стрит (Moorgate Street)
Лондон

Москва, 24.X.19.. г.

Кас. заказа № 1225

Благодарим Вас за Ваше письмо от 22 сентября, при котором (with which) Вы послали нам грузовые документы на товар, отправленный на теплоходе "Смольный" по нашему заказу № 1225.

В/О "Россимпорт"

11.

Москва, 3.IX.19.. г.

Мы получили Ваше письмо от 29 августа, за которое мы Вас благодарим.
Мы будем весьма обязаны, если Вы вышлете последний обзор рынка кофе (review of the market of coffee).

В/О "Россимпорт"

Письма 5, 6, 7, 8, 9

12. Ссылаясь на наше письмо от 3 августа, сообщаем Вам, что теплоход "Смольный" прибудет в С.Петербург 12 августа и погрузит там 300 тонн льна (flax), проданных Вам по контракту N 225.
13. Прилагаем копию контракта на продажу Вам 10000 тонн марганцевой руды.
14. Так как товар был продан на условиях сиф Манчестер, продавцы зафрахтовали судно для его перевозки в порт назначения.
15. Согласно телеграмме, полученной нами от владельцев п/х "Клайд", судно не сможет прибыть в порт погрузки до (before) 20 сентября.
16. Просим сообщить нам по телеграфу количество льна, погруженного на теплоход "Смольный", как только судно закончит погрузку.

17.

Москва, 22.VI.19.. г.

Ссылаясь на наше письмо от 16 с.м. и в ответ на Ваше письмо от того же числа, прилагаем копию письма, полученного от фирмы «А. Смит энд Ко. Лимитед».
Мы просили бы Вас ответить фирме непосредственно (direct) и прислать нам копию Вашего ответа.

18.   Москва, 3.XI.19.. г.

Кас. контракта № 25

Подтверждаем с благодарностью получение Вашего письма от 28 октября с приложенным к нему* гарантийным письмом (Letter of Guarantee) "Барклэйз Бэнк Лимитед" (Barklays Bank Limited) в связи с (in connection with) нашим контрактом № 25 на продажу Вам 10000 тон марганцевой руды.

19.   Москва, 1.II.19.. г.

Мы получили Ваше письмо от 29 января и благодарим Вас за информацию, которую Вы нам прислали.

Ваше письмо разошлось с нашим письмом (crossed our letter) от 30 января, при котором мы послали Вам чертеж (drawing) № 145 и копию письма, посланного нами фирме "Браун энд Ко." относительно электрических моторов по нашему заказу № 1225.

20.   Лондон, 29 сентября 19.. г.

Контракты №№ 116 и 118

Благодарим Вас за Ваше письмо от 26 сентября. В соответствии с Вашими инструкциями (instructions) мы сносимся с фирмой "Робинсон энд Компани Лимитед" относительно товара по контракту № 116.

---

* См. § 30, п. 6.

Глава IV

ПРОСТЫЕ КОММЕРЧЕСКИЕ ПИСЬМА
(продолжение)
SIMPLE COMMERCIAL LETTERS
(Continued)

§ 32. EXPRESSIONS OF REGRET, APOLOGIES. CORRECTION OF ERRORS

1. Moscow, 18th August, 19...
Dear Sirs,

<u>M/V "Leninogorsk", Order No. 2331</u>

We confirm[1] our telephone conversation of this morning during which we informed[2] you that you had omitted to enclose with your letter of the 15th August[2] the invoice for the goods shipped by M/V «Leninogorsk» against Order No. 2331.

Please send us the invoice by air-mail.

Yours faithfully,
. . . .

2. London, 18th august, 19...
Dear Sirs,

<u>Order No. 2331</u>

With reference to our conversation by telephone today with Mr. M.G. Petrov, we regret that through a clerical error our invoice for the goods shipped by M/V "Leninogorsk" was not enclosed in our letter to your of the 15th August.

We send you the invoice herewith and apologize for the inconvenience you have been caused[3].

Enclosure.

Yours faithfully,
. . . .

3.

Moscow, 21st October, 19 ...

Dear Sirs,

Portable Gas Turbines, Order No. 1716

We thank you for your letter of the 18th October enclosing your confirmation of our Order No. 1716 for 2 Portable Gas Turbines. We would like to draw your attention to an error which we noticed in the order confirmation, viz. the nominal rating of the turbines is indicated as 130 b. h. p. instead of 150 b. h. p.

For order's sake we would ask you to acknowledge receipt of this letter.

Yours faithfully,

. . . .

4.

Birmingham, 24th October, 19 ...

Dear Sirs,

2 Portable Gas Turbines, Order No. 1716

We acknowledge with thanks receipt of your letter of the 21st October and very much regret that through a typing error the nominal rating of the Portable Gas Turbines was indicated in the confirmation of the order as 130 b. h. p. instead of 150 b. h. n. We thank you for pointing out this mistake to us.

Yours faithfully,

. . . .

5.

Sheffield, 16th November, 19 ...

Dear Sirs,

Diesel Locomotive Model 12 AC

We have received your cablegram of the 14th November re minding us of our promise to send you additional technical data concerning our Diesel Locomotive Model 12 AC described in the "Engineering" of the 10th October, 19... .

We regret that the information has been so delayed that you had to send us a reminder. Please accept our apologies for the delay which was due to pressure of work in our Technical Department.

We send you herewith the technical data required by you and trust that they will prove useful to you.

Yours faithfully,

. . . .

Enclosure.

§ 33. TELEPHONE CONVERSATION

A. B. Nikitin. - Is that Brown & Co., Limited? I want Mr. White, please.

Telephone operator. - Just hold on a minute, please. His number is engaged at the moment. ... Are you there? I'm putting your through now.

Mr. White. - Mr. White speaking. Who is calling?

A. B. Nikitin. - Good afternoon. Mr. White. This is Mr. Nikitin of Rossimport, Moscow, speaking. We've just got copies of the shipping documents for the goods shipped by s. s. "Clyde" against Contract No. 1225.

Mr. White. - Is anything wrong with the documents?

A. B. Nikitin. - You see, you haven't sent us a copy of the invoice and we can't therefore instruct the Bank to open a Letter of Credit.

Mr. White. - Haven't we? Please hold the line for a minute, I'll speak to the clerk who is dealing with this contrast. ... Are you there, Mr. Nikitin?

A. B. Nikitin. - Yes, I'm listening, Mr. White.

Mr. White. - I'm so sorry, Mr. Nikitin. The copy of the invoice was indeed left behind. We'll send it by air-mail straight away, I needn't tell you how sorry I am for the trouble we've caused you.

A. B. Nikitin. - It'll be all right, Mr. White, if we get the invoice tomorrow. Good-bye.

Mr. White. - Good-bye.

§ 34. СЛОВА И ВЫРАЖЕНИЯ К §§ 32-33

К §32

Письмо 1

to confirm подтверждать
telephone conversation of this morning (of today, of yesterday, of the 15th May etc.) телефонный разговор, состоявшийся сегодня утром (сегодня, вчера, 15 мая и т.д.)
to omit упустить (*в сочетании с инфинитивом или герундием другого глагола указывает на неисполнение действия, выраженного этим глаголом*): to omit to do (*или:* to omit doing) не сделать; we omitted to send (*или:* sending) you мы не послали Вам

Письмо 2

clerical канцелярский
error ошибка; *синоним:* mistake; through a clerical error из-за канцелярской ошибки
herewith (вместе) с этим письмом, при сем

to apologize просить извинения, извиняться; to apologize to somebody for something извиниться перед кем-л. за что-л.
inconvenience неудобство, беспокойство
to cause причинять

Письмо 3

portable переносный, передвижной
confirmation подтверждение
attention внимание
to draw (drew, drawn) привлекать (*внимание*); to draw (*или:* to call) somebody's attention to something обращать чьё-л. внимание на что-л.; we would like (*или:* we wish) to draw (*или:* to call) your attention to the fact that мы хотели бы обратить Ваше внимание на то, что
to notice заметить (*в смысле :* увидеть)
order confirmation (*или:* confirmation of the order) подтверждение заказа
nominal rating номинальная мощность
to indicate указывать b. h. p. - brake

horse power тормозная лошадиная сила
for order's sake для порядка

Письмо 4

typing error ошибка машинистки; through a typing error из-за ошибки машинистки, по вине машинистки
to point out указывать, обращать внимание; to point out that указывать на то, что; to point out to somebody указать кому-л., обращать внимание кого-л.

Письмо 5

cablegram телеграмма
to remind напоминать; to remind something напомнить кому-л. о чем-л.
promise обещание
additional дополнительный, добавочный
technical технический
data *(мн.ч.)* данные; technical data технические данные
concerning относительно, касательно
model модель
to describe описывать
to delay задерживать
reminder напоминание
to accept принимать
apology извинение; please accept our apologies примите, пожалуйста, наши извинения; to offer one's apologies приносить извинения
delay задержка
to be due to something быть вызванным чем-л.
pressure давление; pressure of work загруженность срочной работой; the delay was due to pressure of work in our Technical Department задержка была вызвана тем, что технический отдел был загружен срочной работой
useful полезный; to be (to prove) useful to somebody быть (оказаться) полезным для кого-л.
to require требовать; the data required by you требующиеся Вам данные

К § 33

to be engaged быть занятым
moment момент; at the moment в данный момент
shipping documents грузовые документы, погрузочные документы
wrong неправильный; is anything wrong with the documents? разве что-нибудь не в порядке с документами?
you see видите ли
to instruct somebody инструктировать кого-л., дать инструкции или поручение кому-л.
letter of credit аккредитив
to hold the line держать трубку (телефона); *синонимическое выражение*: to hold on
to deal with something заниматься чем-л., ведать чем-л.
indeed действительно, в самом деле
to leave something behind забыть что-л. *(в смысле:* не взять что-л. с собой, не послать что-л.*)*
straight away немедленно; *синонимы:* at once, immediately
I needn't tell you мне не нужно, нет нужды вам говорить
trouble беспокойство

§ 35. ПОЯСНЕНИЯ К §§ 32-33

¹ **We confirm** our telephone conversation. *Мы подтверждаем наш телефонный разговор.*

To confirm *подтверждать* и confirmation *подтверждение* следует отличать от acknowledge *подтверждать* и acknowledg(e)ment *подтверждение.*

To confirm и confirmation употребляются:

а) Для сообщения, что посланные письмо, телеграмма, инструкции и т.д. остаются в силе. В этом смысле to confirm и. confirmation употребляются для подтверждения своего же отправленного письма или своей же посланной телеграммы, для подтверждения телефонного разговора и т.д.; We confirm our telegram dated the 15th October. *Подтверждаем (т. е.: оставляем в силе) нашу телеграмму от 15 октября.* We confirm our telephone conversation. *Подтверждаем наш телефонный разговор.* In confirmation of our cable of the 15th October we are sending you ... *В подтверждение нашей телеграммы от 15 октября посылаем Вам ...*

б) Для выражения согласия с чем-л., для санкционирования, для признания правильности, для удостоверения чего-л.; We confirm your price and terms of payment. *Подтверждаем Вашу цену и Ваши условия платежа (т. е.: мы согласны с ними).* We confirm your figures. *Подтверждаем Ваши цифры (т. е.: мы считаем их правильными)* We are sending you our confirmation of your Order № 2265. *Посылаем Вам наше подтверждение Вашего заказа № 2265 (т. е.: посылаем Вам документ о согласии с условиями заказа и о принятии его к исполнению).*

To acknowledge и acknowledg(e)ment употребляются в деловой переписке главным образом для сообщения о факте получения писем, телеграмм и других документов и не выражают отношения автора к содержанию документа: We acknowledge (the) receipt of your letter of the 15th May. *Подтверждаем получение Вашего письма от 15 мая.* We enclose our cheque for £500 and request you to send us your acknowledgement. *Прилагаем наш чек на 500 фунтов стерлингов и просим Вас прислать нам Ваше подтверждение.*

² You omitted to enclose with your letter of the 15th August the invoice for the goods shipped by m. v. "Leninogorsk" against Order No. 2331. *Вы не приложили к Вашему письму от 15 августа счет - фактуру на товар, отгруженный теплоходом "Лениногорск" по заказу № 2331.*

Прямое дополнение the invoice к глаголу to enclose с тесно связанными с этим дополнением словами представляет собой большую группу слов (the invoice for the goods shipped by m. v. "Leninogorsk" against Order No. 2331), а предложное дополнение with your letter с относящимися к нему словами значительно меньшую группу слов (with your letter of the 15th August). Поэтому группа прямого дополнения стоит после группы предложного дополнения, а не непосредственно после глагола to enclose.

³ ... the inconvenience you have been caused (*или:* the inconvenience which you have been caused) ... ... *беспокойство, которое было Вам причинено* ...

В придаточном определительном предложении you have been caused опущено относительное местоимение which, служащее дополнением придаточного предложения.

§ 36. УПРАЖНЕНИЯ

I. Перепишите письма § 32 и переведите их на русский язык.

II. Ответьте на вопросы:

К § 32

Письмо 1

1. When did the telephone conversation between the Buyers and the Sellers take place?
2. Did the Buyers confirm their telephone conversation by letter or by cable?
3. What document did the Sellers omit to send with their letter of the 15th August?
4. What did the Buyers ask the Sellers to do?

Письмо 2

1. Did the Sellers enclose the invoice with their letter or did they send it under separate cover?

2. Which word in this letter shows that the invoice was enclosed with it?
3. What did the Sellers apologize to the Buyers for?

Письма 3, 4

1. What did the Buyers draw (*or* call) the Seller's attention to?
2. What error did the Buyers notice in the confirmation of their order sent by the Sellers?
3. Why did the Buyers ask the Sellers to acknowledge their letter?
4. How did the mistake occur?

Письмо 5

1. In which magazine was the Diesel Locomotive, Model 12AC, described?
2. What had the manufacturers promised to send Rossimport?
3. What did Rossimport do when they had not received the technical data in time?
4. When did Rossimport send a cable to the manufacturers reminding them of their promise?
5. Did the manufactures apologize to Rossimport for the delay in sending the required technical data?
6. How did the manufacturers explain the delay?

III Вставьте, где требуется, предлоги, и переведите на русский язык:

K § 30

Письма 1, 2

1. The Sellers apologized ... the Buyers ... the inconvenience caused them.
2. The invoice ... the goods was enclosed ... the Sellers' letter sent ... the Buyers ... air-mail.
3. We refer ... our conversation ... telephone ... Mr. A. B. Smith.
4. The goods ... Order No. 2331 will be shipped ... the Buyers ... s. s. "Olonetz".
5. ... a clerical error the documents were not attached ... the letter. They were sent ... separate cover.

Письма 3, 4

1. The Buyers pointed ... the mistake ... the Sellers.
2. I would like to draw your attention ... an error in your invoice dated ... the 15th October.
3. The number ... cases was indicated as 120 ... ... 125.

Письмо 5

1. We trust that the catalogue will prove useful ... you.
2. We shall be obliged if you will send us some information ... the movement ... prices ... coffee.
3. The delay ... the steamer was due ... a severe storm ... the Black Sea.
4. May we remind you ... your promise to send us a description ... this machine?

IV. Переведите на английский язык:

K § 30

Письма 1, 2

1. Посылаем Вам с этим письмом копию нашего письма фирме "А. Д. Браун энд Ко.", которую мы не приложили к нашему письму от 12 апреля. (*Употребите глагол* to omit)

2. Из-за канцелярской ошибки грузовые документы the shipping document) на товар, отправленный на п/х "Волоколамск", не были приложены к вашему письму от 15 мая. Они были высланы Вам в тот же день отдельным пакетом.

3. Мы подтверждаем нашу телеграмму № 1026, посланную Вам сегодня, согласно (according to) прилагаемой копии.

4. В подтверждение нашего телефонного разговора, состоявшегося сегодня утром, посылаем Вам с этим письмом подробное описание (a detailed description) автомобиля "Москвич" модели 2141.

5. Мы получили Ваше письмо от 18 ноября и подтверждаем Вашу цену и условия платежа.

6. Просим подтвердить по телефону получение грузовых документов.

7. Мы просим извинения (*или:* извиняемся) за причиненное вам беспокойство.

8. Мы получили Ваше письмо от 15 августа и сожалеем, что Вы не послали с ним копию чартер-партии на п/х "Клайд". (*Употребите глагол* to omit.)

9. Мы надеемся, что не причинили Вам какого-л. беспокойства.

Письма 3, 4

1. Для порядка просим подтвердить письмом (by letter) Вашу телеграмму № 1035.

2. Просим исправить (to correct) ошибку в нашем письме, датированном 15 мая, а именно: количество ящиков должно быть (the number of cases should be) 238, а не (and not) 258, как указано в нашем письме.

3. Мы хотели бы обратить Ваше внимание на то, что Вы прислали нам только один экземпляр коносамента (the Bill of Lading) вместо двух экземпляров.

4. Мы ссылаемся на наш разговор по телефону, состоявшийся 6 сентября, во время которого мы указали Вам на ошибку в Вашей фактуре на товар, погруженный на п/х "Волоколамск".

5. Мы заметили следующую ошибку в спецификации, приложенной к Вашему письму от 13 августа.

6. Из-за ошибки машинистки номер нашего заказа был указан как 2836 вместо 2336.

7. Благодарим Вас за то, что Вы обратили внимание на эту ошибку.

Письмо 5

1. Примите, пожалуйста, наши извинения за ошибку, которая, мы надеемся, не причинила Вам беспокойства.

2. Задержка была вызвана трудностью фрахтования (the difficulty of *или* in chartering) парохода.

3. Мы хотели бы напомнить Вам о Вашем обещании послать нам описание газовой турбины, которая была выставлена (to exhibit) Вашей фирмой на Брюссельской международной выставке (the Brussels International Exhibition).

4. Мы надеемся, что прилагаемые сведения окажутся Вам полезными.

5. Мы очень сожалеем, что мы не могли ответить ранее (earlier) на Ваше письмо от 5 мая.

6. Посылаем Вам отдельным пакетом требующиеся Вам каталоги.

7. Снова ссылаясь на наше письмо от 20 июня, мы посылаем Вам с этим письмом дополнительные технические данные, касающиеся (concerning) газовой турбины модели АВ12, описанной в нашем каталоге.

8. Если Вам потребуются дополнительные сведения, пожалуйста, сообщите нам немедленно.

9. Мы хотели бы напомнить Вам об обещании выслать нам экземпляр Вашего нового каталога.

10. Мы просим извинения за беспокойство, которое эта задержка причинила Вам.

11. Задержка в посылке (the delay in sending) Вам этой информации произошла из-за того, что наш завод был загружен срочной работой.

§ 37. CORRESPONDENCE IN CONNECTION WITH THE PURCHASE OF CAVIAR

Messrs. Brown & Co. Ltd., of 12 Moorgate Street, London, E. C. 2.,[1] were[2] interested in the purchase of caviar from Russia for immediate shipment as well as for shipment at regular intervals during 19 ... . On the 12th of January they[2] sent a letter to the Russian Chamber of Commerce, Moscow, asking to be informed of the name and address of the organization engaged in the export of caviar from Russia. (Letter 1). The Russian Chamber of Commerce forwarded the letter to V/O "Rossexport" and informed the company accordingly (Letter 2). On receipt of the letter V/O "Rossexport" informed Messrs. Brown & Co., Ltd., that they could not offer the company any caviar for immediate shipment, stating that they intended to begin negotiations for the sale of caviar of 19 ... preparation at the beginning of March. They therefore requested Messrs. Brown & Co., Ltd., to inform them of the quantities, the assortment and the time of shipment required by the company (Letter 3). In their reply Messrs. Brown & Co., Ltd., promised to send required information in a few days (Letter 4).

§ 38. LETTERS

1. London, 12th January. 19...
The Russian Chamber of Commerce,
Ul. Kuibysheva 6,
Moscow
Russia.

Dear Sirs,
We are interested in the purchase of Caviar of Russian origin for immediate shipment as well as for shipment at regular intervals during 19... . We shall appreciate it if you will inform us of the name and address of organization engaged in the export of this product from Russia.

We thank you in advance for your trouble.

                                                Yours faithfully,
                                                Brown & Co., Ltd.

2.   Moscow, 15th January, 19...
Messrs. Brown & Co., Ltd.,
12 Moorgate Street,
London, E. C. 2,
England.

Dear Sirs,

    We have received your enquiry of the 12th January and forwarded it to Vneshnetorgovoje Objedinenije "Rossexport", Smolenskaya-Sennaya 32/34, Moscow 200, who are the sole exporters of Caviar from the Russia and who, no doubt, will contact you direct.

                                             Yours faithfully,
                                             The Russian Chamber
                                                    of Commerce

3.
Air-Mail
Messrs. Brown & Co., Ltd.,
12 Moorgate Street,
London, E. C. 2,
England.

Dear Sirs,

    Your letter of the 12th January has been forwarded to us by the Russian Chamber of Commerce for reply. We thank you for your enquiry, but regret to inform you that at the present time we are not in a position [3] to offer you any Caviar with immediate shipment. As to Caviar for shipment at regular intervals during 19..., we wish to state that at the beginning of February we intend to start negotiations with our Customers for the sale of Caviar of 19... preparation. We shall be therefore obliged if you will let us know the quantities, the assortment and the time of shipment required by you and we shall be glad to send you our quotations.

                                                    Yours faithfully,
                                                    V/O "Rossexport"

                                            London, 18th January, 19...

4.
V/O "Rossexport"
Smolenskaya-Sennaya 32/34
Moscow 200,
Russia.

Dear Sirs,

We acknowledge with thanks receipt of your letter of the 16th January. We note ⁴ that at the beginning of February you intend to begin negotiations with your Customers for the sale of Caviar of 19... preparation. We shall be pleased to send you in a few days particulars concerning the quantities of Caviar, the assortment and the time of shipment required by us.

We hope that we shall have the pleasure of establishing business relations with your organization.

Yours faithfully,
Brown & Co., Ltd.

§ 39. CONVERSATION AT THE OFFICE

Secretary. - The Russian Chamber of Commerce has sent us this letter from a London company - Brown & Co., Ltd. They are interested in Caviar.

Manager *(reading the letter)*.- Are they in the Trade Directory?

Secretary. - Yes, they are. There are only three lines about them in the Directory, as Brown & Co., Ltd., are a private company.

Manager. - What's their share capital?

Secretary. - It's 20,000 pounds, fully paid. What shall I write to them?

Manager. - Write to them we can't offer any caviar now, but at the beginning of February we are going to start negotiations with our customers for the sale of caviar of the new catch. Ask them to let us know what quantities and what time of shipment they need. Send also an enquiry to the London Information Bureau about their financial position.

Secretary. - Very good. I'll write the letters at once.

§ 40. СЛОВА И ВЫРАЖЕНИЯ К §§ 37-39

К § 37

to be interested in something интересоваться чем-л.
purchase покупка
caviar (*или:* caviare) икра
shipment отгрузка, отправка *(морем; в США обозначает также отправку по железной дороге или другим видом транспорта);* for (*или:* with) immediate shipment с немедленной отгрузкой, для немедленной отгрузки
regular регулярный, равномерный, постоянный
interval интервал, промежуток времени; at regular intervals через равные промежутки времени
chamber of commerce торговая плата; the Russian Chamber of Commerce Российская торговая палата
to be engaged in something заниматься чем-л.; an organization engaged in the export of caviar организация, занимающаяся экспортом икры
to forward пересылать, направлять, отправлять *(при глаголе to forward дополнение на вопрос: кому? всегда стоит с предлогом* to); to forward to somebody направить кому-л.
accordingly соответственно, соответствующим образом

to offer предлагать; делать предложение, давать оферту; to offer somebody something (*или*: to offer something to somebody) предложить кому-л. что-л.
to intend намереваться
negotiations переговоры (о чем-л. - for something); to begin (*или:* to start) negotiations начинать переговоры; to carry on (*или:* to conduct) negotiations вести переговоры
sale продажа
preparation приготовление, изготовление; выработка; подготовка
assortment ассортимент

К § 38

Письмо 1

enquiry (*или:* inquiry) запрос (*просьба прислать сведения, дать объяснения и т. д.*)
origin происхождение; of Russian origin происхождением из России
product продукт
in advance заранее

Письмо 2

sole единственный
exporter экспортер
no doubt = there is no doubt несомненно, нет сомнения
direct (*или:* directly) прямо, непосредственно

Письмо 3

to be in a position быть в состоянии

customer покупатель, клиент
to let somebody know something сообщить кому-л. что-л., дать знать кому-л. о чем-л.; *синонимичное выражение:* to inform (*или:* to advise) somebody of something
time of shipment срок отгрузки
quotation котировка, цена

Письмо 4

to note отметить принять к сведению
particulars подробности
to establish устанавливать

К § 39

directory справочник, указатель; trade directory справочник о фирмах, указатель фирм
private company частная (*или:* закрытая) акционерная компания (*имеет ограниченное число акционеров с ограниченным правом на передачу своих акций; не имеет права объявлять публичную подписку на акции; не обязана публичной отчетностью*)
share capital акционерный капитал
fully полностью, сполна; fully paid полностью оплаченный
catch улов
to need something нуждаться в чем-л.; we need (*или:* we require) something мы нуждаемся в чем-л., нам требуется что-л.
financial финансовый

§ 41. ПОЯСНЕНИЯ К §§ 37-38

[1] Messrs. Brown & Co., Ltd., of 12 Moorgate Street, London ... *Фирма "Браун энд Ко. Лимитед", адрес которой 12 Мургейт Стрит, Лондон ...*
   Когда после названия фирмы или организации следует предлог of с подробным адресом, то of имеет значение *адрес которого (которой)*. Если после of следует только название города то of означает *находящийся (-щаяся, -щееся) в* или *из:* Messrs. Brown &Co., Ltd., of London ... *Фирма "Браун энд Ко. Лимитед", находящаяся в Лондоне* (или: *из Лондона*) ... Перед названием города of часто опускается.

[2] Messrs. Brown & Co., Ltd., ... were interested ... They sent a letter ... asking to be informed ... *Фирма "Браун энд Ко. Лимитед" интересовалась ... Она послала письмо ... с просьбой сообщить ей ...* ... V/O "Rossexport" informed Messrs. Brown & Co., Ltd., that they could not offer the Company ... ... *В/О "Россэкспорт" известило фирму "Браун энд Ко. Лимитед", что оно не может предложить компании ...*

Названия отдельных организаций (V/O "Prodexport", the Russian Chamber of Commerce, Midland Bank, Limited и т.п.) часто рассматриваются как существительные во мн. числе. Они заменяются местоимениями they, their, them. Если название организации служит подлежащим, то сказуемое употребляется во мн. числе. V/O "Prodexport" are the sole exporters of caviar from Russia. *В/О "Продэкспорт" является единственным экспортером икры из России.*

Когда названия организаций рассматриваются как существительные во мн. числе, то относящиеся к ним придаточные определительные предложения вводятся местоимением who, to which, with which и т.д.) : V/O "Rossfracht", who have chartered this steamer, will send you a copy of the Charter-Party. *В/О "Россфрахт", которое зафрахтовало этот пароход, вышлет Вам копию чартер-партии.* We have forwarded your letter to V/O "Rossfracht", with whom we ask you to communicate direct. *Мы переслали Ваше письмо В/О "Россфрахт", с которым просим Вас снестись непосредственно.*

Названия организаций, начинающиеся со слова Messrs., всегда являются существительными во множественном числе.

Существительные company *компания* и firm *фирма* рассматриваются либо как существительные в ед. числе, либо (реже) как существительные во мн. числе. В первом случае придаточные определительные предложения, относящиеся к company и firm, вводятся местоимением which со сказуемым в ед. числе: We have received this information from a company (a firm) which is engaged in the sale of timber. *Мы получили эти сведения от одной компании (фирмы), которая занимается продажей леса.*

³ ... we are not in a position to offer you any caviar ... ... *мы не можем (или: мы не в состоянии) предложить Вам икру...*

Выражение to be in a position обычно употребляется в отрицательной и вопросительной форме; в утвердительной форме употребляется can или (реже) to be able: We can offer you *мы можем предложить Вам.*

⁴ We note that you intend to begin negotiations ... *Мы приняли к сведению, что Вы намереваетесь начать переговоры ...*

Глаголы to note *отмечать, принимать к сведению,* to learn *узнавать,* to hear *слышать,* to find *обнаруживать, находить* и некоторые другие часто употребляются в Present Indefinite со значением Present Perfect; Present Indefinite в этом случае переводится на русский язык глаголом в прошедшем времени.

§ 42. УПРАЖНЕНИЯ

I. Перепишите письма § 38 и переведите их на русский язык

II. Ответьте не вопросы:

К § 38

Письмо 1

1. What goods did Messrs. Brown & Co., Ltd., intend to buy?
2. Wh(o)m did the company send an enquiry to?
3. What name and address did the company ask the Russian Chamber of Commerce to send them?

Письмо 2

1. What did Russia Chamber of Commerce do with the letter received from the company?
2. Who are the sole exporters of caviar from Russia?

Письмо 3

1. Did Rossexport receive the enquiry direct from the company?
2. Could Rossexport offer the company any caviar with immediate shipment?
3. When did Rossexport intend to start negotiations for the sale of caviar of 19... preparation?
4. What particulars did Rossexport want to receive from the company?

III. Вставьте, где требуется предлоги и переведите на русский язык:

К § 37

1. We have received the letter ... Messrs. Smith & Co. ... 15 High Street, London.
2. Please inform us ... the names and addresses ... some companies engaged ... the manufacture ... Diesel Locomotives.
3. We are interested ... the purchase ... Coffee ... immediate shipment.
4. The goods will be shipped ... regular intervals ... 19 ... .
5. ... the beginning ... January we intend to begin negotiations ... the sale ...Timber ... shipment ... St.Petersburg.

К § 38

Письма 1, 2

1. We thank you ... advance ... your trouble.
2. We intend to buy large quantities ... Manganese Ore ... Russian origin.
3. We have forwarded your letter ... the Manchester Chamber of Commerce who will contact ... you direct.
4. We cannot make you an offer ... Oil ... shipment ... May.

Письма 3, 4

1. ... reply ... you enquiry ... the 20th May we have pleasure ... offering you Caviar ... immediate shipment.
2. Please let us know ... the quantity ... Timber and the time ... shipment required ... you.
3. We will send you ... a few days some technical data ... the new models ... machines exporter ... our organization.
4. We hope that we shall have the pleasure ... seeing you ... the Fur Auction (аукцион пушнины) ... St.Petersburg.
5. We have pleasure ... informing you that the M. V. "Leninogorsk" arrived ... London yesterday.

IV. Переведите на английский язык:

К § 37

1. В настоящее время мы интересуемся покупкой 500 тонн каучука (rubber) с отгрузкой в октябре и ноябре этого года.

2. Просим сообщить нам название и адрес российской организации, занимающейся экспортом сельскохозяйственных комбайнов (harvesting combines).

3. С сожалением сообщаем Вам, что в настоящее время мы не можем вести с Вами переговоры о продаже хромовой руды (chrome ore) с немедленной отгрузкой.

4. Мы получили Ваше письмо от 16 августа и направили его нашему председателю г-ну Д.В. Петрову, который сейчас находится в Лондоне.

5. Мы интересуемся получением этих товаров через равные промежутки времени в течении 19... г.

6. Ссылаясь на Ваш запрос от 25 ноября на 5 компрессоров (compressors), просим сообщить нам нужный Вам срок отгрузки.

К § 38

Письма 1, 2

1. Российская торговая палата переслала нам Ваше письмо от 10 мая. В соответствии с Вашей просьбой посылаем Вам в отдельном пакете наш последний каталог тракторов (tractors).

2. Манчестерская торговая палата сообщила нам, что Вы являетесь производителями (manufacturers) машин для кондитерской промышленности (for the confectionery industry). Мы являемся единственными импортерами (importers) таких машин в России и были бы признательны, если бы Вы прислали нам Ваши иллюстрированные каталоги и прейскуранты.

3. Мы интересуемся покупкой химикатов (chemicals), перечисленных (to specify) в прилагаемом списке (on the list enclosed). Мы полагаем, что Вы имеете эти химикаты на складе (in stock) и что они могут быть немедленно отгружены.

Письма 3, 4

1. Благодарим Вас за Ваше письмо от 16 августа. Мы приняли к сведению, что товары по контракту № 1215 будут отправлены (to despatch) в С.Петербург в начале сентября и что через несколько дней Вы сообщите нам название парохода и дату отгрузки.

2. Торговое Представительство России в Лондоне (the Trade Delegation of Russia in London) сообщило нам, что Вы являетесь единственными экспортерами икры и рыбных консервов (canned fish) из России. Наша компания занимается в течении многих лет продажей этих продуктов гостиницам и ресторанам (hotel and restaurants) на южном побережье (south coast) Англии. Мы интересуемся поэтому покупкой этих товаров непосредственно в России. Мы очень хотели бы установить с Вами деловые отношения, и если бы Вы пожелали (if you should so desire) наш директор мистер А.М.Смит был бы готов приехать в Москву, чтобы вести с Вами переговоры о покупке икры и рыбных консервов.

3. Подтверждаем с благодарностью получение Вашего письма от 1 июня, в котором Вы сообщили нам, что председатель Вашей компании г-н А.Б.Ларсен (A.B.Larsen) собирается полететь (to fly) в Москву в конце следующей недели, чтобы вести с нами переговоры о продаже советских автомобилей на шведском рынке (on the Swedish market). Мы будем Вам признательны, если Вы сообщите телеграммой о дне полета (flight) г-на Ларсена в Москву для того, чтобы мы встретили его в аэропорту (at the airport). В соответствии с Вашей просьбой мы Вам послали сегодня отдельным пакетом 10 экземпляров нашего последнего каталога автомобилей и мотоциклов.

К § 39

Секретарь. - Вот письмо от "Лэйтон энд Компани Лимитед" (Layton and Company, Limited) из Лондона. Они спрашивают, может ли их директор мистер Лэйтон приехать в Москву для переговоров о покупке икры и рыбных консервов (canned fish).

Заведующий. - Напишите им, что, поскольку товарищ Петров сейчас в Лондоне, мистер Лэйтон мог бы встретиться с ним там. Пошлите им адрес Торгпредства в Лондоне, по которому (at which) они могли бы снестись с ним. Пошлите товарищу Петрову копию этого письма и копию нашего ответа.

Секретарь. - Послать ли фирме образцы рыбных консервов?

Заведующий. - Не надо (There's no need). Они сумеют получить их в Лондоне из образцов, посланных на п/х "Свирь". Пошлите товарищу Петрову 20 банок лососины (tins of salmon) из ящика, полученного вчера из Владивостока. Посмотрите (look it up), пожалуйста, в торговый справочник Лондона. Какой капитал имеет "Лэйтон энд Компани"?

Секретарь. - Я сейчас принесу справочник... Их акционерный капитал - 40000 фунтов стерлингов, полностью оплаченный. Тут очень мало сказано о них. Послать ли мне запрос Торговой справочной конторе в Лондоне?

Заведующий. - Не надо. Товарищ Петров получит все необходимые сведения в Лондоне.

Глава V

ПРОСТЫЕ КОММЕРЧЕСКИЕ ПИСЬМА
(продолжение)
SIMPLE COMMERCIAL LETTERS
(Continued)

§ 43. CORRESPONDENCE CONNECTED WITH AN INVITATION OF A REPRESENTATIVE OF A FOREIGN FIRM TO MOSCOW

1. London, 15th July, 19...

V/O "Rossimport",
Moscow.
Dear Sirs,

We refer to the recent discussions we had with Mr. S. Stepanov of the Trade Delegation of Russia in London on the possibility of our supplying V/O "Rossimport" with machines manufactured by our company and distributing Russian Machine Tools in Great Britain.

To examine this matter [1] in detail, our Managing Director Mr. James Robinson is prepared to travel to Moscow at the beginning of August, 19..., and have personal discussions with members of Rossimport.

At the suggestion of Mr. Stepanov we enclose a list of points which we would like to be discussed in Moscow.

We look forward with interest to your reply.

Yours faithfully,
. . . .

Enclosure.

2. Moscow, 18th July, 19..

Dear Sirs,

We thank you for your letter of the 15th July on the possibility of developing mutual trading relations between your company and V/O "Rossimport".

We shall be very pleased to meet your Managing Director Mr. James Robinson and negotiate with him here in Moscow.

As to the time of Mr. Robinson's visit, we regret that our Vice-President Mr. V.D. Ivanov and the Manager of our Export Department Mr. M. G. Petrov, who are dealing with this matter, will be away from Moscow at the beginning of August. We suggest therefore that Mr. Robinson should visit Moscow ² after the 15th August if this time is convenient for him.

We should be obliged for an early reply.

Yours faithfully,

. . . .

London, 22nd July, 19 ...

3.
Dear Sirs,

We have received with pleasure your letter dated the 18th July in response to ours of the 15th July concerning the development of mutual business relations between V/O "Rossimport" and ourselves.

We greatly appreciate your invitation to Mr. J. Robinson to visit you for the purpose of discussing this matter. The time of the visit suggested by you, viz. after the 15th August, is quite convenient for us. Mr. Robinson proposes flying to Moscow about the 20th August ³, and we will advise you of the exact date after his flight has been arranged.

Yours faithfully,

. . . .

§ 44. TELEPHONE CONVERSATION

Mr. Smith. - Is that the Trade Delegation of Russia?
Operator. - Yes, it is.
Mr. Smith. - Put me through to Mr. Petrov's office, please.
Secretary. - Mr. Petrov's secretary speaking.
Mr. Smith. - My name is Mr. Smith. I'd like to speak to Mr. Petrov.
Secretary. - I am sorry, but Mr. Petrov isn't available at the moment. Would you like to leave a message for him?
Mr. Smith. - I have an appointment with Mr. Petrov for 2 o'clock this afternoon, but I am sorry I can't come today. I must go to Paris on business and I'll be back only on Friday morning. Can Mr. Petrov see me at two o'clock on Friday afternoon instead of today?
Secretary. - As far as I know, Mr. Petrov hasn't got any engagement for Friday afternoon, but I must speak to him before I can give you a definite answer. Will you leave your telephone number with me?
Mr. Smith. - Yes, certainly, I'll leave you the telephone number on which you can contact my secretary. It's London Wall 2230 (double two three oh), extension 21 (two one).
Secretary. - I beg your pardon. Will you spell the exchange, please?

Mr. Smith.- I'll spell the first three letters that you must dial: L for London, o for orange, n for nobody.

Secretary.- Thank you very much, Mr. Smith. Just to make sure I'd like to repeat the number. It's Lon 2230 extension 21. I'll contact your secretary when I've spoken to Mr. Petrov.

Mr. Smith. - Thank you. Good-bye.

Secretary.- Good-bye, Mr. Smith.

§ 45. LETTERS EXPRESSING GRATITUDE FOR ASSISTANCE AND HOSPITALITY

1.   London, 28th August, 19...

Dear Mr. Ivanov,

Having returned home from Moscow, I would like [4] to thank you and your associates for the hospitality and kindness shown me during my stay there.

Following the conversation I had with you [5] finally in Moscow on the 26th August, I look forward to receiving your offer for the various machines selected by me for which, I believe, there should be [6] a good demand in this country [7].

I had a most pleasant and interesting trip and trust if you should come [8] to England that I can be of similar assistance to you.

Yours very sincerely,

. . . .

2.   London, 14th May, 19...

Dear Sirs,

With reference to the visit Mr...., Director of ..., and Mr..., Chief Engineer of ..., had the pleasure of paying [9] you on the 12th May, we would like to thank you for the assistance and hospitality afforded them and for your kindness in showing them round your works.

We look forward to further co-operation with you in the future.

Yours faithfully,
Trade Delegation
of Russia in the U.K.

§ 46. СЛОВА И ВЫРАЖЕНИЯ К §§ 43 - 45

К § 43

Письмо 1
possibility возможность

to supply снабжать, поставлять; **to supply somebody with something** (*или:* **to supply something to somebody**) снабжать кого-л. чем-л., поставлять кому-л. что-либо.

recent недавний, последний
discussion(s) обсуждение; переговоры; *синоним:* negotiations переговоры
to distribute *здесь:* продавать (*многим покупателям*)
machine-tool станок
to examine рассматривать, изучать
in detail подробно, детально
managing director директор-распорядитель (*в письмах и документах пишется с прописных букв*)
to be prepared быть готовым, быть согласным
personal личный
member *здесь:* работник
suggestion предложение (*в смысле : совет, рекомендация*); at the suggestion of somebody по предложению кого-л.
list список
point пункт, вопрос
to look forward to something ожидать чего-л. (*обычно чего-л. интересного, приятного; после предлога to следует существительное или герундий*); we look forward with interest to your reply ожидаем с интересом Вашего ответа; we look forward with pleasure to meeting you (to receiving your offer) мы ожидаем с удовольствием встречи с Вами (получения Вашей оферты)

Письмо 2.

to develop развивать
mutual взаимный
trading relations торговые отношения
to negotiate with somebody for something вести переговоры с кем-л. о чем-л.
as to что касается, касательно, относительно
visit посещение, визит; a visit to Moscow посещение Москвы
vice-president заместитель председателя (*в письмах и документах пишется с прописных букв V и P*)
manager заведующий, директор (*конторы, в письмах и документах пишется с прописной буквы*)
to be away отсутствовать; to be away from Moscow не быть в Москве
to suggest предлагать (*в смысле: советовать, рекомендовать*)
convenient удобный (*для кого-л. - for somebody*)
to await something ожидать чего-л.; *синоним:* to wait for something

Письмо 3

response ответ; *синонимы:* answer, reply; in response to = in answer to, in reply to
concerning относительно, касательно
business relations деловые отношения
ourselves = us
greatly очень, весьма
we appreciate your invitation мы благодарны за Ваше приглашение, мы признательны за Ваше приглашение
invitation приглашение
purpose цель; for the purpose of doing something с целью сделать что-л.
viz. (*сокращение слова* videlicet) а именно (*читается:* namely)
to propose предполагать, намереваться; to propose doing (*или:* to do) something намереваться сделать что-л.
exact точный
flight полет, поездка самолетом
to arrange устраивать, договариваться

K § 44

I'd like to speak = I should (would) like to speak
office контора, канцелярия
to be available быть в наличии, быть доступным; Mr. Petrov isn't available at the moment г-на Петрова сейчас нет
appointment свидание, встреча; to have (to make) an appointment for 2 o'clock иметь (назначить) свидание на 2 часа
on business по делу
as far as I know насколько мне известно
engagement назначенная встреча, назначенное свидание, приглашение; Mr. Petrov hasn't any engagement for Friday afternoon у г-на Петрова ничего не назначено на пятницу во второй половине дня
definite определенный
to leave something with somebody оставить что-л. у кого-л.
London Wall *название одной из районных телефонных станций в Лондоне*
extension 21 добавочный (номер) 21
exchange телефонная станция
I'll spell the first three letters я назову вам первые три буквы
to dial набирать (*буквы и цифры на автоматическом телефонном аппарате*)
to make sure удостовериться, убедиться (*в чем-л. - of something*)

К § 45

Письмо 1

associate *здесь:* коллега, сотрудник
hospitality гостеприимство
kindness любезное отношение, любезность
to show *здесь:* оказывать
stay пребывание
pleasant приятный
trip поездка
similar подобный, подобного рода, аналогичный
assistance помощь, содействие
to render оказывать; to render somebody assistance (*или:* to render assistance to somebody) оказывать кому-л. содействие, помощь
following после, вслед за; following the conversation после разговора
finally *здесь:* в последний раз
offer предложение, оферта; offer for (*или:* of) wheat предложение на пшеницу
various различный; *синоним:* different
demand спрос (*на* - for)

Письмо 2

chief engineer главный инженер (*в письмах и документах пишется с прописных букв*)
to pay a visit нанести визит
to afford оказывать; to afford somebody assistance (*или:* to afford assistance to somebody) оказать кому-л. содействие, помощь; *синонимическое выражение:* to render assistance
works (*со значением как ед., так и мн. ч.*) завод(ы)
co-operation (*или:* cooperation) сотрудничество
future будущее; in the future в будущем

§ 47 ПОЯСНЕНИЯ К §§ 43 - 45

[1] To examine this matter ... Чтобы обсудить *это дело*...
Инфинитив to examine употреблен здесь в функции обстоятельств цели.

[2] ...and suggest that Mr. Robinson should visit Moscow after the 15th August ... и предлагаем, чтобы мистер Робинсон посетил *Москву после 15 августа*

В дополнительном придаточном предложении, зависящем от глагола to suggest *предлагать*, сказуемое выражается формой сослагательного наклонения - сочетанием should с инфинитивом со всеми лицами ед. и мн. числа. Союз that в этом случае переводится на русский язык союзом *чтобы*, а сочетание should с инфинитивом - формой прошедшего времени.

Наряду с сочетанием should с инфинитивом в деловой переписке часто употребляется форма сослагательного наклонения, совпадающая с формой инфинитива без частицы to: We suggest that Mr.Robinson visit (вместо : should visit) Moscow.

Сочетание should с инфинитивом употребляется таким же образом в дополнительных придаточных предложениях, зависящих от глаголов to propose *предлагать*, to insist *настаивать*, to demand, to require *требовать*, to advise, to recommend *советовать, рекомендовать*, to agree *соглашаться, договариваться*, to arrange *договариваться* и некоторых других.

[3] Mr. Robinson proposes flying to Moscow about the 20th August. *Г-н Робинсон предполагает вылететь в Москву приблизительно 20 августа.*

Перед сочетанием наречия about с обозначением дат предлог on опускается.

[4] I would like to thank you. *Я хотел бы поблагодарить Вас.*

Форма would like с первым лицом ед. и мн. числа употребляется в Англии наравне с формой should like.

5 ... the conversation I had with you ... = ... the conversation which I had with you ...

6 ... for which there should be a good demand ... *на которые должен иметься (или: должно быть, имеется) хороший спрос.*
   Сочетание should с инфинитивом употреблено здесь для выражения предположения, которое автор письма считает правдоподобным. В этом случае should с инфинитивом переводится на русский язык сочетанием *должен* с инфинитивом *(должен иметься)* или сочетанием *должно быть* с глаголом в настоящем времени *(должно быть, имеется).*

7 ... in this country ... ... в Англии ...
   Сочетание this country употребляется для обозначения страны, в которой находится автор письма во время его составления или говорящий в момент речи.

8 ... if you should come to England ... ... *если Вы приедете в Англию (или: если Вам случится быть в Англии) ...*
   Should в сочетании с инфинитивом без частицы to употребляется со всеми лицами ед. и мн. числа в придаточных предложениях условия I и II типа для выражения предположения, относящегося к будущему. По сравнению с Present и Past Indefinite сочетание should с инфинитивом придаёт предположению оттенок меньшей вероятности.

9 ... the visit Mr. A. had a pleasure of paying you ... ... *визит, который г-н А. имел удовольствие нанести Вам ...*
   Глагол to have в выражении to have the pleasure of с последующим герундием употребляется в прошедшем времени (как в данном примере) или в будущем времени: We hope we shall have the pleasure of meeting you at the St.Petersburg Fur Auction. *Мы надеемся, что мы будем иметь удовольствие встретиться с Вами на пушном аукционе в С.Петербурге.*
   В настоящем времени to have обычно употребляется в выражении to have pleasure in с последующим герундием: We have pleasure in informing you... *С удовольствием сообщаем Вам...*

§ 48. УПРАЖНЕНИЯ

I. Перепишите тексты писем §§ 43 и 45 и переведите их на русский язык.

II. Ответьте на вопросы:

К § 43

Письмо 1

   1. Whom had the representatives of the company had discussions with before writing this letter to Rossimport ?
   2. What was the subject of the discussions ?
   3. For what purpose was Mr. Robinson prepared to travel to Moscow ?
   4. What post (or position) does Mr. Robinson occupy in the company ?
   5. When was Mr. Robinson prepared to travel to Moscow ?
   6. What had Comrade Stepanov suggested to the representatives of the company ?

Письмо 2

1. Did Rossimport agree to meet Mr. Robinson and have personal discussions with him in Moscow ?
2. Was the time of the visit suggested by the company convenient for Rossimport ?
3. Why wasn't that time convenient for Rossimport ?
4. What time for the visit did Rossimport suggest ?

Письмо 3

1. Did the company confirm the time for Mr. Robinson's visit suggested by Rossimport ?
2. When did Mr. Robinson propose flying to Moscow ?
3. When did the company promise to advise Rossimport of the exact date of Mr. Robinson's visit ?

К § 45

Письмо 1

1. What did Mr. Robinson thank Mr. Ivanov for ?
2. When did the final discussion between Mr. Ivanov and Mr. Robinson take place in Moscow ?
3. What kind of offer does Mr. Robinson expect to receive from V/O "Rossimport" ?
4. Does Mr. Robinson think that there is a demand in England for the machines selected by him ?
5. Is Mr. Robinson satisfied with his trip ?

III. Вставьте, где требуется, предлоги и переведите на русский язык:

К § 43

Письмо 1

1. ... the suggestion ... the Trade Delegation ...Russia. ... London we are sending you a list ... machines manufactured ... our company.
2. The question will be examined ... detail ... the conference which will take place ... the beginning ... May.
3. We look forward ... pleasure ... our discussion ... the possibility ... distributing our machines ... England.

Письмо 2

1. We await ... you reply ... interest (or We are waiting ... your reply).
2. We have sent your letter ... V/O "Rossexport" who deal ... such matters.
3. The time ... the visit suggested ... you is quite convenient ... us.

Письмо 3

1. Please advise us ... cable ... the name ... the steamer.
2. ... response ... your cable dated ... the 15th May ... we have pleasure ... informing you that the goods ... Contract No. 1225 were shipped ... the 14th May.

К § 45

Письмо 1

1. There is a good demand ... these goods ... Sweden.
2. I shall be glad to render ... you assistance when you come ... this country.
3. I wish to thank you ... your hospitality.
4. We shall be glad to receive your offer ... the machines selected ... us ... our visit ... Moscow.

Письмо 2

1. We had the pleasure ... visiting the Russian Pavilion ... the Brussels International Exhibition.
2. We have pleasure ... advising you that the m.v. "Leninogorsk" arrived ... London yesterday.
3. We very much appreciate ... the hospitality and assistance afforded ... us.

IV. Переведите на английский язык:

К § 43

Письмо 1

1. По предложению мистера А.Д. Брауна посылаем Вам каталог автомобилей, экспортируемых В/О "Автоэкспорт".
2. Мы готовы обсудить с Вами вопрос о возможности экспорта этих автомобилей в Англию.
3. Наш председатель г-н М.Н. Иванов готов поехать в Англию, чтобы подробно обсудить с Вами этот вопрос.
4. Ожидаем с удовольствием встречи с мистером А.Д. Брауном в Москве.
5. Мы можем поставлять Вашей компании станки согласно прилагаемому списку в обмен на машины (in exchange for machines), которые производит Ваша компания.
6. Мы ссылаемся на переговоры, которые мы имели на прошлой неделе с председателем Вашей компании мистером А.Д. Брауном.
7. Мы можем поставлять Вашей компании различные станки, которые выпускают (to produce) заводы России.
8. Мы с удовольствием ожидаем встречи с Вами в Лондоне.
9. Мы ожидаем с интересом Вашего ответа на наше письмо от 10 мая.

Письма 2, 3

1. Мы очень признательны за приглашение посетить Ваш завод в Шеффилде.
2. Мы будем рады встретиться с мистером А.Д. Брауном и обсудить с ним вопрос о перспективах (prospects) развития торговых отношений между Вашей компанией и В/О "Россимпорт".
3. Наш председатель г-н Д.В. Петров предполагает вылететь в Лондон 20 ноября и встретиться с г-ном А.Д. Брауном 21 ноября, если это время удобно для Вас.
4. К сожалению (или: Мы сожалеем, что), нашего председателя г-на Д.В. Петрова не будет в Москве в начале сентября.
5. Мы сообщим Вам телеграммой о предполагаемой дате отъезда г-на Д.В. Петрова из Москвы.

6. Мы предлагаем, чтобы Вы отложили (to postpone) Ваш визит до возвращения нашего председателя г-на Д.В. Петрова в Москву.

7. Воздушной почтой Москва, 14 мая 19.. г.

Благодарим Вас за Ваше письмо от 12 мая в ответ на наше письмо от 10 мая по вопросу о товарообменных сделках (barter transactions) между Вашей компанией и В/О "Россимпорт".

Сообщаем Вам, что наш председатель г-н Д.В. Петров сейчас находится в Лондоне. Мы посылаем сегодня копию Вашего письма г-ну Д.В. Петрову и предлагаем, чтобы Вы снеслись с ним по адресу* Торгового Представительства России в Англии, а именно Westfield, 32 Highgate West Hill, London, и встретились с ним, чтобы обсудить вопрос, упомянутый в Вашем письме.

8. Шеффилд, 16 мая 19.. г.

Г-ну Д.В. Петрову,
Председателю В/О "Россимпорт", Москва
по адресу: Торгпредство России в Англии
Westfield, 32 Highgate West Hill, London

Мы прилагаем копию письма от 14 мая, полученного нами от В/О "Россимпорт" в ответ на Ваше письмо от 12 мая, копию которого, как мы полагаем, Вы уже получили из Москвы.

Г-н К.Д. Грин (K.D. Green), директор нашей компании, и нижеподписавшийся (the writer) предполагают быть в Лондоне 20 мая и, если у Вас не назначено другое дело (if you have no other engagement), будут рады посетить Вас в любой час в этот день.

Харрис энд Грин Лимитед
(Harris and Green, Limited)
А.А. Харрис
Председатель

9. Лондон, 17 мая 19.. г.

Я с удовольствием получил Ваше письмо от 16 мая с приложенной к нему копией письма В/О "Россимпорт" от 14 мая. Я также получил из Москвы копию Вашего письма от 12 мая, адресованное Вами В/О "Россимпорт".

Я буду очень рад встретиться с г-ном А.А. Харрис и г-ном К.Д. Грин. Я сожалею, однако, что 20 мая меня не будет в Лондоне. Я возвращусь в Лондон 21 мая утром и буду рад встретиться с ними в помещении торгпредства в тот же день в 2 часа дня, если, разумеется (of course), это удобно для Вас.

Д.В. Петров
Председатель В/О "Россимпорт"

10. Шеффилд, 18 мая 19.. г.

Благодарим Вас за Ваше письмо от 17 мая. Господин Грин и нижеподписавшийся (the writer) будут рады посетить Вас 21 мая в 2 часа дня, и мы искренне (sincerely) надеемся установить деловые отношения с В/О "Россимпорт".

С удовольствием ожидаем нашей встречи с Вами в Лондоне.

Харрис энд Грин Лимитед
А.А. Харрис
Председатель

---

* См.§ 12

11. Воздушной почтой   Шеффилд, 18 мая 19.. г.

В/О "Россимпорт"
    Москва

   Ссылаясь на Ваше письмо от 14 мая, мы посылаем Вам при этом письме копии писем, которыми мы обменялись (exchanges by us) с г-ном Д.В. Петровым, председателем В/О "Россимпорт". Мы намерены посетить г-на Петрова 21 мая и надеемся, что в результате (as a result) наших переговоров мы сумеем установить деловые отношения с Вашей организацией.

                                      Харрис энд Грин Лимитед
                                      А.А. Харрис
                                      Председатель

К § 45

Письма 1, 2

   1. Я хотел бы поблагодарить Вас за помощь, оказанную мне во время моего пребывания в Лондоне.
   2. Мы полагаем (to believe), что на эти машины должен быть хороший спрос в Вашей стране.
   3. Я имел удовольствие встретиться с Вами в сентябре 19.. г. на пушном аукционе в С.Петербурге (the St.Petersburg Fur Auction).
   4. Мы будем рады оказать Вам подобного рода содействие, если Вы когда либо приедете в Москву.
   5. Благодарим Вас за гостеприимство и помощь, оказанные г-ну М.Г. Никитину во время посещения им Вашего завода.
   6. Мы надеемся, что наши переговоры будут содействовать (to contribute) развитию деловых отношений между нашими организациями.

Глава VI

ЗАПРОСЫ И ПРЕДЛОЖЕНИЯ
ENQUIRIES AND OFFERS

§ 49. ENQUIRIES

When a Buyer wants to know at what price and on what terms he could buy the goods required by him, he usually sends out enquiries to firms, companies or organizations manufacturing such goods or dealing in them. Often the Buyer asks the Seller to send him illustrated catalogues, price lists or other publications and, if possible, samples or patterns of the goods he is interested in. When asking the Seller to send him a quotation (*or* to make him an offer), the Buyer gives as far as possible a detailed description of the goods required by him.

§ 50. SOME OF THE EXPRESSIONS USED IN ENQUIRIES FOR CATALOGUES, BROCHURES ETC. AND IN ANSWERS TO SUCH ENQUIRIES

1. We learn from [1] (*or* have been informed by) ... that you are manufacturers (*or* exporters) of ...
2. We are indebted for your address to Messrs. Smith & Co., Ltd, who have informed us that you are manufacturers (*or* exporters) of ...
3. We have seen your advertisement (*or* We refer to your advertisement) in ...
4. We are interested in ... advertised by you in ...
5. We shall be obliged if you will send us your latest catalogues, brochures or any other publications containing a description of the following machines.
6. We are pleased to enclose our latest catalogue illustrating our range of Machine-Tools (*or* Generators, Compressors etc.) which we trust you will find useful.
7. We enclose for your information single copies of our Brochure No. 5068 and Leaflet No. 1235 covering ... which we trust you will find useful.

8. In compliance with your request we have pleasure in sending you in duplicate (*or* in triplicate) a description of our ... now being supplied by us to a number of countries in Europe and Asia.

9. We regret to advise you that our catalogue of ... is out of print. A new impression is being printed (*or* is in the press) now and as soon as the catalogues are available, we will send you some copies.

10. We regret that we have no publications for the machines mentioned by you.

11. The catalogues will only be printed after the service tests are completed.

12. The type of machine to which you refer is under re-designing and therefore no catalogues are available as yet.

13. We shall be glad to answer any additional questions you may ask.

14. If you require further copies of this catalogue (*or* publication, brochure) or if there are any details on which you desire to receive information, please do not hesitate to write to us.

§ 51. EXCHANGE OF LETTERS IN CONNECTION WITH AN ENQUIRY FOR CATALOGUES OF MACHINE-TOOLS

1. Stockholm, 1st June, 19 ...
Dear Sirs,

We have seen your advertisement in "Russian Export" and shall be obliged if you will send us your General Catalogue of Machine-Tools.

Yours faithfully,

. . . .

2. Moscow, 4th June, 19 ...
Dear Sirs,

We thank you for your enquiry of the 1st June and are pleased to send you, by parcel post, two copies of our General Catalogue of Machine-Tools. We have marked with V the types of machines available now for sale and if you will advise us which models are of interest to you, we shall be glad to send you their detailed description with drawings.

Yours faithfully,

. . . .

3. Stockholm, 8th June, 19 ...
Dear Sirs,

We acknowledge with thanks receipt or your letter of the 4th June and of two copies of your General Catalogue of Machine-Tools send by you by parcel post.

The Catalogue is of considerable interest to us. We are particularly interested in your Grinding Machines shown on pages 9-12 of the Catalogue and shall appreciate it if you will send us detailed descriptive literature relating to these machines.

Yours faithfully,

. . . .

4.

Moscow, 12th June, 19 ...

Dear Sirs,

We thank you for your letter of the 8th June and in compliance with your request are glad to send you, under separate cover, brochures and leaflets in duplicate relating to our Cylindrical Grinding Machines, Models 3152, 3169, 3161, and 3164A. To our regret we are unable to send you any publications covering Models 3151, 3162 and 3163 as they out of print. A new impression is being printed and as soon as the publications are received from the printing works, we shall not fail² to send you some copies.

Yours faithfully,

. . . .

§ 52. СЛОВА И ВЫРАЖЕНИЯ К §§ 49-51

К § 49

price цена; **at what price** по какой цене; **at the price of £5** по цене (в) 5 фунтов стерлингов
term условие (*обычно во мн. ч.-* **terms**); *синоним:* **condition; on the terms** на условиях
to manufacture производить *(изделия),* изготовлять; *синоним:* **to produce** производить *(как готовые изделия, так и различные виды сырья)*
to deal in something торговать чем-л.
publication печатное издание
sample образец *(торговый)*
pattern образчик; образец *(узора, рисунка)*
quotation 1. котировка, цена, курс, расценка; 2. предложение, оферта; **quotation for goods** цена товара; предложение на товар
offer предложение, оферта; **to make an offer for** *(или:* **of) something** сделать предложение на что-л.
as far as possible по возможности, по мере возможности
description описание

К § 50

brochure брошюра
manufacturer производитель *(изделий)*
to be indebted to somebody for something *(или:* **to owe something to somebody)** быть признательным кому-л. за что-л.; **we are indebted for your address** (*или:* **we owe your address) to Messrs. Smith & Co.** мы признательны за сообщение Вашего адреса фирме "Смит и Ко"
to advertise рекламировать, помещать объявление
advertisement реклама, объявление
range ряд, набор, номенклатура, типаж; **our range of compressors** наша номенклатура компрессоров, производимые нами типы компрессоров
machine-tool станок *(механический)*
generator генератор
single единственный; **single copies of a catalogue, brochure etc.** по одному экземпляру каталога, брошюры и т. п.
to cover покрывать; относиться к *(о документе, печатном издании);* **a brochure covering Model 20A** брошюра, относящаяся к модели 20A

81

number число, количество, ряд; a number of ряд, несколько; a large (small) number большое (малое) число; the number of число, количество чего-л.
leaflet листовка, проспект (*на одном листе*)
in duplication в двух экземплярах
in triplicate в трех экземплярах
to be out of print разойтись (*о печатном издании*); the catalogue is out of print каталог весь разошелся
to print печатать (*в типографии*)
to be in the press печататься (*в типографии*); the catalogue is in the press (*или:* the catalogue is being printed) каталог печатается
type тип
to mention упоминать, называть
test испытание; service test эксплуатационное испытание
to complete заканчивать, завершать
to re-design перерабатывать, переделывать (*о конструкции, проекте*); the machine is under re-designing конструкция машины перерабатывается, конструкция машины находится в стадии переработки
as yet еще, пока что
detail подробность
to desire желать; *синоним:* to wish

К § 51

exchange обмен; exchange of letters (telegrams) обмен письмами (телеграммами)

connection (*или:* connexion) связь; in connection with в связи с
"Russian Export" "Российский экспорт" (*название журнала*)
general общий, general catalogue общий каталог
parcel пакет, пачка, посылка
post почта; by parcel post почтовой посылкой (*дословно:* посылочной почтой)
to mark обозначать, отмечать; to mark with V обозначать буквой V
sale продажа; to be available for sale иметься в продаже; this machine is not available for sale этой машины нет в продаже
drawing чертеж
considerable значительный
particularly в частности, в особенности
grinding machine шлифовальный станок
descriptive описательный
relating to относящийся к
cylindrical цилиндрический; cylindrical grinding machine круглошлифовальный станок
regret сожаление; to our (my) regret к нашему (*моему*) сожалению; к сожалению
unable неспособный; to be unable не быть в состоянии
at present (*или:* at the present time) в настоящее время
printing works типография
we shall not fail to send мы не замедлим послать

§ 53. ПОЯСНЕНИЯ К §§ 49 - 51

[1] We learn from ... (См. § 41, п. 4.)

[2] We shall not fail to send you ...
Глагол to fail в утвердительной форме, за которым следует инфинитив другого глагола, выражает отрицание: The Sellers failed to ship the goods. = The Sellers did not ship the goods. *Продавцы не отгрузили товар.* If the Sellers fail to ship the goods ... = If the Sellers do not ship the goods ... *Если продавцы не отгрузят товар ...*

Глагол to fail в отрицательной форме, за которым следует инфинитив другого глагола, служит для усиления утверждения со значением *обязательно, непременно сделать что-л.; действительно сделать что-л.; не замедлить, не пропустить сделать что-л.;* We shall not fail to send you some copies of the catalogue. *Мы не замедлим послать Вам (или: Мы непременно пошлем Вам) несколько экземпляров каталога.*

Без последующего инфинитива глагол to fail означает *не иметь успеха, не удаваться, обанкротиться*: The negotiations failed. *Переговоры были безуспешны.* This company failed last year. *Эта компания обанкротилась в прошлом году.*

§ 54. УПРАЖНЕНИЯ

I. Перепишите тексты §§ 49-51 и переведите их на русский язык.

II. Ответьте на вопросы:

К § 51

Письма 1, 2

1. In what magazine did the Sellers advertise machine-tools of Russian manufacture?
2. Which types of machines did the Sellers mark with V in the General Catalogue?
3. Was the catalogue enclosed with the Sellers' letter or was it send by parcel post?
4. What kind of information did the Sellers ask the Buyers to send them?

Письма 3, 4

1. Which machine-tools were the Buyers interested in?
2. On what pages of the catalogue were these machines shown?
3. How many copies of each brochure and leaflet did the Sellers send the Buyers?
4. Why were the Sellers unable to send the Buyers publications relating to three models?
5. When will the Sellers send these publications to the Buyers?

III. Вставьте, если требуется, предлоги или наречия и переведите на русский язык:

К § 49

1. This firm has been dealing ... timber ... twenty years.
2. Please let us know ... what price you could sell ... us 300 tons ... rubber.
3. We shall be obliged if you will make ... us an offer ... these goods.
4. We are sending ... you some samples ... the goods you are interested ... .
5. We shall be glad to know ... what terms we could buy ... you the following goods required ... us.

К § 50

1. We have no publications ... the types ... machines ... which you refer ... your enquiry.
2. We are sending you ... your information a copy ... a letter which we have written ... Messrs. Smith & Co.
3. Please send ... us ... duplicate all publications you have ... this question.
4. We regret that Publication No. 1225 is ... ... print. A new impression is ... the press now.
5. ... compliance ... your request we are sending you our new catalogue ... Compressors.

6. We are indebted ... the Russian. Chamber ... Commerce ... your name and address.

7. We have pleasure ... sending you ... triplicate our Brochure No. 126 containing a description ... our range ... Gas Turbines.

8. Messrs. Smith & Co. have written ... us that their Gas Turbine ... Model 29AC is ... re-designing.

9. There are some details ... which we would like to receive additional information.

K § 51

1. ... reference ... your letter ... the 15th May we are sending you, ... separate cover, the shipping documents relating ... the m.v. "Krasnovodsk".

2. We regret to advise you that ... present these instruments are not available ... sale.

3. We have marked ... X.. the types ... machines which may be ... interest ... us and would like to receive ... you their description ... triplicate.

IV. Переведите на английский язык:

K § 49

1. Мы будем признательны, если Вы пришлете нам список фирм, торгующих этими товарами.

2. Просим прислать нам подробное описание товаров, которыми Вы интересуетесь.

3. Мы получили образцы тканей (textiles), посланных Вами в отдельном пакете, и просим прислать нам Ваш прейскурант на эти товары.

4. Прилагаемый каталог содержит подробное описание интересующих Вас товаров (*или:* товаров, которыми Вы интересуетесь).

5. Мы хотели бы знать, по какой цене и на каких условиях Вы могли бы поставить нам 1000 тонн какао-бобов (cocoa-beans).

6. Эта фирма торгует пшеницей (wheat) 30 лет.

7. Согласно Вашей просьбе, посылаем наш иллюстрированный каталог, содержащий подробное описание требующихся Вам машин.

8. В ответ на Ваш запрос от 16 сентября на два компрессора мы с удовольствием посылаем Вам с этим письмом наше предложение.

K § 50

1. Мы признательны Манчестерской торговой палате за сообщение Вашего адреса и были бы благодарны, если бы Вы прислали нам Ваш каталог насосов для тяжелых масел (pumps for heavy oils).

2. Ссылаясь на Ваше письмо от 15 мая, адресованное Торговому представительству России в Англии, мы с удовольствием посылаем Вам три экземпляра нашего каталога станков. Мы надеемся, что каталог окажется полезным для Вас.

3. К сожалению, мы не можем выслать Вам наш последний каталог сельскохозяйственных комбайнов, так как он еще находится в печати.

4. Наш новый каталог будет напечатан, как только будут закончены испытания ряда станков.

5. К сожалению, наш каталог экскаваторов (excavators) разошелся. Новый тираж сейчас печатается, и мы Вам вышлем несколько экземпляров, как только получим эти каталоги из типографии (printing works).

6. Мы посылаем для Вашего сведения по одному экземпляру наших брошюр № 1215 и № 1216, содержащих описание нашей номенклатуры компрессоров. Если имеются вопросы, по которым Вы хотели бы получить дополнительные (additional) данные, пожалуйста напишите нам, и мы будем рады выслать требующиеся Вам сведения.

7. Мы не можем выслать Вам описание этой модели, так как она сейчас перерабатывается. Описание новой модели будет напечатано после ее изготовления и после того, как будут закончены эксплуатационные испытания.

К § 51

1. Просим Вас прислать нам по одному экземпляру Ваших каталогов, брошюр или других печатных изданий, относящихся к насосам, рекламированным Вами в журнале "Энджиниринг" (in the "Engineering").

2. К сожалению, некоторых моделей в настоящее время нет в продаже. Эти модели помечены в нашем каталоге буквой V.

3. Просим сообщить, какие модели Вас интересуют (*или:* представляют для Вас интерес), и мы не замедлим выслать Вам почтовой посылкой три экземпляра нашей брошюры № 125, содержащей подробное описание модели 224А. Мы надеемся, что эта брошюра окажется полезной для Вас. К сожалению, мы не можем выслать Вам описание модели 224Б, так как она находится сейчас в стадии переработки.

§ 55. SOME OF THE EXPRESSIONS USED IN ENQUIRIES FOR PRICES AND TERMS

1. We are interested in ...
   We require ...
   We are in the market for ...
   We are regular buyers of ...

   and would ask you to send us your offer (*or* tender, quotation) for these goods (*or* for this machine, for this equipment).

2. Please inform us by return (of) post (*or* by return (of) mail, by return, by air mail) at what price, on what terms and how soon you could deliver ...

3. Please let us know if you can offer us (*or* if you can make us an offer for) ... equal to sample send to you by parcel post (*or* as per [1] specification enclosed, according to the specification enclosed).

4. Please send us samples of your manufactures stating your lowest prices and best terms of payment.

5. Your offer must be accompanied by specifications and blueprints

§ 56. ENQUIRY FOR PARAFFIN WAX

London, 12th June, 19 ...

Dear Sirs,

Paraffin Wax

We are indebted for your address to the Trade Delegation of Russia in London who have informed us that you are the sole exporters of Paraffin Wax from Russia.

We are regular buyers of this commodity [2] and request you to send us samples of different grades of Paraffin Wax stating your best prices and most favourable terms of payment. We would add [3] that at the present time we are interested in about 1,000 tons of Paraffin Wax for immediate shipment.

Yours faithfully,
. . . .

§ 57. ENQUIRY FOR PEROXIDE OF MANGANESE ORE

London, 15th February, 19...

Dear Sirs,

Peroxide of Manganese Ore

We are in the market for Peroxide of Manganese Ore containing minimum 89% of MnO_2.

We would ask you to inform us by return post whether you are in a position to supply us with 1,000 tons of such ore for immediate shipment quoting us your lowest price and best terms.

Your price should include delivery c. i. f. London.

Yours faithfully,
. . . .

§ 58. ENQUIRY FOR CAVIAR

London, 23rd January, 19...

Dear Sirs,

With reference to the previous contracts concluded with your organization, we shall be glad to receive your offer for the sale to us of Caviar of 19... catch.

We require the following quantities of barrelled caviar, viz.:

Beluga Caviar	5,000 lbs.
Osetrova Caviar	4,000 lbs.
Pressed Caviar	3,000 lbs.
Total	12,000 lbs.

We should like the shipment [4] of the Caviar to begin in May and continue at regular intervals until the end of 19....

We hope to receive your offer as soon as possible.

Yours faithfully,
. . . .

§ 59. ENQUIRY FOR COTTON TEXTILES

Ottawa, 25th May, 19...

Dear Sirs,

At the suggestion of Mr. A. B. Ivanov, the Commercial Counsellor of the Russian Embassy in Canada, we write to enquire whether you could supply us with Cotton Piece Goods.

We are wholesalers of cotton fabrics and normally draw our supplies from the U.S.A., the U.K., India and Czechoslovakia. From the last-named country we have been buying annually goods to the value of about £150,000.

Please let us know the types of Cotton Textiles available for export from Russia sending us samples and advising us of your prices and terms. We do not restrict our purchases of textiles to special types and are interested in both printed cotton cloth and grey cloth.

We look forward with interest to your reply.

Yours faithfully,

. . . .

§ 60. СЛОВА И ВЫРАЖЕНИЯ К §§ 55-59

К § 55

to require требовать, нуждаться в; we require нам требуется
market рынок; to be in the market выступать на рынке; to be in the market for something намереваться купить что-л.
regular регулярный, постоянный
tender предложение *(письменное);* заявка *(на торгах),* торги; tender for something предложение на что-л.
equipment оборудование
by return (of) post *или:* by return, by return (of) mail с обратной почтой
now soon в какой срок
equal равный, одинаковый; equal to sample полностью соответствующий образцу
as per согласно; as per specification enclosed согласно приложенной спецификации; *синоним:* according to specification спецификация
manufacture изготовление, производство *(изделий);* изделие; *мн.ч,* manufactures изделия
terms of payment условия платежа; best terms of payment самые благоприятные условия платежа; *синони-мическое выражение:* most favourable terms of payment
lowest price самая низкая цена, крайняя цена
to accompany сопровождать; to be accompanied by something сопровождаться чем-л.
blue-print светокопия чертежа, синька

К § 56

paraffin wax парафин
commodity товар; *мн. ч.* commodities товары
grade сорт
best price самая выгодная цена; самая низкая или самая высокая цена *(в зависимости от контекста)*
favourable благоприятный
to add добавлять, прибавлять;
we would add мы хотели бы добавить
at the present time в настоящее время

К § 57

ore руда
peroxide of manganese перекись марганца; peroxide of manganese ore руда перекиси марганца
MnO2 двуокись марганца, перекись марганца *(химическая формула)*

to contain содержать
to quote назначать *(цену, условия);* назначать цену; сделать предложение;
to quote a price (terms of payment) for something назначить цену *(условия платежа)* на что-л.;
to quote for something назначить цену на что-л., сделать предложение на что-л.; please quote us for 1,000 tons of ore просим сделать нам предложение на 1000 тонн руды
terms условия; условия платежа *(вместо:* terms of payment)
to include включать
delivery поставка, сдача

К § 58

previous предшествующий, предыдущий
to conclude заключать
barrelled caviar икра в бочках, бочковая икра
beluga caviar белужья икра
lb.* *(от латинского слова* libra*) сокращенное обозначение единицы веса* pound *фунт (читается:* pound); *мн. ч.* lbs. *(читается:* pounds)
osetrova caviar осетровая икра
pressed caviar паюсная икра
total общее количество, итого, всего
to continue продолжать(ся)
as soon as possible как можно скорее

К § 59

cotton хлопок; хлопчатобумажный
textiles ткани

commercial коммерческий, торговый
counsellor советник *(посольства);* commercial counsellor торговый советник
embassy посольство
to enquire спрашивать, наводить справки, посылать запрос, запрашивать; we write to enquire мы просим сообщить *(дословно:* мы пишем, чтобы спросить)
piece кусок
cotton piece goods хлопчатобумажные ткани в кусках
wholesaler оптовый торговец; *антоним:* retailer розничный торговец
fabric ткань; we are wholesalers of cotton fabrics мы ведем оптовую торговлю хлопчатобумажными тканями
normally обычно
to draw (drew, drawn) получать
supply снабжение, поставка; to draw one's supplies снабжаться товарами
last-named последний из названных
annually ежегодно
value стоимость, ценность; to the value of стоимостью в; to the value of about стоимостью на сумму приблизительно в
to restrict ограничивать
special специальный
both ... and как ... ,так и
cloth ткань
printed cotton cloth набивная хлопчатобумажная ткань
grey cloth суровая ткань, суровье

§ 61. ПОЯСНЕНИЯ К §§ 55-59

1. ... as per specification enclosed ... ... согласно *приложенной спецификации* ...

Предлог as per *согласно* встречается преимущественно с названиями документов, которые в этом случае обычно употребляются без артикля: as per specification (invoice, contract, copy etc.) *согласно спецификации (счету, контракту, копии и т.д.).*

Следует избегать употребления as per с другими существительными - в этих случаях обычно пользуются предлогом according to: according to your instructions *согласно вашим инструкциям,* according to the information received *согласно полученной информации.*

Не рекомендуется также употреблять as per в начале предложения: According to the (но не: As per) specification enclosed, the ore must contain 50 percent of manganese. *Согласно предложенной спецификации, руда должна содержать 50% марганца.*

В разговорной речи as per не употребляется.

² We are regular buyers of this commodity ... *Мы являемся постоянными покупателями этого товара ...*

Слово commodity *товар* (мн. число - commodities *товары*) употребляется в отношении сырьевых товаров, продуктов сельского хозяйства, полуфабрикатов и других сырьевых товаров. В отличие от слова goods *товар, товары,* которое служит для обозначения любых покупаемых и продаваемых предметов, commodity (commodities) не употребляется в отношении машин и других видов оборудования, а также предметов индивидуального изготовления. Поэтому commodity и commodities могут быть всегда заменены словом goods, тогда как вместо goods не всегда употребляется commodity и commodities.

³ We would add that at the present time ... *Мы хотели бы добавить что в настоящее время...*

С первым лицом ед. и мн. числа would (но не should) употребляется в сочетании с инфинитивом глаголов, выражающих сообщение или высказывание, и в этом случае имеет значение should like to, would like to *хотел(и) бы*. К глаголам, выражающим сообщение или высказывание, относятся глаголы to inform, to advise *сообщать, извещать,* to state *заявлять,* to point out *указывать, обращать внимание,* to add *добавлять,* to remind *напоминать* и др.: We would advise you ... = We should (would) like to advise you... *Мы хотели бы сообщить Вам ...* I would state... = I should (would) like to state ... *Я хотел бы заявить (или: указать) ...* We would add ... = We should like to add ... *Мы хотели бы добавить ...*

С таким же значением would употребляется в сочетании с инфинитивом глаголов to ask и to request: We would ask (request) you ... *Мы хотели бы просить Вас (или: Мы просили бы Вас) ..*

⁴ ... the shipment of the caviar ... ... *отгрузка икры...*

Слово shipment имеет два значения: 1. *отгрузка* (действие по глаголу *отгрузить*) и 2. *груз, партия* (отгруженного товара). Со значением *отгрузка* shipment употребляется только в ед. числе. При отсутствии определения с предлогом of, shipment употребляется без артикля. При наличии же такого определения shipment встречается как без артикля, так и с артиклем: Shipment will be made in January. *Отгрузка будет произведена в январе.* The goods were offered for immediate shipment. *Товар(ы) был(и) предложен(ы) с немедленной отгрузкой.* (The) shipment of the goods will begin in May. *Отгрузка товара (товаров) начнется в мае.*

Со значением *груз, партия* (синоним: consignment) shipment употребляется в ед. и мн. числе (shipments) с артиклями, согласно общим правилам употребления артиклей: A large shipment (Large shipments) of cotton arrived yesterday. The shipment(s) arrived from Egypt. *Большая партия (Большие партии) хлопка прибыла (прибыли) вчера. Партия (партии) прибыла (прибыли) из Египта.*

Сравните: We require shipment in September. *Нам требуется отгрузка в сентябре.* We require the shipment in September. *Нам требуется этот груз в сентябре.*

§ 62. УПРАЖНЕНИЯ

I. Перепишите тексты §§ 55-59 и переведите на русский язык.

II. Ответьте на вопросы:

K § 56

1. What organisation gave the Buyers the address of the Sellers?
2. What did the Buyers ask the Sellers to inform them of?
3. What quantity of paraffin wax were the Buyers interested in?
4. Which words in the letter show that the Buyers wanted shipment to be made at once?

K § 57

1. What kind of goods did the Buyers intend to purchase?
2. What quantity of ore did the Buyers want the Sellers to supply them with?
3. How many tons of ore did the Buyers want the Sellers to send them an offer for?
4. Who is to pay for the transportation and insurance when the goods are sold on c. i. f. terms: the Sellers of the Buyers?

K § 58

1. Did the Buyers have any previous business with the Sellers?
2. What was the total quantity of caviar required by the Buyers?
3. When did the Buyers want the caviar to be shipped?

K § 59

1. Who suggested to the Buyers that they should send an enquiry to the Sellers?
2. What kind of goods did the Buyers want to be supplied with?
3. From what countries do the Buyers draw their supplies of cotton goods?
4. Are the Buyers wholesalers or retailers of cotton fabrics?
5. What is the value of the Buyers annual purchases of cotton goods in Czechoslovakia?
6. What types of cotton fabrics are the Buyers interested in?

III. Вставьте, где требуется, предлоги и наречия и переведите на русский язык:

K § 55

1. The goods must be equal ... sample received ... you ... last week.
2. Referring ... your letter ... the 15th May; we should be pleased to receive your quotation ... two Grinding Machines ... ... specification enclosed.
3. We are ... the market ... 1,000 tons ... Manganese Ore according ... the enclosed specification and would ask you to inform us ... your price and terms.
4. Please send us your quotation ... these goods ... return ... post. Your offer should be accompanied ... detailed specifications and drawings.

K §§ 56-58

1. ... reply ... your letter dated ... the 15th May we request you to quote us your lowest price ... 300 tons ... Jute *(джут)* ... immediate shipment.
2. We thank you ... your letter ... the 23rd May enclosing Contract No. 250 ... the sale ... us ... 300 tons ... Jute.
3. The Oil must be shipped ... regular intervals ... the end ... 19 ....
4. We can quote you ... 2,000 tons Rolled Steel *(стальной прокат)* ... ... specification enclosed.

K § 59

1. We have received a letter ... Messrs. Smith & Co. who are wholesalers ... Clocks and Watches. They would like to establish business relations ... us and are prepared to buy watches ... Russian origin ... the value ... £100,000 ... exchange ... other goods ... the same value.

2. ... the suggestion ... the Russo-British Chamber ... Commerce we write to enquire whether you could supply us ... two Gas Turbines.

3. We look forward ... pleasure ... receiving your catalogues and samples.

4. The machine required ... us is similar ... the type advertised ... you ... the last number ..." Machinery".

5. Please advise us ... your current prices and terms ... delivery.

IV. Переведите на английский язык:

K § 55

1. Мы получили образцы Ваших изделий, посланные Вами почтовой посылкой, и просим сообщить нам Ваши цены на эти товары.

2. В ответ на Ваш запрос от 16 января на два компрессора мы с удовольствием посылаем Вам наше предложение.

3. Просим прислать нам список химикатов (chemicals), которыми Вы интересуетесь, и мы с удовольствием сообщим Вам наши цены.

4. Нам требуется силовой кабель (power cable), согласно прилагаемым техническим условиям (technical conditions) и спецификации. Мы были бы признательны, если бы Вы сообщили нам с обратной почтой, можете ли Вы поставить нам такой кабель, указав цену, срок поставки и условия платежа.

5. Мы намереваемся купить 300 тонн технического вазелина (technical vaseline) и просим Вас сделать нам предложение на этот товар. Качество (the quality) вазелина должно полностью соответствовать образцу, полученному от Вас на прошлой неделе.

6. Мы просили бы Вас сообщить нам, по какой цене, в какой срок и на каких условиях Вы могли бы поставить нам 2000 тонн сахара (sugar).

K §§ 56-58

1. Если сорта А не имеется в продаже в настоящее время, мы просили бы Вас сделать нам предложение на 500 тонн парафина сорта Б, назначив нам Вашу крайнюю цену и лучшие условия платежа.

2. Назначенная нами цена включает поставку сиф Стокгольм (Stockholm).

3. Посылаем Вам при этом письме два экземпляра нашего контракта на продажу Вам 20 000 тонн керосина.

4. Если Вы можете назначить нам конкурентоспособные (competitive) цены и если Ваши условия платежа являются приемлемыми (acceptable), мы готовы заключить с Вами контракт на поставку этого товара.

5. Мы можем отгрузить 2 000 тонн машинного масла (machine oil) немедленно. Остальное количество (the remaining quantity или: the balance) может быть отгружено через равные промежутки времени до конца этого года.

K § 59

1. Мы являемся постоянными покупателями эфирных масел (essential oils) и в настоящее время намереваемся купить гераниевое масло (geranium oil) и кориандровое масло (coriander oil). Мы будем признательны, если Вы пришлете нам образцы и спецификации этих масел и назначите Ваши цены и условия платежа.

2. Мы ведем оптовую торговлю часами и научными инструментами (clocks, watches and scientific instruments) и хотели бы получить от Вас каталоги и прейскуранты на часы различных моделей, экспортируемых из России. Если качество Ваших часов удовлетворяет нашим требованиям (to meet somebody's requirements) и Ваши цены конкурентоспособны, мы готовы поместить у Вас заказ (to place an order with you) стоимостью в 20 000 фунтов стерлингов в обмен на наши изделия, список которых прилагается к этому письму.

§ 63. ENQUIRY FOR A DIESEL ENGINE

Moscow, 5th May, 19 ...

Dear Sirs,

We require a 6 Cylinder Diesel Engine of 900 H. P. and would ask you to send us your tender in accordance with the specification and technical conditions enclosed, stating:

1. The lowest price of the engine without foundation plate.
2. The price of the foundation plate.
3. The time of delivery.
4. The terms of payment.
5. The overall dimensions and weight of the engine.
6. The number of cases necessary for the packing of the engine, their measurements and weights.
7. The cost of packing for sea transportation.

We also request you to send us a list of spare parts stating the price of each part separately.

The price for the engine should be quoted [1] by you both free on rail your works and free on board English port.

Your offer should be accompanied [1] by specifications, drawings and publications giving a full description of the engine as well as by a list of firms to whom you have supplied Diesel engines similar to that [2] required by us.

Your tender with all enclosures should reach us by the 20th May at the latest.

Yours faithfully,

. . . .

2 Enclosures.

§ 64. ENQUIRY FOR A PORTABLE AIR COMPRESSOR

Bombay, 12th October, 19 ...

Dear Sirs,

We require for the expansion of our plant a Portable Air Compressor, Model KCE-6M, as shown on page 25 of your catalogue and would ask you to send us your quotation. The machine must be delivered complete with all essential accessories and tools together with manuals in English for service and maintenance.

We have already received quotations from three manufacturers who are offering us compressors of a similar design, for delivery in 5—6 months. As, however, most of the equipment for our plant was purchased in Russia, we should prefer to obtain this additional machine from your organization. We should be prepared therefore to place this order with you if the Compressor could be delivered in January, 19 ..., at the latest and if, of course, you could quote us a competitive price.

Your immediate reply will be very much appreciated.

Yours faithfully,
. . . .

§ 65. ENQUIRY FOR MACHINERY FOR COAGULATING, EXTRACTING AND DRYING SYNTHETIC RUBBER

Moscow, 20th October, 19 ...

Dear Sirs,

We refer to the recent discussions with your Managing Director Mr. A. B. White here in Moscow, and in accordance with the agreement reached we request you to send us your tender in triplicate for two sets of Machinery for Coagulating, Extracting and Drying Synthetic Rubber as per specification enclosed.

The price, net weight and overall dimensions of each machine and each item separately must be indicated in the offer. Your quotation should also include two sets of rapidly wearing out parts.

We request you to enclose with your offer copies of your publications and drawings containing a full technical description of each machine included in the tender.

We await your quotation with interest.

Yours faithfully,
. . . .

Enclosure.

§ 66. ENQUIRY FOR MACHINE-TOOLS

London, 15th October, 19 ...

Dear Sirs,

During our visit to the Brussels Universal and International Exhibition we were very impressed by Russian Pavilion and had the opportunity of seeing the various machine-tools exhibited there. We examined with interest a Jig Boring Machine, Model ЛР-87 and consider that there should be a good demand for this machine in the U.K. We are members of the British Association of Machine-Tool Merchants and have many contacts with the users of this type of machine.

We should therefore be grateful to you if you could send us a detailed quotation together with booklets fully describing the machine. Please state in your quotation what time of delivery you could guarantee and what resale discount you could grant.

We look forward with interest to receiving your answer.

Yours faithfully,

. . . .

§ 67. СЛОВА И ВЫРАЖЕНИЯ К §§ 63-66

К § 63

engine двигатель, мотор; Diesel engine дизельный двигатель, дизель
cylinder цилиндр
H. P. = horse power лошадиная сила; an engine of 900 H.P. двигатель мощностью в 900 л.с.
technical технический
condition условие; technical conditions технические условия
foundation plate фундаментная плита, опорная плита
overall полный, предельный
dimension размер; overall dimensions габаритные размеры, предельные размеры
weight вес
case ящик
necessary необходимый, нужный
measurement измерение, замер; *мн.ч.* measurements размеры
cost стоимость
to pack упаковывать
packing упаковка; cost of packing стоимость упаковки
transportation перевозка; sea transportation морская перевозка
spare запасный
part часть; spare parts запасные части
separately отдельно, в отдельности
free on rail (*сокр.* f.o.г. *или:* F.O.R.) франко рельсы, франко вагон (*условие поставки, согласно которому продавец обязан за свой счет доставить и погрузить товар в железнодорожный вагон*); free on rail your works франко вагон ваш завод (*обратите внимание на отсутствие предлога перед* your works)

free on board (*сокр.* f.o.b. *или:* F.O.B.) франко борт судна, фоб (*условие поставки, по которому продавец обязан за свой счет доставить и погрузить товар на борт судна*); free on board English port фоб английский порт (*обратите внимание на отсутствие предлога перед* English port); f.o.b. London фоб Лондон; (в США free on board *лишь тогда означает* фоб *или* франко борт судна, *когда непосредственно за ним следует слово* vessel) F.O.B. vessel New York фоб Нью-Йорк (*при отсутствии слова* vessel *выражение* free on board *означает в этом случае* франко вагон в указанном железнодорожном пункте) F.O.B. New York франко вагон Нью-Йорк
to reach somebody, something достигать чего-л., доходить до кого-л., чего-л.; your tender should reach us ваше предложение должно поступить к нам (*дословно:* дойти до нас)
at the latest (*или:* at latest) самое позднее, как самый поздний срок

К § 64

portable переносный, передвижной
portable air compressor передвижной воздушный компрессор
expansion расширение
complete полный, комплектный
essential существенный, необходимый
accessories принадлежности
tool инструмент
complete with all essential accessories and tools комплектно со всеми необходимыми принадлежностями и инс-

трументами
manual руководство
service служба, обслуживание, эксплуатация
maintenance содержание, уход, эксплуатация
service and maintenance эксплуатация и уход
design конструкция
however однако
to prefer предпочитать
to obtain получать, доставать
additional дополнительный, добавочный
to place an order with somebody поместить заказ у кого-л.
of course конечно, само собой разумеется
competitive конкурентный, конкурентоспособный
your early (*или:* **prompt**) **reply will be very much appreciated** мы будем весьма признательны за Ваш скорый ответ

K § 65

machinery машины, машинное оборудование (*употребляется только в ед.ч.*); **the machinery has arrived** машины прибыли
synthetic синтетический
rubber каучук
machinery for coagulating, extracting and drying synthetic rubber машинное оборудование для коагуляции, экстрагирования и сушки синтетического каучука
set набор, комплект
net weight вес нетто, чистый вес (*без тары и упаковки*); *антоним:* **gross weight** вес брутто (*включая тару и упаковку*)
item предмет, статья, позиция
rapidly быстро

to wear out изнашивать(ся); **rapidly wearing out parts** быстро изнашивающиеся части
the Brussels Universal and International exhibition Всемирная выставка в Брюсселе
to impress производить впечатление; **we were very impressed by** (*или:* **with**) **Russian Pavilion** на нас произвел большое впечатление павильон России   *the*
opportunity удобный случай, возможность; **to have the opportunity of doing something** иметь возможность сделать что-л.; **to take the opportunity of doing something** воспользоваться случаем сделать что-л.
to exhibit выставлять, экспонировать
to examine осматривать, рассматривать, изучать
jig boring machine координатно-расточной станок
to consider считать, рассматривать
merchant торговец, купец
association ассоциация
contact контакт, связь
user потребитель
grateful благодарный, признательный (*кому-л.- то*)
booklet брошюра
to guarantee гарантировать
discount скидка
to grant предоставлять (*скидку, кредит и т.п.*);
to grant somebody something (*или:* **to grant something to somebody**) предоставлять кому-л. что-л.; **to grant a discount** предоставить скидку; *синонимическое выражение:* **to allow a discount**
resale перепродажа
resale discount скидка для торговцев

§ 68. ПОЯСНЕНИЯ К §§ 63-66

1 а) **The price for the engine should be quoted** ... *Цена двигателя должна быть назначена*...
б) **Your offer should be accompanied** ... *Ваше предложение должно сопровождаться*...

Глагол **should** употреблен здесь для выражения долженствования в виде пожелания или рекомендации и с этим значением часто встречается в запросах.

2 ... **Diesel engines similar to that required by us** ... *дизели, подобные дизелю, требующемуся нам* (*или: подобные тому, который требуется нам*).

95

Указательное местоимение that заменяет здесь существительное Diesel engine в ед. числе (с артиклем the): ... Diesel engines similar to that required by us. = ... Diesel engines similar to the Diesel engine required by us. Такая замена производится из стилистических соображений во избежание повторения одних и тех же слов в предложении.

§ 69. УПРАЖНЕНИЯ

I. Перепишите тексты писем и переведите их на русский язык.

II. Ответьте на вопросы:

К § 63

1. What documents did the Buyers enclose with their enquiry?
2. Must the price for the engine be quoted free on rail Sellers' works only?
3. What documents and publications should the offer be accompanied by?
4. For what purpose do the Buyers want to get a list of firms to whom the Sellers have supplied Diesel engines?
5. When must the Sellers' tender be received by the Buyers?

К § 64

1. In what language should the manuals for service and maintenance be printed?
2. Do the Buyers want the accessories and tools to be included in the Sellers' quotation?
3. How soon did some manufacturers promise to deliver the compressor?
4. Why would the Buyers prefer to purchase the compressor in the Russia?
5. On what condition would the Buyers be prepared to place the order with the Sellers?

К § 65

1. Who represented the Sellers during the discussions which had taken place in Moscow before this letter was written?
2. How many copies of the Sellers' tender do the Buyers wish to receive?
3. How many sets of machinery do the Buyers require?
4. What is the difference between gross weight *(вес брутто)* and net weight of goods?
5. What data do the Buyers ask the Sellers to indicate in the offer?

К § 66

1. By which pavilion were the representatives of the British firm very impressed at the Brussels Exhibition?
2. What kind of machinery did they have the opportunity of seeing in the Russian Pavilion?
3. What association is the firm a member of (*or* What association does the firm belong to)?
4. Does the firm believe that it is possible to find purchasers for boring machines in England?
5. Does the firm intend to purchase such machines for itself or for resale?
6. What does the firm expect to receive from the Sellers for its services?

III. Вставьте, где требуется, предлоги или наречия и переведите на русский язык:

К § 63

1. We would ask you to let us know ... the cost ... packing the machines ... sea transportation.
2. We enclose a list ... firms ... your country ... whom we have supplied "Moskvitch" Cars, Model 2141.
3. We can offer you the goods free ... board ... Odessa ... immediate shipment.
4. The new model is similar ... Model 15A ... which we supplied you last year.
5. ... accordance ... your request we are sending you herewith a list ... spare parts together ... prices ... each part separately.
6. ... ... the information received ... us, the m.v. "Krasnovodsk" will arrive ... St.Petersburg ... the 12th July.
7. Your offer **must be** accompanied ... catalogues and must reach us ... the 15th September ... the **latest**.

К §§ 64-65

1. We request you to send us your quotation ... a Gas Turbine complete ... all accessories and tools.
2. We have delivered compressors ... a similar design ... a number ... engineering plants ... your country.
3. We will place this order ... your company if you can quote ... us competitive prices.
4. Please enclose ... your offer a list ... rapidly wearing ... parts.
5. The manuals ... service and maintenance should be printed ... Russian.
6. You will find detailed answers ... your questions ... page 19 ... the enclosed brochure.

К § 66

1. There is a good demand ... "Moskvitch" and "Volga" Cars ... many countries ... the world.
2. ... our visit ... Stockholm we had the opportunity ... discussing ... Mr. A. B. Larsen the possibilities ... developing trade ... your company and our organization.
3. Your representatives informed us that they had been impressed ... our Jig Boring Machine Model ЛР-87 and asked us to send you some publications relating ... this machine.
4. We shall be grateful ... you if you will inform us whether this machine is available ... sale and, if so, ... what price and ... what terms you could deliver it c.i.f. London.

IV. Переведите на английский язык:

К § 63

1. Нам требуется станок, подобный модели № 45А, описанной на стр. 120 Вашего каталога.
2. Цена на товар должна быть назначена Вами как фоб Лондон, так и сиф С.Петербург.
3. Габаритные размеры машины должны соответствовать (to conform to) техническим условиям, приложенным к нашему запросу от 15 ноября.
4. Машина и запасные части будут упакованы в три крепких (strong) ящика, пригодных для морской перевозки. Стоимость упаковки включена в цену машины.

5. Согласно Вашей просьбе, посылаем при этом письме список типографий (printing works) в Вашей стране, которым мы поставили печатные машины (printing machines).

6. Желательно (it is desirable *), чтобы Ваше предложение со всеми необходимыми приложениями поступило к нам самое позднее 20 сентября.

7. Мы признательны за сообщение Вашего адреса Торговой палате в Шеффилде (Sheffield), которая сообщила нам, что Вы являетесь производителями специальных насосов для тяжелых масел (special pumps for heavy oils).

Просим сделать нам предложение на два насоса в соответствии с приложенными техническими условиями, указав крайнюю цену франко вагон Ваш завод, условия платежа и срок поставки. Просим также указать количество ящиков, необходимое для экспортной упаковки насосов, размеры ящиков и их вес. Мы хотели бы получить три экземпляра Вашего каталога или других печатных изданий, содержащих подробное описание насосов, а также (as well as) список фирм, которым Вы поставляли насосы, подобные тем (similar to those), которые требуются нам.

К §§ 64-65

1. Мы поместим у Вас этот заказ, если Ваша цена будет конкурентоспособной.

2. Конструкция этой машины подобна модели 25А, поставленной Вам в прошлом году по заказу № 2585.

3. Нам требуется дизель мощностью в 1800 л.с., согласно приложенным техническим условиям и спецификации, и мы просим Вас прислать нам предложение на такой двигатель. Дизель должен быть поставлен комплектно со всеми принадлежностями.

4. Просим включить в Ваше предложение два комплекта быстро изнашивающихся частей, указав цену каждой части в отдельности.

5. Руководство по эксплуатации и уходу будет напечатано нами на двух языках: арабском (Arabic) и английском.

6. Просим сообщить нам размеры, вес брутто (gross weight) и вес нетто каждого ящика (of each case).

К § 66

1. Мы обычно предоставляем оптовым торговцам скидку в 5%.

2. Просим сообщить, можете ли Вы гарантировать отгрузку товара в июне.

3. Просим сделать нам предложение на поставку этого оборудования, указав Вашу крайнюю цену, условия платежа и срок отгрузки.

4. Мы надеемся, что будем иметь удовольствие видеть Вас на пушном аукционе в С.Петербурге (the St.Petersburg Fur Auction).

§ 70. ANSWERS TO ENQUIRIES

A. It often happens that the Seller is not in a position to send a quotation immediately upon receipt of the Buyer's enquiry. For instance, in the case of an enquiry for machinery the Seller sometimes wants to get in touch with the manufacturing plant in order to find out whether the machines are still available for sale or whether they can be manufactured in conformity with the Buyer's specification within the time required by

---

* Придаточное предложение после it is desirable вводится союзом that, а сказуемое выражается сочетанием should (со всеми лицами) с инфинитивом без частицы to.

him. In such cases the Seller uses the following or similar expressions in his answers to the Buyer's enquiries:

1. The matter (*or* Your enquiry) is having (*or* is receiving) our careful attention and we hope to send you our quotation (*or* proposal) at an early date.

2. We are contacting the manufacturers with the view of (*or* with a view to) finding out whether the machine is available for sale and will advise you immediately upon receipt reply.

3. We have forwarded (*or* We have passed) your enquiry to our works and them to inform us whether this model can be altered to meet your specification within the time required by you.

B. When the Seller is not able for some reason to offer the goods for sale, he uses, according to the circumstances, one of the following or similar expressions:

1. We thank you for your enquiry dated ... but regret to inform you that at the present time we are not in a position to make you an offer for the goods required by you.

2. As our plant is fully engaged with orders, we find it impossible to put forward a quotation for delivery this year.

3. We very much regret that we are unable to accept new orders for delivery within the time specified by you.

4. We are sorry that at the present time our machines Type AB12 are not available for sale and must ask you to excuse us from sending you a quotation.

5. We should prefer not to put forward an offer for this machine as it is under re-designing now.

6. We will revert to the matter at the end of next week.

§ 71. MANUFACTURERS PROMISE TO SEND A QUOTATION

Birmingham, 24th October, 19...

Dear Sirs,

Many thanks for your kind enquiry of the 20th October concerning two sets of Machinery for Coagulating, Extracting and Drying Synthetic Rubber according to the specification enclosed with the enquiry. The matter is receiving our careful attention and we hope to send you our quotation at an early date.

Yours faithfully,

. . . .

§ 72. ENQUIRY PASSED TO ANOTHER ORGANIZATION

Moscow, 15th November, 19...

Dear Sirs,

We acknowledge with thanks receipt of your enquiry of the 12th November for Rails and Switches. As our organization does not export such goods, we have taken the liberty of passing your enquiry to V/O "Promsyrioimport", Smolenskaya-Sennaya 32/34, Moscow-200 who are the sole exporters of such kind of equipment from Russia and who will communicate with you direct.

Yours faithfully,

. . . .

§ 73. DIFFERENT QUALITY OFFERED

Moscow, 19th February, 19...

Dear Sirs,

<u>Peroxide of Manganese Ore</u>

We thank you for your enquiry dated the 15th February concerning Peroxide of Manganese Ore. We regret to inform you that at the present time we cannot offer you any ore containing minimum 89% of MnO_2 for prompt shipment.

We could send^1 you a quotation for ore containing 85% of MnO_2 if such quality should be of interest to you.

We look forward with interest to your answer.

Yours faithfully,

. . . .

§ 74. MACHINE UNDERGOING FINAL TESTS

Moscow, 20th October, 19...

Dear Sirs,

We acknowledge with thanks receipt of your enquiry of the 16th October for Grinding Machines Model TM-100 shown to your representatives in St.Petersburg and are glad to learn that in your opinion there should be a good demand for such machines in the U.K.

We regret, however, to advise you that these machines are not yet available for sale. As you are aware, this model represents a new design and before being put^2 on the market is undergoing final service tests at a number of engineering plants in this country. We believe that the results of the tests will have been summarized ³ by the end of this year. As soon as the machine is available for sale, we shall not fail to revert to your enquiry.

Meantime we remain,
Yours faithfully,
. . . .

§ 75. FACTORY FULLY ENGAGED WITH ORDERS

Moscow, 25th March, 19...

Dear Sirs,

We thank you for your enquiry of the 21st May concerning Textiles for delivery in June. We very much regret to inform you that our factory which produces the type of textiles required by you is fully engaged with orders and we are unable to put forward an offer for these goods for delivery before October.

We hope that you will send us your enquiries should you need ⁴ such textiles later on.

Yours faithfully,
. . . .

§ 76. СЛОВА И ВЫРАЖЕНИЯ К §§ 70-75

К § 70

А.

to happen случаться
for instance например
case случай; in the case of в случае, в отношении чего-л.
to get in touch with somebody связаться с кем-л.; *синонимические выражения:* to communicate with somebody, to contact somebody
manufacturing plant завод-изготовитель
to find out выяснять
to be available for sale иметься в продаже
in conformity with в соответствии с; *синонимическое выражение:* in accordance with
within в пределах, в течение
to use something пользоваться чем-л.
the matter (your enquiry) is having (is receiving) our careful attention мы уделяем этому делу (*Вашему запросу*) должное внимание
proposal предложение

at an early date в скором времени
with the view of (*или:* with a view to) с целью; для того чтобы (*с последующим герундием*); with the view of (*или:* with a view to) finding out с целью выяснить
to pass передавать, пересылать; to pass somebody something (*или:* to pass something to somebody) передать, переслать кому-л. что-л.
to alter изменять
to meet the specification удовлетворять требованиям спецификации

В.

reason причина; for some reason по какой-л. причине
according to the circumstances в зависимости от обстоятельств
to be fully engaged with orders быть полностью загруженным заказами
to put forward a quotation представить предложение, сделать предложение
unable неспособный; to be unable не быть в состоянии, не мочь; we are unable = we are not in a position = we cannot

to specify указывать, обозначать
to excuse извинять; to excuse somebody from something освободить кого-л. от какой-л. обязанности; we must ask you to excuse us from sending you a quotation мы должны просить Вас освободить нас от обязанности послать Вам предложение; просим извинить нас за то, что мы не можем послать Вам предложение
to revert возвращаться, вернуться (к вопросу, документу)

К § 72

rails рельсы
switch железнодорожная стрелка
to take the liberty of doing something позволить (или: разрешить) себе сделать что-л.

К § 73

different отличный, другой; различный
prompt немедленный; синоним: immediate; prompt shipment немедленная отгрузка

К § 74

opinion мнение; in my (his, your etc.) opinion по моему (его, вашему и т.д.) мнению; in the opinion of somebody по мнению кого-л.
aware знающий, осведомленный; to be aware (of something) знать (что-л.), быть осведомленным (о чем-л.); сознавать (что-л.); as you are aware как вам известно
to represent представлять
to put on the market выпускать на рынок
to undergo (underwent, undergone) подвергаться, проходить
final окончательный
to summarize суммировать, обобщать, подытоживать
end конец; at the end of this year (this week, December etc.) в конце этого года (этой недели, декабря и т.д.)
we shall not fail to revert to your enquiry мы не замедлим вернуться к Вашему запросу

К § 75

later on позже, позднее, в будущем, в дальнейшем

§ 77. ПОЯСНЕНИЯ К §§ 70-75

¹ We could send you a quotation for ore containing 85 per cent of MnO2 if such quality should be of interest to you. Мы могли бы послать Вам предложение на руду, содержащую 85% MnO2, если бы такое качество представляло для Вас интерес. (См. § 47, п.8.)

² ... before being put on the market. ... прежде чем быть выпущенной на рынок (или: прежде чем она будет выпущена на рынок).
Before being put представляет собой форму герундия в страдательном залоге с предлогом before и выражает время.

³ We believe that the results of the tests will have been summarized by the end of this year. Мы полагаем, что результаты испытаний будут обобщены к концу этого года.
Will have been summarized представляет собой форму будущего совершенного времени страдательного залога (Future Perfect Passive). Она употреблена для выражения будущего действия, которое совершится до указанного момента в будущем (by the end of this year).

⁴ We hope that you will send us enquiries should you need (или: if you should need) such textiles later on. Мы надеемся, что Вы будете посылать нам запросы, если Вам потребуются такие ткани в будущем.
В придаточных условных предложениях типа if you should need союз if может быть опущен, и в этом случае should ставится на первое место перед подлежащим.

§ 78. УПРАЖНЕНИЯ

I. Перепишите тексты §§ 70-75 и переведите их на русский язык.

II. Ответьте на вопросы:

К § 74

1. Were the grinding machines available for sale when this letter was being written?
2. What kind of tests was the machine undergoing?
3. When did the Sellers promise to revert to the Buyers' enquiry?

III. Вставьте, где требуется, предлоги или наречия и переведите на русский язык:

К § 70

1. We are contacting ... the manufacturing plant ... order to find ... when the machine will be ready ... shipment.
2. We greatly regret to advise you that ... the present time our plant finds it impossible to manufacture this machine ... conformity ... the technical conditions sent ... you.
3. We have forwarded your enquiry ... our plant ... the view ... finding out how soon this model can be altered according ... your specification.
4. We shall get ... touch ... you immediately ... receipt ... the reply ... the manufacturing plant.
5. We will send you our quotation ... these goods ... an early date.
6. Our plant is so fully engaged ... orders that we are not ... a position to offer you these goods ... delivery ... the time required ... you.
7. We must ask you to excuse us ... putting ... a quotation ... this machine as it is ... re-designing.
8. We will revert ... this matter ... a few days.

К §§ 72-73

1. ... our regret, Grade A is not available ... sale. We have taken the liberty ... sending you, ... separate cover, samples ... Grade B which is very similar ... Grade A. Should Grade B be ... interest ... you, we will send you our quotation.
2. The goods can be delivered ... conformity ... the specification enclosed ... your enquiry ... six weeks ... receipt ... your order.
3. We await ... your decision ... interest.
4. We regret that ... present we are unable to put ... a quotation ... Rolled Steel ... prompt shipment.

К §§ 74-75

1. ... the opinion ... our experts, Model 25A cannot be altered ... such a short time to meet your specification.
2. All the goods sold ... Contract No. 1225 will have been shipped ... the end ... May.
3. Reverting ... our letter dated ... the 12th August we request you to send us your quotation ... 500 tons of Jute ... delivery ... October, 19 ... .

IV. Переведите на английский язык:

К §§ 70-75

1. Мы сносимся с заводом-изготовителем с целью выяснить, может ли машина быть изготовлена в течение времени, указанного в Вашем запросе.

2. Ввиду большого спроса на этот товар, наша фабрика в настоящее время полностью загружена заказами. Мы поэтому не в состоянии гарантировать поставку в течение 3-го квартала (quarter) 19... г.

3. С сожалением сообщаем, что наш завод не может изменить модель 25А в соответствии с Вашей спецификацией.

4. В настоящее время модели 12 АМ нет в продаже. Мы можем предложить Вам модель 12 АТ, конструкция которой подобна модели 12 АМ.

5. Мы уделяем этому делу должное внимание и надеемся выслать Вам наше предложение через несколько дней (в течение ближайшей недели, до конца этого месяца).

6. С сожалением сообщаем, что мы не можем предложить Вам марганцевую руду с немедленной отгрузкой.

7. К сожалению, мы не можем предложить Вам эту модель, так как она находится в стадии переработки.

8. Мы вернемся к Вашему запросу, как только будут закончены эксплуатационные испытания этой модели.

9. Эта машина сейчас проходит окончательные эксплуатационные испытания. Мы с Вами снесемся, как только результаты испытаний будут известны (are known).

Глава VII

ЗАПРОСЫ И ПРЕДЛОЖЕНИЯ
(продолжение)
ENQUIRIES AND OFFERS
(Continued)

§ 79. OFFERS

Offers made in writing usually state the nature and description of the goods offered, the quantity, the price, the terms of payment and the time and place of delivery. Offers may be firm (*or* binding) or without engagement.

A firm offer is made by the Seller to one potential Buyer only and usually indicates the time during which it will remain open for acceptance. If the Buyer accepts the offer in full within the stipulated time, the goods are considered to have been sold [1] to him at the price and on the terms stated in the offer.

According to English and American law, a person making a firm offer has the right to revoke it at any time before it has been accepted. According to Russian law, a person making an offer is bound by it until the expiration of the time stated in the offer. When no time for acceptance is stipulated in the offer, the acceptance must be made within a reasonable time.

Some of the expressions used in firm offers are as follows:

1. We have pleasure in offering you, subject to [2] your acceptance by cable, 1,000 tons of ... .

2. This offer is made subject to your acceptance by cable (*or* subject to an immediate reply).

3. We offer you the goods subject to receiving your confirmation within ... days of the date of this letter.

4. We hold (*or* We are holding) this offer open for your acceptance until the 15th May.

An offer without engagement does not bind the Seller and therefore may be made to several potential Buyers. If the Buyer accepts such an offer, the goods are considered to have been sold to him only when the Seller, after receipt of the Buyer's acceptance, confirms having sold him the goods at the price and on the terms indicated in the offer.

Below are some of the expressions used in offers without engagement:

1. We have pleasure in offering you, without engagement (*or* without obligation), 1,000 tons of ... .
2. This offer is made without (any) engagement (*or* without (any) obligation) on our part.
3. This offer is subject to the goods being unsold on receipt of your reply.
4. This offer is made subject to the machine being free on receipt of your reply.
5. This offer is subject to prior sale (*or* is made subject to prior sale).

§ 80. OFFER OF PARAFFIN WAX

Moscow, 16th June, 19...

Dear Sirs,

<u>Paraffin Wax</u>

We thank you for your enquiry of the 12th June concerning Paraffin Wax.

We are pleased to inform you that today we have sent you, by parcel post, the following samples of Paraffin Wax:
Grade A - Melting point $52^0 - 54^0$ C.
Grade B - Melting point $51^0 - 52^0$ C.

We can offer you 100 tons of Paraffin Wax Grade A at the price of £ 45/10/0d per English ton and 100 tons of Grade B at £ 43/10/0d per English ton. Both prices include delivery c.i.f. London. Shipment can be made from St.Petersburg within three weeks after receipt of your order. The terms of payment and other conditions are stated in the enclosed copy of our General Conditions forming an integral of part of our Sales Contract.

This offer is subject to the goods being unsold on receipt of your reply.

Please let us hear from you as soon as possible.

Yours faithfully,

. . . .

Enclosure.

§ 81. CONVERSATION

A. - We've got the samples of paraffin wax sent by you by parcel post.
B. - I hope you are satisfied with the quality of the samples, aren't you?

A. - The quality is all right. What price can you quote us for, say, 300 tons of Grade A?

B. - Our price today is forty-five pounds ten shillings per long ton c.i.f. London.

A. - When could you ship the goods?

B. - We could ship the goods from St.Petersburg within three weeks upon receipt of your order. May I give you a copy of our General Conditions? You'll find in it our usual terms of payment and other conditions.

A. - Thank you. I'm going to cable [3] your price and terms to my company and call on you again as soon as I get the answer.

B. - All right, but please bear in mind that the price is without engagement on our part and subject to the goods being unsold.

§ 82. OFFER OF PEROXIDE OF MANGANESE ORE

Moscow, 24th Feb., 19...

Dear Sirs,

<u>Peroxide of Manganese Ore</u>

We thank you for your telegram of the 23rd February reading as follows:

"YOURLET 19TH FEBRUARY PLEASE SEND OFFER ONETHOUSAND TONS 85 PERCENT PEROXIDE MANGANESE ORE".

In reply we have pleasure in offering you, subject to receiving your confirmation within 8 days from today:

1,000 tons (10 per cent more or less at our option) of Manganese Ore containing minimum 85 per cent MnO_2 in the dry, at the price of £ 36-12-6 per English ton of 2,240 lbs in bulk c.i.f. London for March shipment. Three per cent will be deducted by us from the weight as compensation for moisture. Payment is to be effected in cash against shipping documents in London. You are to submit, within 5 days of the date of signing the agreement, a letter of guarantee of a first-class British bank for the full contract value of the goods as a security of the fulfilment of the contract.

Sampling and analysis will be carried out by our laboratory at the port of loading, and the result of the analysis shall be considered [4] final and binding upon both parties.

Our General Conditions are stated in the enclosed Form of Contract.

We look forward with interest to your answer.

Yours faithfully,

. . . .

Enclosure: Contract Form.

§ 83. CONVERSATION

A. - Can you supply us with 1,000 tons of manganese ore containing minimum 85 per cent of peroxide of manganese?

B. - Yes, we can. What time of shipment do you need?

A. - The ore must be shipped in the first half of March at the latest.

B. - We could ship the ore in March, that is not later than the 31st March.

A. - What is your price?

B. - Our price is thirty-six pounds twelve shillings and six-pence per English ton c.i.f. London. The ore would be shipped⁵ in bulk, as usual.

A. - And what about the moisture?

B. - We'll deduct three per cent from the weight as final compensation for moisture. That means that you'll have to pay for 97% of the weight of the ore only.

A. - Who will determine the contents of peroxide of manganese in the ore?

B. - Sampling and analysis are usually carried out by our laboratory at Poti. The results of the analysis are to be binding upon both the sellers and the buyers.

A. - What are your terms of payment?

B. - Our terms are in cash against shipping documents in London within 3 days after presentation of the documents. As we haven't had any dealings with your company before, you would have to supply us with a bank guarantee as a security of the fulfilment of the contract.

§ 84. СЛОВА И ВЫРАЖЕНИЯ К §§ 79-83

К § 79

in writing в письменном виде
nature род; **nature of the goods** род товара
firm твёрдый; **firm offer** твёрдое предложение, твёрдая оферта
binding связывающий; **binding offer** связывающее предложение, твёрдое предложение
engagement обязательство; **without engagement** без обязательства (*обратите внимание на отсутствие артикля перед engagement*); *синонимическое выражение:* **without obligation**
potential потенциальный, возможный
to remain open оставаться открытым
acceptance принятие, акцепт, акцептование
to accept принимать, акцептовать
in full полностью
to stipulate обусловливать
reasonable разумный, обоснованный
according to согласно чему-л.
law 1. закон (*с неопределенным или определенным артиклем*); **an English law** английский закон; 2. право (*без артикля или с артиклем the; когда law употреблено без артикля, перед ним обычно стоит прилагательное, обозначающее род права*); **English law** английское право; **civil law** гражданское право, **the law of Russia** российское право
to revoke отзывать; **to revoke an offer** отозвать предложение
expiration истечение

to bind (bound) связывать
to hold (held) держать; to hold an offer open for somebody's acceptance держать оферту открытой для акцептования кем-л.
after receipt после получения (*обратите внимание на отсутствие артикля перед* receipt)
below ниже
obligation обязательство; without obligation без обязательства (*обратите внимание на отсутствие артикля перед* obligation); *синонимическое выражение :* without engagement
on somebody's part (*или:* on the part of somebody) с чьей-л. стороны; on my (his, our, your etc.) part с моей (его, нашей, вашей и т.д.) стороны; on the part of the buyers (the sellers) со стороны покупателей (продавцов)
within ... days of в течение ... дней от
free *здесь:* непроданный

K § 80

melting point точка плавления
C. (*сокращение слова* Centigrade) стоградусная шкала, шкала Цельсия; 51⁰ - 52⁰ C. (fifty-one-fifty-two degrees Centigrade) 51⁰ - 52⁰ градуса по шкале Цельсия
per (*в сочетании с единицами измерения*) за, в; per ton за тонну (*обратите внимание на отсутствие артикля и числительного* one *перед* ton); per pound (kilogram) за фунт (килограмм); per unit за единицу, за штуку; per hour в час
general conditions общие условия
to form составлять
integral составной, неотъемлемый, нераздельный; integral part неотъемлемая часть
sales contract договор продажи

K § 81

to satisfy удовлетворять; to be satisfied with something быть удовлетворенным чем-л.
the quality is all right (*разг. выражение*) качество вполне приемлемое
say = let us say скажем (*вводное слово*)
long ton = English ton
to bear in mind принимать во внимание, учитывать; *синонимические выражения:* to take into consideration, to take into account

K § 82

a telegram reading as follows телеграмма следующего содержания
yourlet (*в телеграммах*) = your letter
onethousand (*в телеграммах*) = one thousand
option усмотрение, выбор; at (*или:* in) our (your) option по нашему (вашему) усмотрению; at (*или:* in) buyers' (sellers') option по усмотрению покупателей (продавцов)
in the dry в сухом состоянии
in bulk без упаковки; насыпью, навалом; наливом
per cent. (*или:* per cent, percent) процент; 5 per cent. пять процентов
to deduct вычитать; to deduct something from something вычесть что-л. из чего-л.
compensation компенсация, возмещение
moisture влага, влажность
to effect производить, совершать; to effect payment производить платёж; *синонимическое выражение:* to make payment
in cash (*или:* by cash) наличными
to submit представлять (*документы*); (*при глаголе* to submit *дополнение на вопрос: кому? всегда стоит с предлогом* to): to submit to somebody представить кому-л.
guarantee (*или:* guaranty) гарантия; letter of guarantee гарантийное письмо
first-class первоклассный
bank банк
contract value of the goods стоимость товаров по контракту
security обеспечение
fulfilment выполнение
sampling отбор проб, отбор образцов
analysis анализ; *мн.ч.* analyses анализы
to carry out выполнять, совершать, делать
laboratory лаборатория
result результат
binding обязательный (*для кого-л*— (up)on somebody);
binding upon both parties обязательный для обеих сторон
party сторона (*в договоре*)
form of contact формуляр контракта, образец контракта

K § 83

usual обычный; as usual (*вместо:* as it is usual) как обычно

to mean означать
usually обычно
to determine определять, устанавливать
contents (*мн.ч.*) содержание; the contents of your letter have surprised us содержание Вашего письма нас удивило

presentation предъявление; after presentation после предъявления (*обратите внимание на отсутствие артикля перед* presentation)
dealings дела, сделки, торговые операции
bank guarantee банковская гарантия

§ 85. ПОЯСНЕНИЯ К §§ 79-83

¹ The goods are considered to have been sold ... *Считается, что товары проданы.*

Здесь употреблен оборот "именительный падеж с инфинитивом" (Nominative with the Infinitive) при глаголе to consider в страдательном залоге. Этот оборот равен по значению сложно-подчиненному предложению с главным предложением, выраженным безличным оборотом: The goods are considered to have been sold ... = It is considered that the goods have been sold ... (to have been sold - форма Perfect Infinitive Passive, выражающая совершившееся действие).

² Составной предлог subject to с последующим существительным или герундием часто встречается в офертах, контрактах и других документах. Перевод subject to на русский язык нередко представляет трудность для переводчика.

Следует различать два случая употребления subject to и его перевода на русский язык:

А. Subject to как часть составного сказуемого после глагола to be выражает ограничение и переводится в документах чаще всего *подлежащий чему-л.* (или *могущий подлежать чему-л.* - в зависимости от контекста), *подчиняющийся чему-л., попадающий под действие чего-л., имеющий силу или действительный лишь в случае чего-л.*

П р и м е р ы :

These prices are subject to 10% discount. *С этих цен <u>предоставляется</u> скидка* (дословно: "*Эти цены подлежат скидке*) *в 10%.*

The prices in this catalogue are subject to revision. *Цены в этом каталоге <u>могут подлежать</u> пересмотру.*

This contract is subject to the law of Russia. *Этот договор <u>подчиняется</u> праву России.*

This offer is subject to the goods being unsold (или: being free) on receipt of your reply (или: This offer is subject to prior sale). *Эта оферта <u>действительна лишь в том случае, если товар еще не будет продан</u> по получении Вашего ответа.*

Выражение to be subject to prior sale употребляется главным образом в США.

Б. Предлог subject to, стоящий не после глагола to be, а после другого слова, встречается в оборотах, выражающих непременное условие, и переводится в документах чаще всего *при условии (если), на тот случай если, в том случае если, при соблюдении, при условии соблюдения.*

П р и м е р ы :

We offer you, subject to your acceptance by cable, 1,000 tons of ore. *Мы предлагаем Вам, <u>при условии</u> Вашего акцепта телеграммой, 1000 тонн руды.*

This offer is made **subject to** the goods being **unsold** on receipt of your reply (или: This offer is made subject to prior sale). *Эта оферта делается (дается) на тот случай, если товары еще не будут проданы по получении Вашего ответа.* (Сравните А пример 4.)

We accept your prices **subject to** our General Conditions of Delivery. *Мы принимаем Ваши цены при условии соблюдения наших Общих условий поставки.*

Обратите внимание на перевод на русский язык следующих предложений:

This offer is subject to confirmation. *Эта оферта имеет силу лишь в случае подтверждения ее продавцом (после получения ответа покупателя).*
This tender (offer) is subject to written or cabled confirmation on receipt of order. *Это предложение имеет силу лишь в случае письменного или телеграфного подтверждения продавца по получении заказа.*
All deliveries are subject to strikes, lockouts, accidents and other unforeseen contingencies. *Все поставки могут быть прекращены в случае забастовок, локаутов, несчастных случаев и других непредвиденных обстоятельств.*
The contract is subject to six months' notice on either side. *Действие договора (контракта) может быть прекращено при условии предупреждения какой-либо из сторон за шесть месяцев.*
We accept your prices subject to contract terms. *Мы принимаем Ваши цены при условии достижения договоренности об условиях контракта.*

3 I'm going to cable your price. *Я протелеграфирую Вашу цену.*
Сочетание Present Continuous глагола to go с инфинитивом часто употребляется для выражения будущего времени.

4 ... the result of the analysis **shall** be considered final ... ... *результат анализа должен (или: будет) считаться окончательным ...*

Shall в сочетании с инфинитивом часто встречается в повествовательных предложениях с 3-м лицом ед. и мн. числа в формулировках условий оферт, договоров купли-продажи, чартер-партий и других документов и выражает будущее действие с оттенком долженствования: ... the result shall be considered ... = ... the result is to be considered (или: will be considered) ... Buyers shall pay for the goods in pounds sterling. = Buyers are to pay (или: will pay) for the goods in pounds sterling. *Покупатели должны уплатить (или: уплатят) за товар в фунтах стерлингов.*

В обычной переписке shall с 3-м лицом в повествовательных предложениях не употребляется.

Не следует употреблять shall в повествовательных предложениях для выражения долженствования со 2-м лицом, т.е. с местоимением you. Так, предложение: *Вы должны уплатить за товар в фунтах стерлингов* следует перевести: You are to pay (или: You must pay) for the goods in pounds sterling (но не: You shall pay ..., что носит характер приказания).

5 The ore would be shipped in bulk. *Руда была бы погружена навалом.*

Это предложение представляет собой условное предложение с подразумеваемым условием, вроде: if you accepted our price and terms ... *если бы Вы приняли нашу цену и наши условия ...* или if we sold you the ore ... *если бы мы продали Вам руду ...*

111

§ 86. УПРАЖНЕНИЯ

I. Перепишите тексты § 79 и тексты писем и переведите их на русский язык.

II. Ответьте на вопросы:

К § 80
1. How did the Sellers send the Buyers the samples of paraffin wax?
2. What is the melting point of paraffin wax Grade A?
3. What is the price of Grade B?
4. Does the price include the cost of transporting the goods from St. Petersburg to London?
5. Who will have to charter tonnage *(тоннаж)* for the transportation of the goods: the Sellers or the Buyers?
6. What port can the paraffin wax be shipped from?
7. When do the Sellers promise to ship the goods?
8. Where are the terms of payment stated: in the offer or in a separate document?
9. Is this a firm offer or an offer without engagement?

К § 82
1. How many days will this offer remain open for acceptance?
2. How many tons of ore will the Sellers deliver to the Buyers as a maximum (*or* as a minimum)?
3. How many kilograms is an English ton equal to?
4. Will the Buyers have to pay for the full weight of the ore?
5. Why do the Sellers agree to deduct three per cent from the weight of the ore?
6. What documents will the Sellers hand over to the Buyers in order to obtain payment for the goods? (To hand over - *передавать*.)
7. When could shipment be made by the Sellers?
8. What are the terms of payment in this offer?
9. When must the Buyers submit a bank guarantee?
10. By which laboratory will sampling and analysis be carried out?

III. Вставьте, где требуется, предлоги и переведите на русский язык:

К § 79
1. Please inform us ... cable ... what price you could offer us 200 tons ... Copper.
2. ... ... the information received ... us, the vessel will arrive ... St. Petersburg ... the 15th September.
3. We are quoting you the price ... £5 ... ton subject ... your accepting the offer ... full ... five days ... today.
4. The goods were offered ... engagement ... the part ... the Sellers.
5. We request you to indicate the time ... which your offer will remain open ... acceptance.

К §§ 80-81

1. We regret to state that our clients are not satisfied ... the quality ... the samples sent ... you.
2. We shall be obliged if you will quote us ... 100 tons of Rubber.
3. Please cable ... us your price ... a cargo ... 8,000 tons ... Manganese Ore.
4. We would ask you to make ... us an offer ... 500 bales ... Cotton ... immediate shipment.
5. Shipment will be made ... Odessa ... five weeks ... receipt ... your order.
6. Our representative will call ... you ... five o'clock to-morrow.

К §§ 82-83

1. The goods could be shipped ... October or November ... our option.
2. We have deducted ... your invoice the sum ... £ 68 paid ... us ... freight insurance.
3. We can supply you ... these goods ... the price ... £ 25/12/8 ... ton ... 1,016 kilograms c.i.f. Manchester.
4. ... ... our contract you are to pay ... the goods ... cash ... shipping documents.
5. The Sellers will load ... this steamer 5,000 tons ... wheat, 10 per cent. more or less ... their option.
6. The arbitration award *(решение арбитража)* is binding ... both the Sellers and Buyers.
7. The Buyers submitted ... the Sellers a banker's guarantee ... the contract value ... the goods.
8. The amount ... freight will be paid ... advance ... the port ... loading.
9. The goods are to be shipped ... the 31st May ... the latest.
10. We are looking forward ... interest ... your answer.

IV. Переведите на английский язык:

К § 79

1. Мы предлагаем Вам этот товар, при условии получения Вашего подтверждения не позже 15 марта.
2. Все цены, указанные в этом каталоге, могут подлежать изменению без предупреждения (without notice).
3. Это предложение действительно лишь в том случае, если машина еще не будет продана по получении Вашего ответа.
4. Мы получили Ваше письмо от 14 марта, в котором Вы отзываете Ваше предложение от 8 марта на 200 тонн каучука. Мы полагаем, что Вы уже получили наше письмо от 12 марта, содержащее наш акцепт Вашей оферты. Просим поэтому прислать нам контракт на продажу этого количества каучука.
5. Мы согласны , чтобы наша оферта от 10 марта оставалась открытой для акцепта до 25 марта, как самый поздний срок.
6. Мы предлагаем Вам, без обязательства с нашей стороны, 5000 тонн марганцевой руды.

---

* *Быть согласным, соглашаться* - to agree. Дополнительные придаточные предложения, зависящие от глагола to agree, вводятся союзом that, а глагол-сказуемое со всеми лицами выражается сочетанием should с инфинитивом.

7. Подтверждаем получение Вашего письма от 20 мая, в котором Вы акцептуете нашу оферту от 10 мая на 10000 фунтов икры. С сожалением сообщаем Вам, что этот товар продан другому покупателю, поскольку наша оферта была действительна лишь до 16 мая.

К §§ 80-81

1. Мы можем предложить Вам этот товар по цене 50 долл. США за английскую тонну сиф Копенгаген (Copenhagen).

2. Посылаем Вам с этим письмом 2 экземпляра наших Общих условий поставки, в которых изложены наши условия платежа.

3. Наши Общие условия поставки составляют неотъемлемую часть наших договоров.

4. Это предложение должно быть акцептовано Вами по телеграфу в течение шести дней от даты этого письма, в противном случае (otherwise) мы предложим товар другим покупателям.

5. Мы удовлетворены качеством товара и готовы поместить у Вас заказ, если Ваши цены и условия платежа будут приемлемыми (acceptable).

6. Мы можем отгрузить этот товар из Одессы в течение шести недель по получении Вашего заказа.

К §§ 82-83

1. Просим Вас представить нам гарантийное письмо первоклассного английского банка на полную стоимость товаров по контракту.

2. Мы еще не получили от Вас спецификацию товаров, которую Вы должны были представить нам в течение 10 дней после подписания контракта.

3. Мы можем предложить Вам груз в * 5000 тонн пшеницы, на 10% больше или меньше по нашему выбору.

4. Ссылаясь на наше письмо от 27 июля, сообщаем Вам, что мы вычли из суммы Вашей фактуры 100 фунтов стерлингов, уплаченных нами за фрахт в порту погрузки.

5. Решение суда (the court) обязательно для обеих сторон.

6. Мы предлагаем, чтобы отбор проб и анализ были сделаны нашей лабораторией в порту погрузки.

7. Согласно условиям договора, Вы должны уплатить за товар наличными против отгрузочных документов.

8. В ответ на Ваш запрос от 16 мая и в подтверждение нашего разговора по телефону мы предлагаем Вам один груз в 8000 английских тонн бакинского газойля (Baku Gasoil), на 10% больше или меньше по нашему усмотрению, по цене 8 центов за американский галлон (American gallon) наливом фоб Батуми (Batumi) с немедленной отгрузкой. Качество газойля будет полностью соответствовать образцу, посланному Вам почтовой посылкой 3 мая.

Качество будет определено нашей лабораторией в Батуми, и анализ этой лаборатории должен считаться окончательным подтверждением (as final proof) качества товара.

Платеж должен быть произведен Вами наличными против отгрузочных документов в Лондоне. Все остальные условия указаны в прилагаемом образце контракта.

Это предложение действительно при условии получения Вашего акцепта по телеграфу.

---

* Русскому предлогу *в* пред числительным, за которым следуют единицы меры, веса, денежные единицы и т.п., соответствует английский предлог of.

V. Переведите на русский язык, пользуясь словарём в конце книги и указаниями, данными в § 85, п.2:

1. All quotations are made without engagement, and contracts based thereon are subject to our General Conditions of Sale.
2. All quotations are subject to alteration without notice.
3. The prices quoted may be subject to revision on receipt of information as to the actual quantities required.
4. This offer is made subject to the material being unsold at the time of receipt of your order.
5. All offers are subject to confirmation and to the goods being free on receipt of Buyer's reply.
6. The prices are for prompt acceptance only and subject to change without notice.
7. The offer is subject to the General Conditions of Delivery relating to deliveries from Sweden to Russua agreed between the Trade Delegation of Russia in Sweden and the General Export Association of Sweden on the 30th January, 1990.
8. The machine could be despatched not later than 30th September, subject to our receiving your order within 20 days from this date.
9. This offer is subject to immediate acceptance.
10. We consider that the price should be subject to the 5% discount stipulated in clause 5 of the contract.
11. This offer is subject to our being able to obtain an export licence.
12. We can place this order with you subject to an import licence being granted.
13. This offer is subject to revision if not accepted within seven days.
14. The goods will be shipped in the second half of November subject to navigation being open.
15. This offer is subject to our being able to charter a suitable vessel for the transportation of the goods.

§ 87. OFFER OF CAVIAR

Moscow, 27th January, 19...

Dear Sirs,

Caviar of 19... Preparation

We are obliged for your enquiry of the 23rd January and have pleasure in offering you as follows:

1. DESCRIPTION AND QUANTITY: Barrelled Caviar in bulk of 19... preparation, viz.:

Beluga Caviar .... 5,000 lbs.
Osetrova Caviar ...... 4,000 lbs.
Pressed Caviar ...... 3,000 lbs.
Total ..... 12,000 lbs. net weight.

We reserve the right to increase or decrease each if these quantities by 15 per cent.

2. QUALITY: First quality in accordance with Government Standards of Russia and/or [1] Rossexport's standards. We undertake to submit, as final proof of quality, certificates of the State Inspection of Russia for Quality.

3. PRICES:
    ... per pound net for Beluga Caviar.
    ... ditto   for Osetrova Caviar.
    ... ditto   for Pressed Caviar.

These prices are strictly net f.a.s. St.Petersburg.

4. TERMS OF PAYMENT: In pounds sterling [2] net cash against shipping documents by an irrevocable and confirmed Letter of Credit to be opened by you by cable in our favour with the Bank for Foreign Trade of Russia, Moscow, for the full value of each lot to be shipped [3] under the contract. Each Letter of Credit is to be established within 3 days of receipt of our telegraphic advice of the readiness of the respective lot for shipment and is to be valid for 30 days.

5. SHIPMENT: We could ship the goods from St.Petersburg in separate lots, when ready for shipment, and in assortment at our option, in the following approximate periods:

In June - August, 19..., about 4,500 lbs.
In September - December, 19..., about 7,500 lbs.

All other terms are stated in the enclosed Form of Contract.
This offer is subject to your acceptance within 6 days of this date.
We look forward with interest to your reply.

                                         Yours faithfully,
                                         . . . .

Enclosure.

§ 88. CONVERSATION

A. - You've probable received the telegram I sent you from Paris on Tuesday, haven't you?

B. - Yes, we have. We were expecting you the day before yesterday.

A. - I'm sorry, I was detained in Paris on business.

B. - How is business in general?

A. - I must say that we aren't quite satisfied with our present sales. We used to get regular large orders from a number of the largest hotels and restaurants in England but lately we have been doing less business with them.

B. - I'm surprised to hear it. How do you account for this decline in the amount of your orders? We don't feel here at all that the demand for caviar is weaker than before. On the contrary, we are getting now more enquiries for caviar than ever.

A. - I wouldn't say that there is a big decrease in the volume of our business, but many hotels are inclined to use, instead of caviar, cheaper stuffs like lobsters or oysters, for instance. I hope you are not going to raise your prices this year.

B. - As a matter of fact, our prices are now about 10 per cent higher than last year.

A. - What are you prices now? We've written to you that we need altogether about 20 tons of caviar.

B. - Our prices today are ... shillings for beluga caviar, ... shillings for osetrova and ... shillings for pressed per pound f.a.s. St.Petersburg. The terms of payment would be the same as in our old contract.

A. - Can't you reduce your increase from 10 per cent to 5 per cent?

B. - I'm sorry, it's impossible.

A. - I think I'll have to cable my Board of Directors and ask them if they agree to your present prices. I'll call here again as soon as I get their answer.

B. - All right. But I must tell you that we can hold these prices open for your acceptance till the 3rd February only.

A. - I'll send the cable at once. Good-bye.

§ 89. QUOTATION FOR A HEAVY-OIL ENGINE

Air-Mail

Birmingham, 20th July, 19...

Dear Sirs,

We thank you for your telex of the 18th July running as follows:
"PLEASE SEND QUOTATION ONE HEAVY-OIL ENGINE MODEL 8C-9 COMPLETE WITH ALL ACCESSORIES".

We are pleased to offer you our 8 Cylinder Heavy-Oil Engine of 800 H.P., Model 8C-9, as per enclosed specification. The net price of the engine complete with all the necessary accessories enumerated in the specification is £ 4,250 f.o.b. Hull. The cost of delivering the engine from our works on board vessel in Hull is estimated by us at £ 65.

The engine can be supplied without the engine bed, and in that case the above price would be reduced by £ 42. Should you prefer to order the engine without the engine bed and manufacture the latter at your own works, we shall supply you with the necessary working drawings. We would like, however, to draw your attention to the comparatively low price of the engine bed and would advise you to order the engine with the engine bed.

The cost of packing the engine for sea transportation in 12 strong cases is £ 75 extra.

Payment is to be made by you in cash within 45 days of the dispatch to you of the Bill of Lading together with all the necessary documents.

The machine can be dispatched in the second half of September, provided that [4] we receive your formal order not later than July 31st.

We enclose a list of spare parts and their prices. The parts marked S are kept in stock and are ready for immediate delivery. Those that are not kept in stock can be made at short notice.

We are sending you, under separate cover, descriptive literature relating to this type of engine, photographs, drawings, etc.

We hope to receive your order which will be carefully executed by us.

          Yours faithfully,
          . . . .

Enclosures: Specification.
     List of Spare Parts

§ 90. СЛОВА И ВЫРАЖЕНИЯ К §§ 87-89

К § 87

barrelled упакованный в бочки, бочковой

in bulk *здесь:* без расфасовки, нерасфасованный; **barrelled caviar in bulk** нерасфасованная бочковая икра

to reserve сохранять, резервировать; **to reserve the right** сохранять за собой право

to increase увеличивать (**на** - by, **до** - to); **to increase the quantity by 15% (to 100 tons)** увеличить количество на 15% (до 100 тонн)

to decrease уменьшать (**на** - by, **до** - to)

quality качество; сорт; **first quality** первый сорт

standard стандарт; **Government standard** государственный стандарт

to undertake (undertook, undertaken) 1. обязаться, взять на себя обязательство; 2. предпринимать

proof доказательство; **final proof of quality** окончательное доказательство, окончательное подтверждение качества; *мн.ч.* **proofs** доказательства

certificate сертификат, свидетельство

the State Inspection of Russia for Quality Государственная инспекция России по качеству

net (*или:* **nett**) чистый, нетто; **per pound net** за фунт чистого веса

ditto (*сокр.* **do**) то же (*употребляется в таблице или колонке во избежание повторения вышестоящих слов или цифр*)

strictly строго; **strictly net** строго без скидки

f.a.s. (*первые буквы слов:* **free alongside ship**) франко вдоль борта судна, фас (*условие об обязанности продавца доставить товар за свой счет к борту судна так, чтобы судно могло принять груз своими разгрузочными приспособлениями*); **f.a.s. St.Petersburg** фас С.Петербург

as stated = **as it is stated** как указано

sterling стерлинги; **in pounds sterling** в фунтах стерлингов (*обратите внимание на отсутствие окончания s в слове* sterling)

net cash (*реже:* **by net cash**) наличными без скидки

irrevocable безотзывный

letter of credit (*сокр.* L/C) аккредитив; irrevocable and confirmed letter of credit безотзывный и подтвержденный аккредитив; to open a letter of credit with a bank (*реже:* in a bank) открыть аккредитив в банке
the Bank for Foreign Trade of Russia Банк для внешней торговли России
in our (your, their etc.) favour в нашу (вашу, их и т.д.)
lot партия (*товара*); in lots партиями
to establish a letter of credit = to open a letter of credit
telegraphic телеграфный
advice извещение (*о* - of); *синоним:* notification
readiness готовность
respective соответствующий
valid действительный
when ready for shipment по мере готовности к отгрузке
assortment ассортимент; in assortment в ассортименте
approximate приблизительный
period период; срок
from this date = from the date of this letter

К § 88

to detain задерживать
business дело, дела; on business по делу
in general вообще, в общем
used *в сочетании с инфинитивом другого глагола с частицей* to *выражает повторявшееся действие и переводится прошедшим временем этого глагола с предшествующим наречием* бывало *или* обычно; we used to get large orders мы бывало, мы обычно получали большие заказы
to surprise удивлять; to be surprised быть удивленным
to account for something объяснять что-л.
to feel (felt) чувствовать
not ... at all вовсе не
on the contrary наоборот
ever когда-либо
decrease уменьшение (*на* - by, *до* - to); *антоним:* increase увеличение
to be inclined быть склонным
cheap дешевый
stuff продукт
lobster краб
oyster устрица
to raise (raised) повышать, поднимать
as a matter of fact фактически, на самом деле

altogether в общем, всего
to reduce снижать (*на* - by, *до* - to)
increase увеличение (*на* - by, *до* - to); *антоним:* decrease уменьшение
board of directors совет директоров (*акционерной компании*)
to agree соглашаться; to agree to something соглашаться на что-л.; to agree with somebody, with somebody's opinion, with somebody's point of view соглашаться с кем-л., с чьим-л. мнением, с чьей-л. точкой зрения

К § 89

heavy-oil engine нефтяной двигатель
telex телеграмма, посланная по телетайпу (*так называемый телекс*); by telex по телетайпу; to telex somebody послать телеграмму кому-л. по телетайпу, телеграфировать кому-л. по телетайпу
to run *здесь:* гласить; a telex (a telegram) running as follows телекс (телеграмма) следующего содержания
to enumerate перечислять
on board на борту; на борт; on board vessel (*или:* on board ship, on board steamer) на борту судна; на борт судна (*обратите внимание на отсутствие предлога и артикля перед* vessel, ship, steamer); no: on board the (m.v.) "Krasnodon" на борту (*или:* на борт) теплохода "Краснодон"
to estimate оценивать, исчислять (*в* - at)
engine bed опорная плита
above (*при существительных с артиклем* the) указанный выше, упомянутый выше; the above price указанная выше цена
the latter последний (*из двух названных*); *антоним:* the former первый
working drawing рабочий чертеж
comparatively сравнительно
to advise 1. советовать; 2. извещать
extra особо, дополнительно, сверх того; the cost of packing is £75 extra стоимость упаковки - 75 фунтов стерлингов дополнительно (*обратите внимание на место наречия* extra)
dispatch (*или:* despatch) отправка
provided (that) при условии если, при условии что; *синоним:* on condition (that)
to dispatch (*или:* despatch) отправлять (*при глаголе* dispatch *дополнение на*

119

вопрос: кому? всегда стоит с предлогом to); to despatch to somebody отправлять кому-л.
formal формальный, официальный
formal order официальный заказ
to keep (kept) хранить, держать
stock запас, склад; in stock на складе (обратите внимание на отсутствие артикля перед stock)
notice извещение, предупреждение; at short notice в короткий срок (буквально: при коротком предупреждении)
carefully тщательно
to execute выполнять, исполнять; to execute an order выполнить заказ

§ 91. ПОЯСНЕНИЯ К §§ 87-89

[1] Goverment standards of Russia and/or Rossexport's standards. *Государственные стандарты России и/или стандарты Россэкспорта.*

Употребление одновременно двух союзов and и or в данном примере означает, что продавцы при поставке товара могут использовать следующие возможности:
а) часть товара поставить по государственным стандартам, а остальное количество по стандартам объединения;
б) весь товар поставить по государственным стандартам; в) весь товар поставить по стандартам объединения.

Payment is to be made in U.S.A. dollars and/or pounds sterlings. *Платеж должен быть произведен в долларах США и/или фунтах стерлингов.*

Такое условие дает покупателям право уплатить либо часть суммы в долларах и часть в фунтах, либо всю сумму в одной из этих валют по усмотрению.

[2] ... in pounds sterlings ... *в фунтах стерлингов*

Слово sterling *стерлинги, стерлинговый* раньше употреблялось в Англии по отношению к золотым и серебряным монетам со значением *установленной пробы, установленной ценности.* В настоящее время sterling при слове pound(s) употребляется в смысле: *установленными в Англии деньгами или в английской валюте.*

Во внутренней торговле Англии слово sterling в обозначении денежных сумм очень часто опускается.

Во внешней торговле sterling при слове pound(s) употребляется, когда хотят указать, что речь идет именно о британской валюте.

[3] ... the value of each lot to be shipped under contract ... *стоимость каждой партии, которая должна быть отгружена* (или: *будет отгружена*) *по контракту.*

Инфинитив to be shipped (Indefinite Infinitive Passive) употреблен здесь в качестве определения к существительному lot и равен по значению определительному придаточному предложению со сказуемым, выражающим долженствование или будущее время: ... the value of each lot to be shipped under the contract = ... the value of each lot which is to be shipped (или: which will be shipped) under the contract

[4] Shipment can be made in the second half of September, 19.., provided that we receive your formal order not late than July 31st. *Отгрузка может быть произведена во второй половине сентября 19.. г., при условии если мы получим Ваш официальный заказ не позже 31 июля.*

Provided that (that часто опускается) *при условии если, при условии что* представляет собой союз, вводящий придаточное предложение условия. Употребление provided that вместо if подчеркивает обязательный характер условия, невыполнение которого делает невозможным совершение действия, указанного в главном предложении (сравните русские союзы *если и при условии если*). Такое же значение имеют придаточные предложения с союзом on condition (that) *при условии если, при условии что*.

Придаточное предложение условия с союзами provided (that) или on condition (that) равно по значению обстоятельству условия, начинающемуся с subject to, за которым следует герундий или существительное (§ 86, Б); ... provided (that) we receive your formal order ... = ... subject to our receiving your formal order ...

Придаточные предложения с союзами provided (that) и on condition (that) употребляются как в документах, так и в разговорной речи, в то время как обороты с subject to свойственны преимущественно языку документов.

§ 92. УПРАЖНЕНИЯ

I. Перепишите тексты писем и переведите их на русский язык.

II. Ответьте на вопросы:

К § 87

1. How many grammes is an English pound equal to ?
2. What documents do the Sellers undertake to submit to the Buyers as final proof of quality ?
3. Will the Sellers give the Buyers a discount from the prices quoted or are the prices net ?
4. What do the letters f.a.s. stand for ?
5. In what currency is payment to be made ? (Currency - *валюта, деньги*)
6. What kind of letter of credit are the Buyers to open in favour of the Sellers ?
7. What bank is the letter of credit to be opened with ?
8. When is the letter of credit to be opened ?
10. Can the Sellers ship the total quantity of caviar at once ?
11. When is shipment of the total quantity of caviar to be completed ?

К § 89

1. In what document are the accessories enumerated ?
2. Is the price quoted in this offer subject to a discount ?
3. Which words in the offer show that the Sellers do not intend to give the Buyers a discount from the price ?
4. Who will have to pay the cost of sea freight and insurance: the Sellers or the Buyers ?
5. Should the Buyers decide to accept the engine at the work of the Sellers, how much will they have to pay for the engine ?
6. At what sum do the Sellers estimate the price of the engine bed ?
7. Why do the Sellers advise the Buyers to order the engine with the engine bed ?
8. Is the cost of packing included in the price of engine ?
9. When must the Buyers pay for the engine ?
10. On what condition are the Sellers prepared to ship the engine in the second half of September, 19.. ?
11. Are all the spare parts available for immediate delivery ?

III. Вставьте, где требуется, предлоги или наречия и переведите на русский язык:

K § 87

1. Our prices are based ... the quotations ... Paraffin Wax published ... this magazine.
2. Payment ... the goods to be shipped ... the contract is to be made ... net cash ... shipping documents.
3. The terms ... payment are stated ... detail ... the enclosed copy ... our General Conditions.
4. ... accordance ... the terms ... the contract the Buyers opened an irrevocable and confirmed letter of credit ... the Moscow Narodny Bank, Limited, London.
5. Payment will be made ... an irrevocable letter of credit which will be opened ... your favour ... five days ... receipt ... your advice ... the readiness ... the goods shipment.
6. ... ... § 5 ... the contract, the Sellers have the right to increase the quantity ... 5 per cent.
7. We thank you for your enquiry ... the 15th May and have pleasure ... quoting you as follows.
8. We can ship the goods ... regular intervals ... separate lots and ... assortment ... our option.

K § 88

1. We need ... 300 tons of Copper ... immediate shipment.
2. As a matter ... fact, our sales ... these goods have greatly increased.
3. The price was reduced ... 1 dollar ... 11 dollars ... pound.
4. We agree ... the price and terms stated ... your letter dated ... the 10th May.
5. The demand ... these goods has not declined; ... the contrary, it has increased lately.
6. We agree to wait ... your decision ... 20th June.

K § 89

1. The equipment will be delivered ... board ... vessel ... London ... the end ... this week.
2. The cost ... freight and insurance is estimated ... our agents ... 65.
3. These instruments are always kept ... stock and can be despatched ... your address immediately ... receipt ... your order.
4. The chemicals which are marked ... "S" ... the catalogue can be shipped ... short notice.
5. A copy ... the Bill of Lading was despatched ... you ... our letter ... the 5th September.
6. The machine will be delivered complete ... all accessories as ... specification enclosed.
7. We are sending you our Brochure No. 15A relating ... the machine you are interested ... .
8. The engine will be packed ... eight strong cases suitable ... sea transportation.

IV. Переведите на английский язык:

K § 87

1. Прилагаемый сертификат должен служить (to serve as) окончательным подтверждением качества товара.

2. Согласно пункту (clause) 5 контракта, Вы обязались открыть в нашу пользу безотзывный и подтвержденный аккредитив в Банке для внешней торговли России.

3. С цен за машины, помеченные в каталоге буквой А, предоставляется скидка 10%, все остальные (другие) цены - строго без скидки.

4. Мы имеем право увеличить количество руды до 6000 тонн.

5. Условия платежа изложены подробно в прилагаемом экземпляре наших Общих условий поставки.

6. Наша цена базируется (is based) на котировке этого товара, опубликованной в журнале "The Metal Bulletin" от 20 мая этого года.

7. С сожалением сообщаем Вам, что мы не предоставляем нашим покупателям какой-либо скидки за платеж наличными. Наши условия платежа - наличными без скидки против документов. (*Предоставить скидку* - to allow a discount).

8. Согласно пункту 5 договора, Вы должны открыть безотзывный и подтвержденный аккредитив в течение шести дней после получения нашего телеграфного извещения о готовности товара к отгрузке.

9. Аккредитив должен быть открыт Вами на полную стоимость товара по контракту и должен быть действителен 45 дней.

10. В ответ на Ваш запрос от 16 сентября мы имеем удовольствие предложить Вам крабовые консервы (Tinned Crab Meat) выработки 19.. г. на следующих условиях:

2000 ящиков по 96 полуфунтовых банок марки "AKO Brand A Grade" (of 96 half-pound tins "AKO Brand A Grade") с этикетками (labelled *или:* with labels) по цене ... за ящик.

2000 ящиков по 48 фунтовых банок (of 48 one-pound tins) марки "Chatka Brand Fancy Crabmeat" с этикетками по цене ... за ящик.

1000 ящиков по 96 полуфунтовых банок марки "Chatka Brand Fancy Crabmeat" без этикеток (unlabelled *или:* without labels) по цене ... за ящик.

Все эти цены поднимаются сиф Лондон со скидкой в 1/4 процента (one quarter of one percent) в качестве компенсации за вздутые или дефектные банки (swollen or defective tins).

Мы обязуемся предоставить Вам как окончательное подтверждение качества товара сертификаты Государственной инспекции России по качеству.

Отгрузка может быть произведена в ноябре или декабре 19.. г. по нашему выбору.

Наши условия платежа - наличными без скидки против отгрузочных документов посредством безотзывного, подтвержденного и делимого (divisible) аккредитива, который может быть открыт Вами по телеграфу в Банке для внешней торговли в течение 5 дней от (of) даты нашего телеграфного уведомления о готовности товара к отгрузке.

Покупатели должны представить в течение трех дней после подписания контракта гарантию первоклассного английского банка в обеспечение выполнения ими контракта (as a security of the fulfilment of the contract).

Все остальные условия указаны в приложенном образце договора. Это предложение действительно при условии получения Вашего акцепта в течение 8 дней от даты этого письма.

11. А. - Каковы Ваши цены сегодня на белужью и паюсную икру? Нам требуется 6 тонн белужьей и 5 тон паюсной.

Б. - Наши цены сегодня составляют ... долларов за фунт белужьей и ... долларов за фунт паюсной фас С.Петербург.

А. - Каковы Ваши условия платежа ?

Б. - Каждая партия должна быть оплачена (each lot is to be paid for) полностью против документов с безотзывного аккредитива, открытого Вами по телеграфу в течение трех дней после получения нашего уведомления, что товар готов к отгрузке.

А. - Когда Вы могли бы отправить первую партию ?

123

Б. - Мы могли бы начать отгрузку в июне и отгружать товар через равные промежутки до конца года. Мы оставляем за собой право увеличить или уменьшить общее количество каждого сорта на 10%.

А. - Как будет установлено качество товара ?

Б. - Каждая партия будет осмотрена (to examine) Государственной инспекцией России по качеству, которая выдаст (to issue) свой сертификат. Этот сертификат будет служить окончательным подтверждением качества товара.

А. - Могу я считать (to consider), что это предложение твердое ?

Б. - Нет, оно дается (is made) без обязательства и на тот случай, если товар еще не будет продан, так как мы послали предложения некоторым другим фирмам.

А. - В таком случае, я пойду заказать телефонный разговор с Лондоном (I'm going to order a trunk call to London). Я зайду завтра утром.

К § 89

1. Мы хотели бы обратить Ваше внимание на нашу модель № 16АД, которая, как мы полагаем, полностью удовлетворяет требованиям Вашей спецификации.

2. Мы будем признательны, если Вы пришлете нам рабочие чертежи, необходимые для изготовления деталей (parts) № 125 и № 126.

3. Если Вы решите заказать двигатель без компрессора, то* цена двигателя будет снижена на 650 фунтов стерлингов и составит (to amount to) 2780 фунтов стерлингов.

4. Все принадлежности и запасные части перечислены в спецификации, посланной с нашим письмом от 19 августа.

5. Двигатель может быть поставлен комплектно со всеми принадлежностями и запасными частями в течение 8 недель со дня получения Вашего заказа.

6. Вчера мы телеграфировали Вам по телетайпу размеры и вес станка, погруженного 25 мая в С.Петербурге на п/х "Нева".

7. Сегодня мы получили Вашу телеграмму № 1215 следующего содержания.

8. Благодарим Вас за Ваш запрос на два экскаватора (excavator), переданный нам по телетайпу 15 апреля.

9. К сожалению (to our regret), мы не держим на складе таких больших количеств медикаментов (drugs), но могли бы изготовить нужное Вам количество в короткий срок.

10. Мы можем изготовить эту машину к 1 августа при условии, что получим Ваш заказ с окончательными техническими условиями не позже 15 мая.

11. Авиапочтой

Москва, 29 марта 19.. г.

Подтверждаем с благодарностью получение Вашего письма от 25 марта.

Мы посылаем Вам сегодня почтовой посылкой образцы требующихся Вам химикатов и надеемся, что Вы будете удовлетворены их качеством.

Посылаем Вам наш прейскурант химикатов. Химикаты, помеченные буквой Д, имеются (хранятся) на складе. Они могут быть отправлены в порт погрузки немедленно по получении Вашего заказа и отгружены первым подходящим (available) пароходом. Остальные химикаты могут быть отгружены во второй половине мая, при условии что мы получим Ваш заказ в течение 10 дней от даты этого письма.

С цены химикатов, помеченных буквой А, предоставляется скидка 10%, остальные цены - строго без скидки. Все цены понимаются фас С.Петербург и включают стоимость упаковки в прочные (крепкие) ящики.

---

* Союз *то* в начале главного предложения со значением *то тогда, то в таком случае* либо переводится словом then, либо оставляется без перевода.

Наши условия платежа: в фунтах стерлингов в Лондоне наличными без скидки против документов.

Ожидаем с интересом вашего ответа.

С уважением

. . . .

Приложение

12.   Москва, 20 мая 19.. г.

В ответ на Ваш запрос от 15 мая, мы с удовольствием предлагаем вам дизельный двигатель мощностью в 800 л.с. модели 15АМ, согласно прилагаемое спецификации.

Цена двигателя со всеми необходимыми принадлежностями составляет ... фунтов стерлингов фоб Одесса.

Двигатель будет упакован в три крепких ящика, пригодных для морской перевозки; стоимость упаковки составляет ... фунтов стерлингов дополнительно.

Платеж должен быть произведен посредством безотзывного и подтвержденного аккредитива, открытого (to be opened) в Банке для внешней торговли России на полную стоимость двигателя в течение 10 дней после подписания контракта.

Мы можем отгрузить двигатель в августе 19.. г. при условии, что получим Ваш заказ не позже 31 мая.

Прилагаем список запасных частей и их цены. Запасные части могут быть отгружены вместе с двигателем, и их стоимость (the value) должна быть включена в сумму аккредитива.

Посылаем Вам в отдельном пакете наш иллюстрированный каталог и брошюру № 1215, содержащие подробное описание дизеля.

Просим прислать нам ответ как можно раньше.

С уважением

. . . .

Приложение.

Глава VIII

ЗАПРОСЫ И ПРЕДЛОЖЕНИЯ
(продолжение)
ENQUIRIES AND OFFERS
(Continued)

§ 93. QUOTATION FOR A PORTABLE COMPRESSOR STATION

Moscow, 25th May, 19..

Dear Sirs,

We thank you for your enquiry of 19th May and have pleasure in offering you the equipment specified below on the terms and conditions stated herein including those printed on the reverse side of this tender.

SPECIFICATION: One Portable Compressor Station Type КСЭ-5, coupled with an electric motor mounted on a welded frame, designed for supplying various pneumatic tools with compressed air:

        Capacity — 5 cu. m./min. (= 175 cu. ft./min.)
        Pressure — 7 atm.
        Speed   — 730 r.p.m.
        Weight — 1,500 kg. (= abt. 3,300 lbs)

Overall dimensions:

        Length — 2,130 mm. (= 6.98[1] ft.)
        Width — 1,030 mm. (= 3.38 ft.)
        Height — 1,258 mm. (= 4.12 ft.)

The Compressor is delivered with a Slipring Electric Motor A.C. 3 Phase, 50 cycles, 400/440 volts, a Starting Rheostat and a standard set of spare parts and accessories.

PRICE: The total price of the Compressor with the electric motor, spare parts and accessories is ... c.i.f. Bombay including packing in three strong boxes.

PAYMENT: By an irrevocable, confirmed and divisible Letter of Credit to be valid for 90 days.

SHIPMENT: Within 12 weeks of the date of signing the contract.

VALIDITY of TENDER: The Tender is open for acceptance within 30 days of the date of its issue.

Should you find the above data insufficient in any respect, we shall be glad to send you further information you may desire.

Yours faithfully,

. . . .

§ 94. GENERAL CONDITIONS OF SALE
(Reverse Side of the Offer)

1. ACCEPTANCE: The acceptance of this tender includes the acceptance of the following terms and conditions unless there is a special agreement to the contrary in respect of any of them.

2. VALIDITY: No order shall be binding on the Sellers until confirmed by them in writing. The tender may be withdrawn or the price and/or the terms quoted may be altered in any respect before the order has been received and accepted by the Sellers.

3. QUALITY: Unless otherwise specified, the quality of the goods shall be in conformity with the corresponding Russian Standards or in the absence of such standards with the technical specifications adopted by the manufacturing plant and confirmed by Certificates of Quality. The Sellers reserve the right without special consent of the Buyers to introduce alterations of minor importance which do not affect materially the quality and the price of the goods.

4. PRICE: The price includes the cost of a standard set of spare parts if such parts are required. Erection cost or technical service, if any, are not included in the price and will be charged extra.

5. DELIVERY: The tender is made subject to prior sale. The time indicated for shipment shall be reckoned from the date of the contract or of the sellers' confirmation of the order. The date of delivery shall be considered for land transport - the date on which the goods pass the Russia's border and for sea transport - the date of the Bill of Lading.

6. PAYMENT: Unless some other arrangement is made, payment shall be effected by an irrevocable, confirmed and divisible Letter of Credit to be established by the Buyers in favour of the Sellers with the Bank for Foreign Trade of Russia, Moscow, within 15 days of receipt of the Sellers' notification of the readiness of the goods for shipment.

Unless otherwise specified, the Letter of Credit is to be valid for 90 days, all Bank charges being at the expense of The Buyers.

7. GUARANTEE: The technical data given by the Sellers and the high quality and normal operation of the equipment are guarantied for the period stated in the contract or in Sellers' confirmation of the order.

Should the equipment prove to be defective during the guarantee period, the Sellers undertake to replace or repair any defective part free of charge. The guarantee shall not apply to normal wear or damage caused by improper storage, inadequate or careless maintenance.

§ 95. CONVERSATION

A. - I've called on you to ask whether you could supply us with two portable compressor stations which we need for supplying various pneumatic tools with compressed air.

B. - What type of compressor do you need ? You've got our catalogue of compressors, haven't you ?

A. - I have it with me and I think that Model КСЭ-5 would suit our purpose. Are many Russian industrial organizations using this model and are they satisfied with it ?

B. - This model is used by very many Russian plants. We've also delivered quite a number of these compressors to different countries in Europe and Asia and I must say that all our customers are very much satisfied with their performance.

A. - What type of electric motor do you deliver with the compressor ?

B. - The compressor is usually delivered with a slipring A. C. motor, 3 phase, 400/440 volts. Will the voltage suit you ?

A. - Yes, it will do. What is the price of the compressor ?

B. - The total price including the electric motor and a standard set of accessories and spares is ... c.i.f. Bombay. Packing will be charged extra. The price doesn't include erection and technical service.

A. - Do you guarantee the quality of the material and normal operation of the compressor ?

B. - We guarantee that the compressor and the motor are manufactured of high-quality material and the workmanship is very good. Should the compressor prove defective within 16 months of the date of shipment, we undertake to repair or replace any defective part free of charge. However, we do not accept any responsibility for damage which is due to improper storage, careless handling and maintenance of the machine and for damage during transit.

A. - When can you ship the compressors ?

B. - The compressors can be dispatched to Odessa within 12 weeks of the date of our confirmation of the order and then shipped by the first steamer bound for India.

§ 96. СЛОВА И ВЫРАЖЕНИЯ К §§ 93-95

К § 93

on the terms and conditions на всех условиях
herein в этом документе, здесь
reverse side оборотная сторона
portable compressor station переносная компрессорная установка
to couple присоединять
to mount устанавливать, монтировать
welded frame сварная рама
to design конструировать, проектировать
pneumatic пневматический
compressed air сжатый воздух
capacity производительность, мощность
cu. m./min. = cubic metres per minute кубометры в минуту
cu. ft./min. = cubic feet per minute кубические футы в минуту
atm. = atmospheres атмосферы
speed скорость
r.p.m. = revolutions per minute обороты в минуту
length длина
mm. = millimetres миллиметры
width ширина
height высота
kg. = kilogram килограмм; *мн. ч.* kgs
slipring electric motor электрический мотор с контактными кольцами
A.C. = alternating current переменный ток
phase фаза
cycle период *(переменного тока)*
starting rheostat пусковой реостат
set набор, комплект
total общий *(в смысле:* совокупный, весь*)*
spares *(или:* spare parts) запасные части
validity действительность, срок действия
issue выпуск, выдача
insufficient недостаточный
respect отношение, in any respect в каком-л. отношении; in one respect в одном отношении; in all (many) respects во всех (многих) отношениях; in respect of something в отношении чего-л.

К § 94

unless если не, если только не
to the contrary в противоположном смысле, о противном; on the contrary наоборот
to withdraw (withdrew, withdrawn) отзывать
otherwise иначе
unless otherwise specified = unless it is otherwise specified
corresponding соответствующий
absence отсутствие; in the absence of в отсутствие *(или:* в случае отсутствия*)* кого-л., чего-л.
to adopt принимать
consent согласие
to introduce вводить, вносить
alteration изменение
minor незначительный, второстепенный; *антоним:* major значительный, крупный, первостепенный; to be of minor (major) importance иметь второстепенное (первостепенное) значение
to affect something влиять на что-л.
materially существенно
erection монтаж, установка
erection costs стоимость монтажа
if any *здесь:* если они имеют место
to reckon считать
to pass проходить
border граница
arrangement соглашение
divisible делимый
notification извещение, уведомление (письменное); *синоним:* advice
charges расходы; bank charges банковские расходы, банковская комиссия
at the expense of за счет кого-л.
operation *здесь:* работа
to prove 1. оказываться; 2. доказывать
defective дефективный, неисправный; to prove to be defective *(или:* to prove defective) оказаться дефектным, неисправным
to replace заменить *(чем-л.* - by something)
to repair ремонтировать
free of charge бесплатно
to apply применять(ся) (к - to); распространять(ся) (на - to)
wear износ
damage повреждение *(чего-л.* - to something)
to cause причинять, вызывать
improper несоответствующий, неправильный
storage хранение; складирование
inadequate недостаточный

careless небрежный
maintenance уход; maintenance of the machine уход за машиной

К § 95

to suit подходить; to suit somebody подходить кому-л.; to suit somebody's purpose подходить для чьей-л. цели

to do *здесь:* подходить, годиться, удовлетворять требованиям; the motor will do (won't do) for us мотор нам подойдет (не подойдет), мотор нам годится (не годится)

to charge подсчитать; назначить цену; поставить в счет; брать, взимать

extra дополнительно, особо, сверх; technical service will be charged extra за техническое обслуживание будет подсчитано особо, за техническое обслуживание будет назначена отдельная цена

workmanship качество изготовления; отделка

responsibility ответственность; to accept responsibility принимать на себя ответственность

transit провоз, транзит; during (*или* in) transit во время перевозки (*обратите внимание на отсутствие артикля перед* transit)

handling обращение; handling of the machine обращение с машиной

bound направляющийся (*о судне);* bound for India направляющийся в Индию

§ 97. ПОЯСНЕНИЯ К §§ 93 - 95

[1] 6.98 ft.

В английском обозначении десятичных дробей целое число отделяется от дроби точкой (в отличие от запятой в русском обозначении). Точка читается point (6.98 ft. - six point nine eight feet). Нуль читается nought (2.06 - two point nought six). Когда целое число равно нулю, оно часто не читается (0.26 - nought point two six или point two six).

[2] ... unless there is a special agreement to the contrary. ... *если только не имеется особого соглашения о противном.*

Союз придаточного предложения unless *если не, если только не* заключает в себе отрицание и поэтому глагол (is) стоит в утвердительной форме.

[3] ... the Letter of Credit is to be valid for 90 days, all bank charges being at the expense of the Buyers. ... *аккредитив должен быть действителен в течение 90 дней, причем все банковские расходы относятся за счет покупателей*

... all bank charges being at the expense of Buyers ... представляет собой независимый причастный оборот, в котором причастие относится не к подлежащему или дополнению предложения, а к существительному в общем падеже, стоящему перед причастием (all bank charges). Такие обороты, отделяемые в предложении запятой, выражают либо сопутствующее обстоятельство, которое переводится предложением с союзом *причем, а*, либо обстоятельство времени, причины или условия, которое переводится соответственным придаточным предложением. Самостоятельные причастные обороты часто встречаются в документах, разговорной же речи они не свойственны.

§ 98. УПРАЖНЕНИЯ

I. Переведите тексты §§ 93 - 95 на русский язык.

II. Ответьте на вопросы:

К § 93

1. For what purpose has the compressor been designed?
2. Are the overall dimensions of the compressor indicated in millimetres only?
3. What is the width of the compressor in feet?
4. What is the height of the compressor in millimetres?
5. How many feet are 2,130 mm equal to?
6. What does the total price of compressor include?
7. How would the Sellers like payment to be made?
8. How long do the Sellers want the letter of credit to be valid?
9. Till what date will the tender remain open for acceptance?

К § 94

1. When have the Sellers the right to alter the price quoted in the tender? (Пункт 2)
2. Can the Seller withdraw the tender after it has been accepted by them? (Пункт 2)
3. Do the Sellers require special consent of Buyers if they want to make minor alterations in the design of the machine? (Пункт 3)
4. Have the Sellers the right to sell the machine to another firm before the Buyers accept the offer? (Пункт 5)
5. What date is considered to be the date of delivery when the goods are despatched by sea? (Пункт 5)
6. When must the Buyers establish the letter of credit? (Пункт 6)
7. Who will have to pay the bank charges connected with the opening of the letter of credit: the Sellers or the Buyers? (Пункт 6)
8. What are the Sellers obliged to do if the machine proves to be defective during the guarantee period? (Пункт 7)

III. Вставьте, где требуется, предлоги или наречия и переведите на русский язык:

К § 93

1. The Letter ... Credit is to be established the bank for Foreign Trade of Russia and is to be valid ... 60 days ... the ... signing the contract.
2. The General Conditions ... Sale are printed ... the reverse side ... the tender.
3. The price ... the machine-tool complete ... spare parts and accessories is 2,000. 4. Shipment will be made ... 3 months ... the date ... confirmation ... the contract.
5. The tender is open ... acceptance ... the 3rd ... May.
6. The order was placed ... the terms and conditions stated ... the offer including those printed ... its reverse side.

К § 94

Пункты 1, 2, 3, 4

1. We do not consider the General Conditions enclosed ... your letter ... the 15th May to be binding ... us.

2. We have not yet reached an agreement ... you ... respect ... the terms ... payment and delivery.
3. The increase ... the capacity ... the compressor did not affect ... its price.
4. The machine was tested ... the works ... the Seller ... the absence ... the Buyers' representative.
5. The cost ... packing the machine ... four cases was not included ... the invoice.
6. The quality ... the goods is ... conformity ... the specification sent ... our letter ... the 20th June.
7. The Buyers confirmed ... writing their acceptance ... the offer.
8. The quality ... the goods is ... accordance ... our best standards and is confirmed ... a certificate issued ... the State Inspection ... Russia ... Quality.

Пункты 5, 6, 7

1. The goods passed the Russia's border ... the 23rd January and that date is to be considered the date ... delivery according ... Clause 10 ... the contract.
2. All charges connected ... the opening ... the Letter of Credit are to be ... the expense ... the Buyers.
3. The normal operation ... the equipment is guarantied ... 12 months from the date ... its shipment to Russia.
4. The letter of Credit was established ... the Buyers ... favour ... the Sellers ... 6th May, 19...
5. As the period ... our guarantee has already expired *(истек)*, we cannot replace the broken part free ... charge.
6. Our guarantee does not apply ... damage caused ... careless maintenance.

IV. Переведите на английский язык:

К § 93

1. Мы не можем принять условия, напечатанные * на оборотной стороне Вашего предложения.
2. Эта машина сконструирована для работы в тропических (tropical) условиях.
3. Цена компрессора включает цену электрического мотора и стандартного комплекта запасных частей и принадлежностей.
4. Безотзывный аккредитив должен быть открыт Вами в Банке для внешней торговли России в Москве в течение 30 дней после выдачи заказа и должен быть действителен 45 дней.
5. Габаритные размеры станка несколько (slightly) больше размеров, указанных в Вашей спецификации, а именно: длина составляет ... мм (= ... футам), ширина ... мм (= ... футам) и высота ... мм (= ... футам).
6. Диаметр трубобура составляет 260 мм, его вес - 4336 кг, число оборотов вала - 465 об/мин, давление - 56,5 атм, а максимальная мощность - 217 л.с. (*диаметр* - diameter; *турбобур* - turbodrill; *число оборотов вала* - shaft speed; *максимальный* - maximum.)
7. Если Вам нужны дополнительные технические данные, относящиеся к этой машине, мы с удовольствием вышлем все требующиеся Вам сведения.

_____

* Когда условия, о которых идет речь, напечатаны типографским способом, то *печатать* переводится to print; когда же они напечатаны на пишущей машинке, то глаголу *печатать* соответствует to type.

8. Мы держим это предложение открытым до получения от Вас акцепта до 1 сентября текущего года.

К § 94

Пункты 1, 2, 3, 4

1. Общие условия, напечатанные на оборотной стороне Вашего заказа, не обязательны для нас.
2. Стоимость монтажа будет просчитана особо, если не имеется специального соглашения между сторонами о противном.
3. До настоящего времени мы не получили от Вас подтверждения нашего предложения от 25 мая на компрессор и должны поэтому отозвать нашу оферту.
4. Предлагаемое нами изменение конструкции машины не повлияет существенно на ее цену (*Предлагать* - здесь: to suggest.)
5. Качество товара будет соответствовать государственным стандартам России и/или стандартам и техническим условиям завода-изготовителя.
6. Согласно § 3 наших Общих условий продажи, мы имеем право незначительно изменить спецификацию без особого (специального) разрешения покупателя.
7. Сертификат о качестве, выданный заводом-изготовителем, подтверждает, что оборудование соответствует стандартам России.

Пункты 5, 6, 7

8. Мы не можем открыть аккредитив в Вашу пользу, поскольку еще не получили Вашего извещения о готовности товара к отгрузке.
9. Если в заказе указано иначе, то датой сдачи товара считается дата коносамента.
10. При отсутствии иного соглашения, аккредитив должен быть открыт покупателем в Банке внешней торговли России в Москве.
11. Все банковские расходы в связи с открытием аккредитива должны быть отнесены (are to be) за счет покупателя.
12. Мы не можем заменить эти части бесплатно, так как повреждение вызвано небрежным уходом за машиной.
13. Мы гарантируем нормальную работу машины на срок 15 месяцев от даты отгрузки машины из России.
14. По нашему мнению, повреждение товара произошло вследствие несоответствующего хранения.
15. Просим Вас отправить дефектные части за наш счет.
16. Благодарим Вас за запрос от 25 апреля на два компрессора модели АВ-25, описанной в нашем каталоге.

С сожалением сообщаем Вам, что наш завод прекратил (to discontinue) производство этой модели. Мы можем предложить нашу новую модель АВ-32, конструкция которой подобна модели АВ-25.

Мы прилагаем спецификацию и описание нового компрессора, из которых Вы увидите, что его производительность на 20% выше производительности модели АВ-25; однако его габариты и вес не увеличены по сравнению (as compared with) со старой моделью. Улучшение конструкции компрессора не повлияло существенно на его цену, которая составляет ... сиф Каир (Cairo).

Цена включает электрический мотор переменного тока на 400/440 вольт, стандартный комплект запасных частей и принадлежностей и стоимость упаковки в 4 прочных ящика.

Мы могли бы отгрузить два компрессора из Одессы в течение 2 месяцев со дня подписания договора. Условия платежа: в фунтах стерлингов, наличными без скидки против отгрузочных документов с безотзывного, подтверждаемого и делимого аккредитива, который Вы должны открыть в нашу пользу в Банке для внешней торговли России в Москве в течении 15 дней после подписания договора. Аккредитив должен быть действителен 60 дней.

Все остальные условия - согласно нашим Общим условиям продажи, которые при сем прилагаются.

K § 95

А. - Какой станок Вы могли бы мне рекомендовать для обработки детали, показанной на этом чертеже? (*Обработка* - machining; *деталь* - part.)

Б. - Я полагаю, что наш токарно-шлифовальный станок модели N вполне подходит для этой цели. Вот наш иллюстрированный каталог станков, вы найдете подробное описание этой модели на стр. 55-56 (*Токарно-шлифовальный станок* - turning lathe; *вполне* - quite.)

А. - Какого типа мотор вы поставляете с этим станком?

Б. - Мы обычно поставляем мотор переменного тока на 400/440 вольт.

А. - К сожалению нам такой мотор не подойдет. Не могли бы вы поставить мотор на 220/380 вольт? (*К сожалению* - I'm sorry to say *или:* I'm afraid.)

Б. - Конечно, мы можем.

А. - На какой срок (period) вы гарантируете нормальную работу станка?

Б. - На 15 месяцев со дня его отгрузки. В течении этого срока мы обязуемся бесплатно ремонтировать или заменить любую дефектную часть. Наша гарантия, однако, не распространяется на случаи нормального износа и повреждения, вызванные небрежным уходом.

§ 99. QUOTATION FOR RUBBER PROCESSING EQUIPMENT

London, 20th December, 1990

Dear Sirs,

With reference to your enquiry of the 10th November last and to the recent discussions with your experts in Moscow, we are prepared to supply you with complete equipment for a Synthetic Rubber Crumb Processing Plant in accordance with the enclosed detailed specification showing three groups of machinery and spares (A, B and C) required for the normal running of the plant and indicating prices for each item separately.

PRICES: Packed and f.o.b. British port:

	Machines	Spares	Total
Group A	£ 150,000	£ 20,000	£ 170,000
Group B	£ 120,000	£ 10,000	£ 130,000
Group C	£ 80,000	£ 5,000	£ 85,000

Total price for the complete equipment - £ 385,000 (three hundred and eighty-five thousand pounds sterling).

Subject to: Our Conditions of Sale enclosed herewith.
   N o t e : This quotation is subject to your immediate acceptance.

TERMS: Net cash in effective pounds sterling in the U. K. as follows:
   30% (thirty per cent) of the total amount of the order to be paid in advance in London through the Moscow Narodny Bank, Limited, London, within 15 days of the receipt by yourselves in Moscow of our confirmations of the order.
   70% (seventy per cent) of the total amount of each part delivery to be paid in London through the Moscow Narodny Bank, Limited, London, within 45 days of the date of dispatch to you of the following documents:
   Full set of clean "on board" Bills of Lading made out to order of V/O "Rossimport".
   Invoice in triplicate.
   Packing lists in triplicate.
   Our letter of guarantee as to the quality of the equipment delivered.
   Test certificate of the equipment delivered.
   Photostatic copy of the corresponding export licence, if required.
   Delivery to commence [1] in six to eight months and to be completed in twelve to sixteen months from the date of your final instructions enabling us to proceed to the execution of the order.
   N o t e : This offer does not include the erection of the equipment or any electrical wiring.

GUARANTEE: The equipment is guarantied for a period of 12 months after despatch against defective material and bad workmanship.
   We look forward with interest to your reply.
                                                Yours faithfully,
                                                . . . .

Enclosures: Specification
              (24 pages).
             Conditions of Sale.

§ 100. CONDITIONS OF SALE

The acceptance of this tender includes the acceptance of the following terms and conditions:
   1. This tender is subject to written or cabled confirmation of the order.
   2. We undertake that the machinery manufactured by us shall be of good material and of sound workmanship and that we will eliminate any defects or replace any defective parts therein, particulars of which are given to us in writing, within six mouths of delivery and which are proved to be due solely to the use of defective materials or bad workmanship, any

defective parts replaced to be [2] our property. Any machinery not of our own manufacture include in this tender is sold under such warranty only as the makers give us, but is not guaranteed by us in any way.

3. In the case of machinery for export, we do not accept any responsibility for damage during transit.

4. This tender is based upon the cost of labour, material and services ruling at the date hereof and, if by reason of any increase or decrease therein before delivery the actual cost to us shall increase [3] or decrease, the price shall be adjusted accordingly.

5. All descriptive and forwarding specifications, drawings and particulars of weights and dimensions submitted with this tender are approximate only, and the descriptions and illustrations contained in our catalogues, price lists and other advertising matter, are intended merely to give a general idea of the goods described therein and none of these shall form part of the contract.

6. In the case of machinery for export, packing cases are not returnable and no allowance will be made in respect of them.

7. The time for delivery stated in this tender is an estimate only.

8. Notwithstanding any agreed terms of payment, the machinery is not sold and delivered on credit, but on condition that the ownership therein shall not pass to the Purchaser until it is fully paid for.

9. All machinery included in this tender, after delivery by us, is at the Purchaser's risk, notwithstanding our property therein, and should be insured by the Purchaser.

§ 101. CONVERSATION

A. - I suppose you've received our quotation for some machinery for an automobile plant, haven't you?

B. - Yes, we have. We are now comparing your price and terms with offers received from other manufactures. But I must tell you at once, Mr. A., that we can't agree to some in your offer.

A. - Which terms do you mean?

B. - First of all, we can't agree to a sliding price.

A. - I assure you, Mr. B., that very many British firms insist on sliding prices when the time of delivery is longer than 12 months.

B. - But you know, of course, that most continental firms are quoting now fixed prices. We can't agree either to pay 30 per cent of the price in advance. We are prepared to pay 10 per cent of the amount of the order in advance, 85 per cent of each part delivery within 90 days after the dispatch to us of the shipping documents and the remaining 5 per cent after the expiration of the guarantee period.

A. - The questions you are raising are very important and I can't decide anything myself. I'm going to cable my Board of Directors and I'll let you know their answer.

§ 102. СЛОВА И ВЫРАЖЕНИЯ К §§ 99-101

К § 99

to process обрабатывать, перерабатывать; rubber processing equipment оборудование для доработки каучука
expert эксперт, специалист
synthetic rubber crumb processing plant завод для обработки крошки синтетического каучука
detailed подробный
running *здесь:* работа
terms = terms of payment
in advance предварительно, в качестве аванса
the Moscow Narodny Bank, Limited Московский народный банк (*название российского банка в Лондоне*)
by yourselves = by you
part delivery частичная поставка, частичная сдача
clean bill of lading чистый коносамент (*не содержащий оговорок о повреждении груза, упаковки и т.п.*)
"on board" bill of lading бортовой коносамент (*коносамент на груз, фактически погруженный на судно - в отличие от* "received for shipment" bill of lading *коносамент на груз, принятый для погрузки*)
to make out выписывать (*о документе*)
to order по приказу; to our (your) order нашему (вашему) приказу; a bill of lading made out to order of somebody коносамент, выписанный приказу какого-л. лица; full set of clean "on board" bills of lading made out to order of V/O "Rossimport" полный комплект чистых бортовых коносаментов, выписанных приказу В/О "Россимпорт"
packing list упаковочный лист
photostatic фотостатический, светокопировальный; photostatic copy светокопия
licence (*или:* license) лицензия
to commence начинать(ся) (*в разговорной речи не употребляется*); *синонимы:* to begin, to start
to enable дать возможность; to enable somebody to do something дать возможность кому-л. сделать что-л.
to proceed приступать (*к - to*)
execution исполнение
note примечание
electrical wiring установка электрических проводов
to guarantee against something гарантировать от чего-л.

К § 100

to cable somebody something (*или:* to cable something to somebody) телеграфировать кому-л. что-л.; cable confirmation телеграфное подтверждение
sound workmanship хорошее качество изготовления; хорошая отделка
to eliminate устранять
therein = in it, in them; *здесь:* in the machinery в оборудовании
solely исключительно, только
use использование
which are proved to be solely due to the use в отношении которых доказано, что они вызваны исключительно использованием
property собственность, право собственности
warranty гарантия; *синоним:* guarantee; under such a warranty as с такой гарантией, с какой
maker производитель, фабрикант, изготовитель
in any way каким-л. образом
labour рабочая сила
ruling действующий
hereof *здесь:* of this tender этого предложения
by reason of вследствие, из-за, по причине чего-л.; *синоним:* owing to
actual фактический, действительный
cost to us себестоимость
forwarding транспортный; экспедиторский; транспортирование
advertising matter рекламный материал
to intend предназначать
merely только лишь
general idea общее представление
packing case упаковочный ящик
returnable подлежащий возврату
allowance скидка; to make an allowance сделать скидку
time for delivery срок поставки
estimate оценка, наметка; смета; to be an estimate only является только приблизительным
notwithstanding несмотря на
agreed договоренность, согласованный
credit кредит; on credit в кредит (*обратите внимание на отсутствие*

137

артикля *перед* credit)
ownership собственность, право собственности (*на* - in)
to pass переходить (*к* - to)
to pay for something оплатить что-л.
risk риск; to be at somebody's risk находиться на чьем-л. риске
to insure страховать, застраховать

К § 101

to suppose предполагать, думать
automobile plant автомобильный завод
to compare сравнивать
first of all прежде всего
to assure уверять, заверять
sliding price скользящая цена (*цена, подлежащая изменению в течение срока действия договора в зависимости от указанных в договоре условий как-то: котировок цен на товарных биржах, движения индексов цен, заработной платы и т.п.*); антонимы: fixed price firm price твердая цена
continental континентальный (*т. е. относящийся к континенту Европы, исключая Великобританию, Ирландию и Исландию*)
fixed price твердая цена (*не подлежащая изменению в течение срока действия договора, в отличие от скользящей цены* - sliding price); *синоним:* firm price
expiration истечение (*срока*)

§ 103. ПОЯСНЕНИЯ К §§ 99-101

1 Delivery to commence in six to eight mouths and to be completed in twelve to sixteen mouths. *Поставка <u>начнется</u> через шесть - восемь месяцев и <u>будет закончена</u> через двенадцать - шестнадцать месяцев.*

Инфинитив в форме Indefinite Infinitive встречается в торговых документах в функции сказуемого, выражающего долженствование или будущее действие с оттенком долженствования (to commence = is to commence, will commence; to be completed = is to be completed, will be completed). Такой инфинитив свойственен только языку документов и в разговорной речи не употребляется.

2 ... any defective parts replaced to be our property. ... *причем любые замененные части должны быть нашей собственностью*

Здесь имеет место так называемый самостоятельный инфинитивный оборот, состоящий из существительного в общем падеже (parts) и инфинитива (to be) с относящимися к нему словами. Такой оборот соответствует в русском языке предложению с союзом причем и с глаголом, выражающим долженствование (to be = are to be).

Самостоятельный инфинитивный оборот стоит в конце предложения и отделен запятой. В разговорной речи такой оборот не употребляется.

3 ... if the actual cost to us shall increase or decrease ... ... *если фактическая стоимость <u>увеличится или уменьшится</u> ...*

Сказуемое в условном придаточном предложении выражено здесь сочетанием shall с инфинитивом (shall increase) и имеет то же значение, что и сочетание should с инфинитивом (§ 47, п. 8): if the cost shall increase = if the cost should increase.

4 We can't agree either to pay ... *Мы не можем <u>также</u> согласиться уплатить...*

Наречие either *также, тоже* употребляется в отрицательных предложениях, а наречие also *также, тоже* — в утвердительных предложениях: We also agree to pay ... *Мы <u>также</u> согласны уплатить ...*

§ 104. УПРАЖНЕНИЯ

I. Переведите тексты §§ 99-101 на русский язык.

II. Ответьте на вопросы:

К § 99

1. Whom had the Suppliers had discussions with before preparing their quotation?
2. Does the total price for the equipment include the cost of sea freight and insurance?
3. Does the price include the cost of transporting the goods from the Suppliers' works to the port of loading?
4. Whose conditions of sale did the sellers include in the offer: the Sellers' or the Buyers'?
5. What can the Sellers do if their tender is not accepted immediately?
6. How many pounds sterling do the Sellers want the Buyers to pay in advance?
7. When must the Sellers complete the delivery of the equipment, if the tender is accepted by the Buyers immediately? *(Укажите месяц и год.)*

К § 100

1. For what period is the machinery guaranteed by the Sellers? (Пункт 2)
2. Have the Sellers the right to demand that the replaced defective parts should be returned to them? (Пункт 2)
3. Does the Sellers' guarantee apply to damage occurring during transit? (Пункт 3)
4. Will the price indicated in the tender remain unchanged if the prices for raw materials increase before the delivery of the goods? (Пункт 4)
5. Whose property does the equipment remain until it is fully paid for? (Пункт 8)
6. At whose risk will the machinery be after delivery? (Пункт 9)

III. Вставьте, где требуется, предлоги и переведите на русский язык:

К § 99

1. We cannot agree ... the condition that 20% ... the value ... the goods should be paid ... us ... advance.
2. We are prepared to supply you ... the equipment required ... you ... the following terms and conditions.
3. We are sending you a list ... spare parts required ... the normal operation ... the machinery.
4. The equipment will be delivered ... eight months ... the date ... receipt ... us your order.
5. The machine is guaranteed ... bad workmanship ... eighteen months ... the despatch ... you ... the shipping documents.

139

К § 100

Пункты 1, 2, 3, 4

1. As the Sellers could not eliminate the defects ... the machine, they were obliged to replace it ... another machine.
2. The Buyers are to advise the Sellers ... any defects ... the goods ... twelve months ... delivery.
3. This guarantee applies only ... goods ... our own manufacture.
4. All the machines and spare parts included ... this tender are manufactured ... best materials.
5. The damage ... the machine was due ... bad workmanship and defective materials.
6. The price was raised ... reason ... an increase ... the cost ... raw materials.

Пункты 5, 6, 7, 8, 9

1. Property ... the goods will pass ... the Purchaser only after he has paid ... them ... full.
2. As the goods were sold f.o.b. London they were ... the risk ... the Buyers ... the moment they were loaded ... board .. steamer.
3. We do not sell goods ... credit, our usual terms are ... cash ... documents.
4. ... the case ... Manganese Ore we agree to reduce the price ... 10 shillings ... ton ... condition that you increase the quantity ... (до) 10,000 tons.

III. Переведите на английский язык:

К § 99

1. Просим Вас прислать нам подробную спецификацию оборудования, требуемого для этой автоматической линии (transfer line), указав цену каждой позиции (item) в отдельности.
2. Мы согласны уплатить 80% стоимости (value) каждой частичной поставки наличными в течении 45 дней после отправки нам полного комплекта грузовых документов.
3. Мы не можем согласиться уплатить 30% суммы заказа авансом.
4. Мы прилагаем список запасных деталей, необходимых для нормальной работы оборудования.
5. Согласно § 6 нашего контракта, платеж за товар будет произведен против полного комплекта чистых бортовых коносаментов, выписанных нашему приказу, страхового полиса и счета-фактуры.
6. До настоящего времени мы не получили от Вас свидетельство об испытании и упаковочные листы для газовой турбины, отправленной 25 мая на т/х "Краснодон".
7. Просим Вас прислать нам Ваше подтверждение нашей оферты от 25 августа, чтобы дать нам возможность приступить немедленно к исполнению Вашего заказа.
8. Наша оферта действительна при условии Вашего немедленного акцепта.

К § 100

Пункты 1, 2, 3, 4

1. Просим Вас устранить дефекты, обнаруженные нашими инженерами во время испытания машины. (*Обнаруживать* - to discover, to find)
2. Согласно пункту 10 контракта, Вы обязались заменить дефектные части бесплатно.

3. Мы не можем принять на себя никакой ответственности за повреждение товара, поскольку оно имело место во время перевозки.

4. По мнению наших экспертов, авария машины была вызвана использованием дефектных материалов и плохим качеством изготовления.

5. Мы не можем согласиться, чтобы цена была повышена в случае увеличения стоимости сырья (*В случае чего-л.* - in case of.)

Пункты 6, 7, 8, 9

6. С сожалением сообщаем Вам, что мы не продаем этот товар в кредит: наши обычные условия платежа - наличными без скидки против грузовых документов.

7. В отношении этого заказа мы согласны, в виде исключения (as an exception), чтобы Вы уплатили 85% общей суммы заказа наличными против документов и 15% в течение 15 дней после разгрузки парохода. Однако собственность на товар перейдет к Вам только тогда, когда он будет полностью оплачен.

8. Так как товар продан на условиях сиф, он будет находиться в Вашем риске с того момента, когда (from the moment) он будет погружен на судно.

9. Благодарим Вас за Ваше предложение от 25 апреля на поставку нам комплектного оборудования и технической документации (documentation), необходимых для строительства фабрики синтетического волокна.

Мы тщательно изучим Ваши цены и спецификацию и сообщим Вам наше мнение через несколько дней.

Мы хотели бы, однако, указать теперь, что мы не можем согласиться на условие, чтобы цена оборудования зависела от изменения стоимости сырья. Мы имеем оферты от ряда фирм, которые предлагают это оборудование по твердым ценам.

Мы не можем также согласиться заплатить 30% суммы заказа в день подписания договора и 70% стоимости каждой отгруженной партии траттой со сроком платежа в 36 месяцев (by a draft at 36 months) от даты коносамента с начислением 5% годовых (with 5% interest per annum). Мы были бы согласны уплатить 10% суммы заказа по подписании договора, 10% немедленно после отправки нам полной технической документации и 80% стоимости каждой отгруженной партии траттой со сроком платежа 60 месяцев с начислением 4% годовых.

К § 101

А. - Я хотел бы спросить Вас, г-н Б., пришли ли Вы к какому-нибудь решению относительно нашей оферты на рыболовные траулеры (fishing trawlers)?

Б. - К сожалению, г-н А., мы не можем согласиться на скользящую цену.

А. - Уверяю Вас, г-н Б., что большинство английских судостроительных (shipbuilding) компаний принимают заказы на суда только по скользящим ценам.

Б. - Но Вы, конечно, знаете, что континентальные (continental) фирмы предлагают теперь твердые цены.

А. - Я обсужу этот вопрос с советом директоров нашей компании и зайду к Вам через несколько дней.

§ 105. EXPRESSIONS USED IN OFFERS AND CONTRACTS IN CONNECTION WITH TERMS OF PAYMENT

1. Cash on delivery (C.O.D.).
2. Cash with order (C.W.O.).
3. Spot cash.

4. Cash (*or* In cash) against first presentation of documents.
5. Terms: Net by (*or* against) a three months' draft from date of invoice.
6. Terms: 1.5% discount for cash in 24 days or net within 60 days with interest at per cent. p. a.
7. 3 d/s D/P.
8. 60 d/s D/A.
9. Terms: 10 per cent with order, 20% within 3 days against shipping documents, and the balance against a 90 days' draft with interest at 5% p.a.
10. Payment is to be made by the Buyers in instalments successively as the machine is being completed at the Sellers' works, as follows: ...

§ 106. EXAMPLE OF A CLAUSE PROVIDING FOR PAYMENT IN A CURRENCY DIFFERENT FROM THE CURRENCY OF THE PRICE

The price of the goods is ... USA dollars per English ton. Payment to be made ^{1} in pounds sterling and the amount to be paid ^{1} is to be ascertained by converting the total amount of the invoice in USA dollars into pounds sterling at the London average close rate of telegraphic transfer on New York as published in the "Financial Times" on the day preceding the day of handing over the documents by the Bank to the Buyers.

§ 107. EXAMPLE OF A CLAUSE PROVIDING FOR THE ACCEPTANCE BY BUYERS OF SELLERS' DRAFTS AGAINST DOCUMENTS

Payment to be made in pounds sterling by Bills of Exchange drawn by the Sellers on the Buyers for the value of each delivery at ... months from the date of the Bill of Lading. These Bills of Exchange to include interest at ... per cent per annum and are to be accepted by the Buyers on delivery to them of the Bill of Lading, invoice, check sheets and Letter of Guarantee. Stamp duty on the Bills of Exchange to be at the expense of ...

§ 108. EXAMPLE OF A CLAUSE PROVIDING FOR PAYMENT IN INSTALMENTS BY ACCEPTANCES

Payment will be made in effective pounds sterling in London through the Moscow Narodny Bank, Ltd., London, as follows:
1. The Buyers shall pay in advance 10% of the total contract value against Sellers' invoice within thirty-five days of the date thereof. The Sellers will arrange for a first-class British bank to guarantee ^{2} the refund of this initial payment proportionately to the value remaining unexecuted

in the event of cancellation of the contract by the Buyers in accordance with the terms of the contract. The bank guarantee, together with a photo-copy of the licence, if required, will be forwarded with the invoice.

2. The balance of 90% in respect of each consignment shall be paid as follows:

10% in cash within thirty-five days of presentation to the Moscow Narodny Bank, Ltd., in London of a complete of original Bills of Lading (or Certificate of Receipt issued by the Buyers' Forwarding Agent) accompanied by three copies of invoices, two copies of specification, one of a Release for shipment issued by the Buyers' Inspectors and copy of Guarantee.

80% in ten equal instalments plus interest at the rate of four percent at 24, 30, 36, 42, 48, 54, 60, 66, 72 and 78 months from the date of the Bill of Lading or Certificate of Receipt by the Buyers' Forwarding Agent.

3. Drafts representing the ten instalments are to be drawn by the Sellers on the buyers and accepted by them and domiciled for payment at the Moscow Narodny Bank, Ltd., London, the acceptances to be returned to the presentation in London at maturity.

Within 60 days of signing the contract, the Buyers will furnish the Sellers with a guarantee of the Bank for Foreign Trade of Russia for the amount of 80 per cent of the total value of the contract including interest charges. The amount of the guarantee will diminish automatically by the sums of the drafts paid by the Buyers.

§ 109. СЛОВА И ВЫРАЖЕНИЯ К §§ 105-108

К § 105

cash on delivery (сокр. C.O.D.) уплата наличными при доставке

with order при выдаче заказа (дословно: с заказом); (обратите внимание на отсутствие артикля перед order); cash with order (сокр. C.W.O.) наличными при выдаче заказа

spot место; on the spot на месте, немедленно; spot cash (или: cash on the spot) немедленная уплата наличными

net без скидки, без вычетов

draft тратта, переводной вексель; синоним: bill of exchange; three months' draft (или: draft at three months) тратта со сроком платежа через три месяца, трехмесячная тратта

interest проценты (доход на каждые 100 денежных единиц; с этим значением употребляется только в ед. ч.) with interest at (или: at the rate of) 5 per cent с начислением 5% (дословно: с процентами в размере 5%)

p. a. = per annum в год; 5 per cent p. a. 5 процентов годовых

d/s = days

D/P = documents against payment документы за наличный расчет (условие о выдаче покупателю грузовых документов только при уплате суммы счета наличными); 3 d/s D/P платеж в течение трех дней наличными против документов

D/A = documents against acceptance документы против акцепта (условие о выдаче покупателю грузовых документов после акцепта им тратты); 3 d/s D/A платеж в течение трех дней путем акцепта тратты против документов

balance остаток, остающаяся сумма,

остающееся количество
instalment частичный взнос; **payment in** (*или:* **by**) **instalment** платеж частичными взносами (*или:* частями), платеж в рассрочку
successively постепенно, последовательно
as по мере того как; **successively as the machine is being completed** постепенно, по мере того как будут заканчиваться операции по изготовлению машины

К § 106

to provide for something предусматривать что-л.
currency валюта
U.S.A. = United States of America Соединенные Штаты Америки (США); **U.S.A. dollars** доллары США
to ascertain определять, устанавливать
to convert конвертировать, переводить; **to convert dollars into pounds sterling** переводить доллары в фунты стерлингов
rate курс; **at the rate** по курсу; **at the average close rate** по среднему заключительному курсу
telegraphic transfer (*сокр.* Т.Т.) телеграфный перевод; *синоним:* **cable transfer**; **at the London close** (*или:* **closing**) **rate of telegraphic transfer on New York** по заключительному курсу телеграфных переводов в Лондоне на Нью-Йорк
to hand over передавать, вручать

К § 107

acceptance акцепт (*надпись на векселе о согласии произвести платеж по нему*)
bill of exchange переводной вексель, тратта; *синоним:* **draft**
to draw (**drew, drawn**) выставлять, выписывать (*о тратте*); **to draw a bill of exchange at ... months** выставить тратту со сроком платежа в ... месяцев
to accept акцептовать
delivery *здесь:* вручение, передача; **on delivery** при вручении
check sheet проверочный лист; контрольный листок

stamp duty гербовый сбор; **stamp duty on the bill of exchange** гербовый сбор по векселю

К § 108

thereof = of it; *здесь:* **of the invoice** счета-фактуры
to arrange принимать меры; устраивать, обеспечивать
refund возврат, возмещение (*о денежных суммах*)
to arrange for a bank to guarantee the refund of payment обеспечить гарантию банком возврата платежа
proportionately пропорционально; *синоним:* **in proportion**
unexecuted неисполненный, невыполненный
in the event of something в случае чего-л.
cancellation аннулирование, отмена, расторжение
photo-copy фотокопия
consignment партия (*товара*), отгруженная партия
original оригинал, оригинальный; **original bill of lading** оригинал коносамента, оригинальный коносамент
to issue выдавать
forwarding agent экспедитор
release for shipment разрешение на отгрузку
plus плюс, с добавлением; *антонимы:* **minus, less** минус, за вычетом
to domicile домицилировать (*обозначит на векселе место платежа*)
acceptance акцептованная тратта; акцепт
maturity срок платежа; **at maturity** при наступлении срока платежа
to furnish предоставлять, снабжать; **to furnish somebody with something** предоставить кому-л. что-л., снабдить кого-л. чем-л.
interest charges проценты, подлежащие уплате; причитающиеся проценты, начисленные проценты
to diminish уменьшать(ся) (**на - by**; **до - to**)
automatically автоматически

§ 110. ПОЯСНЕНИЯ К §§ 105-108

[1] Payment to be made in pounds sterling, and the amount to be paid ... Платеж <u>должен быть произведен</u> в фунтах стерлингов, и сумма, <u>которая должна быть уплачена</u> ...

Первый инфинитив - to be made - употреблен в функции сказуемого (to be made = is to be made - § 103, п.1), а второй инфинитив - to be paid - в функции определения к существительному amount (to be paid = which is to be paid - § 91, п.3).

[2] The Sellers will arrange for a first-class British bank to guarantee the refund of the initial payment ... *Продавцы обеспечат (или: примут меры), чтобы первоклассный английский банк гарантировал возврат первоначального платежа (или: Продавцы обеспечат гарантию первоклассного английского банка на возврат первоначального платежа) ...*

В оборотах, состоящих из существительного с предлогом for (for a bank) и инфинитива (to guarantee) действие, выраженное инфинитивом, относится к существительному с предлогом for. Данный оборот является сложным дополнением к глаголу will arrange и переводится на русский язык придаточным предложением или однозначным оборотом.

[3] ... the acceptances to be returned to the Sellers ... ... *причем акцептованные тратты должны быть возвращены продавцом ...* (См § 103, п.2)

§ 111. УПРАЖНЕНИЯ

I. Переведите тексты §§ 105-108 на русский язык.

II. Вставьте, где требуется, предлоги или наречия, и переведите на русский язык:

К §§ 105-107

1. When the currency ... the price is different ... that ... which payment is to be made, it is necessary the rate ... which the currency ... the price is to be converted ... the currency ... payment.
2. The Sellers suggested that the Buyers should pay 20% ... the price ... order and the balance ... 45 days ... delivery ... the goods.
3. The shipping documents are to be handed ... ... the bank to the Buyers ... a 6 months' draft ... interest ... 4 per cent ... annum.
4. The price ... French francs is to be converted ... pounds sterling ... the London average rate ... telegraphic transfers ... Paris published ... the day preceding ... the day of payment.
5. We enclose a Bill ... Exchange drawn ... Messrs. Smith & Co. ... £ 500 ... 60 days.

К § 108

1. The order ... the Buyers was accompanied ... a photocopy ... the licence.
2. As the Buyers' Inspectors were satisfied ... the quality ... the goods, they furnished the Sellers ... a Release ... Shipment, a copy ... which was sent ... the Buyers' Forwarding Agent.
3. According ... clause 5 ... the contract, the Buyers are to pay ... advance 15 per cent ... the value ... the order ... 10 days ... the date ... signing the contract.
4. The total price ... the order is to be paid ... 4 equal instalments.
5. The drafts drawn ... the Sellers are to be accepted ... the Buyers and domiciled ... payment ... the Bank for Foreign Trade of Russia, Moscow.

6. ... maturity the accepted draft was presented ... payment ... the Moscow Narodny Bank, Limited, in London.
7. The Buyers submitted ... the Sellers a guarantee ... a first-class bank issued ... the total amount ... the drafts.
8. ... October 1st the Buyers had already paid £ 10,000 and the amount ... the guarantee automatically diminished ... that sum.

III. Переведите на английский язык:

К § 105

1. Мы согласны со следующими условиями платежа: 10% общей суммы заказа наличными при выдаче заказа, 40% наличными в течение 45 дней после отправки документов и остаток в 50% траттой со сроком платежа через 6 месяцев от даты фактуры с начислением 4% годовых.
2. Платеж за оборудование по этому контракту будет производиться частями постепенно, по мере того как будут заканчиваться операции по изготовлению оборудования, а именно:
1-ый взнос: 15% договорной суммы наличными в течение 21 дня после подписания контракта;
2-ой взнос: 10% наличными после того, как крупные части оборудования будут отлиты или откованы;
3-й взнос: 10% наличными после того, как главный двигатель будет смонтирован в Вашем испытательном цехе и успешно испытан;
4-й взнос: остаток в 65% против отгрузочных документов траттой со сроком платежа через 36 месяцев от даты коносамента с начислением 4 $^1/2$ % годовых.
(*Отливать* - to cast (cast, cast); *ковать* - to forge; *главный двигатель* - main engine; *монтировать* - to erect; *испытательный цех* - test shop; *успешно* - successfully.)

К § 106

Цена товара составляет 10 фунтов 12 шиллингов за английскую тонну. Покупатели должны уплатить за товар наличными без скидки против документов в фунтах стерлингов или долларах США, по выбору продавцов. В случае (in case of) уплаты в долларах сумма фактуры в фунтах стерлингов должна быть переведена в доллары США по лондонскому среднему заключительному курсу телеграфных переводов на Нью-Йорк, опубликованному в газете "Файнэншнл Таймс" в день, предшествующий дню платежа.

К § 107

Согласно условиям контракта, мы выставили на вас тратту сроком на 3 месяца от даты фактуры на сумму 12350 фунтов 10 шиллингов и 6 пенсов, представляющую 70% стоимости оборудования, отгруженного 15 сентября на п/х "Краснодон", включая проценты в размере 4% годовых. Тратта будет предъявлена вам для акцепта Московским народным банком в Лондоне. (Представлять со значением *представлять собой, быть* - to represent; *предъявлять* - to present.)

Глава IX

ПЕРЕСМОТР ЦЕН И УСЛОВИЙ. АКЦЕПТОВАНИЕ И ОТКЛОНЕНИЕ ПРЕДЛОЖЕНИЙ
REVISION OF PRICES AND TERMS. ACCEPTING OR DECLINING OFFERS

§ 112. CORRESPONDENCE RELATING TO THE SALE OF PARAFFIN WAX

1. Request to reduce prices:
Air-Mail

London, 20th June, 19...

Dear Sirs,

<u>Paraffin Wax</u>

We have received your letter of the 16th June as well as the samples of Paraffin Wax sent by you by parcel post.

We are satisfied with the quality of the material, but we must point out that your prices are considerably higher than those of your competitors. We should be prepared to buy 50 tons of Grade A and 50 tons of Grade B on the terms proposed by you if you could reduce your prices by 10 per cent.

We look forward with interest to your reply.

Yours faithfully,

. . . .

2. Reply to request to reduce prices:
Air-Mail

Moscow, 22nd June, 19...

Dear Sirs,

<u>Paraffin Wax</u>

We thank you for your letter of the 20th June concerning Paraffin Wax.

We are pleased that the quality of the goods meets your requirements, but we are surprised to hear that you consider our prices to be higher than those of our competitors. If you will refer to the last issue of the "National

Petroleum News", you will find that our prices are not above quotations for Paraffin Wax of similar quality.

Wishing, however, to establish business relations with your company, we should be prepared to allow you 5 per cent. discount from the prices quoted by us, reducing the price of Grade A to £ 43/4/6 and that of Grade B to £ 41/6/6/ per long ton c.i.f. London provided that you ordered at least 75 tons of each Grade. All other terms remain as stated in our letter of the 16th June and in our General Conditions enclosed with it.

This offer is subject to your immediate acceptance.

Yours faithfully,

. . . .

3. Accepting price and terms:

Air-Mail

London, 25th June, 19...

Dear Sirs,

We are obliged for your letter of 22nd June in which you agree to reduce your prices c.i.f. London for Paraffin Wax, Grade A and Grade B, to £ 43/4/6/ and £ 41/6/6/ per long ton respectively, if we order minimum 75 tons of each grade.

We accept your prices as well as the terms stated in your letter of 16th June including your General Conditions and shall be glad to receive your contract for the sale of 75 tons of Grade A and 75 tons of Grade B of Paraffin Wax. Please advise us by cable of the despatch of the contract.

Yours faithfully,

. . . .

4. Sending contract for signature:

Air-Mail

Moscow, 28th June, 19...

Dear Sirs,

150 tons of Paraffin Wax. Contract No. 250

We thank you for your letter of the 25th June and confirm our telegram of today running as follows:

"CONTRACT ONEHUNDRED AND FIFTY TONS PARAFFIN WAX SENT TODAY".

We have pleasure in sending you herewith copies of our Contract No. 250 for the sale to you of 150 tons of Paraffin Wax. We shall be obliged if you will return us one copy of the contract duly signed by you.

Yours faithfully,

. . . .

2 Enclosures.

§ 113. TELEPHONE CONVERSATION

Mr. Smith. - Is that Rossexport ? I'd like to speak to Mr. Petrov, please.

Secretary. - Just hold the line a minute ...

A.B. Petrov. - Mr. Petrov speaking.

Mr. Smith. - Good afternoon, Mr. Petrov. This is Mr. Smith of Brown & Co, Limited, speaking. We've got your samples of paraffin wax and I think that Grade A would be suitable for our needs. Your price, however, seems to me rather high. Can't you reduce it ? We've got competitive offers at lower prices.

A.B. Petrov. - It depends on the quantity you are going to order. If you should increase the quantity to 150 tons at least, we could allow you a discount of 5 per cent. In that case the price would work out at £ 43/4/6 per long ton.

Mr. Smith. - All right. I agree to take 150 tons. When could you ship this lot ?

A.B. Petrov. - During the first half of August.

Mr. Smith. - That is rather late. Couldn't you ship at the end of July ?

A.B. Petrov. - I'm afraid there won't be a boat available for London at that time, but we'll do our best to ship this lot as early as possible.

Mr. Smith. - Thank you, Mr. Petrov. When can we expect to get your contract for the 150 tons of paraffin wax ?

A.B. Petrov. - We're going to send it by air-mail tomorrow.

Mr. Smith. - Thank you. Good-bye.

A.B. Petrov. - Good-bye.

§ 114. СЛОВА И ВЫРАЖЕНИЯ К §§ 112-113

К § 112

revision пересмотр, изменение
to revise пересматривать, изменять
to decline 1. отклонять; **to decline an offer** отклонить предложение;
2. уменьшаться, понижаться (в этом значении употребляется только в формах действительного залога);
the prices have declined цены снизились
to relate относиться; **relating to** относящийся к
considerably значительно; **considerably higher** = much higher
competitor конкурент

to propose 1. предлагать; 2. предполагать, намереваться
requirement требование; потребность; **to meet the requirements** удовлетворять требованиям; удовлетворять потребности, обеспечить потребности
to refer обращаться (к - to); ссылаться (на - to)
above выше чего-л., выше чем что-л.; *синоним:* higher than; above the quotation = higher than the quotations; *антоним:* below = lower than ниже чего-л., ниже чем что-л.
to allow предоставлять; **to allow a discount** предоставить скидку, сделать скидку
5 per cent discount = a discount of 5 per cent

149

long (*или:* English) ton большая (*или:* английская, *или:* длинная) тонна (= 2240 англофунтам = 1016 кг)
at least по меньшей мере, по крайней мере
respectively соответственно (*по отношению к каждому в отдельности*); the prices for Grade A and Grade B are £50 and £40 respectively цены за сорт А и сорт Б составляют соответственно 50 и 40 фунтов стерлингов (respectively *не следует смешивать* с accordingly соответственно *со значением* соответствующим образом: we have shipped the goods and informed the buyers accordingly мы отгрузили товары и соответственно известили покупателей)
signature подпись; for signature на подпись, для подписи
onehundred (*в телеграммах*) = one hundred
duly 1. надлежащим образом; 2. своевременно

К § 113

suitable подходящий, годный
need надобность, нужда
rather (*с прилаг. и нареч.*) довольно; rather high довольно высокий
to work out составлять (*в результате подсчета, калькуляции*); the price works out at £5 цена составляет 5 фунтов стерлингов
to do one's best сделать все возможное, сделать все от себя зависящее
as early as possible как можно раньше

§ 115. УПРАЖНЕНИЯ

I. Переведите тексты писем и диалога на русский язык.

II. Ответьте на вопросы:

К § 112

Письмо 1

1. Did the quality of the goods meet the Buyers' requirements?
2. What did the Buyers write about the prices quoted by the Sellers?
3. What quantity of paraffin wax were the Buyers prepared to purchase?
4. Did the Buyers accept the terms proposed by the Sellers in their letter of 16th June?
5. What discount from the price did the Buyers ask for?

Письмо 2

1. What magazine did the Sellers ask the Buyers to refer to?
2. Were the prices quoted by the Sellers above the quotations published in the "National Petroleum News"?
3. On what conditions did the Sellers agree to allow the Buyers 5 per cent. discount?

Письмо 3, 4

1. Did the Buyers accept the new prices quoted by the Sellers?
2. What quantities of paraffin wax did they order?
3. What did the Sellers ask the Buyers to advise them of?
4. How many copies of the contract did the Sellers send the Buyers?

III. Вставьте, где требуется, предлоги или наречия и переведите на русский язык:

K § 112

1. The Buyers pointed ... that the price was high, it was ... the quotations published ... the "National Petroleum News".
2. We are not satisfied ... the design ... the engine.
3. We agree to buy goods ... the terms stated ... your letter if you reduce the price ... 10 per cent.
4. The Sellers agreed to allow the Buyers 5 per cent. discount (a discount ... 5 per cent.) ... the prices quoted ... their letter dated ... the 5th May.
5. We agree to reduce the price ... 5 shillings ... £20 ... ton (the price is now £20).
6. We have received your contract ... the sale ... us ... 500 tons ... Rubber.
7. We shall advise you ... cable ... the shipment ... the goods.
8. We confirm our cable ... yesterday ... copy enclosed.

K § 113

1. Our quotation will depend ... the quantity you are going to purchase.
2. We will ship the Motor Cars ... the first vessel available ... Stockholm.
3. We are sure that the quality ... the goods will be suitable ... your requirements.
4. The price, less 5 per cent. discount, works ... ... £10-10-6d ... ton.

IV. Переведите на английский язык:

K § 112

1. Мы согласны с ценой, назначенной Вами, и будем рады получить Ваш контракт на продажу нам этого товара.
2. С сожалением сообщаем, что мы не удовлетворены качеством полученных от Вас образцов.
3. Мы хотели бы указать, что Ваша цена выше цен, предложенных нам Вашими конкурентами за товар подобного качества.
4. Просим немедленно телеграфировать нам, согласны ли Вы предоставить нам скидку в 10% с назначенной Вами цены.
5. Мы согласны снизить цену на 5%, если Вы закажете не менее 5 моторов.
6. Цены моделей 15А и 16АВ составляют соответственно 2000 и 2500 фунтов стерлингов.
7. Мы согласны, чтобы товар по контракту № 125 отгружался частями (in parts), и соответственно известили Банк для внешней торговли России.
8. Вы еще не возвратили нам экземпляр контракта, посланный Вам на подпись при нашем письме от 23 марта.
9. Благодарим Вас за Ваше письмо от 28 марта, с которым вы прислали экземпляр контракта, подписанный Вами.

K § 113

1. Мы тщательно исследовали качество образцов, посланных Вами 20 июля, и с сожалением сообщаем, что оно не подходит нашим комитентам.
2. Станки будут отгружены в Бомбей первым пароходом в июне.
3. Мы получили ряд конкурентных предложений по ценам значительно ниже ваших котировок.
4. Мы сделаем все от нас зависящее, чтобы изготовить и отгрузить это оборудование как можно раньше.
5. Товар может быть поставлен по цене 3 фунта и 3 шиллинга за английский фунт, что составляет 92 рупии за килограмм (rupees per kilogram).

6. А. — К сожалению, мы не можем акцептовать ваше предложение, так как ваши цены выше цен ваших конкурентов.

Б. — Это вряд ли возможно (This is hardly possibly). Вот последний номер журнала "The Metal Bulletin". Как видите, наши цены не выше последних котировок. Вероятно, товар, предложенный нашими конкурентами, нестандартного качества.

А. — Могли бы вы снизить ваши цены ?

Б. — Это зависит от количества, которое вы намерены купить. Мы могли бы дать вам небольшую скидку с цены, если бы вы значительно увеличили количество.

А. — Если бы ваша цена была приемлемой (acceptable), мы были бы готовы увеличить количество до 300 тонн.

Б. — В таком случае мы могли бы дать вам скидку в 3%.

А. — Можете ли вы гарантировать отправку в августе ?

Б. — Да, при условии, что мы получим ваш заказ в течение ближайших (the next) пяти дней.

7. Благодарим Вас за Ваше письмо от 8 мая. Мы с удовольствием приняли к сведению, что сорт А парафина удовлетворяет Вашим требованиям и можем предложить Вам 100 тонн этого сорта по цене 45 фунтов 10 шиллингов за тонну в 2240 англофунтов сиф Лондон. За количество от 150 тон и выше мы предоставляем нашим покупателям скидку в 5%. В этом случае цена составит 43 фунта 4 шиллинга и 6 пенсов за тонну.

Хотя наша цена несколько (somewhat) выше существующих рыночных цен (ruling market prices) на товар, продаваемый нашими конкурентами, она вполне обоснована (reasonable), так как качество сорта А очень высокое.

Отгрузка может быть произведена в июне первым пароходом, отплывающем из С.Петербурга в Лондон, при условии, что мы получим Ваш заказ не позже 20 мая.

Условия платежа и другие условия подробно изложены в прилагаемом образце контракта.

Мы ожидаем с интересом Вашего ответа.

§ 116. REQUEST TO REVISE QUOTATION

Moscow, 8th June, 19...

Dear Sirs,

During the visit of your representative Mr. A.B. Smith to Moscow in April last we handed him our enquiry for a Steam Turbine Plant of 5,000 kW capacity.

Mr. Smith assured us that your company had a wide experience in designing and manufacturing turbines of the type required by us and that you, therefore, could offer us a plant with better working characteristics as compared with those of turbines produced by other makers and, of course, at a quite competitive price.

We have now received your tender of the 28th May and regret to state that after its careful examination we have come to the conclusion that the turbine plant offered by you does not reflect the latest achievements in turbine building. Its efficiency is low, and some other important characteristics are inferior to those of other turbines offered us. An English translation of our experts' report on the matter is enclosed herewith.

As to the price quoted by you, we think that a mistake has probably occurred in your calculation as your price is very high. In the circumstances you will realize your chances to secure this order are very slight.

Taking, however, into consideration the conversation we had on the telephone with Mr. Smith who informed us that your company was very much interested in the supply of this equipment, we suggest that you should revise your offer and send us as soon as possible, but by the 5th July at the latest, a new tender for a turbine conforming an all respect to the latest achievements in turbine building. The price of the turbine must certainly be much lower than stated in your tender of the 28th of May.

We should be obliged if you would let us know immediately whether you agree to revise your offer as stated above.

Yours faithfully,
. . . .

Enclosure.

§ 117. CONVERSATION

A. - We've carefully examined the specifications and drawings you sent us with your tender for a steam turbine set. Frankly speaking, we are rather disappointed with the design worked out by you.

B. - I'm sorry to hear it. I'd like to know what your objections are.

A. - Here is a copy of our experts' detailed report. Our experts point out in particular that the efficiency of the turbine is low as compared with that of modern turbines.

B. - I'll acquaint myself with your experts' observations and then call on you again. Couldn't I get another copy of the report, as I'd like to send it to London?

A. - Here is a second copy. When writing^2 to your company, please mention also that, apart from technical objections, we consider your price to be very high.

B. - I'll do so. Good-bye.

A. - Good-bye.

§ 118. INFORMING MANUFACTURERS THAT QUOTATIONS HAS BEEN SENT TO CLIENTS FOR CONSIDERATION

Moscow, 3rd October, 19...

Dear Sirs,

We confirm our telephone conversation today with your Director Mr. A.D. Brown in the course of which we informed him that your quotation for a Hydraulic Press had been sent to our clients for consideration.

Immediately upon receipt of their reply we shall not fail to get in touch with you.

Yours faithfully,

. . . .

§ 119. SPECIMEN LETTERS FOR ACCEPTING OR DECLINING OFFERS

1. Declining an unsolicited offer:

We thank you for your letter ... offering us ..., but regret to inform you that at the present time we cannot make use of your offer.

We have, however, noted your address and, should need arise, will communicate with you again.

2. Declining offer and suggesting that Sellers should reduce prices and improve terms:

In reply to your letter dated ... we regret not being able[3] to accept your offer as other firms have offered us better prices and more favourable terms.

If you are in a position to quote us lower prices and improve your terms, we may revert[4] to the matter again.

3. Accepting offer:

We thank you for your letter of ... offering us at the price of ... per ... . We accept your price and terms stated in your letter, subject to our General Conditions sent you with our letter of ... .

Our contract will be sent you tomorrow.

§ 120. REDUCING PREVIOUS ADVANCE IN PRICE

London, 15th Nov., 19...

Dear Sirs,

On the 15th September last we found it necessary to apply a 10 per cent. advance to our list prices. This advance was due to the rise in prices of raw materials and other increased charges.

As we find now that the increase in production costs has not been so high as we had at first expected, we are pleased to advise you that the 10% advance will be reduced to $2^1/2\%$ forthwith.

In connection with the above, we refer to our tender of 1st November for Gas Analysers and hope that you will be able to give us your order which have our most careful attention.

Yours faithfully,

. . . .

§ 121. СЛОВА И ВЫРАЖЕНИЯ К §§ 116-120

К § 116

representative представитель
in April last = last April в апреле этого года
to hand вручать; to hand somebody something (*или:* to hand something to somebody) вручать кому-л. что-л.
turbine турбина; steam turbine паровая турбина
plant *здесь:* установка; steam turbine plant паротурбинная установка
to assure уверять, заверять
experience опыт
wide широкий; wide experience большой опыт
characteristic показатель; working characteristics рабочие показатели, рабочая характеристика
examination рассмотрение, изучение
conclusion заключение; to come to the conclusion прийти к заключению
to reflect отражать
achievement достижение
efficiency коэффициент полезного действия; продуктивность, производительность
inferior худший, хуже; *синоним:* worse
translation перевод; English translation перевод на английский язык
report доклад, заключение
on the matter по этому вопросу
to occur (occurred) происходить, случаться
calculation калькуляция
circumstance обстоятельство; in (*или:* under) the circumstance при таких обстоятельствах
to realize понимать, сознавать, представлять себе; *синоним:* to understand
chance шанс, возможность (*вероятная*)
to secure 1. обеспечивать; 2. получать, доставать
slight незначительный
to take into consideration принимать во внимание, учитывать; *синонимические выражения:* to take into account; to bear in mind
as soon as possible как можно скорее
to conform соответствовать (*чему-л.* - to something)

К § 117

frankly откровенно
disappointed разочарованный (*чем-л.* - with something)
to work out разрабатывать
objection возражение
in particular в особенности, в частности; *синонимы:* particularly, especially
modern современный
to acquaint знакомить; to acquaint oneself with знакомиться с
observation замечание, высказывание
apart from кроме

К § 118

in the course of в течение чего-л., в ходе чего-л.
hydraulic press гидравлический пресс

К § 119

specimen образец (*в смысле:* пример); specimen letters образцы писем
unsolicited незапрошенный; unsolicited offer оферта, посланная по инициативе продавца (*без предварительного запроса покупателя*)
to make use of something использовать что-л.; *синоним:* to use something
to arise (arose, arisen) возникать
should need arise = if need should arise
to improve улучшать
subject to our General Conditions при условии соблюдения наших Общих условий

К § 120

advance 1. повышение; advance in price повышение в цене; *синонимы:* rise, increase; 2. аванс
list price прейскурантная цена
rise повышение; rise in price повышение в цене; *синонимы:* increase, advance
cost стоимость; мн.ч. costs издержки, расходы; costs of production издержки производства
forthwith немедленно (*в разговорной речи не употребляется*); *синонимы:*

at once, immediately
the above изложенное выше, вышеизложенное (обратите внимание на наличие артикля the)
gas analyser газоанализатор

§ 122. ПОЯСНЕНИЯ К §§ 116-120

¹ ... inferior to those of other turbines ... *хуже показателей других турбин*.
Inferior *худший, хуже (по качеству)* является одним из нескольких прилагательных в сравнительной степени, заимствованных из латинского языка. Они оканчиваются на -or, а не на -er, и при сравнении двух предметов после них употребляется to *чем* вместо than. К числу таких прилагательных относится также superior *высший, лучший, выше, лучше (по качеству)*: These goods are of inferior (superior) quality. *Эти товары худшего (лучшего) качества*. These goods are inferior (superior) to the sample. *Эти товары хуже (лучше) образца*.

² When writing to your company, please mention ... *Когда Вы будете писать своей компании, пожалуйста упомяните ...*
Причастие writing с предшествующим союзом when выражает обстоятельство времени и соответствует придаточному предложению времени: When writing (= When you are writing) to your company, please mention ...

³ We regret not being able to accept your offer. *Мы сожалеем, что мы не в состоянии принять Ваше предложение*.
Not being представляет собой форму герундия в отрицательной форме и служит дополнением к глаголу to regret. Вместо not being употребляется также оборот с инфинитивом not to be able. Оба оборота соответствуют дополнительному придаточному предложению:
We regret not being able (= not to be able) to accept your offer = We regret that we are not able to accept your offer.

⁴ We may revert to the matter again. *Мы, может быть* (или: *возможно) вернемся к этому вопросу снова*.
Модальный глагол may в сочетании с Indefinite Infinitive (revert) употреблен здесь для выражения предположения, относящегося к будущему, со значением *может быть, возможно*.

УПРАЖНЕНИЯ

I. Переведите тексты писем и диалог на русский язык.

II. Ответьте на вопросы:

К § 116

1. Had Rossimport sent the Sellers their enquiry for a steam turbine by post?
2. Was Rossimport satisfied with the tender of the Manufacturers?
3. What conclusion did the experts come to upon examination of the tender?
4. What document did Rossimport attach to this letter?
5. Was Rossimport prepared to accept the price quoted by the Manufacturers?
6. What did Rossimport suggest that the Sellers should do?
7. When was the revised offer to be sent by the Manufacturers?

К § 120

1. When did the Sellers find it necessary to increase their list prices be 10 per cent?
2. How did the Sellers explain the advance in their prices?
3. To what figure did the Manufacturers reduce the 10 per cent. advance?
4. What tender the Manufacturers refer to in their letter?

III. Вставьте, где, требуется, предлоги или наречия и переведите на русский язык:

К § 116

1. ... the circumstances we regret that we are not ... a position to accept your offer.
2. The design ... the Gas Turbine must conform ... all respects ... our specification.
3. We handed ... Mr. Smith the drawings you asked ... yesterday.
4. The quality ... the goods is inferior ... that ... the lot shipped ... s.s. "Neva".
5. We have taken ... consideration your request to ship the goods ... the 25th January ... the latest.
6. Our experts have come ... the conclusion that an engine ... 2,000 kW capacity will not meet our clients' requirements.
7. We intend to discuss the matter ... the visit ... your representatives ... Moscow.

К § 117

1. We are rather disappointed ... the results ... the discussions we had ... your representatives ... last week.
2. We will carefully examine the draft ... the contract worked ... ... you.
3. ... ... technical questions, we have also to discuss the terms ... payment and delivery.
4. A report ... the service test ... the engine was sent you ... our letter yesterday.

К §§ 118-119

1. The goods will be shipped immediately ... receipt ... the letter ... guarantee.
2. ... the course ... the discussions the experts reached an agreement ... a number ... technical questions.
3. We will revert ... the matter ... next week.
4. We regret to advise you that we cannot make any use ... the defective goods shipped ... you ... Contract No. 125.
5. The report ... your experts has been sent ... our clients ... considerations.

К § 120

1. The discount ... the price ... the machine does not apply ... the cost ... packing nor ... the cost ... transporting the machine ... our works ... the port ... loading.
2. The late to arrival ... the steamer was due ... a bad storm ... the Black Sea.
3. We have to advise you that ... connection ... your letter ... the 15th June Mr. A. will travel ... Sheffield ... Monday, June 20th, to discuss the pints raised ... your letter and particularly the recent advance ... the price ... copper *(медь)*.

IV. Переведите на английский язык:

К § 116

1. Мы осмотрели содержимое 10 ящиков и пришли к заключению, что товар хуже образца, на основании которого (on the basis of which) был заключен контракт.

2. Просим учесть, что товар должен прибыть в Одессу самое позднее 25 марта.

3. Во время пребывания г-на Брауна в Москве мы передали ему технические условия, относящиеся к нашему запросу на автоматическую линию для обработки блока цилиндров (transfer line for processing cylinder blocks).

4. Г-н Смит заверил нас, что конструкция машины будет отражать последние достижения в машиностроении (machine-building) и что она будет полностью соответствовать нашим техническим условиям.

5. При данных обстоятельствах Вы поймете, что мы не можем поместить у Вас этот заказ по цене и на условиях, указанных в вашей оферте.

6. Если Вы согласны пересмотреть цену и условия платежа, мы готовы рассмотреть Ваше новое предложение при условии, что оно поступит к нам не позже 15 октября.

7. Мы полагаем, что в Вашей калькуляции расходов, связанных с перевозкой оборудования, допущена ошибка.

К § 117

1. Помимо коэффициента полезного действия, который ниже коэффициента, обусловленного в наших технических условиях, мы не удовлетворены рядом других показателей работы агрегата (unit).

2. Откровенно говоря, мы разочарованы результатами испытания станка, произведенного в присутствии (in the presence) Вашего представителя.

3. Мы тщательно изучаем (to study) разработанную Вами спецификацию и сообщим Вам наши замечания через несколько дней.

4. Наша новая модель во многих отношениях лучше старой модели; в частности, ее коэффициент полезного действия значительно выше.

К §§ 118-119

1. Мы получили заключение Ваших экспертов, приложенное к Вашему письму от 5 января, и приняли к сведению сделанные ими заключения.

2. Мы послали заключение Ваших экспертов нашим комитентам на рассмотрение. Как только мы получим их ответ, мы не замедлим вернуться к этому вопросу.

3. К нашему сожалению мы не можем теперь использовать Ваше предложение от 15 мая на расточные станки (boring machines).

4. А. - Что слышно относительно нашего предложения (What about our offer) на станок модели 150А ?

Б. - Ваша цена очень высока. Кроме того, время для обработки деталей (production times), указанное в Вашем предложении, не удовлетворяет наших комитентов.

А. - Можем ли мы еще изменить (to amend) наше предложение ?

Б. - Если Вы можете предложить нам лучшую машину и по более низкой цене, мы рассмотрим Ваше новое предложение. Во всяком случае, Ваше новое предложение должно быть получено нами не позже 25 июля.

А. - А что Вы решили относительно станка модели 268Д ?

Б. - Мы уже поместили этот заказ у другой фирмы (with another firm или: elsewhere), так как станок, предложенный Вами, не удовлетворяет требованиям наших комитентов.

А. - Что Вы можете сказать мне относительно нашего предложения на алмазно-расточной станок (precision boring machine) ?

Б. - Ваше предложение еще рассматривается нашими комитентами. Мы Вам напишем, как только получим их ответ.

А. - Благодарю Вас. Дайте мне знать, если Вам потребуются дополнительные технические данные.

5. В подтверждение нашего телефонного разговора сегодня с Вашим директором

г-ном А.Б. Смитом сообщаем, что наши комитенты не удовлетворены временем для обработки деталей, указанным в Вашем предложении. Кроме того, мы считаем цену, назначенную Вами, очень высокой. Если Вы согласны улучшить конструкцию станка и снизить цену, мы рассмотрим Ваше новое предложение. Просим, однако, заметить, что Ваше предложение должно быть получено нами не позже 10 октября

Что касается станка модели 268Д, то с сожалением сообщаем Вам, что мы уже поместили этот заказ у другой фирмы, так как станок, предложенный Вами, не удовлетворяет требованиям наших комитентов.

6. Мы благодарим Вас за Ваше письмо от 20 августа, в котором Вы предлагаете нам осциллоскопы (oscilloscopes) модели NE12.

К сожалению, мы не можем использовать Ваше предложение, так как в настоящее время эти аппараты нам не требуются. Мы, однако, заметили себе (to note) Ваш адрес и, если возникнет необходимость, не замедлим снестись с Вами.

К § 120

1. Наши новые цены распространяются только на заказы, которые будут получены нами до 1 ноября 19... г.

2. Продление (the extension) срока сдачи машины было вызвано значительным изменением Ваших технических условий.

3. В связи с Вашим письмом от 15 мая наши комитенты сочли возможным изменить спецификацию оборудования.

§ 124. CORRESPONDENCE RELATING TO AN ORDER FOR A TURBO-ALTERNATOR SET

1. Quoting prices and terms:
Air-Mail

                                  Sheffield, 25th Sept., 19...

Dear Sirs,

<u>6,000 kW Turbo-Alternator Set</u>

We confirm the exchange of cables between us as follows:
Yours 15th September:
"YOURS 5TH SEPTEMBER A153/54 PLEASE CABLE TOTAL PRICE TURBOALTERNATOR SET SEPARATE PRICE ALTERNATOR ALSO SHORTEST DELIVERY TIME WHOLE SET WITH OR WITHOUT ALTERNATOR"

Ours 25th September:
"YOUR CABLE 15TH SEPTEMBER PRICE COMPLETE SET ONEHUNDRED AND TENTHOUSAND EIGHTHUNDRED AND EIGHTY POUNDS STERLING WHICH INCLUDES ALTERNATOR AT THIRTYTHOUSAND TWOHUNDRED AND SIXTY POUNDS STOP SPARES EXTRA SIXTHOUSAND EIGHTHUNDRED AND FORTY POUNDS STOP BEST DESPATCH TWENTYONE MONTHS WITH OR WITHOUT ALTERNATOR".

It will be seen from out telegram that the total price for the Turbo-Alternator Set with Feed Heater and Condenser to be delivered f.o.b. British port in accordance with the specifications sent with our letter of the 5th September is £110,880. 0. 0.

The price of the Alternator which would be supplied by our sub-contractor the Brown and White Electrical Company, Ltd., is 30,260. 0. 0. Thus, the price of the Turbine with Feed Heating Equipment and Condensing Plant amounts to £80,620. 0. 0.

The extra charge for spare parts as per enclosed list showing the price of each item separately is

    For the Turbine .... £ 2,300.0.0
    For the Alternato r .... £ 4,220.0.0
    For the Condensing Plant ... £   320.0.0
    Total for Spare Parts . . .£6 ,840.0.0

As regards delivery time, taking into account our present commitments we hope to have the hole set ready for despatch in twenty-one months from receipt of your order with full instructions enabling us to proceed to the work. This time will apply for the whole set or for the set exclusive of the Alternator.

Concerning the terms of payment, we suggest that they should remain as they are in our last contract, viz. in cash in London through the Moscow Narodny Bank, Ltd., within 45 days after despatch of the documents to Moscow.

We are sorry we could not reply to your cablegram earlier as it has been necessary to obtain the price of the Alternator from our sub-contractors.

We hope that we shall have the pleasure of supplying you with this set.

                                                 Yours faithfully,

                                                 . . . .

2. Request to reduce prices and shorten delivery time:
Air-mail

                                         Moscow, 3rd October, 19...

Dear Sirs,

                       6,000 kW Turbo-Alternator Set

We thank you for your telegram of the 25th September and for your letter of the same quoting us prices and indicating the delivery time for a complete 6,000 kW Turbo-Alternator Set to be delivered in conformity with the specifications enclosed in your letter of the 5th September.

We have carefully compared your offer with the quotations received from other manufacturers and find that your prices are higher than those offered by your competitors. We consider that the prices quoted by you for the Turbo-Alternator with Feed Heater and Condenser as well as for the Spare Parts should be reduced by 10 per cent. Thus the total firm price which we should be prepared to pay is £ 105,948.0.0. including the price of the Spare Parts.

Concerning the time for delivery, we would ask you to shorten it at least by three months in order to meet the requirements of our clients.

As to the terms of payment suggested by you, considering the more favourable terms offered by other manufacturers, we propose that 50% of the amount of the invoice should be paid in cash within 45 days after despatch of the documents to Moscow and the balance by draft at 18 months from the date of the Bill of Lading with interest at 4% p.a.

We also suggest that the contract for this equipment should embody our General Conditions which are identical with the conditions included in our last contract with Messrs. Brown and White Electrical Company, Ltd., who are your subcontractors for the Alternator. A copy of these General Conditions is enclosed herewith.

We look forward with interest to your reply.

Yours faithfully,

. . . .

3. Reducing total price and shortening time of delivery:
Air-Mail

Sheffield, 8th October, 19...

Dear Sirs

<u>6,000 kW Turbo-Alternator Set</u>

We have received your letter of the 3rd October for which we thank you.

We have given careful attention to your counter-offer and discussed the matter with our sub-contractors the Brown and White Electrical Company, Ltd. The result of this is that we are prepared to allow you 5% discount from the prices quoted in our letter of the 25th September and accept the order for the total firm price of £ 111,834.0.0.d. We regret that we cannot reduce the price further.

As to the time for delivery, we have asked our subcontractors to look into the time required for the delivery of the Alternator to our works, and they have agreed to reduce their time down to eighteen months.

In a similar manner we have also examined the time required to manufacture and erect the turbine, carry out running tests and prepare and pack the whole set for shipment. We offer now a reduced delivery time of $19^{1}/2$ months, and this time would date from receipt of your order with instructions to enable us to proceed to the work.

We have also considered the terms of payment suggested by you as well as your General Conditions and, wishing to develop our business relations, we agree to accept them.

We await your decision with interest.

Yours faithfully,

. . . .

4. Agreement on price and delivery time:

Sheffield, 11th October, 19...

Dear Sirs,

<u>6,000 kW Turbo-Alternator Set</u>

We have pleasure in confirming the telephone conversation of today between your Vice-President Mr. A.B. Ivanov and our Managing Director Mr. C.D. Harris during which it was agreed that the total price of the Turbo-Alternator Set with Feed Heater, Condenser and Spare Parts should be £109,000.0.0 (one hundred and nine thousand pounds sterling). It was further agreed that the whole equipment should be delivered in nineteen months from the date of the contract.

We thank you for order which will have our most careful attention and shall be obliged if you will send us your contract as early as possible to enable us to proceed immediately to the execution of the order.

Yours faithfully,

. . . .

§ 125. CONVERSATION BETWEEN THE MANAGER OF A DEPARTMENT OF ROSSIMPORT AND A REPRESENTATIVE OF A FOREIGN MACHINE-BUILDING COMPANY

R. - I've brought a detailed quotation for a precision boring machine you need. May I hand you the offer? *(The representative hands over the documents.)*

M. - Thank you. With your permission. I'll look it through in your presence. *(The Manager looks through the offer.)* - I see that the machine is designed for finishing operations only, isn't it?

R. - Quite right. Before being mounted on our machines, the parts must undergo roughing and semi-finishing operations. We understand from your enquiry that you intend to perform only finishing operations on these machines.

M. - That's right. Now, about the fixtures. It is very important that the location of the centre hole in relation to the top of the part should be as close as possible to the tolerance.

R. - Our fixtures fully meet your requirements. Besides, by means of our hydraulically operated fixture the parts are easily mounted and fixed.

M. - What is the output of the machine?

R. - At 80% efficiency the estimated production is 24 pieces per hour which is even a little higher than the output specified in your enquiry.

M. - We shall, of course, require your written guarantee that the production of the machine will not be below the figure specified by us.

R. - We are prepared to give such a guarantee as we have already delivered many machines of a similar type and their performance is highly satisfactory in all respects.

M. - I see that the machine is of much larger dimensions than those our clients have specified. We'll have to get in touch with them and find out whether this is acceptable to them. We must also have their confirmation of some other technical data stated in your offer.

R. - May I ask you how many machines you intend to buy?

M. - It depends on the price and the terms of payment and delivery.

R. - As to the time of delivery, we have stated in our offer that we could deliver the first two machines within 6 months and two machines every month after that.

M. - Couldn't you speed up the delivery?

R. - I'm afraid it is very difficult as we depend on our suppliers of electrical equipment, and they cannot deliver earlier. What time of delivery would suit you, may I ask?

M. - We require the first four machines in four months time and then two machines monthly.

R. - I'm sorry, but I cannot confirm these terms now. I'll have to cable my company and give you an answer in a day or two. By that time I hope to get a reply to my cable.

M. - All right. Now about the price. I am surprised to see that it is higher than in our last order.

R. - The total price of the machine and the fixtures is, indeed, a little higher, but this is because the fixtures have been perfected and are practically of a new design. The price of the machine without the fixtures is the same as before.

M. - Would you mind itemizing the price?[2] I'd like to see how the total price is made up.

R. - I could do it straight away.

M. - If you please.

R. - Now you have a separate price for the machine and here are the prices for the fixtures and tools for each item separately.

M. - The prices for the fixtures and tools are too high, even if the technical improvements are considered. Nor can we agree[3] to the price of the machine considering that our last order was for one machine only and now we intend to place an order for several machines.

R. - We have taken this into consideration as we have not increased the old price in spite of the rise in cost of materials.

M. - I'm surprised that a slight rise in the cost of materials should prevent[4] you from making an allowance, considering the size of the order. We've got offers from competitive firms and there is no mention in them of any rise in prices of materials.

R. - I'll look into the matter and see what I can do. I am afraid, however, that we shan't be able to make a considerable deduction from the price, as all the prices and discounts were very carefully calculated and checked by our Sales Department.

M. - You will realize, of course, that however much we should like to continue our business relation with your company, the order will be placed with the firm which will offer the most favourable prices and terms.

R. - I'll let you know tomorrow what deduction from the price we could make.

M. - All right. I've got some questions about the terms of payment, but we could discuss them tomorrow, as I'd like the Manager of our Financial Department to take part in the discussion, and he is engaged at the moment.

§ 126. СЛОВА И ВЫРАЖЕНИЯ К §§ 124-125

К § 124

Письмо 1

alternator альтернатор, генератор переменного тока
turbo-alternator турбогенератор
set 1. установка; turbo-alternator set турбогенераторная установка; 2. набор, комплект
delivery time = time of (или: for) delivery срок поставки
stop точка (в телеграммах)
best despatch = best time of despatch кратчайший срок отправки
it can be seen можно видеть, видно (вежливый оборот в письмах вместо you can see)
feed heater (или: feed heating equipment) подогреватель питательной воды
condenser конденсатор
sub-contractor субпоставщик
condensing plant = condenser
to amount to (с последующим числительным) составлять, составлять сумму, составлять количество
extra adj. дополнительный, добавочный
charge цена, стоимость; начисление; взимание; расход; мн.ч. charges расходы, издержки
as regards что касается, относительно
to take into account принимать во внимание, учитывать; синонимы: to take into consideration, to bear in mind
commitment обязательство
exclusive of не включая, исключая; синонимы: not including, except; антонимы: including, inclusive of

Письмо 2

thus таким образом
considering = taking into consideration
to embody включать
identical тождественный (чему-л. with something)

Письмо 3

to give careful attention to something уделять должное внимание чему-л.
to look into something изучить, исследовать что-л.; to look into the matter изучить вопрос, заняться вопросом
down to - to до; (употребляется после глаголов, выражающих снижение или уменьшение, для подчеркивания уменьшения суммы, количества, меры) to reduce the time down to 18 months сократить время до 18 месяцев; антоним: up to до (после глаголов, выражающих повышение или увеличение)
in a similar manner подобным образом
to erect монтировать, устанавливать
running test рабочее испытание
to date from начинаться от, считаться от (о времени)

К § 125

precision boring machine алмазно-расточный станок
with your permission с вашего разрешения
presence присутствие
finishing operations окончательная обработка
roughing operations черновая обработка, предварительная обработка
semi-finishing operations неокончательная обработка
fixture приспособление (к машине)

location расположение
centre hole центральное отверстие
in relation to по отношению к
top верхняя часть
part деталь
close близкий; as close as possible как можно ближе
tolerance допуск
by means of посредством
hydraulically operated fixture гидравлическое приспособление
to fix закреплять
output производительность; выпуск, продукция
efficiency *здесь:* использование, отдача
estimated production расчетная производительность
piece штука
below ниже чего-л., ниже чем что-л.; *синоним:* lower than; below the price = lower than the price; *антоним:* above (= higher than) выше чего-л., выше чем что-л.
performance работа (*машины*)
highly весьма, очень, чрезвычайно
acceptable приемлемый (*для кого-л.* - to somebody)
to speed up ускорять
to be afraid *здесь:* сожалеть; I'm afraid it is very difficult сожалею, что это очень трудно
in four months' time = in four months через 4 месяца; *аналогично:* in six weeks' time = in six weeks, in two years' time = in two years *и т.д.*
monthly ежемесячный, ежемесячно
to perfect совершенствовать
practically 1. фактически, в сущности; 2. практически
to itemize перечислить по пунктам; to itemize the price выделить из общей цены цену каждой части, каждой позиции; разбить цену по пунктам, по позициям
to make up составлять
improvement улучшение, усовершенствование
nor также не
in spite of something несмотря на что-л.; *синоним:* despite something
to prevent somebody from doing something помешать кому-л. сделать что-л.
size величина, размер
mention упоминание
deduction скидка
to calculate калькулировать, подсчитывать
to check проверять
however much как бы ни; however much we should like как бы нам ни хотелось

§ 127. ПОЯСНЕНИЯ К §§ 123-125

¹ It is very important that the location of the centre hole ... should be as close as possible to the tolerance. *Очень важно, чтобы расположение центрального отверстия ... было как можно ближе к допуску.*

В этом сложном предложении безличный оборот it is very important с формальным подлежащим it служит главным предложением, а остальная часть предложения является придаточным предложением подлежащим. Придаточные предложения подлежащие, зависящие от оборотов it is important *важно*, it is necessary *необходимо*, it is desirable *желательно* и др. вводятся союзом that *чтобы*, а их сказуемое выражается сочетанием should с Indefinite Infinitive со всеми лицами ед. и мн. числа.

² Would you mind itemizing the price? *Будьте добры, выделите цену каждой позиции в отдельности.*

Would you mind (с последующим герундием) представляет собой форму вежливой просьбы. Сравните: Would you mind opening the window? *Будьте добры, откройте окно.*

³ Nor can we agree to the price of the machine ... *Мы также не можем согласиться с ценой машины ...*

165

Модальный глагол can, входящий в состав сказуемого can agree, стоит здесь перед подлежащим we (обратный порядок слов), поскольку предложение начинается с союза nor *также не*.

[4] I'm surprised that a slight rise in the cost of material should prevent you from making an allowance ... *Я удивлен, что незначительное повышение стоимости материалов мешает Вам предоставить скидку ...*

Сказуемое дополнительного придаточного предложения выражено здесь сочетанием should с инфинитивом, поскольку глагол главного предложения выражает удивление (I'm surprised).

§ 128. УПРАЖНЕНИЯ

I. Переведите тексты писем и диалога на русский язык.

II. Ответьте на вопросы:

К § 124

Письмо 1

1. Will the Suppliers manufacture the whole set themselves?
2. Who will manufacture the alternator?
3. Does the sum of £110,880 include the price of spares?
4. When could the equipment be despatched by the Suppliers?
5. Who are the Suppliers' sub-contractors for the alternator?

Письмо 2

1. Are the Buyers prepared to accept the prices quoted by the Sellers?
2. What price do they agree to pay for the complete set?
3. What time of delivery would suit the Buyers' clients?
4. What interest do the Buyers agree to pay on the amount of the draft?

Письмо 3

1. By how much per cent. do the Suppliers agree to reduce their prices?
2. Which word in this letter shows that the price will not be subject to any alterations?
3. By how many months have the Suppliers reduced the time of delivery of the whole set?
4. When will the delivery time begin to count?

Письмо 4

1. How did the parties reach an agreement on the price and terms of delivery?
2. At what price and how soon are the Suppliers obliged to deliver the whole set?
3. When will the Suppliers begin to execute the order?

III. Вставьте, где требуется, предлоги или наречия и переведите на русский язык:

Письмо 1

1. The cost ... transporting the equipment ... Birmingham ... Hull amounts ... £150.

2. We refer ... the exchange ... letters ... us ... ... copies enclosed.

3. Taking ... account the requirements ... your clients, we agree to reduce the delivery time ... eighteen months ... date ... order.

4. The whole equipment exclusive ... the spare will be shipped ... the end ... April.

5. We are ready to proceed ... the work immediately ... receipt ... the contract.

6. We hope we shall have the pleasure ... executing this order ... you.

7. We agree to supply you ... this equipment ... the price and ... the terms ... our last contract.

Письмо 2

1. The terms ... payment are identical ... those stated ... our last contract ... your company, viz. 40 per cent ... cash ... documents and the balance ... draft ... 18 months ... interest ... 4 per cent.

2. ... conformity ... the instructions contained ... your telegram ... the 3rd May and ... your letter ... the same date we have shipped the equipment ... Contract No. 225 ... s.s. "Leninogorsk".

3. We should like to have your confirmation that the price will not be increased ... case ... an advance ... the prices ... raw materials.

Письмо 4

1. Our sub-contractors promised to look ... the time required ... the manufacture ... the electrical equipment and reduce it, if possible, ... six weeks ... $18^1/2$ months.

2. Referring ... our telephone conversation ... yesterday, we agree that the time ... delivery ... the equipment should date ... the 1st November, 19... .

К § 125

1. If you agree ... this price (If this price is acceptable ... you), we shall be prepared to place the order ... your company.

2. Model 164B is ... a new design; it is also ... smaller dimensions than Model 154B.

3. ... spite ... the perfected fixtures (Despite ... the perfected fixtures), the price ... the machine remains unchanged.

4. We would ask you to cable ... your company asking them to speed ... the delivery ... the Alternator.

5. Stormy weather prevented the ship ... being loaded yesterday.

6. We hope that the revised delivery time, viz. four machines ... eight months' time and two machines monthly ... that will suit ... your clients.

IV. Переведите на английский язык:

К § 124

Письмо 1

1. Учитывая наши обязательства по имеющимся контрактам (existing contracts), мы можем поставить это оборудование через 18 месяцев от даты подписания контракта.

2. Из вышеизложенного видно, что конструкция машины полностью (fully) удовлетворяет современным требованиям в машиностроении.

3. Все оборудование, за исключением компрессоров, будет погружено на п/х "Лениногорск", отплывающий из С.Петербурга 21 августа.

4. Цена установки, включая дополнительную стоимость запасных частей, составляет сумму 85000 фунтов стерлингов.

Письмо 2

1. Посылаем Вам экземпляр наших общих условий, которые мы обычно включаем в договоры на поставку оборудования.

2. Этот заказ тождествен заказу № 250, помещенному у Вас в мае 1991 г.

3. Подтверждаем наш сегодняшний разговор по телефону, во время которого мы договорились (to come to an understanding), что поставка оборудования будет закончена в августе 19... г.

Письмо 3

1. Мы уделяем Вашему запросу должное внимание и надеемся через несколько дней послать Вам нашу оферту.

2. Мы попросили наших комитентов изучить этот вопрос и сообщить нам свое мнение как можно скорее.

3. Срок гарантии должен считаться от даты установки машины на заводе нашего комитента.

4. Что касается срока поставки, мы рады сообщить Вам, что наши комитенты согласны, чтобы поставка была завершена через 16 месяцев после подписания контракта.

Письмо 4

1. Мы хотели бы напомнить Вам о Вашем обещании обсудить с субподрядчиками срок поставки альтернатора с целью сокращения его (with a view to reducing) до 15 месяцев.

2. Мы просили бы Вас открыть аккредитив как можно скорее, чтобы дать нам возможность приступить к фрахтованию тоннажа (tonnage).

3. Мы получили Ваше письмо от 22 мая в ответ на нашу оферту от 15 мая на 10 переносных компрессорных установок модели КСЭ-5.

Компрессоры могут быть поставлен с электрическими моторами или без моторов, по Вашему усмотрению. Отдельная цена моторов составляет ... фунтов стерлингов. Таким образом, цена одной компрессорнсй установкам, включая стандартный комплект запасных частей, но без электромотора составляет ... фунтов стерлингов. Учитывая размер заказа, мы согласны удовлетворить Вашу просьбу и предоставить Вам скидку в 5% с общей суммы заказа.

Цена комплекта запасных частей, согласно прилагаемому списку, составляет ... стерлингов. Мы, однако, считаем, что Вам нет необходимости (there is no necessity for you) заказывать теперь запасные части дополнительно (in addition) к комплектам, поставляемым вместе с компрессорами. Если возникнет необходимость, Вы всегда сможете заказать требуемые части, которые могут быть поставлены со склада (from stock).

Что касается срока поставки, мы рады сообщить Вам, что мы тщательно рассмотрели наши обязательства и полагаем, что сможем изготовить и отправить компрессоры в порт отгрузи через 6 месяцев со дня подписания договора.

Надеемся, что будем иметь удовольствие поставить Вам эти компрессоры.

4. Благодарим Вас за письмо от 12 февраля с приложенным проектом (draft) контракта, разработанным Вами на базе (basis) наших предыдущих контрактов. Мы хотели бы изменить некоторые пункты в Вашем проекте контракта следующим образом:

1. О т г р у з к а . Мы предпочитаем отгрузить товар тремя партиями с интервалом в две недели после отгрузки каждой партии.

2. Ф р а х т о в а н и е (chartering) и с т р а х о в а н и е . Поскольку Вы должны уплатить нам фактическую стоимость фрахта, мы, конечно, сделаем все от нас зависящее, чтобы зафрахтовать тоннаж (tonnage) по самым низким ставкам (rates). Учитывая, однако, состояние фрахтового рынка (freight market) в настоящее время, мы не можем согласиться, чтобы ставки фрахта были заранее зафиксированы в контракте.

3. П л а т е ж . Безотзывные и подтвержденные аккредитивы, открываемые Вами, должны быть действительны 45 дней.

Надеемся, что Вы согласитесь с вышеизложенными изменениями в присланном Вами проекте контракта.

К § 125

1. Просим Вас разбить общую цену запасных частей по позициям.

2. Эта машина значительно больших размеров, чем обусловлено в наших технических условиях.

3. Несмотря на меньшие размеры и меньший вес двигателя, его мощность значительно увеличена по сравнению со старой моделью.

4. Машина фактически новой конструкции, так как все ее ответственные (important) части усовершенствованы.

5. Содержимое ящиков было тщательно проверено в присутствии Вашего представителя.

Глава X

ТЕЛЕГРАММЫ ВО ВНЕШНЕЙ ТОРГОВЛЕ
TELEGRAM IN FOREIGN TRADE

§ 129. СОСТАВЛЕНИЕ ТЕЛЕГРАММ

1. Русским словам *телеграмма* и *телеграфировать* обычно соответствуют английские слова telegram и to telegraph, употребляемые как во внешней, так и во внутренней торговле. Наряду с этими английскими словами во внешней торговле очень часто встречаются слова cable и to cable, а по отношению к телеграммам, посылаемым в пределах страны отправителя, а также в разговорной речи часто пользуются словами wire и to wire.

В настоящее время в российских внешнеторговых организациях широко применяются телетайпы (телепринтеры) для непосредственной телеграфной связи с иностранными фирмами, имеющими подобные аппараты. Телеграмма, посланная по телетайпу, называется *телекс* - telex, а выражение *сообщать* (или *телеграфировать, передавать*) *по телетайпу* соответствует глаголу to telex.

При составлении телеграммы, посылаемой клером (in clear), т.е. в некодированном виде, необходимо стремиться к максимальному сокращению текста с целью экономии на телеграфных расходах. При этом, однако, следует избегать чрезмерного сообщения, могущего изменить смысл телеграммы.

Приветственные формулы вежливости как вступительные, так и заключительные, в телеграммах не употребляются. Для выражения просьбы пользуются словами please или kindly. Артикли и некоторые предлоги опускаются, равно как и другие слова, без которых можно обойтись, не причиняя ущерба смыслу телеграммы. Запятые в телеграммах не ставятся; точка, обозначаемая в телеграммах словом stop, употребляется в тех случаях, когда ее отсутствие сделало бы текст неясным. Кроме сообщений fob, cif, fas и т.п., которые пишутся без точек после отдельных букв, в телеграммах часто употребляются следующие сокращения: blading(s) = bill of lading *коносамент(ы)*, LC или L/C = letter(s) of credit *аккредитив(ы)*, ourlet = our letter, yourlet = your letter, ourtel = our telegram, yourtel = your telegram, relet = referring to letter, recable = referring to cable, rephone = referring to telephone conversation, reurlet = referring to your letter, reurtel = referring to your telegram. Важные даты, цены, суммы и количества рекомендуется писать словами, а не цифрами.

При передаче чисел словами такие сочетания как twenty-first, twenty-second и т.д. , twenty-one, twenty-two и т.д., one hundred, two hundred и т.д., one thousand, two thousand и т.д. часто пишутся слитно: 21st - twentyfirst; 21 - twentyone; 100 - onehundred; 101 - onehundred and one; 121 - onehundred and twentyone; 315 - threehundred and fifteen; 999 - ninehundred and ninetynine; 1000 - onethousand; 1001 - onethousand and one; 8025 - eightthousand and twentyfive; 18225 - eighteenthousand twohundred and twentyfive; 21000 - twentyone thousand; 208025 - twohundred and eightthousand and twentyfive; 238372 - twohundred and thirtyeight thousand threehundred and seventytwo.

Некоторые организации и, в частности, банки часто пишут все число в виде одного слова, составленного из названий всех входящих в него цифр: 107568 - onezerosevenfivesixeight.

2. При составлении телеграммы рекомендуется сначала написать ее по-русски, а затем перевести русский текст на английский язык, опуская ненужные слова (в приведенных ниже образцах слова, которые могут быть опущены, даны в скобках):

Ваше письмо от 30 мая. Просим погрузить 300 тонн манильской пеньки на п/х "Ангарск", отходящий из Лондона 10 июня. Телеграфьте подтверждение.

Yourlet (of the) 30th May please load threehundred tons (of) Manilla hemp (on) steamer Angarsk leaving London (on the) tenth June cable confirmation

Подтверждаем отгрузку в августе 400 швейных машин класса 25. Просим телеграфировать напряжение тока и инструкции по отгрузке. Письмо следует.

We confirm (*или:* Confirming) shipment (in) August (of) fourhundred sewing machines class 25 stop please cable voltage (and) shipping instructions stop letter follows

(*В этой телеграмме местоимение* we *не может быть опущено перед словом* confirm, *иначе* confirm *может быть принято за форму повелительного наклонения, выражающую просьбу. Вместо* we confirm *часто употребляется* confirming = we are confirming.)

Ваша телеграмма от 12 апреля. Отгрузили в Лондон 898342 кг ферромарганца пароходом "Ангарск" по коносаменту № 7, датированному 11 апреля.

Yourtel (of the) twelfth April (have) shipped (to) London eighthundred and ninetyeight thousand threehundred and fortytwo kilos (of) ferromanganese (by) s/s Angarsk blading (No.) 7 dated April seventeenth.

171

Ссылаясь на наш вчерашний телефонный разговор, сообщаем, что сегодня мы выслали Вам воздушной почтой два экземпляра контракта № 429 на 10000 тонн марганцевой руды. Просим возможно скорее вернуть нам описанный Вами экземпляр.

Rephone yesterday (we inform you that we have) airmailed (to you) today two copies (of) contract (No.) 429 (for) tenthousand tons (of) manganese ore stop please return (the) countersigned copy soonest possible

Заказ № 5690. Ваше письмо от 27 мая разошлось с нашей телеграммой от того же числа. 25 автомобилей "Москвич 2141" находятся в С.Петербурге и будут отгружены немедленно после того, как будет открыт аккредитив.

Order (No.) 5690 yourlet 27th May crossed ourtel (of the) same date stop twentyfive Moskvitch cars 2141 (are) lying (in) St.Petersburg (and) will be shipped immediately (after the) L/C is established.

3. Для сокращения телеграфных расходов телеграммы часто кодируются при помощи коммерческих кодов, в которых отдельные буквенные сочетания заменяют целые предложения. Для примера приводим часть страницы из коммерческого кода "Unicode", изданного торговой палатой Чехословакии:

JHKON	letter of guarantee arrived
JHLPO	letter of guarantee not yet arrived
JHMQP	please telegraph whether and when letter of guarantee arrived
JHNRQ	acknowledging receipt of letter of guarantee
JHOSR	please acknowledge immediately receipt of letter of guarantee
JHPTS	letter of guarantee sent (on ...)
JHQUT	letter of guarantee not yet sent (because ...)
JHRVU	please send letter of guarantee - urging again
JHSWV	please telegraph when letter of guarantee sent
JHTXW	waiting for a letter of guarantee
JHUYX	without letter guarantee impossible (to ...)

§ 130. SOME PHRASES FREQUENTLY USED IN CONNECTION WITH TELEGRAMS

1. We have received your telegram (*or* cable, wire, telex) of to-day as follows (*or* reading, reading as follows, running, running us follows): ...

2. We have sent you today the following telegram: ...

3. We confirm our telegram of yesterday (*or* We cabled you yesterday, We telexed you yesterday) as follows (*or* as per copy enclosed).

4. We confirm our cable to you of the 25th July in Bentley's code, (as per) copy and translation enclosed.

5. We have received your telegram of the 20th February reading decoded as follows: ...

6. We confirm exchange (*or* interchange) of telegrams (*or* telexes) between us as follows: ...
Ours: "......................"
Yours: " ...."

7. We confirm our telegram of to-day reading: ".......", to which we received your cable running: ".......".

8. Since cabling you yesterday, as per copy enclosed, we received your telegram reading: ...

9. The last two words in your cable of the 15th May are obviously mutilated. Please cable the correct words. (*When these phrases are used in a telegram, they may be written as follows:* "Yourtel fifteenth May last two words mutilated please repeat".)

10. Please repeat your cable of the 20th September in clear as we cannot decode it. (*This phrase, when used in a telegram, may be written:* "Cannot decode yourtel twentieth December please repeat in clear".)

§ 131. EXCHANGE OF CORRESPONDENCE BETWEEN THE BRITISH STEEL CO., LTD., MANCHESTER. AND V/O "ROSSEXPORT", MOSCOW, RELATING TO THE SALE OF MANGANESE ORE

1. Air-Mail

Manchester, 5th May, 19...

Dear Sirs,

Washed Poti Manganese Ore

We are indebted for your address to the Trade Delegation of Russia in London from whom we learn that you are exporters from Russia of Washed Poti Manganese Ore.

We shall be obliged if you will quote us your lowest price c.i.f. Manchester for. 11,000-12,000 tons of Washed Poti Manganese Ore for delivery in lots of about 4,000 tons, commencing from the middle of June at the rate of one cargo every month.

As we should like to cover our requirements at the earliest possible moment, we request your reply by cable.

We would also ask you to send us a full analysis of the ore by air-mail.

Yours faithfully,

. . . .

2. Air-Mail

Moscow, 8th May, 19...

Dear Sirs,

<u>Washed Poti Manganese Ore</u>

We thank you for your enquiry of the 5th May for 11,000-12,000 tons of Washed Poti Manganese Ore and confirm our cable to you today reading:

"REGRET CANNOT OFFER FOURTHOUSAND TON LOTS MANGANESE ORE CIF MANCHESTER OWING TO DIFFICULTY CHARTERING SUITABLE TONNAGE STOP PLEASE CABLE WHETHER YOU CAN ACCEPT TWO LOTS ABOUT FIVETHOUSAND TONS EACH IF SO WILL CABLE QUOTATION STOP FULL ANALYSIS CONTRACT FORM AIRMAILED TODAY 1225 ROSSEXPORT".

We regret to advise you that at present it is very difficult to obtain vessels of small tonnage from the Black Sea to U.K. ports, the minimum tonnage being 5,000 tons.

If you can take the quantity you require in two lots of about 5,000 tons each, we shall be pleased to cable you our quotation.

we enclose a detailed analysis of Washed Poti Manganese Ore as well as our contract form.

We look forward with interest to your reply.

Yours faithfully,

. . . .

2 Enclosures.

3. Telegram dated 10th May, 19...:

"ROSSEXPORT MOSCOW - YOURLET MAY 8 CABLE QUOTATION TWO CARGOES FIVETHOUSAND TONS EACH WASHED MANGANESE ORE CIF MANCHESTER SHIPMENT JUNE JULY STEELCO".

4. Air-Mail

Moscow, 11th May, 19...

Dear Sirs,

5.
Dear Sirs,

Washed Poti Manganese Ore

We have received your telegram of the 10th May asking us to send you a quotation for two cargoes of 5,000 tons each of Washed Poti Manganese Ore and have pleasure in quoting you as follows, subject to your immediate acceptance:

DESCRIPTION AND QUANTITY: Two cargoes of about 5,000 tons each, 10 per cent. more or less at our option, of Washed Poti Manganese Ore as per specification enclosed with our letter of the 8th May.

PRICE: Sixty-two pence per unit of metallic manganese per English ton c.i.f. Manchester.

SHIPMENT: One cargo in June and the other in July 19...

PAYMENT: In pounds sterling net cash against documents by an irrevocable and confirmed Letter of Credit to be established by you with the Bank for Foreign Trade of Russia, Moscow, within 15 days after the contract is signed. The Letter of Credit is to be valid for 60 days. Payment is to be made on the basis of 50 per cent. of manganese in the ore with final adjustment after the analysis is known.

SAMPLING, ANALYSIS AND OTHER TERMS: As per contract form sent you with our letter of the 8th May.

In accordance with the above, we have sent you today the following cable:

"YOURTEL MAY TENTH WE OFFER SUBJECT IMMEDIATE ACCEPTANCE TWO CARGOES ABOUT FIVETHOUSAND TONS EACH TEN PERCENT MORE LESS OUR OPTION WASHED POTI MANGANESE PRICE SIXTYTWO PENCE PER UNIT MANGANESE PER ENGLISH TON CIF MANCHESTER SHIPMENT FIRST CARGO JUNE SECOND JULY PAYMENT BASIS FIFTY PERCENT MANGANESE CASH AGAINST DOCUMENTS BY IRREVOCABLE CONFIRMED CREDIT OPENED BANK FOR FOREIGN TRADE MOSCOW WITHIN FIFTEEN DAYS AFTER SIGNING CONTRACT FINAL ADJUSTMENT BASED ON ANALYSIS STOP OTHER TERMS AS PER CONTRACT FORM ROSSEXPORT".

We hope that this offer will prove acceptable to you.

Yours faithfully,
. . . .

Manchester, 14th May, 19...

Abt. 10,000 Tons Washed Poti Manganese Ore

We thank you for your cable of the 11th May and for your letter of the same date and confirm the following interchange of telegrams:

Ours May 12:

"YOURTEL AND LETTER ELEVENTH MAY ACCEPT YOUR PRICE TIME OF SHIPMENT CONTRACT FORM SUGGEST PAYMENT EACH CARGO NINETY PERCENT BY L/C AGAINST DOCUMENTS BASIS FIFTY PERCENT MANGANESE BALANCE AGAINST FINAL INVOICE BASED ON ANALYSIS CABLE IF YOU AGREE".

Yours May 13:

"YOURTEL TWELFTH MAY ARGEE PAYMENT NINETY PERCENT BY IRREVOCABLE CONFIRMED L/C AGAINST DOCUMENTS BALANCE AGAINST FINAL INVOCE SENDING CONTRACT FOR SIGNATURE".

Awaiting your contract,
We remain
Yours faithfully,
. . . .

6.
Moscow, 14th May, 19...

Dear Sirs,

Abt. 10,000 Tons Washed Poti Manganese Ore

In confirmation of our cable sent to you yesterday as per copy enclosed, we have pleasure in sending you herewith 2 copies of our contract relating to the sale to you of about 10,000 tons of Washed Poti Manganese Ore.

We shall be obliged if you will return us one copy of the contract duly signed by you.

Yours faithfully,
. . . .

3 Enclosures.

§ 132. СЛОВА И ВЫРАЖЕНИЯ К §§ 129-131

К § 129

Пункт 1

to telegraph телеграфировать; to telegraph somebody (*или:* to somebody) телегра-фировать кому-л.

wire телеграмма

to wire телеграфировать; to wire somebody (*или:* to somebody) телеграфировать кому-л.

in clear клером, в некодированном виде
kindly пожалуйста
relet *(в телеграммах)* = referring to letter
recable *(в телеграммах)* = referring to cable

Пункт 2

hemp пенька; Manilla hemp манильская пенька
sewing machine швейная машина
voltage напряжение тока
shipping instructions инструкции по отгрузке
kilo(s) = kilogram(s) килограмм(ы)
to airmail посылать воздушной почтой;
  to airmail somebody something *(или:* something to somebody) посылать воздушной почтой кому-л. что-л.
soonest possible *(в телеграммах)* = as soon as possible как можно скорее
to cross расходиться; your letter crossed our telegram Ваше письмо разошлось с нашей телеграммой
to lie (lay, lain, lying) лежать, находиться

Пункт 3

to urge настаивать

К § 130

your (our) telegram as follows *(или:* reading, reading as follows, running, running as follows) Ваша *(наша)* телеграмма следующего содержания
exchange *(или:* interchange) обмен
obviously очевидно
to mutilate искажать
to decode раскодировать

К § 131

Письмо 1

washed Poti manganese ore мытая потийская марганцевая руда *(руда, добываемая в Чиатури и экспортируемая через порт Поти)*
middle середина
to cover the requirements обеспечить потребности
at the earliest possible moment как можно скорее

Письмо 2

if so в случае утвердительного ответа *(дословно:* если так)
difficulty трудность
tonnage тоннаж

Письмо 4

unit *здесь:* процент; per unit of metallic manganese per English ton за каждый процент содержания металлического марганца в английской тонне
basis базис, основа
adjustment уточнение, урегулирование, расчет

§ 133. УПРАЖНЕНИЯ

I. Переведите следующие телеграммы на русский язык, пользуясь в случае необходимости англо-русским словарем в конце учебника:

1. Ple se forw rd s mples prices tinned cr b me t.
2. Bre kdown m nuf cturing pl nt c n you w it delivery fifteenth M y ?
3. Yourlet fifteenth M y threethous nd fivehundred nd eight b gs coffee shipped ste mer Ang rsk fourteenth M y b l nce ste mer Erev n next week.
4. Yourtel eleventh August remitted tod y Vneshtorgb nk eightythous nd sevenhundred nd fifteen sterling stop c ble d te shipment g soil.
5. Rec ble April 7 expect to m il propos l end this week del yed bec use enquiry covers l rge qu ntity.
6. Rephone yesterd y expect complete order 1216 Febru ry stop three m chines order 1254 e rly M rch.
7. Yourlet eighth June if possible postpone shipment forty Moskvitch c rs sorry impossible receive further c rs now bec use of he vy driving restrictions owing to petrol short ge letter follows.

8. Yourtel twentyfifth M rch will tr nsfer cover thirty c rs fter your c bling ships n me shipping d te.

9. Yours 4996 credit extended April thirtieth stop ple se irm il invoice in future ple se forw rd one invoice by c rrying ste mer.

10. Yourtel third J nu ry tr nsferred J nu ry fourth cover twentythree c rs credit number onetwozerotwofive stop ple se rush c t logues prices Volg c rs.

11. Your quot tion 25th April we ccept price terms one milling m chine model 6H8/A complete with fixtures ccessories stop pplying import licence will c ble licence number sonnest possible me nwhile ple se prep re m chine shipment.

II. Переведите следующие тексты на английский язык в виде телеграмм, пользуясь в случае необходимости русско-английским словарем в конце учебника:

1. Можем поставить компрессоры с моторами на 220/380 вольт. Просим подтвердить.

2. Мы удивлены задержкой п/х "Ленингорск". Ускорьте отгрузку какао-бобов. Телеграфьте немедленно.

3. Отгрузим около 5000 тонн марганцевой руды в Лондон по контракту № 125 приблизительно 20 октября пароходом "Мария".

4. Ускорьте открытие аккредитива на 1000 тонн перекиси марганцевой руды по контракту № 250. Руда находится в порту и может быть отгружена первым пароходом.

5. Ваша телеграмма от 15 июля. Отправляем с завода 25 автомобилей "Волга" голубого цвета. Рассчитываем отгрузить их в начале августа. Аккредитив получен.

6. Можем отгрузить на п/х "Мга" 25 автомобилей "Москвич" с комплектами запасных частей. Цена комплекта 150 долларов США сиф Стокгольм. Телеграфьте согласие открыть аккредитив.

7. Аккредитив № 12466 истек 31 марта. Просим продлить срок действия для оплаты документов на оборудование по контракту № 2150, погруженное на п/х "Сочи". Телеграфьте немедленно.

8. Пароход "Ангарск" прибыл 25 января с оборудованием по контракту № 1565. Монтаж оборудования невозможен, так как фундаменты и сборочные чертежи не получены. Немедленно вышлите чертежи авиапочтой.

9. На п/х "Нева" не оказалось 6 ящиков запасных частей №№ 120-126 по коносаменту № 16, датированному 23 сентября. Просим выслать ящики ближайшим пароходом, так как части срочно требуются.

10. При испытании (while testing) гидравлического пресса по заказу № 235 обнаружен дефект цилиндра. Дефект заварен под двойным давлением. Результат удовлетворителен, и мы считаем возможным отгрузить пресс в С.Петербург. Телеграфьте подтверждение.

11. Для обсуждения технических вопросов просим командировать Вашего специалиста в Москву. Для поддержания ходатайства о визе просим сообщить имя и фамилию полностью, год и место рождения, специальность и должность.

12. К сожалению, мы не можем предложить груз газойля менее 8000 тонн на условиях сиф ввиду трудности фрахтования небольших танкеров. Если Вы согласны купить 4000 тонн газойля фоб Батуми, мы Вам протелеграфируем нашу цену и условия. Ждем Вашего ответа.

13. Предлагаем Вам, при условии получения вашего акцепта в течение 5 дней, 4000 тонн бакинского газойля, на 10% больше или меньше по вашему выбору, той же самой спецификации, что в контракте от 15 мая, по цене 12 центов США за американский галлон наливом фоб Батуми с отгрузкой в августе. Условия платежа и другие условия как в последнем контракте.

14. К сожалению, мы не можем снизить цену. Согласны на предложенные Вами условия платежа, а именно: 80% против документов безотзывным аккредитивом, а остаток - в течение трех дней после разгрузки парохода. Подробности письмом (letter follows).

Глава XI

ПРОДАЖА ТОВАРОВ ЧЕРЕЗ АГЕНТОВ
SALE OF GOODS THROUGH AGENTS

§ 134. PROPOSAL TO ACT AS AGENTS

Delhi, 15th Sept., 19...

V/O "Rossexport",
Moscow, Russia

Dear Sirs,

Our object in writing to you is to enquire [1] whether you would be willing to appoint us as your Agents for the sale of Compressors, Pumps and Blowers in India.

We have for some years past been representing the well-known British manufacturing concern of A.B. Brown & Co., Ltd., who have now established their own branch in Delhi.

We have considerable experience in the sale of different types of machinery and are sure that we could sell a large number of your machines annually.

We have large show-rooms in Delhi, Bombay and Calcutta where the machines could be shown to advantage.

If you should appoint [2] us as your Agents, we should charge a commission of 5 per cent. on the net amount of all invoices for the goods sold through us. We should also be prepared to accept the del credere, if you should so desire [2], for which we should charge a commission of $\frac{5}{4}$ per cent.

For references you may apply to the City Bank of New Delhi, who would provide you with all information you might desire concerning our status.

We should be glad to hear whether our proposal is acceptable to you. If so, we should be pleased to receive the terms upon which you would be willing to entrust us with the sale of the machines in question as well as your prospectuses and illustrated catalogues with prices.

Yours faithfully,

. . . .

§ 135. POSSIBILITIES OF RECIPROCAL TRADING IN MACHINE-TOOLS BETWEEN A BRITISH COMPANY AND V/O "ROSSIMPORT"

1.

Sheffield, 20th October, 19...

Dear Sirs,

We refer to the recent discussions we had with Mr. A.B. Petrov of the Trade Delegation of Russia in London on the possibility of our supplying you with machine-tools manufactured by our company and in return distributing in Great Britain, as your exclusive Agents, specified Russian machines to an equal value.

We enclose catalogues of our range of machine-tools with complete technical information as well as a list of our today's prices.

On the other hand, we have carefully examined the catalogues and specifications given to us by Mr. Petrov and are attaching to this letter a list of Russian machines which in our opinion, would be in demand in this country [3] and which it would be advisable for you to send us on consignment.

To further the matter [4], the writer and our Export Manager, Mr. Arnold Jackson, are prepared to travel to Moscow and have personal discussions with members of Rossimport so that our proposal can be discussed in detail and an agreement reached to our mutual benefit.

During our discussions with Mr. Petrov he suggested that we should list the points which we would like to be clarified in Moscow and we enclose herewith an enumeration of such questions.

We look forward with much pleasure to your reply.

Yours faithfully,

. . . .

Enclosures.

2.

Moscow, 25th October, 19...

Dear Sirs,

We thank you for your letter of the 20th October. We have carefully considered your proposal and are pleased to advise you that we agree in principle that you should act as our Consignment Agents in Great Britain for the sale of machine-tools manufactured in Russia. We should also agree to purchase from you machines of your manufacture equal in value to the sales of our machines from consignment stock.

We shall be glad to meet here Mr. James Moore and Mr. Arnold Jackson and discuss with them the point listed by you as well as the other problems connected with the sale of our machines in Great Britain, such as advertising, show-rooms, technical service, del credere etc. with the view of working out a detailed consignment agreement. We suggest that the visit of your representatives should take place about the 10th November next. If this time is convenient for you, kindly let us know the date of their arrival in Moscow.

Yours faithfully,
. . . .

§ 136. СЛОВА И ВЫРАЖЕНИЯ К §§ 134-135

К § 134

to act действовать, работать, выступать
object цель; *our object in writing to you* цель настоящего письма
willing согласный, склонный
to appoint назначать; *to appoint somebody as agent* назначить кого-л. агентом
agent агент
pump насос
blower вентилятор
past прошлый, минувший; *for some years past* за последние несколько лет; *for some time past* за последнее время
well-known известный
concern концерн; *manufacturing concern* промышленный концерн
branch отделение
sure уверенный
show-room выставочный (*или:* демонстрационный) зал *(образцов товаров)*
advantage выгода, преимущество; *to advantage* выгодно, хорошо
commission комиссия, комиссионное вознаграждение
del credere (*или:* delcredere) делькредере *(поручительство комиссионера за выполнение покупателем его финансовых обязательств)*; *to accept the del credere* принять на себя делькредере
reference 1. рекомендация; 2. ссылка
to apply 1. обращаться (к - to); 2. применять(ся), распространять(ся)
to provide with something снабжать чем-л., обеспечить что-л.

status (*или:* financial status) финансовое положение
to entrust somebody with something (*или:* to entrust something to somebody) поручить (*или:* вверить) кому-л. что-л.
in question о котором идет речь; данный
prospectus (*мн.ч.* prospectuses) проспект, публикация (*рекламного характера*)

К § 135

reciprocal взаимный, обоюдный; *reciprocal trading* торговля на основе взаимности

Письмо 1

in return в обмен
exclusive agent единственный агент, монопольный агент
to an equal value равной стоимости, на равную сумму
our range of machine-tools наша номенклатура станков, производимые нами типы станков
on the one (on the other) hand с одной (с другой) стороны
to be in demand пользоваться спросом; *to be in good (in poor) demand* пользоваться хорошим (плохим) спросом
consignment 1. консигнация *(договор, по которому комитент перегдает комиссионеру товар для продажи со склада комиссионера - консигнационного склада);* **to send goods on consignment** посылать товар на консигнацию; 2. отгруженная или от-

правленная партия (товаров)
to further продвигать, содействовать продвижению
the writer пишущий это письмо, нижеподписавшийся
export manager заведующий экспортным отделом
agreement соглашение, договор
benefit выгода; **to our mutual benefit** с выгодой для обеих сторон
to list составлять список; перечислять, вносить в список
to clarify сделать ясным, вносить ясность в; **the points which we would like to be clarified** вопросы, в которые желательно внести ясность

enumeration перечень, перечисление, список

Письмо 2

principle принцип; **in principle** в принципе; **on principle** из принципа
consignment agent консигнационный агент *(комиссионер, которому комитент передает товар для продажи со склада комиссионера)*
equal in value равный по стоимости
consignment stock консигнационный склад
advertising реклама, рекламирование
with the view of *(или:* **with a view to)** с целью *(с последующим герундием)*
to work out вырабатывать, составлять

§ 137. ПОЯСНЕНИЯ К §§ 134-135

¹ Our object in writing to you is to enquire ... Цель настоящего письма состоит в том, чтобы спросить ...
Сочетание глагола-связки to be с инфинитивом (is to enquire) представляет собой составное именное сказуемое. To be в таком сказуемом переводится на русский язык словами *состоять в том чтобы, заключаться в том чтобы.*

² If you should appoint us as your Agents ... Если бы Вы поручили нам Ваше представительство ...
If you should so desire ... Если бы Вы этого пожелали ...
Об употреблении сочетания should с инфинитивом в условных придаточных предложениях см. § 47, п.8.

³ ... in this country ... в Англии ... (См. § 47, п.7.)

⁴ To further the matter ... = In order to further the matter ... Чтобы содействовать продвижению этого дела ...
Инфинитив здесь употреблен для выражения цели.

§ 138. УПРАЖНЕНИЯ

I. Переведите тексты писем §§ 134-135 на русский язык.

II. Ответьте на вопросы:

К § 134

1. What kind of machinery does the firm want to sell in India as agents of Rossexport?
2. Why has the firm ceased to act as agents of A.B. Brown & Co., Ltd.? (To cease — *переставать, прекращать.*)
3. Why is the firm sure that it could sell a large number of Russian machines in India?
4. In which Indian cities has the firm show-rooms where it could demonstrate Russian machines?

5. What total commission, including del credere commission, does the firm intend to charge for its work as agents of Rossexport?

6. What organization could give Rossimport information about the financial position of the firm?

К § 135

Письмо 1

1. What kind of machinery is the company interested in supplying Rossimport with?
2. Is the company willing to sell Russian machines in England for its own account or as agents of Rossimport?
3. Are the types of Russian machines specified on the list attached to the letter likely to be in demand in Great Britain?
4. Does the company consider it (to be) advisable that Rossimport should send machinery to Great Britain?
5. For what purpose does the company want to send the representatives to Moscow?
6. What questions are specified on the list enclosed with the letter?

Письмо 2

1. Does Rossimport agree in principle to accept the proposal made by the company in the letter of the 20th October?
2. What do you call an agent who sells goods from a consignment stock?
3. To what value is Rossimport prepared to purchase machines manufactured by the company?
4. What problems, besides those listed by the company, does Rossimport intend to discuss with the company's representatives?
5. When does Rossimport suggest that the meeting should take place?

III. Вставьте, где нужно, предлоги или наречия и переведите на русский язык:

К § 134

1. The Agents have informed us that they have considerable experience ... the sale ... Motor Cars ... Scandinavian countries.
2. Your manufactures could be shown ... advantage ... our show-rooms.
3. This firm has ... some years past been dealing ... textiles.
4. We agree to pay you a commission ... 5 per cent. ... the net amounts actually paid ... the Buyers ... the goods sold ... you.
5. Your proposal to entrust you ... the sale ... our goods ... the terms stated ... your letter is not acceptable ... us.
6. We would ask you to apply ... references ... the Importers Bank Limited, London.
7. We can provide you ... all information you might desire ... the performance ... the machines ... question.

К § 135

Письмо 1

1. ... our opinion, these Excavators would be ... goods demand ... your country.
2. We refer ... our recent discussions ... the possibility ... reciprocal tracing ... scientific instruments ... our organizations.
3. We believe that it would be advisable ... you to send ... us these machines ... consignment.

4. We can sell here ... least 200 machines annually provided that ... return you purchase .... us machines ... our manufacture ... an equal value.

5. All questions connected ... the agency could be discussed ... detail ... with Mr. A. B. Petrov ... his forthcoming *(предстоящий)* visit ... London.

Письмо 2

1. Our purchases ... machines ... your manufacture would be equal ... the value ... your sales ... our machines ... the consignment stock.

2. We shall be glad to discuss all outstanding questions *(нерешенные вопросы)* with your representatives ... the view ... working ... a consignment agreement.

3. Our President Mr. A. B. Petrov intends to visit you ... London ... about the 20th January if this time is convenient ... you.

IV. Переведите на английский язык:

К § 134

1. К сожалению, мы не можем назначить Вас нашим агентом по продаже автомобилей в Вашей стране.

2. Учитывая Ваш опыт в продаже автомобилей, мы надеемся, что Вы сумеете продать в течение 19... г. не менее 1000 машин.

3. Мы согласны платить Вам комиссию в 5% со всех сумм-нетто, фактически полученных нами за товары, проданные через Вас (through you).

4. Просим сообщить, согласны ли Вы принять на себя делькредере по (for) заказам, помещенным у нас через (through) Вашу фирму.

5. Условия агентского договора (agency agreement), предложенные в Вашем письме от 15 июня, не приемлемы для нас.

6. Фирма "А. Б. Браун энд Компани" из Ливерпуля, которая предложила нам свои услуги (services) в качестве наших агентов в Манчестере и Ливерпуле, сообщила нам, что Вы можете дать нам подробные сведения о состоянии ее дел (affairs).

Мы были бы очень признательны, если бы Вы сообщили нам о финансовом положении этой фирмы, ее репутации и обороте (volume of business). Мы хотели бы также знать, ведет (to conduct) ли фирма свои дела (business) удовлетворительным образом (in a satisfactory manner). Все сведения, которые Вы могли бы прислать нам, будут рассматриваться (to treat) нами как строго конфиденциальные (confidential).

К § 135

Письма 1, 2

1. Мы были бы согласны заказать у Вас это оборудование, если бы Вы согласились купить наши изделия на равную сумму.

2. Мы согласились бы назначить Вас нашим единственным агентом, если бы Вы могли гарантировать нам продажу не менее 500 машин с консигнационного склада ежегодно.

3. Поскольку Вы указываете, что машины такого типа пользуются хорошим спросом в Вашей стране, просим сообщить, целесообразна ли, по Вашему мнению, отправка Вам на консигнацию 100 машин.

4. Прежде чем заключить с Вами консигнационный договор, мы хотели бы внести ясность в такие вопросы, как делькредере, реклама, демонстрационные залы и техническая помощь.

5. Заместитель председателя (Vice-President) нашей организации г-н А. Д. Иванов намеревается полететь в Лондон 16 января. Он хотел бы посетить Вас 18 января в 11 часов утра, если это время удобно для Вас, чтобы обсудить все нерешенные вопросы (outstanding questions) с целью подготовки подробного агентского договора (agency agreement).

6. Мы с интересом прочитали список вопросов, присланных с Вашим письмом от 20 марта. Считаем, что эти вопросы могли бы быть обсуждены с Вашими представителями во время их пребывания в Москве.

§ 139. SALE OF WHEAT THROUGH BROKERS

1. On the 14th of Oct., 19 ..., Mr. Donaldson of Messrs. Donaldson & Son, Grain Brokers, called on Messrs. Simpson and Jones, Brokers of Rossexport, and enquired on behalf of Messrs. Frank & Sons, Ltd., Millers, about two cargoes of 6,000 tons each of Winter Wheat for shipment in November and November/December 19 .... The negotiations which took place at that meeting are seen from the following letter send on October 15th by the Brokers to Rossexport, Moscow:

London, 15th October, 19...

Dear Sirs,

Mr. Donaldson of Messrs. Donaldson & Son, Grain Brokers, paid us a visit yesterday and enquired whether we were in a position to supply their Principals, Messrs. Frank & Sons, Ltd., Millers, with two cargoes of about 6,000 tons each of South Russian Winter Wheat for shipment in November-December, 19 ...

We acquainted Mr. Donaldson with samples Nos. 421 and 441 received by us last week, and must say that he was favourably impressed by sample No. 421, intimating he was sure it would meet the requirements of his Principals.

However, he desired to receive their approval before definitely settling any business.

We agreed to this arrangement, subject to [1] his reply reaching us by Thursday, 18th October, and gave him our idea of the price at 32 pounds per English ton.

We will keep you informed of any further developments.

Yours faithfully,

. . . .

2. Messrs Frank & Sons, Ltd., approved the samples submitted to them by their Brokers, but desired the shipment of the first cargo to be made during the second half of November or the first half of December, and that of the second cargo during the second half of December or the first half of January. The Brokers of Rossexport accordingly informed Rossexport by air-mail asking their confirmation by cable:

Air-Mail

London, 17th October, 19 ...

Dear Sirs,

Further to our letter of October 15th, we are pleased to inform you that Messrs. Frank & Sons, Ltd., Millers, have approved sample No. 421 of South Russian Winter Wheat presented to them by their Broker Mr. Donaldson.

It appears, however, that the Buyers desire the first cargo to be shipped during the second half of November or the first half of December. The shipment of the second cargo must take place during the second half of cable whether you agree to this postponement of the shipping dates.

Kindly let us know by cable whether you agree to this postponement of the shipping dates.

We presume that we shall be able to fix the price mentioned in our letter of the 15th October.

Yours faithfully,
. . . .

3. Telegram sent on 20th Oct. by Rossexport to their Brokers, confirming postponement of shipping dates:

"GRAINBROKERS LONDON - YOURS SEVENTEENTH OCTOBER AGREE SHIPMENT ONE CARGO SECOND HALF NOVEMBER FIRST HALF DECEMBER FIRST HALF JANUARY ROSSEXPORT".

4. Telegram sent by the Brokers on the 21st Oct., advising Rossexport of the sale of two cargoes of Wheat on sample 421:

"ROSSEXPORT MOSCOW - SOLD TWO CARGOES WHEAT SAMPLE 421 ABOUT SIX THOUSAND TONS TEN PER CENT EACH PRICE THIRTYTWO POUNDS PER ENGLISH TON CIF HULL SHIPMENT FIRST CARGO SECOND HALF NOVEMBER FIRST HALF DECEMBER SECOND CARGO SECOND HALF DECEMBER FIRST HALF JANUARY GRAINBROKERS".

5. The above telegram was confirmed on the same day by a letter of the Brokers, in which they also informed Rossexport of favourable prospects of further business with the same Buyers:

London, October 21, 19 ...

Dear Sirs,

We confirm our telegram sent you today concerning the sale of two cargoes of Winter Wheat on sample No. 421, reading decoded as follows:

"SOLD TWO CARGOES WHEAT SAMPLE 421 ABOUT SIX THOUSAND TONS TEN PERCENT EACH PRICE THIRTYTWO POUNDS PER ENGLISH TON CIF HULL SHIPMENT FIRST CARGO SECOND CARGO SECOND HALF DECEMBER FIRST HALF JANUARY".

Our Buyers, Messrs. Frank & Sons, Ltd., have assured us that if the quality of these two cargoes suits their requirements as a component part of a mixture of flour which they intend to introduce on the local market, they will be interested in further quantities of this wheat, provided you could guarantee a regular supply at definite intervals, approximately of one cargo of about 6,000 tons each month.

We wish to draw your attention to the fact that Messrs. Frank & Sons, Ltd., have been buying wheat for the past few years and that business with them has been done to the satisfaction of all concerned.

As soon as the contract is drawn up, we shall send you a copy of it.

Yours faithfully,
. . . .

ENCL.: Advice of Sale.

6. Letter enclosing contract forms for two cargoes of wheat sold:

London, 25th October, 19 ...

Dear Sirs,

We enclose two copies of contracts Nos. 65 and 66 dated 24th October, covering the sale of two cargoes of 6,000 tons each of Winter Wheat, sample No. 421, to Messrs. Frank & Sons , Ltd., Hull.

Yours faithfully,
. . . .

ENCL.: 2 Contract Forms.

7. Rossexport chartered for the execution of these contracts two steamers of 6,000 tons, 10 per cent more or less, each.

About 10 days before the expected arrival of the first vessel intended for the first cargo, the Owners informed the Charterers that the s. s. "Fairfield" had been in collision with another vessel during a dense fog in the Mediterranean and was towed to Genoa disabled. The vessel was therefore unable to arrive at the loading port before the 15th of December.

Upon receipt of the information of the Owners, Rossexport took urgent steps to replace the "Fairfield" by another prompt vessel, but without success.

Having at their disposal another vessel ready to load about the 6th December, but of a larger size, Rossexport requested the Buyers to accept, instead of 6,000 tons, 10 per cent more or less, a larger cargo of 6,500 tons, 10 per cent more or less, and accordingly wrote to their Brokers asking them to communicate with Messrs. Frank & Sons, Ltd.:

Air-Mail

Moscow, 25th November, 19 ...

Dear Sirs,

<u>Contract No. 65</u>

We have received from Messrs. Gardigan & Laurence, Owners of the s.s. "Fairfield", the following telegram dated London, 24th November, reading decoded as follows:

"S. S. FAIRFIELD CHARTER PARTY 28TH OCTOBER REGRET TO INFORM UNABLE ARRIVE LOADING PORT BEFORE DECEMBER FIFTEENTH OWING TO COLLISION MEDITERRANEAN DURING DENS FOG STEAMER TOWED GENOA REPAIRS STOP SHALL COMMUNICATE UPON RECEIPT DETAILS"

This vessel, placed by us against Contract No. 65, was to arrive in the Black Sea about the 6th December.

Owing to the collision, however, it is quite evident that the vessel will not be able to arrive at the loading port in time for shipping the cargo in question.

We have done all we could to secure another boat of this size, but there is practically no chance of finding a vessel which could guarantee the required position.

In view of the above, we have carefully investigated the position of all tonnage chartered by us and, after considerable changes in our loading program, find we could arrange shipment by another vessel [4] which is of 6,500 tons, 10 per cent.

We greatly regret this unforeseen complication, but in the circumstances, the only thing that remains for us to do is to request the Buyers to accept against Contract No. 65 a cargo of 6,500 tons, 10 per cent more or less, instead of 6,000 tons, 10 per cent more or less, as stipulated in the contract.

We ask you therefore to communicate urgently with the Buyers and to use your best endeavours to settle the matter.

Yours faithfully,
V/O "Rossexport"

8. Brokers request the Buyers to increase the cargo:
URGENT

London, 27th November, 19...

Dear Sirs,

<u>Contract No. 65. Winter Wheat</u>

We confirm our telephone conversation of today with Mr. Brown and enclose a copy of a letter received by us from V/O "Rossexport", Moscow, regarding the shipment of the above cargo.

The letter being self-explanatory [4], we would only add [5] that the difficulties which have arisen in this case through no fault of our friends have already caused them much trouble, and they would greatly appreciate it if you saw your way to meet their request to increase the cargo up to 6,500 tons in view of the absence of other suitable tonnage.

Hoping to receive your early reply,

We are,

Yours faithfully,

. . . .

ENCL. 1.

9. Having considered the above communication, the Buyers informed the Brokers of Rossexport of their agreement to increase the contract quantity, provided Rossexport agreed to ship the goods not before 12th December:

Hull, 28th November, 18...

Dear Sirs,

<u>Contract No. 65</u>

We acknowledge receipt of your letter of the 27th inst. together with a copy of a letter of V/O "Rossexport", Moscow, and have noted their contents.

We wish to inform you that the increase of the cargo by 500 tons as requested by the Sellers would practically mean to us storage expenses on the above quantity for a period of at least two weeks, as the requirements of our mills for the coming month are fully covered by the quantity originally stipulated in the contract.

Nevertheless we are willing to increase the cargo up to 6,500 tons, 10 per cent more or less, provided V/O "Rossexport" agree to ship the cargo not before the 12th December.

Yours faithfully,

. . . .

10. Telegram from the Brokers advising Rossexport of the Buyers' consent (sent on November 29):

"ROSSEXPORT MOSCOW – YOUR LETTER 25

NOVEMBER CONTRACT 65 BUYERS AGREE INCREASE CARGO SIXTHOUSAND FIVEHUNDRED TONS TEN PER CENT PROVIDED SHIPMENT NOT BEFORE TWELFTH DECEMBER CABLE URGENTLY GRAINBROKERS"

11. Rossexport's confirmation:

"GRAINBROKERS LONDON - YOUR TELEGRAM 29 NOVEMBER CONTRACT 65 CONFIRM SIXTHOUSAND FIVEHUNDRED TONS TEN PER CENT SHIPMENT NOT BEFORE TWELFTH DECEMBER ROSSEXPORT"

§ 140. TELEPHONE CONVERSATION BETWEEN A GRAIN BROKER OF V/O "ROSSEXPORT" AND THE MANAGER OF THE GRAIN DEPARTMENT OF V/O "ROSSEXPORT"

I

Broker.- Hello! Is that Rossexport? This is Mr. Simpson speaking. Is Mr. Ivanov there?

Manager. - Mr. Ivanov speaking.

Broker. - We have an enquiry for about 5,000 tons of wheat on sample 411 but it is impossible to obtain your price limit.

Manager. - What figure can you get?

Broker. - I think not more than 32 pounds although we are doing our best.

Manager. - This parcel is of special quality. Don't sell this wheat below 33 pounds, please.

Broker. - But this means ten shillings above the price of the last parcel.

Manager. - The difference is quite reasonable considering the high quality of the wheat.

Broker. - There's another difficulty. Buyers want December shipment instead of January.

Manager. - Offer them, please, 15th December - 15th January. Should they insist on December shipment, call us up again and we'll see in the meantime whether we can arrange tonnage. And what about barley?

Broker. - There's little demand just now, as there are large stocks of maize in Liverpool. Besides, large shipments of maize are expected from the States.

Manager. - But you've heard of our sales of barley in Rotterdam and Antwerp, haven't you?

Broker. - Yes, I have, but the situation is different here. I'm expecting a bid from a large manufacturer of feeding stuffs. May I agree to January shipment?

Manager. - Yes, you may.

Broker. - All right. I'll call you up again to-morrow. Good-bye.
Manager. - Good-bye.

II

Manager. - Hello! Are you Simpson and Mills? Put me through to Mr. Simpson, please.
Broker. - Mr. Simpson speaking.
Manager. - This is Mr. Ivanov of Rossexport. We have some trouble with the s. s. "Fairfield" chartered against contract 65 to load the first cargo of wheat for Frank & Sons, Limited.
Broker. - What is the matter with the boat?
Manager. - We've just had a telegram from the Owners that the "Fairfield" has been badly damaged in a collision on her way to Novorossiisk and she has been towed to Genoa for repairs.
Broker. - Is the damage serious?
Manager. - Evidently it is, as they state she won't be able to arrive at the port of loading before December 15th.
Broker. - What are you going to do about it? Haven't you got another boat which could load before the 15th December?
Manager. - Unfortunately, it is practically impossible to secure another boat of the same size. We could arrange shipment by s. s. "Binta", which is a larger vessel of 6,500 tons, 10 per cent, although it would mean a considerable change in our loading program. Will you get in touch with the Buyers and ask them to accept against contract No. 65 a cargo of 6,500 tons, 10 per cent, instead of 6,000 tons, 10 per cent?
Broker. - I'll get in touch with them at once and try to settle the matter.

III (next day)

Broker. - I've had a talk with the General Manager of Frank & Sons, Ltd., about the cargo of wheat against Contract No. 65.
Manager. - What does he say?
Broker. - I've persuaded him to accept 6,500 tons, ten per cent, although he says that it would mean extra storage expenses for them, as they don't need the additional quantity till February. However, he agrees to accept the cargo on condition that it is not shipped before the 12th December.
Manager. - It's all right, as the vessel is not due to arrive at the port of loading before the 9th December. Thank you very much, Mr. Simpson. Good-bye.

§ 141. СЛОВА И ВЫРАЖЕНИЯ К §§ 139-140

К § 139

Письмо 1
wheat пшеница
broker брокер *(посредник между про-*
давцом и покупателем при заклю-
чении сделок)
grain broker брокер по продаже зерна
on behalf of от имени
miller мельник; millers *здесь:* владель-

цы мельничных предприятий
cargo груз *(в договорах купли-продажи массовых и, в частности, биржевых товаров слово cargo иногда понимается как полный пароходный груз; в таких случаях, если продавец, продавший товар на условиях сиф, желает оставить за собой право перевозить на судне также товары для других покупателей, он включает в договор соответствующую оговорку)*
winter wheat озимая пшеница
principal доверитель, комитент
favourably благоприятно
to intimate указывать, намекать
approval одобрение, утверждение
definitely определенно; окончательно
to settle решать, разрешать; улаживать, урегулировать;
to settle the business договориться о сделке, заключить сделку
arrangement мероприятие, план
idea of the price представление о цене
development события

Письмо 2

to approve одобрять
further to our letter в дополнение к нашему письму, возвращаясь к нашему письму
to present представлять; *(при глаголе to present дополнение на вопрос кому? всегда стоит с предлогом to)*
to present to somebody представлять кому-л.
it appears that оказывается что
postponement отсрочка
shipping date срок отгрузки
to presume полагать

Письмо 3

Grainbrokers условный адрес для телеграмм, посылаемых брокерской фирме по зерну

Письмо 4

10 percent сокращение выражения 10 per cent. mo e or less

Письмо 5

to suit *(или:* **to meet) the requirements** удовлетворять требованиям
component составной
mixture смесь
flour мука
satisfaction удовлетворение

to concern касаться, иметь отношение к; **to the satisfaction of all concerned** к удовлетворению всех участвующих *(или:* заинтересованных) сторон
to draw up составлять *(документ)*
advice of sale извещение о продаже *(посылаемое брокером продавцу)*

Письмо 7

charterer фрахтователь *(лицо, нанимающее судно)*
collision столкновение; **to be in collision** столкнуться *(или:* иметь столкновение)
dense густой
fog туман
to tow буксировать
Genoa Генуя
disabled *здесь:* лишенный возможности самостоятельно передвигаться
to be ready to load быть готовым к погрузке
urgent срочный
step шаг, мера; **to take steps** принимать меры
prompt vessel промптовое судно *(могущее стать под погрузку в короткий срок)*
disposal распоряжение; **at somebody's disposal** в чье-л. распоряжение *(или:* в чьем-л. распоряжении)
to communicate сноситься
repairs ремонт
to place a vessel against a contract назначить судно для выполнения контракта
evident очевидный
in view of ввиду
to investigate изучить, исследовать; расследовать
loading programme план погрузки
only *здесь:* единственный
obstacle препятствие
unforeseen непредвиденный
complication осложнение
urgently срочно
endeavour старание; **to use the best endeavours** прилагать все усилия
to settle the matter урегулировать *(или:* уладить) вопрос

Письмо 8

self-explanatory говорящий сам за себя

fault вина; through no fault of our friends не по вине наших друзей
to see one's way to do (или: in doing) something находить возможным сделать что-л.
up to = to до (up to употребляется для подчёркивания увеличения количества, меры, суммы); антоним: down to

Письмо 9

communication сообщение, извещение
mill мельница; завод
to cover покрывать, обеспечивать
originally первоначально
nevertheless тем не менее; всё же

К § 140

I

limit предел, лимит; price limit лимитная (или: предельная) цена
parcel партия; посылка, пачка
difference разница
reasonable обоснованный

to insist настаивать (на - on)
barley ячмень
maize кукуруза; синоним: corn (в США)
the States = the United States
Antwerp Антверпен
bid предложение цены (со стороны покупателя)
feeding stuffs кормовые продукты

II

badly здесь: серьёзно, очень сильно
to damage вредить, портить, наносить ущерб
unfortunately к сожалению; к несчастью

III

general manager главный управляющий
to persuade убеждать
to be due (в сочетании с инфинитивом) быть должным

§ 142. ПОЯСНЕНИЯ К §§ 139-140

1 ... subject to his reply reaching us ... ... *при условии, что его ответ поступит к нам.*

О значении subject to см. § 85, п.2.

2 ... the Buyers desire the first cargo to be shipped ... ... *покупатели желают, чтобы первый груз был отгружен...*

Сочетание существительного в общем падеже без предлога с инфинитивом - the first cargo to be shipped - представляет собой оборот "объектный падеж с инфинитивом", употреблённый после глагола, который выражает желание (to desire). Когда в этом обороте вместо существительного употреблено местоимение, оно ставится в объектном падеже без предлога.

Такие обороты выполняют в предложении функцию сложного дополнения и переводятся на русский язык придаточным предложением, начинающимся с союза *чтобы*.

3 ... provided you could guarantee ... = provided that you could guarantee ... ... *при условии если Вы могли бы гарантировать ...*

О значении союза provided (that) см. § 91, п.4.

4 ... we could ship the cargo by another vessel ..., the only obstacle being the size of the vessel ... ... *мы могли бы отгрузить этот груз другим судном ..., причём единственным препятствием является размер судна ...*

The letter being self-explanatory, we would only add ... *Так как письмо говорит само за себя, мы хотели бы только добавить ...*

Обороты the only obstacle being the size of the vessel и the letter being self-explanatory представляют собой самостоятельные причастные обороты. Первый из них выражает сопутствующее обстоятельство и переводится на русский язык предложением с союзом *причём*, а второй выражает причину и переводится придаточным предложением причины (§ 97, п.3).

⁵ ... we would only add ... ... *мы хотели бы только добавить* ... (См. § 61, п.3.)

⁶ Should they insist on December shipment ... = If they should insist on December shipment ... *Если они будут настаивать на отгрузке в декабре* ... (См. § 47, п.8 и § 77, п.4.)

§ 143. УПРАЖНЕНИЯ

I. Переведите текст §139 на русский язык.

II. Ответьте на вопросы:

К § 139

Письмо 1

1. Who visited Rossexport's Brokers on the 14th October?
2. On whose behalf did Mr. Donaldson enquire for two cargoes of wheat?
3. Who were the Principals of Donaldson & Son?
4. By which sample was Mr. Donaldson most impressed?
5. What did Mr. Donaldson desire to do before settling any business?
6. When did Mr. Donaldson want the wheat to be shipped?
7. Until what date did Rossexport's Brokers agree to wait for the approval of the sample by the Buyers?

Письма 2, 3

1. How was the letter of the 19th October sent by the Brokers?
2. Did the Buyers approve the sample presented to them by Mr. Donaldson?
3. When did the Buyers desire the first (the second) cargo to be shipped?
4. Did the Brokers think that the Buyers would accept the price quoted by them to Mr. Donaldson?
5. What did the Brokers ask Rossexport to confirm by cable?
6. Did Rossexport agree to postpone the shipment of the first cargo?

Письма 4, 5

1. At what price were the two cargoes of wheat sold?
2. What do the Buyers intend to introduce on the market?
3. Do the Brokers think that there are favourable prospects of further business with the same Buyers?
4. Have the Brokers a favourable opinion of Frank & Sons, Ltd?
5. When will the Brokers send Rossexport a copy of the contract?
6. What did the Brokers enclose with their letter?

Письмо 7

1. When was the s.s. "Fairfield" expected to arrive at the port of loading?
2. What happened about 10 days before the vessel's expected arrival at the port of loading?
3. What port was the vessel towed to for repairs?
4. Could the vessel arrive for loading at the required time?
5. Against which contract was the vessel placed?

6. Did Rossexport take any measures to secure another boat of the same size?
7. Did Rossexport find it possible to charter a vessel of the same size which could guarantee the required position?
8. What was the size of the vessel by which Rossexport could arrange shipment?
9. What did Rossexport ask the Brokers to do?

Письма 8, 9

1. Who did the Brokers address this letter to?
2. What did the Brokers enclose with the letter?
3. When did the Brokers have a telephone conversation with Mr. Brown?
4. Who did the delay of the s.s. "Fairfield" cause much trouble to?

III. Вставьте, где требуется, предлоги или наречия и переведите на русский язык:

К § 139

Письмо 1

1. Our engineers were favourably impressed ... the performance ... the Milling Machine, Model EM 24.
2. We request you to keep us informed ... the trend *(тенденция)* ... prices ... Copper and Tin.
3. We have received an enquiry ... two cargoes ... Manganese Ore ... about 6,000 tons each.
4. The contract was signed ... Mr. A. D. Brown ... Messrs. Brown & Co., Ltd.
5. We have acquainted the Brokers ... the samples ... Wheat received ... you ... parcel post ... last week.
6. We agree to wait ... your decision subject ... your answer reaching us ... the 20th September ... the latest.

Письма 2, 3, 4

1. The samples were submitted ... the Buyers ... their Brokers.
2. The Sellers were unable to agree ... the postponement ... the shipping dates.
3. The Brokers advised Rossexport ... air-mail ... the sale ... two cargoes ... Wheat ... sample No. 421.

Письмо 5

1. The Agents informed the Principals ... their conversation ... the Buyers asking ... confirmation ... the shipping dates ... cable.
2. Messrs. Brown & Co., Ltd. are going to introduce a new mixture ... flour ... the local market.
3. We could guarantee a monthly supply ... 5 cargoes of Gas Oil ... about 10,000 tons each.
4. We wish to draw your attention ... the fact that the prices ... Tin have considerably declined ... the London market lately.
5. The contract ... the sale ... Wheat will be drawn ... ... our Brokers.

Письмо 7

1. We can replace the steamer "Neva" ... another vessel which is ... a larger size, viz. 6,500 tons.
2. The s.s. "Neva" has been placed ... Contract No. 65 and will arrive ... the loading port about ... the 10th October.
3. We regret to inform you that there is practically no chance ... chartering a vessel ... the size required ... you.

4. ... the present time we have no free tonnage ... our disposal.

5. According ... § 6 ... our contract, you are to open a Letter of Credit ... the Moscow Narodny Bank, Limited ... 10 days ... the expected arrival ... the steamer ... the loading port.

6. ... receipt ... a cable the Owners stating that the steamer had been ... collision ... another boat, the sellers took steps to charter another vessel.

7. ... the circumstances the only thing that remains ... us to do is to replace Grade B ... Grade A.

Письма 8, 9

1. The delay ... the vessel occurred ... no fault ... the Sellers.
2. We agree that the cargo should be increased ... 500 tons ... ... 6,500 tons.
3. The storage expenses ... the additional cargo amount ... £100.
4. Our requirements ... the next 3 months are fully covered ... the quantity purchased ... you ... Contract No. 50.

IV. Переведите на английский язык:

К § 139

Письмо 1

14 октября 19... г. г-н Дональдсон, брокер по хлебу, посетил брокеров Россэкспорта - фирму "Симпсон и Джоунс" - и попросил от имени фирмы "Франк энд Санз Лимитед" сделать ему предложение на два груза озимой пшеницы приблизительно в 6000 тонн каждый с отгрузкой одного груза в ноябре и другого в ноябре-декабре 19... г. Г-н Симпсон показал г-ну Дональдсону несколько образцов озимой пшеницы. Г-н Дональдсон выбрал образец No.421 и заявил, что он желал бы, прежде чем заключить сделку, чтобы образец был одобрен его доверителями. Г-н Симпсон согласился с этим и назначил ему цену в 32 фунта стерлингов за английскую тонну, при условии получения ответа к 18 октября.

Письма 2, 3, 4

Покупатели одобрили образец пшеницы, представленный их брокером. Они, однако, хотели, чтобы первый груз был отгружен в течение второй половины ноября или первой половины декабря, а второй груз - в течение второй половины декабря или первой половины января. Россэкспорт согласился с этой отсрочкой отгрузки. 21 октября брокеры телеграфировали Россэкспорту, что они продали два груза пшеницы по 6000 тонн каждый, на 10 процентов больше или меньше, по цене 32 фунта стерлингов за английскую тонну сиф один или два безопасных порта на восточном берегу Англии с заходом пароходов в Фолмут за распоряжениями о портах разгрузки (c.i.f. one or two safe ports on the East Coast of the United Kingdom, the steamers to call at Falmouth for orders).

Письмо 5

В своем письме от 21 октября, посланном Россэкспорту в подтверждение телеграммы от 21 октября, брокеры указали, что покупатели будут заинтересованы в покупке дальнейших грузов пшеницы при условии, что качество купленных грузов будет соответствовать их требованиям. Они также обратили внимание Россэкспорта на то, что фирма "Франк энд Санз Лимитед" покупает пшеницу уже много лет и что сделки с ней проходили (business with them had been done) к удовлетворению всех заинтересованных сторон.

Письмо 7

Россэкспорт зафрахтовал п/х "Fairfield" для перевозки первого груза пшеницы по контракту № 65. Ожидалось, что пароход прибудет в порт погрузки около 6 декабря. 24 ноября Россэкспорт получил телеграмму от владельцев парохода о том, что (stating that) пароход имел столкновение с другим судном в Средиземном море и отбуксирован в Геную для ремонта. Пароходовладельцы указывали, что пароход не сможет прибыть в порт погрузки раньше 15 декабря. По получении этого сообщения Россэкспорт пытался зафрахтовать другой пароход такого же тоннажа, но оказалось невозможным найти пароход с требуемой позицией. Россэкспорт имел в своем распоряжении пароход большего размера, в 6500 тонн, на 10% больше или меньше, который мог бы грузиться в требуемое время. При этих обстоятельствах Россэкспорт попросил брокеров снестись с покупателями и выяснить, согласны ли они увеличить количество пшеницы по контракту №65 до 6500 тонн, на 10% больше или меньше.

Письма 9, 11

В ответ на письмо брокеров покупатели указали, что увеличение груза пшеницы на 500 тонн означает для них дополнительные расходы по хранению этого количества на срок около двух недель. Они, однако, согласились принять груз в 6500 тонн, на 10% больше или меньше, при условии, что пшеница будет отгружена не ранее 12 декабря. Россэкспорт принял это условие.

К § 140

1. Хотя мы делаем все возможное, нам еще не удалось зафрахтовать судно требуемого тоннажа.

2. Учитывая высокое качество товара, мы полагаем, что наша лимитная цена вполне обоснована.

3. Если покупатели будут настаивать, Вы можете согласится на отгрузку в ноябре.

4. Благодарим Вас за Ваше письмо от 15 мая, в котором Вы предлагаете нам свои услуги (services) в качестве монопольного брокера (the sole brokers) по продаже кормовых продуктов в Вашем городе.
С сожалением сообщаем Вам, что мы не практикуем назначения (it is not our practice to appoint) монопольных агентов по продаже этих продуктов. Однако мы готовы рассмотреть предложения цен Ваших покупателей, которые Вы могли бы нам прислать.

5. Кас. п/х "Glenilla". Контракт №45. С сожалением сообщаем Вам, что мы получили телеграмму от владельца п/х "Glenilla", зафрахтованного нами для перевозки 5000 тонн руды по контракту No.45, в которой сообщается, что пароход не сможет прибыть в порт погрузки до 30 мая, ввиду серьёзной поломки машины (breakdown of machinery). В связи с этим мы Вам сегодня телеграфировали: "Ввиду серьёзной поломки машины пароход "Glenilla" не сможет прибыть в порт погрузки до 30 мая подыщем другой тоннаж письмом подробно".
Мы принимаем срочные меры, чтобы обеспечить другой пароход такого же размера, но наши брокеры сообщают, что в настоящий момент очень трудно найти пароход меньше 6000 тонн. Нам сегодня предложили пароход "Martha" в 6000 тонн, на 10% больше или меньше, который мог бы прибыть в порт погрузки около 21 мая, и мы просили бы сообщить нам телеграммой, будете ли Вы согласны принять по контракту №45 6000 тонн руды, на 10% больше или меньше, вместо 5000 тонн, обусловленных в контракте.

Глава XII

ДОГОВОРЫ В ЭКСПОРТНОЙ ТОРГОВЛЕ И ИХ ИСПОЛНЕНИЕ
CONTRACTS IN EXPORT TRADE AND THEIR PERFORMANCE

§ 144. FORM OF CONTRACT FOR THE SALE OF OIL PRODUCTS

Contract No ...
For Oil Products in Bulk, c.i.f. Terms

Moscow   Date
....

This contract is made between Vserossijskoje Objedinenije "Rossexport", Moscow, hereinafter called "Sellers" [1] and .... hereinafter called "Buyers" [1], whereby it is agreed as follows:

1. SUBJECT OF THE CONTRACT

Sellers have sold and Buyers have bought c.i.f. : ....
....

2. QUALITY

The goods sold under the present contract shall be [2] of the following specification: ....

3. PRICE

....

4. TIME OF DELIVERY

The goods sold under the present contract are to be delivered by Sellers and accepted by Buyers ....
....
The date of the Bill of Lading to be considered [3] as the date of delivery.

5. PAYMENT

Payment for the goods sold under the present contract is to be effected out of an irrevocable confirmed Letter of Credit to be opened by Buyers in ... with the Bank for Foreign Trade of the Russia, Moscow, or with ... in favour of Sellers for the value of each lot of the goods to be shipped plus 10%. The Letter of Credit to be valid 45 days.

The Letter of Credit to be opened not later than 15 days before the agreed time of shipment of each lot of the goods. Expenses in connection with the opening, amendment and utilization of the Letter of Credit to be paid by Buyers.

Should Buyers fail to open [4] the Letter of Credit in time, they are to pay Sellers a fine for each day of the delay, but not more than for 20 days, at the rate of 0.1 per cent. of the amount of the Letter of Credit and in that case Sellers shall have the right not to load the tanker until the Letter of Credit has been opened. Should the delay in the opening of the Letter of Credit exceed 20 days, Sellers shall have the right to refuse to deliver the goods which were to be paid for out of this Letter of Credit. And in all the above cases demurrage and dead freight paid by Sellers in connection with the delay in the opening of the Letter of Credit are to be repaid by Buyers. Payment out of the Letter of Credit is to be made against presentation by Sellers to the Bank for Foreign Trade of Russia in Moscow of the following documents:

Commercial invoice.
Insurance Policy or Certificate of Ingosstrakh of Russia.
. . . .

In case of the opening of the Letter of Credit with another Bank, payment is to be made against a telegram of the Bank for Foreign Trade of Russia, Moscow, acknowledging the receipt of the above documents.

The rate of exchange of U.S. dollars into
. . . .

6. DELIVERY AND ACCEPTANCE

The goods are considered to be delivered by Sellers and accepted by Buyers in respect to quantity: as per weight indicated in the Bill of Lading in conformity with the measurements of the shore tanks at the port of loading, and in respect to quality: as per certificate of quality issued by a laboratory at the port of loading. The weight stated in the Bill of Lading is to be considered final and binding upon both parties.

Previous to the loading of the goods, 4 arbitration samples are to be taken from each of the shore tanks from which the goods are to be loaded in the carrying tanker. These samples to be sealed by Sellers as well as by the

Captain of the tanker; 2 samples to be handed over through the Captain of the tanker at the port of unloading to Buyers or to another person according to Buyers' instructions and the other 2 samples to be retained by Sellers.

Both parties shall keep these samples for 2 months from the date of delivery. Should, however, a claim be presented by Buyers, the parties shall keep these samples longer until final settlement of the claim.

In case of a dispute on the quality of the goods in connection with divergencies in the analyses of the arbitration samples made by the Sellers' and Buyers' laboratories, an analysis which is to be final and binding upon both parties is to be made by a neutral laboratory agreed upon by the parties.

7. INSURANCE

Sellers are to insure the goods on their account against usual marine risks including risks of leakage exceeding 1% with Ingosstrakh of Russia in accordance with the Transport Insurance Rules of Ingosstrakh for the amount of the invoice value of the goods plus 10 per cent. The goods may be insured against war and other risks upon special request of Buyers and on Buyers' account. The Insurance Policy or Certificate of Ingosstrakh of Russia is to be made out in the name of Buyers or another person according to their instructions and is to be sent together with the other shipping documents.

8. TERMS OF TRANSPORTATION

(1) Sellers are to inform Buyers by telegraph or by telex not later than 5 days before the commencement of loading of the name and capacity of the tanker, the date and port of shipment of the goods.

Furthermore, the Captain is to advise Buyers or their agent by cable of the forthcoming arrival of the tanker at the port of discharge 4 days before her arrival.

Sellers have the right to substitute one tanker for another informing Buyers thereof by cable or telex.

(2) On arrival of the tanker at the port of discharge, the Captain is to give Buyers' representative at this port a written notice of readiness of the tanker for discharging. The Captain is entitled to hand in the above notice at any time of the day or the night.

(3) Lay time to commence 6 hours after such notice of readiness is handed in by the Captain, berth or no berth. Sundays, holidays, time of stormy weather preventing discharging as well as time during which discharging operations could not be carried out owing to technical and other conditions depending on the tanker are not to be included in the lay time.

(4) Time allowed for tanker's discharging is fixed at 50 per cent of the time stipulated in the Charter Party for loading and unloading.

The time allowed for unloading, however, is not to be less than:

for tankers of 1,000 tons deadweight and less—18 running hours
for tankers from 1,001 up to 2,000 tons deadweight — 24 — » —
» » » 4,001 » » 8,000 » » — 60 — » —
» » of 8,001 tons deadweight and over — 72 — » —

(5) Demurrage is to be paid at the rate stipulated in the Charter Party per day and pro rata for any part of the running day but not more than:

for tankers of 1,000 tons d. w. and less — £175.0.0
» » from 1,001 up to 2,000 tons d. w. — £200.0.0
» » » 2,001 » » 3,000 » » » — £225.0.0
» » » 18,001 » » 21,000 » » » — £725.0.0

9. CLAIMS

In case of non-conformity of the quality of the goods actually delivered by Sellers with the contract specification, any claim concerning the quality of the goods may be presented within two months of the date of delivery.

No claim shall be considered by Sellers after expiration of the above period.

No claim presented for one lot of the goods shall be regarded by Buyers as a reason for rejecting any other lot or lots of the goods to be delivered under the present contract.

10. CONTINGENCIES

Should any circumstances arise which prevent the complete or partial fulfilment by any of the parties of their respective obligations under this contract, namely: fire, ice conditions or any other acts of the elements, war, military operations of any character, blockade, prohibition of export or import or any other [reasonable] circumstances beyond the control of the parties, the time stipulated for the fulfilment of the obligations shall be extended for a period equal to that during which such circumstances last.

If the above circumstances last for more than 20 days, any delivery or deliveries which are to be made under the contract within that period may be cancelled on the declaration of any of the parties, and if the above circumstances last more than 40 days, each party shall have the right to discontinue any further fulfilment of their obligations under the contract in whole and in such cases neither of the parties shall have the right to make a demand upon the other party for compensation for any possible losses.

The party for whom it became impossible to meet its obligations under the contract shall immediately advise the other party as regards the beginning the termination of the circumstances preventing the fulfilment of its obligations.

Certificates issued by the respective chamber of commerce of Sellers' or Buyers' country shall be sufficient proof of such circumstances and their duration.

11. ARBITRATION

Any dispute or difference which may arise out of or in connection with the present contract shall be settled, without recourse to courts of law, by the Foreign Trade Arbitration Commission of the Russian Chamber of Commerce in Moscow in accordance with the Rules for Procedure of the said Commission.

The awards of this Arbitration shall be considered final and binding upon both parties.

12. OTHER CONDITIONS

(1) Neither party is entitled to transfer its right and obligations under the present contract to a third party without the other party's previous written consent.

Besides, Buyers are not entitled to resell or in any other way alienate the goods bought under this contract to any third country without Sellers' previous written consent.

(2) After the signing of the present contract all previous negotiations and correspondence between the parties in connection with it shall be considered null and void.

(3) All amendments and additions to the present contract are valid only if they are made in writing and signed by both parties.

(4) All taxes, customs and other dues connected with the conclusion and fulfilment of the present contract, levied within Russia, except those connected with the Letter of Credit, to be paid by Sellers, and those levied outside Russia to be paid by Buyers.

(5) Russia is regarded as the place of conclusion and fulfilment of the contract.

13. JURIDICAL ADDRESSES

Sellers: ....
Buyers: ....

        SELLERS   BUYERS
    (Signatures)   (Signatures)

§ 145. СЛОВА И ВЫРАЖЕНИЯ К § 144

hereinafter ниже, в дальнейшем (в этом документе); hereinafter called "Sellers" ("Buyers") именуемый в дальнейшем «Продавцы» («Покупатели»)
whereby = by which которым, посредством которого; contract ...whereby it is agreed as follows договор ... посредством которого стороны пришли к следующему соглашению (или: договор ... о нижеследующем)

Пункт 1

subject предмет, содержание, существо (договора)

Пункт 5

amendment изменение
utilization использование
penalty пени, штраф, неустойка
at the rate of в размере
tanker танкер (наливное судно)
demurrage демередж, плата за простой (судна)
freight фрахт; dead freight мертвый фрахт (плата за зафрахтованный, но неиспользованный тоннаж)
to repay (repaid) возвращать, возмещать (деньги)
commercial invoice коммерческий счет, счет-фактура
insurance policy страховой полис
Ingosstrakh Ингосстрах
rate of exchange курс перевода, валютный курс; rate of exchange of U.S.A. dollars into pounds sterling курс перевода долларов США в фунты стерлингов

Пункт 6

in respect to (или: of) в отношении; in respect to quality (quantity) в отношении качества (количества) или: по качеству (количеству)
measurement измерение, замер
shore tank береговой резервуар
previous to = before
arbitration арбитраж; arbitration sample арбитражная проба
carrying tanker танкер, перевозящий груз
to seal опечатывать
to retain удерживать, сохранять у себя
claim претензия, рекламация; to present a claim предъявить претензию
in case of в случае чего-л.

dispute спор; dispute on the quality спор по качеству
divergency расхождение
neutral нейтральный

Пункт 7

to insure страховать (от, против - against; у,в - with)
account счет; for somebody's account за чей-л. счет; синоним: at somebody's expense
marine морской
leakage утечка; risk of leakage риск от утечки
Transport Insurance Rules Правила транспортного страхования
upon request по просьбе
in the name of на имя кого-л.

Пункт 8

capacity грузоподъемность (судна)
furthermore = besides, in addition кроме того
forthcoming предстоящий
destination назначение; port of destination порт назначения
to substitute подставлять, заменять, замещать; to substitute tanker B for tanker A заменить танкер А танкером В (или: назначить танкер В вместо танкера А); синоним to replace: to replace A by B А заменить В
on arrival по прибытии
notice извещение, нотис (в морском деле) notice of readiness of the tanker for discharging извещение (или: нотис) о готовности танкера к выгрузке
to entitle давать право, предоставить право; to be entitled иметь право (или: быть в праве)
to hand in вручать
lay time стояночное время, сталийное время (период времени, обусловленный в чартер-партии для погрузки и разгрузки судна); синоним: lay days
berth причал, место у причала; berth or no berth независимо от того, имеется свободный причал или нет
holidays праздничные дни
deadweight (или: dead weight, сокр. d. w.) полная грузоподъемность (судна)
running текущий, последовательный
pro rata пропорционально

204

Пункт 9
non-conformity несоответствие *(чему-л. - with, to)*
to regard рассматривать
to reject something отказываться от чего-л.

Пункт 10
contingency непредвиденное обстоятельство
partial частичный
fire пожар
ice conditions ледовые условия
blockade блокада
prohibition запрещение
beyond the control of the parties которые стороны не могут предотвращать, не зависящие от сторон
declaration заявление
to discontinue прекращать
in whole в целом
to make a demand (up)on somebody for something предъявить требование к кому-л. о чем-л.
loss убыток
to meet one's obligations выполнить свои обязательства
termination прекращение, окончание
sufficient достаточный
duration продолжительность

Пункт 11
difference разногласие
recourse обращение *(за помощью)*
court of law суд *(государственный)*;
without recourse to courts of law без обращения в суды
procedure процедура; производство дел *(судебное)*; **Rules for** *(или;* of) **Procedure** правила о производстве дел
award решение *(суда или арбитров)*

Пункт 12
to resell (resold) перепродавать
to alienate отчуждать
null and void недействительный, потерявший силу, не имеющий силы
tax налог
customs таможенные пошлины
dues сборы, пошлины
to levy взимать, облагать
within Russia на территории России
outside Russia за пределами России

Пункт 13
juridical юридический; **juridical address** юридический адрес; *синоним:* **legal address**

§ 146. ПОЯСНЕНИЯ К § 144

1 Продавец и покупатель в контрактах обозначаются словами Seller, Sellers, Buyer, Buyers с артиклем the и без артикля. Seller(s) и Buyer(s) пишутся с заглавной буквы. Во вводной части контракта Seller(s) и Buyer(s) ставятся в кавычках.

2 The goods ... shall be of the following specification ... *Товар ... должен быть (или: должен соответствовать) следующей спецификации ...* (См § 85, п.4.)

3 The date of the Bill of Lading to be considered (= is to be considered) as the date of delivery. *Дата коносамента должна считаться датой поставки.* (См. § 103, п.1.)

4 Should Buyers fail to open the Letter of Credit ... *Если покупатели не откроют аккредитив ...* (См. § 47, п.8 и § 77, п.4)

5 ... which may arise out of or in connection with the present contract. = ... which may arise out of the present contract or in connection with the present contract ... .

Сложный предлог out of *из* и составной предлог in connection with *в связи с* относятся к одному и тому же существительному the contract, которое опущено после первого предлога (out of) во избежание повторения.

Поскольку обороты out of the contract *из контракта* и in connection with the contract *в связи с контрактом* переводятся на русский язык различными падежами слова *контракт (контракта, контрактом)*, при переводе всего выражения на русский язык слово контракт после первого предлога не может быть опущено, а после второго предлога оно либо повторяется, либо заменяется личным местоимением: which may arise out or in connection with the present contract ... *которые могут возникнуть из настоящего контракта или в связи с настоящим контрактом* (или: *В связи с ним*).

§ 147. УПРАЖНЕНИЯ

I. Переведите текст § 144 на русский язык.

II. Ответьте на вопросы:

Пункт 4

1 What date is to be considered (as) the date of delivery of the goods?

Пункт 5

1. What kind of Letter of Credit are the Buyers to open in favour of the Sellers?
2. When must the Letter of Credit be opened by the Buyers?
3. How long is the Letter of Credit to be valid?
4. For what amount is the Letter of Credit to be established?
5. What fine are the Buyers to pay the Sellers if they fail to open the Letter of Credit in time?
6. What right have the Sellers if the delay in establishing the Letter of Credit lasts more than 20 days?

Пункт 6

1. Which weight is to be considered final and binding upon parties?
2. How is the weight stated on the Bill of Lading to be delimited?
3. When are the 4 arbitration samples to be taken from the shore tanks?
4. How long are the parties to keep the arbitration samples?

Пункт 7

1. With what organization are the Sellers to insure the goods?
2. Against what risks are the goods to be insured?
3. For what amount are the goods to be insured?
4. In whose name is the Insurance Policy to be made out?

Пункт 8

1. When must the Sellers inform the Buyers of the name and capacity of the tanker chartered by them?
2. Have the Sellers the right to substitute a tanker for another?
3. What written notice must the Captain give the Buyers' representative on arrival of the tanker at the port of discharge?
4. When is lay time to begin at the port of discharge?
5. At what rate is demurrage to be paid?

Пункт 9

1. When may the Buyers present claims to the Sellers concerning the quality of the goods?
2. Are the Sellers entitled to refuse to consider a claim if it is presented by the Buyers later than two months after the date of delivery?

Пункт 11

1 By what organization are any disputes arising out of the contract to be settled?
2 Have the parties the right to apply to a general law-court for settlement of their differences arising in connection with the contract?
3. Is the award of the arbitration binding upon the parties?

Пункт 12

1. What must either party obtain first if it wants to transfer its rights and obligations under the contract to a third party?
2. Who has to pay taxes or customs levied outside Russia?
3. Which country is regarded as the place of conclusion and fulfilment of the contract?

III. Вставьте, где требуется, предлоги или наречия и переведите на русский язык:

Пункты 1, 2, 3, 4, 5

1. The contract was concluded ... V/O " Rossexport" ... the one part and Messrs. A.B. Smith & Co. ... the other part.
2. Payment is to be made ... an irrevocable Letter of Credit to be opened ... favour ... the Sellers ... Moscow Narodny Bank Limited, London.
3. The Letter of Credit is to be established ... the full value ... each lot to be shipped ... the contract.
4. The L/C is to be opened ... 15 days ... the agreed time ... shipment ... the goods.
5. If the L/C is not opened ... time, the Buyers are to pay the Sellers a fine ... each day ... delay ... the rate ... 0.1 per cent. ... the amount ... the L/C.
6. The goods are to be paid ... ... shipping documents ... ... a L/C to be opened ... the Buyers.

Пункт 6

1. The cargo is to be accepted ... the Buyers ... respect ... quantity as ... certificate issued ... the laboratory ... the port ... loading.
2. The weight shown ... the Bill of Lading is binding ... both parties.
3. The arbitration samples are to be taken ... the shore tanks previous ... loading the oil ... the carrying tanker.
4. To settle the dispute ... the quality ... the goods, a final analysis was made ... a neutral laboratory agreed ... ... the parties.
5. Two arbitration samples were handed ... ... the Captain ... the representative ... the Buyers ... the port ... discharge.

Пункт 7

1. The oil was insured ... Lngosstrakh ... Russia ... usual marine risks.
2. The Insurance Policy was made ... ... the name ... Messrs. A. B. Smith & Co. Ltd
3. ... accordance ... the terms ... the contract the goods were ... invoice value ... 10 per cent.

Пункт 8

1. We will cable ... you the name and capacity ... the tanker ... 5 days before her arrival ... Batumi.
2. The Sellers substituted ... the tanker "Baku" ... the tanker " Ashkhabad".
3. ... arrival ... the tanker ... Batumi the Captain gave ... the Sellers representative a written notice ... readiness ... the tanker ... loading.
4. Discharging operations could not be carried ... owing ... circumstances which did not depend ... the tanker.

Пункт 9

1. The Buyers presented a claim ... the Sellers ... non-conformity ... the goods ... the contract specification.
2. The Sellers have the right to refuse to consider any claim presented ... the Buyers ... the expiration ... two months ... the date ... the Bill ... Lading.

Пункты 11, 12

1. All disputes arising ... ... the contract or ... connection ... it are to be settled ... arbitration ... recourse ... the law courts.
2. All additions ... the contract are to be made ... writing and are to be duly signed ... both parties.
3. The Buyers are not entitled to resell the goods sold ... them .. the present contract ... a third country ... Sellers previous consent.

IV. Переведите на английский язык:

Пункты 1, 2, 3, 4, 5

1. Согласно § 4 нашего контракта, дата коносамента считается датой сдачи товара.
2. Аккредитивы должны быть открыты на полную фактурную стоимость каждой партии, подлежащей отгрузке по контракту, плюс 10%.
3. Аккредитив, который покупатели должны открыть в пользу продавцов в Московском народном банке (Moscow Narodny Bank, Limited) в Лондоне должен быть действителен 45 дней.
4. Покупатели должны оплатить все расходы, связанные с открытием, продлением и использованием аккредитива.
5. Сообщаем Вам, что п/х "Нева", зафрахтованный нами для перевозки товара по контракту №125, прибудет в Одессу в конце этой недели. До настоящего времени, однако, Вы не открыли в Банке для внешней торговли России аккредитив на 90% стоимости товара в соответствии с § 5 контракта. Мы не сможем погрузить товар на этот пароход, пока аккредитив не будет открыт Вами, и должны заявить, что плата за простой парохода, который может быть вызван (to cause) задержкой в открытии аккредитива, будет отнесена на Ваш счет (will be charged to your account).
6. Аккредитив должен быть открыт Вами не позже чем за 15 дней до прибытия судна в порт погрузки.
7. Платеж должен быть произведен Вами в фунтах стерлингов наличными без скидки против полного комплекта коносаментов, счета-фактуры и страхового полиса, выданного Ингосстрахом России в Москве.

Пункт 6

1. Вес, указанный в коносаменте, был определен в соответствии с замерами береговых резервуаров в Туапсе (Tuapse). Этот вес, согласно п. 6 контракта, является окончательным и обязательным для обеих сторон.
2. Чтобы решить наш спор относительно качества газойля, мы предлагаем, чтобы обе стороны послали опечатанные образцы, хранящиеся у них, лаборатории в Стокгольме для окончательного анализа.

Пункт 7

1. Мы застраховали товар в Ингосстрахе России против обычных морских рисков на полную фактурную стоимость плюс 10%. Если Вы желаете, мы можем также застраховать товар за Ваш счет против военных рисков. 2. Мы сегодня передали Банку для внешней торговли России страховой полис на этот товар, выписанный Ингосстрахом России на Ваше имя.

Пункт 8

1. Мы заменим теплоход "Нева" другим судном и через несколько дней сообщим Вам по телетайпу его название и грузоподъемность.
2. Извещение о готовности судна к разгрузке было вручено капитаном Вашему представителю в порту разгрузки 25 мая в 4 часа пополудни.
3. Мы исключили из стояночного времени 10 часов, во время которых разгрузочные операции не могли производиться по техническим причинам, зависевшим от парохода.

Пункт 9

1. Мы не можем рассмотреть Вашу претензию, поскольку (since) уже истекло (to expire) более двух месяцев от даты поставки товара.
2. Ваша претензия в связи с качеством товара, отгруженного на теплоходе "Нева" по контракту №25, не дает Вам право отказаться от партии, погруженной на п/х "Лениногорск" по тому же контракту.

Пункт 11

1. Мы не можем согласиться, чтобы наш спор был передан (to refer) на арбитраж в Лондоне, поскольку на основании (under) п. 10 контракта все споры, возникающие в связи с контрактом, должны быть разрешены Внешнеторговой арбитражной комиссией при Российской торговой палате в Москве.

§ 148. LETTERS IN CONNECTION WITH THE SHIPMENT OF OIL PRODUCTS UNDER A C. I. F. CONTRACT

1. Air-Mail   Moscow, 6th January, 19...

Dear Sirs,

FUEL OIL. CONTRACT No. 225

We confirm the exchange of telexes between us as follows:

Yours of 3rd January:
"CANNOT ACCEPT ASHKHABAD SHIPMENT BEFORE 20TH JANUARY OWING TO STORAGE CONGESTION STOP PLEASE NOMINATE ANOTHER TANKER OILIMPORT".

Ours of 4th January:
"IN VIEW YOUR REFUSAL ACCEPT TANKER BEGINNING JANUARY ARE DIRECTING ASNKHABAD OTHER BUYERS STOP CAN NOW SHIP 11000 TONS FUEL OIL ONLY 28TH JANUARY 5TH FEBRUARY STOP PLEASE EXTEND L/C ACCORDINGLY 45670".

Yours of 5th January:
"YOUR TELEX 45670 WE ACCEPT CANCELLATION ASHKHABAD SHIPMENT AND AGREE SUBSTITUTE TO LOAD 28TH JANUARY 5TH FEBRUARY STOP AMENDING L/C OILIMPORT".

We write now to inform you that we have nominated the tanker "Rossneft" or substitute to lift about 11,000 tons of fuel oil at Tuapse on 28th January - 5th February, 19.... After loading this cargo the balance of Fuel Oil to be shipped by us against Contract No. 225 will be abt. 32,000 tons. We will advise you in a few days of our proposals for shipping this quantity.

Yours faithfully,
. . . .

2. Air-Mail   London, 8th January, 19...

Dear Sirs,

Contract No. 225

We thank you for your letter of the 6th January informing us of your nomination of the tanker "Rossneft" or substitute to lift abt. 11,000 tons of Fuel Oil at Tuapse on 28/I-5th/II, which we confirm.

We also confirm the balance of Fuel Oil under Contract No. 225 to be shipped by you after the "Rossneft" loading, viz. abt. 32,000 tons. In this connection we would like to point out that the period of our current import licence expires on March 31st, 19..., and we shall be glad if you will advise us of your proposals to complete this contract before the licence expires.

Yours faithfully,
. . . .

§ 149. LETTERS IN CONNECTION WITH THE SHIPMENT OF OIL PRODUCTS SOLD UNDER F. O. B. CONTRACTS

1. Sellers request Buyers to send shipping program:

Moscow, 16th May, 19...

Dear Sirs,

<u>Shipping Program for the Third Quarter 19...</u>
<u>Agreement dated 15th Dec., 19...</u>

We have not yet received your shipping program for lifting Gas Oil during the third quarter 19... which, according to our contract, was to have reached us not later than 15th May. We shall appreciate your sending this program without delay to enable us to make the necessary arrangements with our Suppliers.

Yours faithfully,

. . . .

2. Advising Sellers of space chartered for lifting Lubricating Oils:

Air-Mail

Manchester, 20th Sept., 19...

Dear Sirs,

<u>Contract No. 456</u>

We have to inform you that we have chartered space in the tanker "Binta" for loading at Batumi at the beginning of November 1,000 tons of Machine Oil No. 1 and 1,000 tons of Light Spindle Oil, and shall be obliged, if you will arrange for this loading.

We are also in negotiation for tonnage for late November loading at Batumi for abt. 2,000 tons of Machine Oil and 2,000 tons of Spindle Oil and in this connection we should be pleased to have your reply to our enquiry for 3,000 tons of Gas Oil to enable us to include the Gas Oil in this cargo.

Awaiting your reply, we remain.

Yours faithfully,

. . . .

3. Reply to letter 2. Sellers insist upon Buyers' nominating a steamer for October loading:

Moscow, 22nd Sept., 19...

Dear Sirs,

Contract No. 456

We have received your letter of the 20th Sept. informing us of your shipping arrangements for lifting Lubricating Oils from Batumi in November.

We regret that no mention is made in your letter of loadings during October, although you are bound under the above contract to take delivery in October of 3,000 tons of Machine Oil.

We must insist upon your nominating a steamer for October and informing us of the date of her arrival at Batumi.

Regarding Gas Oil we regret that we cannot confirm the business on the basis of the price mentioned in your letter of the 15th instant, viz. 10 U.S. cents per American gallon, our price for this quantity for late November loading being today $10\,^1/_2$ U.S. cents.

Yours faithfully,

. . . .

§ 150. СЛОВА И ВЫРАЖЕНИЯ К §§ 148-149

К § 148

Письмо 1

fuel oil мазут
"Ashkhabad" "Ашхабад" *(название танкера)*
storage хранение, складирование; складское помещение
congestion *здесь:* переполнение; storage congestion переполнение складских резервуаров
to nominate назначение
Oilimport условный телеграфный адрес фирмы
refusal отказ
to direct направлять
substitute *здесь:* танкер, назначенный вместо танкера "Ашхабад"
to amend исправлять, вносить исправление
to lift *здесь:* забирать, грузить

Письмо 2

nomination назначение
abt. – about
in this connection в связи с этим
to expire истекать *(о сроке)*
to complete the contract закончить выполнение контракта

К § 149

Письмо 1

shipping programme план погрузок
quarter квартал
we shall appreciate your sending this programme мы будем признательны, если Вы пошлете этот план
to make arrangements договариваться; to make the necessary arrangements соответственно договориться

Письмо 2

space *здесь:* тоннаж
lubricating oil смазочное масло
machine oil машинное масло
spindle oil веретенное масло light spindle oil легкое веретенное масло
to arrange for something принять меры к чему-л., договориться о чем-л.
to be in negotiation for something = to negotiation for something вести переговоры о чем-л.
late October loading погрузка в конце октября

Письмо 3

shipping arrangements *здесь:* мероприятие по фрахтованию тоннажа

to be bound = to be obliged быть обязанным
to take delivery принять поставку
business *здесь:* сделка

gallon галлон *(мера жидких тел)*; American gallon американский галлон *(=3,78 л)*

§ 151. УПРАЖНЕНИЯ

I. Переведите тексты писем §§ 148-149 на русский язык.

II. Ответьте на вопросы:

К § 148

Письмо 1

1. Why cannot the Buyers accept the tanker "Ashkhabad" before the 20th January?
2. What do the Sellers ask the Buyers to do with regard to the Letter of Credit?
3. What tanker have Sellers nominated for shipping 11,000 tons of fuel oil at the end of January or the beginning of February?
4. What is the balance of fuel oil to be shipped by the sellers against Contract No. 225 after loading the tanker "Rossneft"?

Письмо 2

1. When does the licence granted the Buyers for the importation of fuel oil expire?
2. When do the Buyers want the contract to be completed by the Sellers?

К § 149

Письмо 1

1. When was the shipping program for the third quarter to have reached the Sellers?
2. Why do the Sellers want to receive the shipping program without further delay?

Письмо 2

1. What is the total space chartered by the Buyers in the tanker "Binta"?
2. What quantities of lubricating oils do the Buyers intend to lift at the end of November?
3. Why do the Buyers want to have a cable to their enquiry for 3,000 tons of gas oil?

Письмо 3

1. What quantity of machine oil are Buyers bound to accept in October?
2. Have the Buyers made any arrangements for lifting machine oil October?
3. What bid for gas oil have the Buyers made? (Bid — *предложение цены со стороны покупателя.*)
4. At what price do the Sellers agree to sell 3,000 tons of gas oil for late November loading?

III. Вставьте, где требуется, предлоги или наречия и переведите на русский язык:

К § 148

Письма 1, 2

1. As the last cargo ... Fuel Oil shipped ... you ... Contract No. 235 arrived only a few days ago, we cannot accept cargo ... the 15th ... January.
2. We would like to point ... that our current import licence expires ... the 31st March.
3. ... view ... your agreement to cancel the "Ashkhabad" cargo which was to be shipped ... the end ... January, we agree to accept 20,000 tons of Fuel Oil ... February instead ... 10,000 tons.
4. As our import licence has expired, we cannot accept any new shipments ... the licence has been extended and ... this connection we would ask you to advise us ... the balance ... Fuel Oil to be shipped ... Contract No. 246.
5. We will inform you ... a few days ... our proposals ... lifting Fuel Oil ... April and March.

К § 149

Письма 1, 2, 3

1. We are ... negotiation ... chartering space ... the tanker "Binta" ... loading Machine Oil ... the beginning ... November.
2. We shall be obliged if you will send us your program ... loading ... the second quarter ... 19... 20,000 tons ... Gas Oil sold ... you ... Contract No. 515.
3. We must insist ... your including ... least 2,000 tons ... Spindle Oil ... the "Baku" cargo.
4. We are surprised that no mention is made ... you ... any shipments ... May.

IV. Переведите на английский язык:

К § 148

Письмо 1

Мы получили Ваше письмо от 3 января с извещением, что ввиду переполнения складских резервуаров Вы не можете принять какие-либо грузы мазута ранее 20 января. Мы должны напомнить Вам, что по Вашей просьбе (Ваша телеграмма от 25 декабря 19... г.) мы зафрахтовали танкер "Ашхабад" для погрузки 10-15 января около 10000 тонн мазута по контракту № 225.

Принимая во внимание Ваше письмо от 3 января, мы направляем танкер "Ашхабад" другим покупателям и назначили по контракту № 225 танкер "Роснефть" для погрузки 28 января - 5 февраля около 11000 тонн мазута. Мы просим соответственно продлить аккредитив, открытый Вами в уплату за отгрузки мазута в январе.

После погрузки танкера "Роснефть" остаток мазута, подлежащий поставке по контракту № 225, составит около 32000 тонн. Мы сообщим Вам через несколько дней наш план отгрузки (our program for shipping) этого количества мазута.

Письмо 2

Мы благодарны Вам за Ваше письмо от 5 января. Очень сожалеем, что были вынуждены (to be forced) отказаться принять танкер "Ашхабад" и что наш отказ причинил Вам беспокойство. Мы признательны за Ваше согласие отменить погрузку мазута на танкер "Ашхабад" и подтверждаем Ваше назначение танкера "Роснефть" для погрузки 11000 тонн мазута 28 января - 5 февраля.

Мы дали указания (to instruct) нашему банку продлить аккредитив до 15 февраля. Мы также подтверждаем правильность остатка мазута, подлежащего поставке по контракту № 225 после погрузки танкера "Роснефть", а именно около 32000 тонн, и ожидаем Ваш план отгрузки этого остатка. Просим, однако, учесть, что лицензия, выданная нам на ввоз мазута по контракту № 225, истекает 31 марта с.г. и что последний груз мазута по этому контракту должен прибыть в порт назначения не позже этой даты.

К § 149

Письма 1, 2, 3

1. Просим прислать нам авиапочтой план погрузки на июнь для того, чтобы мы могли соответственно договориться с нашими поставщиками.

2. Мы намерены зафрахтовать пароход в 8000 тонн и в связи с этим хотели бы получить ответ на наше письмо от 15 января.

3. В Вашем письме Вы ничего не упоминаете относительно погрузок в сентябре.

4. Мы настаиваем на назначении Вами парохода на ноябрь и просим сообщить нам дату его прибытия в С.Петербург.

5. Мы не можем согласиться на отсрочку отгрузки товара до 1 августа и настаиваем на прибытии парохода в порт погрузки не позже 31 июля в соответствии с § 6 нашего контракта.

§ 152. CORRESPONDENCE RELATING TO THE FULFILMENT OF A CONTRACT FOR THE SALE OF BARRELLED AND TINNED CAVIAR

1. Returning signed agreement:

London, 15th April, 19...

Dear Sirs,

We thank you for your letter of the 10th April enclosing agreement No. 226 (in duplicate) for Caviar, one copy of which we return herewith signed.

We note that the first consignment will be sent about May 10th and hope you will send us the invoices, Bills of Lading, State Inspection Certificates and all the necessary documents at the earliest possible moment, as we are in urgent need of Caviar of the new catch.

The 20 per cent. advance will be paid by us in a few days. We accept the Russia. State Inspection Certificates as last year and rely on you to do your best regarding grain and colour for the English market.

Yours faithfully,

2. Exchange of telegrams about remittance of advance:

(1) "PLEASE REMIT ADVANCE CAVIAR AGREEMENT ROSSEXPORT".
(2) "REMITTED TODAY BANK FOREIGN TRADE MOSCOW THREETHOUSAND EIGHTHUNDRED AND FIFTY STERLING CAVIAR AGREEMENT STOP CABLE DATE SHIPMENT CAVIAR".
(3) "YOURS EIGHTH STARTING LOADING FIRST LOT TENTH MAY ROSSEXPORT".

3. Sending specification to Buyers:

Air-Mail

Moscow, 15th Aug., 19...

Dear Sirs,

We enclose for your information the specification of Caviar reserved for you and stored in St. Petersburg and have pleasure in confirming the shipment of these goods in the first half of September. We would like to receive your answer as soon as possible so that we could secure tonnage in time and thus avoid any difficulties that may occur during the autumn navigation.

Yours faithfully,

. . . .

Encl.

4. Reply to letter 3:

Air-Mail

London, 17th Aug., 19...

Dear Sirs,

We thank you for your letter of the 15th August enclosing the specification of Caviar stored in St. Petersburg which we understand you will ship during the first half of September.

We agree to the quantities stated, but would point out that you omitted from the specification two barrels containing each 54 tins Schipp Malossol Caviar. The contract quantity was four barrels (approx. 400 kilos) of which we have received up to date only two barrels, thus there is a balance of two barrels to complete the contract.

Regarding Beluga Caviar we greatly hope that you will be able to supply us with two barrels more prepared with pure salt as we need further supplies to meet the requirements of our customers.

We look forward to your early reply.

                                        Yours faithfully,
                                        . . . .

5. Reply to letter 4:

Air-Mail

                                        Moscow, 19th Aug., 19...

Dear Sirs,

In reply to your letter of the 17th August we are pleased to inform you that we have today instructed our St. Petersburg office to prepare for shipment the Caviar reserved for you in final execution of our contract.

You will observe from the enclosed statement that the total quantities reserved are quite sufficient to complete the contract.

You will also observe that we have slightly changed the assortment by replacing one barrel Schipp Caviar by Sevruga.

As to Tinned Caviar prepared with pure salt, we are sorry that at the present moment we are not in a position to increase the quantity of this particular grade.

                                        Yours faithfully,
                                        . . . .

Enclosure.

6. Sending statement of account:

                                        Moscow, 18th Sept., 19...

Dear Sirs,

We are sending you herewith statement of your account with us in connection with Contract No. 226 for the sale of Caviar showing a balance of £236.15s.6d. in your favour. Will you kindly confirm the correctness of the balance to enable us to forward you a cheque in final settlement.

                                        Yours faithfully,
                                        . . . .

Enclosure.

7.
                                        London, 23rd Sept., 19...
Dear Sirs,

We thank you for your letter of the 18th instant and confirm the balance of our account as stated by you, viz. £236/15/6.

If you will kindly send us a cheque for this amount, as you suggest, this will balance our account with you for the whole contract.

                                        Yours faithfully,
                                        . . . .

§ 153. СЛОВА И ВЫРАЖЕНИЯ К § 152

Письмо 1

tinned caviar икра в банках
at the earliest possible moment как можно раньше
to be in urgent need of something срочно нуждаться в чём-л.
to rely полагаться (*на* - on); we rely on you to do your best мы полагаемся на Вас в том, что Вы сделаете всё возможное
grain *здесь:* размер зёрен

Письмо 3

to reserve *здесь:* предназначать
to store складировать, хранить на складе
in time вовремя

Письмо 4

to omit пропустить; to omit from the specification пропустить в спецификации

particular особый, специальный
tin банка, жестянка
schipp malossol caviar малосольная икра "щип"
up to date до настоящего времени
caviar prepared with pure salt икра, приготовленная на чистой соли

Письмо 5

to observe замечать, видеть
statement *здесь:* спецификация
slightly незначительно

Письмо 6

statement of account выписка из счета; statement of your account with us выписка из Вашего счёта у нас
balance *здесь:* сальдо, остаток
correctness правильность

Письмо 7

to balance уравнять, погасить (*счёт*)

§ 154. УПРАЖНЕНИЯ

I. Переведите текст § 152 на русский язык.

II. Ответьте на вопросы:

Письмо 1

1. When will the first shipment of caviar be effected?
2. When do the Buyers promise to remit the 20 per cent. advance to the Sellers?

Письмо 3

1. When do the Sellers intend to ship the lot reserved for the Buyers?
2. Why do the Sellers want to receive an early answer to this letter?

Письмо 5

1. Are the quantities of caviar prepared for shipment in St. Petersburg sufficient to fulfil the contract obligations of the Sellers?
2. How did the Sellers change the assortment?

Письма 6, 7

1. How much do the Sellers owe the Buyers according to the statement of account? (To owe - *быть должным.*)
2. Did the Buyers find the balance to be correct?
3. Did the Buyers confirm the correctness of the statement of account to the Sellers?
4. How will the Sellers effect payment of the balance to the Buyers?

III. Вставьте, где требуется, предлоги или наречия и переведите на русский язык:

Письма 1, 3

1. As we are ... urgent need ... the goods, we trust that you will send ... us the shipping documents ... the earliest possible moment.
2. We rely ... you to do your best to charter tonnage ... time so that the goods could be shipped ... the first half ... September.
3. ... your information we wish to inform you that the tanker "Binta" will sail ... Batumi ... London about ... the 10th October.

Письма 4, 5, 6, 7

1. According ... the contract, you are obliged to ship ... the second quarter 35,000 tons ... which we have received up ... date only 15,000 tons.
2. You have omitted ... the specification two sets ... Spare Parts ... "Moskvitch" Car 2141 and we request you to add them ... the next consignment.
3. We have given instructions ... our St. Petersburg Office to replace Grade A ... Grade B.
4. The enclosed statement ... your account ... us shows a balance ... £150 ... our favour, and we ask you to send ... us your cheque ... this sum.

IV. Переведите на английский язык:

Письмо 1

1. Согласно Вашей просьбе мы отправим первую партию не позже 15 ноября и вышлем Вам предварительную фактуру (provisional invoice) через несколько дней для того, чтобы Вы могли получить соответствующую (corresponding) импортную лицензию.
2. До настоящего времени Вы не перевели нам аванс в сумме 20% полной стоимости товара по контракту. Просим Вас перевести этот аванс как можно скорее для того, чтобы мы могли подготовить товар к отгрузке.
3. Мы полагаемся на Вас в том, что Вы сделаете всё возможное, чтобы обеспечить тоннаж в сентябре.

Письма 3, 4

1. Желательно (it is desirable) получить Ваши инструкции до 15 июня для того, чтобы мы могли погрузить эту партию на п/х "Лениногорск", отходящий из С.Петербурга 20 июня.
2. Вы пропустили в спецификации 5 комплектов запчастей к автомобилю "Волга", и мы просим включить эти комплекты в спецификацию следующей (next) партии.
3. До настоящего времени мы поставили Вам 75 автомобилей "Волга" и 80 автомобилей "Москвич 2141". Чтобы закончить исполнение контракта, мы намерены отгрузить в сентябре и октябре 15 автомобилей "Волга" и 20 автомобилей "Москвич".

Письма 5, 6, 7

1. Мы намерены незначительно изменить спецификацию и заменить 3 тонны сорта А 5 тоннами сорта Б, если это не встретит возражений с Вашей стороны.
2. Количество икры, хранящееся на складе в С.Петербурге для исполнения (against) контракта № 256, составляет 12000 англофунтов.
3. Посылаем Вам выписку Вашего счета у нас за май, показывающую сальдо в 250 фунтов стерлингов в нашу пользу.
4. Просим подтвердить авиапочтой правильность прилагаемой выписки счета.

§ 155. FORM OF CONTRACT FOR THE SALE OF MACHINE-TOOLS

Contract No. ...

Moscow .... 19...

Vneshnetorgovoje Objedinenije "Rossimport", Moscow, hereinafter referred to as the "Seller" on the one part, and Messrs. ...., hereinafter referred to as the "Buyer" on the other part, have concluded the present contract whereby it is agreed as follows:

1. SUBJECT OF THE CONTRACT

The Seller has sold and the Buyer has bought c.i.f. (f.o.b., f.o.r.) .... the goods specified in the enclosed appendix, showing specifications, quantities, prices and delivery times of the goods and constituting an integral part of the present contract.

2. PRICES

The prices are fixed in ...... and are understood c.i.f. (f.o.b., f.o.r.) ..... export packing and marking included.

All expenses incurred on the territory of ..... in connection with the present contract (duties, taxes, customs, etc.) are to be paid by the Buyer.

3. QUALITY

The quality of the goods sold under the present contract shall be in full conformity either with the State standards existing in Russia or with the technical conditions ruling at the manufacturing works.

4. TIME OF DELIVERY

The goods sold under this contract shall be delivered within .... months after the signing of the contract.

The date of the Bill of Lading (or: Railway Bill) shall be considered as the date of delivery.

5. DELIVERY AND ACCEPTANCE OF GOODS

The goods are considered to be delivered by the Seller and accepted by the Buyer:

a) in respect of quantity - according to the number of cases and the weight as shown on the Bill of Lading (or on the Railway Bill);

b) in respect of quality - according to the Manufacturer's certificate issued by the manufacturing works or by the Seller.

6. TERMS OF PAYMENT

Payment for the goods to be delivered under the present contract is to be effected in ..... in accordance with the Trade Agreement between the Governments of Russia and ..... dated the ..... by an irrevocable confirmed Letter of Credit to be opened by the Buyer with the Bank for Foreign Trade of Russia Moscow, in favour of the Seller within 10 days of receipt of the Seller's notification of the readiness of the goods for shipment. The Letter of Credit to be valid ... days.

The payment of the credit is to be made against the following documents:

Invoice.
Bill of Lading (or Railway Bill).

All expenses connected with the opening of the Letter of Credit are to be borne by the Buyer.

Part shipments and transhipment are permitted.

Insurance to be made to the amount of 110 per cent of the value of the goods.

7. PACKING AND MARKING

The goods shall be secured and properly packed to withstand both overseas and overland transport as well as transhipment.

Each package shall be provided with marking showing the place of destination, name of Consignee, description of goods, contract number, case number, gross and net weight.

8. GUARANTEE

Any part or parts which may prove defective through faulty material or workmanship will be repaired or replaced by the Seller c.i.f., f.o.b. or f.o.r. ..... free of charge within the period of ... calendar months of the date of shipment provided the defective part or parts have been returned to the Seller's works for examination, carriage paid.

This guarantee will be invalidated by the Buyer making, causing or allowing any alterations or repair to the goods without the Seller's consent and also if the damage is due to negligence or improper handling on the part of the Buyer or to any other causes outside the Seller's control including damage in transit from Russia to the place of destination.

Rapidly wearing parts as well as parts which have suffered from natural wear are excluded from the guarantee.

9. CLAIMS

Claims which may arise with regard to the quality of the goods owing to their non-conformity with the standards and technical conditions provided for under clause 3 of this contract as well as claims concerning the quantity of the goods will be considered by the Seller only if submitted within 45 days from the date of arrival of the goods at the place of destination shown in the Bill of Lading and in any case not later than within 90 days of the date of delivery of the goods c.i.f., f.o.b. or f. o. r. . . . . .

Claims which arise through faulty material or workmanship as stipulated in clause 8 will be considered by the Seller only if submitted within the guarantee period.

The claims should be corroborated by the Buyers' reports drawn up with the assistance of competent organisations.

No claims put forward in respect of any consignment of the goods can be used by the Buyer as a reason for his refusal to accept the goods and to pay for them. This applies to both the consignment in respect of which a claim has been raised and to all further consignments to be delivered under the present contract.

The date of the postmark on the Buyer's letter containing the claim and addressed to the Seller to be considered as the date of the claim.

10. CONTINGENCIES

Should any circumstances arise which prevent the complete or partial fulfilment by any of the parties of their respective obligations under this contract, namely: fire, acts of the elements, war, military operations of any character, blockade, prohibitions of exports or imports or any other circumstances beyond the control of the parties, the time stipulated for the fulfilment of the obligations shall be extended for a period equal to that during which such circumstances will last.

If the above circumstances last for more than six months, each party shall have the right to refuse any further fulfilment of the obligations under the contract and in such case neither of the parties shall have the right to make a demand upon the other party for compensation for any possible losses.

The party for whom it becomes impossible to meet their obligations under the contract, shall immediately advise the other party as regards the beginning and the cessation of the circumstances preventing the fulfilment of their obligations.

Certificates issued by the respective Chambers of Commerce of the Seller's or Buyer's country shall be sufficient proof of such circumstances and their duration.

11. ARBITRATION

All disputes and differences which may arise out of the present contract and/or in connection with it are to be referred for settlement to the Foreign Trade Arbitration Commission at the Russian Chamber of Commerce in Moscow in accordance with the Rules for Procedure of the said Commission, the awards of which are final and binding upon both parties. Application to State Courts is excluded.

12. OTHER CONDITIONS

(1) Neither party is entitled their right and obligations under the present contract to third persons without a written consent thereto of the other party.

(2) Any alterations and additions to the present contract will be valid only if made in writing and duly signed by both parties.

(3) After the signing of the present contract all preceding negotiations and correspondence pertaining to it become null and void.

LEGAL ADDRESSES OF THE PARTIES

Seller: ....
Buyer: ....

SELLER	BUYER
(Signatures)	(Signatures)

§ 156. СЛОВА И ВЫРАЖЕНИЯ К § 155

on the one (on the other) part с одной (с другой) стороны

Пункт 1
appendix приложение
to constitute составлять

Пункт 2
marking маркировка
to incur (incurred) нести, производить (о затратах, расходах)

Пункт 3
manufacturing works завод-изготовитель

Пункт 5
acceptance приемка
railway bill железнодорожная накладная; синоним: waybill (или: way bill)

Пункт 6
trade agreement торговое соглашение (между государствами)
to bear (bore, borne) нести; to bear expenses нести расходы;
all expenses to be borne by the Buyer все расходы должен нести покупатель
part shipment частичная отгрузка
to permit разрешать

Пункт 7
securely надежно
properly надлежащим образом

to withstand (withstood) выдерживать, противостоять
overseas заморский; overseas transport морская перевозка
overland сухопутный
package место (груза)
gross брутто; gross weight вес брутто

Пункт 8
faulty неисправный, недоброкачественный
calendar календарный
carriage paid здесь: с оплатой перевозки
to invalidate делать недействительным, лишать силы; to be invalidated становиться недействительным, терять силу
to cause здесь: поручить выполнить
to allow допускать, разрешать
alteration здесь: переделка
repair починка, исправление, ремонт
negligence небрежность
handling обращение
cause причина
outside the Seller's control не зависящий от продавца (дословно: за пределами контроля продавца)
in transit = during transit в пути, во время перевозки
to wear изнашивать(ся); rapidly wearing parts быстро изнашивающиеся части
to suffer страдать

natural естественный
to exclude исключить

Пункт 9

in any case во всяком случае
to corroborate подтверждать, подкреплять
report *здесь:* протокол, акт
competent компетентный
to put forward предъявлять *(претензию)* to raise a claim предъявлять претензию
postmark почтовый штемпель

Пункт 10

cessation прекращение

Пункт 11

said *здесь:* упомянутый, указанный

Пункт 12

thereto = to it на то *(или:* на это); consent there to согласие на то *(или:* на это)
to pertain относиться, иметь отношение
legal юридический

Глава XIII

ДОГОВОРЫ В ЭКСПОРТНОЙ ТОРГОВЛЕ И ИХ ИСПОЛНЕНИЕ
(продолжение)
CONTRACTS IN EXPORT TRADE AND THEIR PERFORMANCE
(Continued)

§ 157. FORM OF CONTRACT FOR THE SALE OF GRAIN

Contract No. ...
C.I.F.

.... 19 ...

Exportno-Importnoje Objedinenije "Rossexport", Moscow, hereinafter referred to as the "Sellers", and Messrs. ..., hereinafter referred to as the "Buyers", have concluded this contract to the effect that the Sellers have sold and the Buyers have bought on the terms and conditions set forth and subject to General Conditions of Sale endorsed hereon, the following goods:

1. DESCRIPTION OF THE GOODS AND QUANTITY: ....
....
metric tons, 10 (ten) per cent more or less, at the Sellers' option, in bulk.

2. QUALITY: The grain intended for shipment must be in sound condition and free from any foreign smell. Natural weight .... kilos per hectolitre. Admixture of foreign substances .... per cent. including dirt up to .... per cent.

3. PRICE ... (...) per metric c.i.f. ... in bulk.

4. DELIVERY TIME: Shipment is to be effected during ... 19... from the port/s of the Black Sea and/or Baltic Sea at the Sellers' option. The Sellers have the right to effect partial shipments.

5. TERMS OF DISCHARGE: A. Discharge of the goods out of vessel's holds at the port of destination to be effected by the Buyers at their own expense, free of risk and expenses to the vessel, at the average rate of ... metric tons per hatch per weather day, Sundays, official general and local holidays are excepted unless used.

For detention of the vessel over the time allowed for discharge the Buyers to pay to the Sellers demurrage at the rate of ... per GRT of the vessel per day and pro rata for any part of a day, and for all lay time saved in discharge the Sellers to pay to the Buyers
dispatch money at the rate of ... per GRT of the vessel per day and pro rata for any part of a day.

B. Discharge of the goods shall be at the Buyers' expense, once they have passed the ship's rail. The Buyers must accept the goods from the vessel as quickly as the vessel can deliver them and are responsible for any detention of the vessel being through their fault (particularly for not placing lighters in due time when discharge is being effected into lighters) paying as compensation for detention of vessel in unloading ... per GRT of the vessel per day.

As a compensation for expenses connected with discharge of the goods from ship's rail the Buyers to pay to the Sellers ... per each metric ton of the goods discharged.

6. PAYMENT: A. Payment to be effected in ... at the rate of exchange .... The Buyers to establish by cable an irrevocable confirmed Letter of Credit with the Bank for Foreign Trade of Russia, Moscow, in favour of the Sellers covering the full value of the goods sold under this contract plus 10% margin. The Letter of Credit to be established by the Buyers not later than three days after receipt of the Sellers' cable advice of the readiness of the goods for shipment. The Letter of Credit to be valid ... days. Payment from the Letter of Credit to be effected against the presentation of the following documents:

Invoice/s in ... .

Bill/s of Lading.

Certificate/s of Quality issued by the State Grain Inspection of Russia.

Insurance Policy/ies or Certificate/s of Ingosstrakh.

All expenses connected with the establishment and extension, if any, of the Letter of Credit and any other Bank charges as well as Bank's commission to be for the Buyers' account.

B. Payment to be effected in ... at the rate of exchange ... through ... by cash against cable advice of the Bank for Foreign Trade of Russia, Moscow, stating that the Bank has received from the Sellers the following documents:

Invoice/s in ....

Bill/s of Lading.

Certificate/s of Quality issued by the State Grain Inspection of Russia.

Insurance Policy/ies or Certificate/s of Ingosstrakh.

As soon as payment is effected the Bank for Foreign Trade of Russia will forward the documents to the Buyers' Bank.

The Sellers' Invoices shall be paid in full. Claims, if any, to be settled separately. The Buyers shall not make any deductions from invoice amounts without the Sellers' consent.

Should payment not be effected within 24 hours upon receipt by the Buyers' Bank of the cable from the Bank for Foreign Trade of Russia confirming receipt of Invoices, shipping and other documents, the Buyers shall pay the Sellers 0.005% of invoice amount for each day of the delay. All Bank expenses for collecting payments as well as Bank's commission to be for the Buyers' account.

7. OTHER CONDITIONS: ....

8. LEGAL ADDRESSES OF THE PARTIES: The Sellers — Exportno-Importnoje Objedinenije "Rossexport", Moscow G-200, Smolenskaja-Sennaja 32/34. The Buyers — ....

....

    The SELLERS   The BUYERS
    (Signatures)   (Signatures)

Some of the General Conditions of Sale

1. Everything which in a shipment of cereals is mixed with grains of the cereal contracted for is considered as foreign admixture.

Admixture of wheat grains in rye up to 5 (five) per cent, admixture of wheat and rye grains in barley up to 5 (five) per cent. and admixture of wheat, rye and barley grains in oats up to 5 (five) per cent. shall not be considered as foreign admixture.

2. The Sellers shall be entitled to ship cereals with natural weight and foreign admixture superior or inferior to those stipulated in clause "Quality" of the present contract. Should the natural weight be superior or the contents of foreign admixture inferior, the Buyers pay to the Sellers a bonus to the contract price at the rate of 1 per cent. per each kilogram or each per cent. of difference respectively; should the natural weight be inferior or the contents of foreign admixture superior, the Sellers grant the Buyers an allowance at the rate of 1 per cent. of the contract price per each kilogram or each per cent. of difference respectively. Fractions to be counted pro rata.

Where the natural weight is guaranteed by two figures (f.e. 78/79 kg per hectolitre), the computation will be made on the basis of the average of the two figures (78.5 kg per hectolitre).

Bonuses and allowances shall be computed according to the data given in the Certificates of Quality of the State Grain Inspection of Russia.

3. The date of the Bill of Lading shall be sufficient evidence of the date of shipment. The Bill of Lading may be marked "freight prepaid" or "freight to be paid by Charterers according to the Charter Party".

6. A. The goods shall be considered as delivered by the Sellers and accepted by the Buyers with regard to the quantity according to weight stated in the Bill of Lading. The Bill of Lading weight shall be final and binding upon both parties.

B. The weight of the goods shall be ascertained at time of discharge. Both the Buyers and the Sellers have the right of supervision of the weighing.

The weight ascertained at time of discharge of the goods, including goods damaged by water, oil or other liquids or by any other means whatsoever, to be final. If the weight ascertained at discharge exceeds the weight indicated in the Bill/s of Lading, the surplus is to be paid for by the Buyers, whereas shortweight, if any, is to be refunded by the Sellers. Surpluses or shortweights to be settled on the basis of final invoices issued by the party in favour of which the final balance is to be paid.

. . . .
. . . .
. . . .

§ 158. СЛОВА И ВЫРАЖЕНИЯ К § 157

Контракт

to the effect that о том что, в том смысле что
to set (set) излагать
forth *здесь:* ниже
to endorse записать *(напечатать)* на оборотной стороне *(документа)*
hereon = on this document; subject to General Conditions of Sale endorsed hereon при условии соблюдения общих условий продажи, напечатанных на оборотной стороне контракта

Пункт 2

sound condition здоровое состояние
foreign smell посторонний запах
natural weight натуральный вес
hectolitre гектолитр *(мера объёма; = 100 л)*
admixture примесь
foreign substance постороннее вещество
dirt сорная примесь

Пункт 5

hold трюм
hatch люк
weather day погожий день *(когда погода не мешает погрузке и выгрузке судна);* **per hatch per weather day** на люк в погожий день
unless used = unless they are used если они не будут использованы

detention задержка, простой *(судна)*
GRT = gross register ton брутто-регистровая тонна
to save экономить
dispatch *(или:* despatch**) money** диспач *(премия за более быструю погрузку или выгрузку)*
once раз уж; **once they have passed the ship's rail** с того момента, как он *(товар)* прошёл через бортовой рельс судна
fault вина; **through somebody's fault** по чьей-л. вине;
detention ...being through their fault простой, происходящий по их вине
to place *здесь:* продавать
lighter лихтер; **for not placing lighters in due time** за неподачу лихтеров в должное время

Пункт 6

margin *здесь:* дополнительная сумма
establishment открытие *(аккредитива)*
extension продление
if any если оно *(продление)* имеет место
the State Grain Inspection of Russian Государственная хлебная инспекция России
to collect инкассировать
Общие условия продажи

Пункт 1

cereal хлебный злак

grain(s) зерно (зёрна)
to contract заключать контракт;
the cereal contracted for хлебный злак, являющийся предметом контракта
foreign admixture посторонняя примесь rye рожь oats овес

Пункт 2
superior выше
bonus надбавка, бонификация
fraction дробь
to count считать
f.e. = for example например
computation исчисление, расчет

the average среднее *(число)*

Пункт 3
freight prepaid фрахт уплачен *(до ухода судна из порта погрузки)*

Пункт 6
liquid жидкость
means способ
whatsoever какой бы то ни было
to exceed превышать
surplus излишек, превышение
whereas в то время как
shortweight недостаток в весе

§ 159. EXTRACT FROM A STANDARD FORM OF CONTRACT FOR THE SALE OF TIMBER THROUGH BROKERS IN THE U.K.

Contract No. ...
(C.I.F. form)

Adopted by the Timber Trade Federation of the United Kingdom and by Exportno-Importnoje Objedinenije "Exportles" of Moscow.

Sold to ....

Bought of Vserossijskoje Exportno-Importnoje Objedinenije "Exportles" of Moscow through the Agency of Messrs. Churchill & Sim Ltd., and/or Messrs. Foy, Morgan & Co. Ltd. and/or Messrs. Pharaoh, Gane & Co. Ltd., in the city of London, the wood goods hereinafter specified subject to a variation in Sellers' option of 20 per cent. more or less on any or every item but not exceeding 20 standards on any one item, and items of two to five standards may be varied to the extent of one standard, always provided the total quantity is not varied to an extent of more than 10 per cent. In the event of over-shipment of any item of the contract or of the total contract quantity Buyers shall not be entitled to reject the entire shipment but shall have the option to be exercised without delay of taking up the Bills of Lading and paying for the whole quantity shipped or of taking up the Bill of Lading and paying only for the contract quantity rejecting the balance. The same conditions shall apply if the excess is not apparent from the Bills of Lading but is discovered only on arrival of the goods at their ultimate destination in the United Kingdom or other country of destination. If Buyers elect to take the contract quantity only the Sellers shall pay all extra expenses incurred by Buyers in Consequence of the over-shipment. In the event of under-shipment of any item, Buyers are to accept or pay for the quantity shipped, but have the right to claim compensation for such short-shipment. Each item of this contract to be considered a separate interest.

The goods to be shipped at ... during ... or as soon thereafter as suitable tonnage obtainable, but this latitude is limited to 21 days. Date of shipment to be determined by date of Bill of Lading.

Buyers undertake that full loading orders shall be in Agent's hands as early as possible, but in any case not later than .... Where the goods sold are to be shipped in more than one cargo or parcel Buyers are to furnish Agents with written details as to quantities and destinations for the purpose of allocation of tonnage not later than .... This stipulation being of the essence of the contract 1, default by the Buyers shall entitle the Sellers to load and ship the goods as convenient to themselves to any of the ports named in this contract and Buyers shall take delivery accordingly.

Prices include cost, freight (free of all discharging expenses to Sellers) and insurance to ... always afloat. Other conditions as specified below and on the back.

SPECIFICATION:

....
....
....

1. The prices are in British Sterling

for Sawn goods per St. Petersburg standard of 165 English cubic feet;

for Planed goods per St. Petersburg standard of 165 English cubic feet (nominal measure);

for Hewn goods per load of 50 English cubic feet (Customs' Calliper measure).

2. The prices for Sawn and Planed goods, except where otherwise stated, are for lengths 9 feet and up, Sellers' usual blacking, with falling ends 5/8 feet at two-thirds price. Where such ends are shipped in excess of 4 per cent. of the total contract quantity, such excess of ends, if according to contract, shall be taken at two-thirds f.o.b. price plus full freight as per Charter Party or Bill of Lading. Such ends to be regarded as included in the quantities named on the other side, but to be disregarded in the calculation of average length.

....
....
....

4. Shiproom to be secured by Sellers in due time; they however, not to be responsible for any delay in shipment occasioned by circumstances beyond their control. Should any vessel chartered under or allocated to this contract be lost previous to loading after the name has been declared to Buyers, Sellers have the option of chartering in substitution other tonnage calculated to be available for loading within the stipulated time of shipment or of cancelling the contract to the extent of the lost vessel's intended shipment upon giving prompt notice to Buyers. In the event of cancellation Buyers to have the option to take the goods at a corresponding f.o.b. price, i.e. the c.i.f. prices stipulated less cost of insurance and the rate of freight whereat tonnage lost had been secured.

....
....

7. Any freight advance, which is not to exceed one-third of the total freight, to be settled by cash in exchange for Captain's receipt and Policy of Insurance or Cover Note. The amount of the advance shall be endorsed upon the Bill of Lading in British sterling.

8. In case the manufacture and/or shipment and/or sea transport of any of the goods should be delayed or hindered by reason of fire or through an accident to the saw mills, or through drought, ice, floods, mobilisation, delay vessel chartered, or through any other cause beyond Sellers' control, the Sellers, provided they give notice by telegram to Buyers as soon as possible after such delay or hindrance has been established, shall not be responsible for any damage resulting to the Buyers therefrom; if shipment of the whole or part is thereby effectively rendered impossible within six weeks of the stipulated time of shipment, Sellers shall then have the option of cancelling the contract to the extent of their inability to deliver, and also of being released from the obligation of delivering the remainder, leaving, however, in this event, Buyers the right of taking the goods that are available at corresponding f.o.b. price subject prompt decision.

....
....

9. In the event of prohibition of export or import, blockade, war or mobilisation for war, preventing shipment within the time stipulated or within such extended time as in the preamble or otherwise mutually agreed upon, this contract, or any unfulfilled part thereof, to be cancelled . If, through any of the reasons enumerated above, or through any reasons whatsoever beyond Shippers' control, a rise in the rate of the sea-freight should occur exceeding 20 per cent. of the basis rate named below, Sellers to have the option of cancelling the contract unless Buyers agree to pay any such excess, such agreement by Buyers to be declared in writing to Sellers through their Agent within three days from receipt of the notice from Sellers. For the purpose of this clause the basis freight is to be mutually agreed at ...

10. Buyers to pay [3] for the freight as per Caracter Party or Bill of Lading which is to be on "Russianwood" form, and for the balance on receipt of and in exchange for shipping documents [4], and good Policy of Insurance or Cover Note as per clause 6, in cash less $2\,1/2$ per cent. discount payable in London, or at Buyers' option by approved acceptances of Sellers' or authorised Agents' drafts, payable in London at four months from date of Bill of Lading.

Payment of freight to be made in English pounds sterling by the Buyers direct to Shipowners, at the rates stipulated in the Charter Party and in accordance with freight account made out at loading port on the following manner: 90 per cent. of freight to be paid in accordance with the "Russianwood" Charter Party and the remainder upon completion of discharge and upon final outturn being ascertained. If final outturn bas not been ascertained within 30 days of completion of discharge, a further 5 per cent. of freight shall then be paid, and if still unascertained at the expiry of 60 days from completion of discharge the balance of freight shall thereupon be paid on the basis of Bill of Lading quantity, less allowance for pieces shortdelivered, provided that the Buyers may within six months of completion of discharge claim refund of any over-payment on the basis of final outturn. These percentages shall be calculated upon the quantity of cargo on board the vessel upon arrival at destination.

The goods sold hereunder are pledged with the State Bank of Russia and proceeds for the same belong to the State Bank of Russia as security for advances, but the delivery of documents by the Agent to the Buyer against payment of the invoice amount by the latter to the Agent shall be a complete discharge of any pledge to or lien of the State Bank of Russia on either the goods or the documents.

. . . .
. . . .
. . . .

12. Property in goods to be deemed for all purposes, except retention of the State Bank of Russia lien for unpaid purchase price, to have passed to Buyers when goods have been put on board.

13. The goods to be shipped under as many Bills of Lading as may be required by Buyers, provided that loading orders are reasonable, and that the total number of Bills of Lading required shall not exceed 5 per 100 standar ds (3 per 100 standard from the Kara Sea) and that for any Bill of Lading in excess Buyers shall pay four guineas; in addition to which Buyers shall pay at the rate of:

a) 20s. per standard if, at Buyers' request, any item or parcel is split up on different Bills of Lading in smaller quantities than 5 standards and/or if any item or parcel under 5 standards is split up on different Bills of Lading;

b) 40s. per standard if, at Buyers' request, any item or parcel is split up on different Bills of Lading in smaller quantities than 2 standards and/or if any item or parcel under 2 standards is split up on different Bills of Lading;

The charges under a) and b) above are payable only in respect of such parts of the item or parcel as are less than the 5 standards or 2 standards respectively resulting from such splitting up of the contract item.

Notwithstanding the stipulations in a) and b) any item or parcel of under 10 standards specified in the contract may be split up on two Bills of Lading without extra charge.

From the Kara Sea, items of under 10 standards must not be subdivided on different Bills of Lading.

Goods from different mills	
Goods of White Sea and St.Petersburg bracking	may not be combined on one Bill of Lading
Goods for under-deck and on-deck shipment	
Goods of different dates of readiness .	

Goods ordered on one Bill of Lading are to be shipped in one steamer. Goods may be shipped in one or more steamers together with goods for other receivers, at shippers' option.

. . . .
. . . .
. . . .

§ 160. СЛОВА И ВЫРАЖЕНИЯ К § 159

to adopt принимать
Timber Trade Federation Федерация лесной торговли
agency агентство; посредничество; through the agency через посредничество
wood goods лесоматериалы
variation изменение; subject to a variation of 20 per cent. подлежащие изменению (или: которые могут быть изменены) в пределах 20%
item здесь: размер; on any or every item в любом или каждом размере
standard стандарт (мера объёма для лесоматериалов)
to vary колебаться, изменяться
to the extent of в пределах, в размере
always provided при непременном условии что
over-shipment погрузка большего количества
to exercise осуществлять, использовать; to exercise an option осуществлять (или: использовать) право
to take up выкупать (о документах)
excess превышение
apparent видимый; if the excess is not apparent если превышение не видно
to discover обнаруживать
ultimate конечный
to elect избирать, предпочитать
consequence следствие; in consequence of вследствие
under-shipment погрузка меньшего количества
interest здесь: объект
thereafter с этого времени
obtainable который может быть получен; to be shipped as soon thereafter as suitable tonnage (is)

233

unfulfilled неисполненный, невыполненный
through any reason (*или:* for any reason) по любой причине
shipper грузоотправитель
sea freight морской фрахт
basis rate базисная (*основная*) ставка
for the purpose of this clause для целей толкования этого параграфа (*или:* условия)

Пункт 10

Sovietwood Совьетвуд (*название типовой чартер-партии на фрахтование судов под лес*)
good *здесь:* действительный
approved одобренный, подтвержденный
to authorize уполномочивать
draft payable at four months тратта со сроком платежа через 4 месяца
shipowner судовладелец
freight account счет за фрахт
completion завершение, окончание
outturn выгруженное количество
thereupon немедленно после этого
short-delivered недостающий при сдаче
percentage процент, доля в процентах
to pledge закладывать, заложить; to pledge goods with a bank заложить товар в банке
proceeds (*мн. ч.*) вырученная сумма, выручка
to belong принадлежать
advance *здесь:* погашение, ликвидация

pledge залог, заклад
lien право удержания (*имущества*)
either on the goods or the documents как в отношении товара, так и документов

Пункт 12

to deem считать, полагать
retention сохранение, удержание
except retention of the State Bank of Russia lien for unpaid purchase price с сохранением, однако, права Госбанка России на удержание груза в обеспечение получения покупной цены

Пункт 13

in excess сверх этого количества
guinea гинея
to split up (split) раздроблять, разбивать; to split goods on different bills of loading выдать на товар несколько коносаментов (*на количества, равные в сумме общему количеству товара*)
to sub-divide (*или:* subdivide) *здесь:* раздроблять, разбивать
mill *здесь:* лесопильный завод
deck палуба; under-deck shipment погрузка под палубу (*или:* в трюм); on-deck shipment погрузка на палубу
to combine объединять; комбинировать, смешивать
receiver грузополучатель

§ 161. ПОЯСНЕНИЯ К § 159

[1] This stipulation being of the essence of the contract ... Поскольку это условие является существенной частью контракта ... (См. § 97, п. 3 и § 142, п. 4.)

[2] ... such agreement by Buyers to be declared to Sellers ... причем о таком согласии покупателей должно быть объявлено продавцам ... (См. § 103, п. 2.)

[3] Buyers to play for the freight = Buyers are to play for the freight ... Покупатели должны уплатить за фрахт ... (См. § 103, п. 1.)

[4] ... on receipt of and in exchange for shipping documents = ... on receipt of shipping documents and exchange for shipping documents ... ... по получении грузовых документов и в обмен на них ... (См. § 146, п. 5.)

§ 162. EXTRACT FROM A CONTRACT FORM FOR THE SUPPLY OF GOODS TO AGENTS ON CONSIGNMENT BASIS

Contract No. ...

Moscow .... 19..

Vneshnetorgovoje Objedinenije "Rossexport", Moscow, hereinafter referred to as "Rossexport" on the one part, and Messrs. ... hereinafter referred to as the "Agents" on the other part, have concluded the present contract whereby it is agreed as follows:

1. SUBJECT OF THE CONTRACT

Rossexport shall supply to the Agents on consignment basis goods in accordance with the enclosed specification as well as with any further specifications that may be agreed upon between the parties during the period of validity of the present contract for demonstration and sale, the above specifications constituting an integral part of the contract.

The Agents undertake to sell on the territory of ... the goods delivered by Rossexport on consignment in their own name and fore their own account.

The period for which the goods are sent on consignment shall not exceed ... months from the date of delivery of the goods.

In case the goods are not sold within the period of consignment the Agents undertake to purchase the goods for their own account and pay Rossexport the full value of same.

The period of consignment can be extended in particular cases only, upon agreement of both parties.

Rossexport have the right to recall the goods prior to the expiration of the stipulated period but not before ... months from the date of delivery of the goods on consignment.

The Agents undertake to procure the necessary licences for the import of the goods to ... and if required for the export of the goods from ..., all expenses connected therewith being borne by ... .

2. ORGANIZATION OF WORK

In connection with the present contract the Agents undertake:

a) to make arrangements to have the goods demonstrated and shown in operation in special show-rooms or on other premises suitable for that purpose;

b) to organize shows of the goods;

c) to set up warehouses adapted for the storage of the goods;

d) to provide advisory services and render technical assistance to purchasers of the goods;

e) to arrange for regular advertising of the goods on show making use of the most efficient forms of publicity and also to issue catalogues, leaflets and other advertising matter, the form and contents of the advertisements being agreed upon with Rossexport;

f) to give quarterly reports to Rossexport regarding the state of the market in respect of goods supplied on consignment under the present contract;

g) to submit reports to Rossexport on the first day of each month regarding both the goods sold and the balance of goods unsold as indicated in the proforma-invoices.

The representatives of Rossexport shall have the right to visit the consignment warehouse and show-rooms with the view of investigating the maintenance of the goods delivered by Rossexport and the arrangements made for their demonstration.

Each item of goods delivered by Rossexport on consignment basis shall bear a plate indicating its name and type and stating that it is exported by V/O "Rossexport", Moscow, Russia.

3. PRICE

The goods will be delivered at prices agreed upon by the parties and indicated in the specifications, packing being either included or excluded, depending upon the nature of the goods supplied.

The prices are . . . .

The Agents will fix the selling prices for the goods upon agreement with Rossexport, taking into consideration that the difference between the selling price and the contract price is to constitute the commission fee of the Agents and is to cover all expenses connected with the demonstration and sale of the goods as provided for by the present contract.

4. DELIVERY TIME

The goods shall be delivered within the period stipulated in the specifications agreed upon between the parties.

The date shown on the Bill of Lading or on the Railway Bill shall be considered as the date of delivery.

Rossexport have the right to deliver the goods prior to the stipulated dates, notifying the Agents beforehand.

5. NOTIFICATION OF SHIPMENT

Rossexport undertake to advice the Agents by cable of the shipment of the goods, indicating the date of shipment, port of shipment or station of despatch, name of ship, number of the Bill of Lading when shipment is effected by sea, or of the Railway Bill when the goods are dispatched by rail, as gross and net weight.

Simultaneously with the shipment of the goods Rossexport shall send to the Agents a specified proforma-invoice in ... copies giving the value of the goods shipped in accordance with clause 3 of the present contract.

When shipment is effected by sea Rossexport shall send along with the goods a copy of the Bill of Lading and ... copies of specification by Captain's mail.

6. TRANSHIPMENT AND RETURN OF GOODS

In case the goods are recalled by Rossexport, the Agents undertake:

a) to pack and mark the goods to be returned in conformity with the instructions forwarded by Rossexport and in accordance with the conditions of this contract, applying all the necessary means of preservation to fully protect the goods from corrosion;

b) to ship the goods not later than within one month of receipt of Rossexport's shipping instructions;

c) the date shown on the Bill of Lading or on the Railway Bill shall be considered as the date of transhipment or return of the goods to Rossexport.

All expenses connected with the return of the goods to be borne by ... .

7. EXPENSES CONNECTED WITH THE DEMONSTRATION AND ADVERTISING OF THE GOODS

The Agents shall bear all transport expenses from ... to the place of destination as well as all expenses connected with the organization and maintenance of the consignment warehouse and show-rooms, installation and demonstration of goods also expenses connected with showing the goods in operation, with advertising and insurance of goods kept at the consignment warehouse and in show-rooms and with the sale of the goods to third parties.

8. TERMS OF PAYMENT

Within two days after the sale of the goods the Agents shall notify Rossexport accordingly.

Payment of the full value of the goods sold shall be made by the Agents within 7 days from the date of sale.

The Agents shall inform Rossexport of the prices at which the goods have been sold to third parties.

The Agents are not entitled to make any deductions from the sums due to Rossexport as a security for claims which might have been made on Rossexport or on third parties.

9. RESPONSIBILITY OF THE AGENTS FOR THE GOODS DELIVERED BY ROSSEXPORT

The Agents bear full liability for the safe and sound condition of the goods delivered by Rossexport on consignment to the full value of same in accordance with clause 3 of the present contract beginning on the date of arrival at the port of destination and ending on the date of payment or on the date of transhipment or return of the goods to Rossexport accoding to the instructions received from Rossexport.

The Agents shall insure the goods for the above mentioned period for the full value of the goods for their account and send the Insurance Policy to Rossexport within ... days upon receipt of same.

During the above mentioned consignment period beginning on the date of delivery and ending on the date of payment or on the date of return of the goods to Rossexport, the delivered goods shall be considered the property of Rossexport that cannot be mortgaged, pledged or otherwise encumbered.

As a security of fulfilment of their obligations under the present Contract the Agents shall submit to Rossexport a Letter of Guarantee of a first-class bank, the wording of which is to be agreed upon with Rossexport.

The Letter of Guarantee shall cover the full value of the goods to be supplied on consignment and shall be presented not later than within 20 days of the date of signing of the present contract.

In case further specifications of goods are agreed upon, the Agents shall submit to Rossexport additional Letters of Guarantee covering these goods not later than within 29 days of the date of signing of the said specifications.

All expenses connected with the Bank guarantees shall be borne by the Agents.

In case the Bank guarantee is not submitted within the stipulated time, Rossexport will be entitled to delay shipment of the goods or to extend the delivery dates shown in the specifications accordingly.

10. GUARANTEE OF ROSSEXPORT

Rossexport guarantee the quality as well as the normal operation and capacity of the goods for the period of ... months from the date of putting the goods into operation, but not more than ... months from the date of delivery.

If the goods or any part thereof prove defective within the guarantee period, Rossexport shall eliminate the defects for their own account, or replace the defective part and/or defective goods.

The guarantee of Rossexport does not apply to rapidly wearing parts or natural wear, or to damage which has occurred as a result of improper or careless storage, irregular or careless maintenance or overloading, incorrect installation and/or assembly and putting into operation, and/or non-fulfilment by the Buyer of the technical instructions on installation and/or assembly, on putting into operation and on operation of the goods.

The claims should contain a detailed and well grounded description of the case indicating the types of goods not conforming to the conditions of the contract as well as the actual demands of the claimants.

The claims should be forwarded by a registered letter enclosing the respective survey reports, drawn up in the presence of a neutral expert, and other documents justifying the claim.

Rossexport have the right to inspect the goods found defective as well as to verify the correctness of the claim.

In case the claim is satisfied, Rossexport shall have right to ask the Agents for the return of the defective goods after the shipment of the replacement goods has been effected.

All expenses connected with the return of the defective goods including freight, insurance, etc. to be borne by Rossexport.

The presentation of claims does not entitle the Agents to refuse acceptance of other consignments delivered under the present contract.

§ 163. СЛОВА И ВЫРАЖЕНИЯ К § 162.

Пункт 1

on consignment basis на условиях консигнации
to agree (up) on something договариваться о чем-л, согласовывать что-л.; specifications that may be agreed upon between the parties спецификации, о которых стороны могут договориться
demonstration демонстрирование
in somebody's name от чьего-л. имени
upon agreement по соглашению
to recall отзывать
prior to = before до, перед
to procure доставать, обеспечивать
therewith = with that, with it с этим

Пункт 2

operation действие, работа; эксплуатация; in operation в действии

premises (мн. ч.) помещение
show выставка
to set up учреждать, открывать
to adapt приспособлять
to provide предоставлять, обеспечивать
advisory консультативный, совещательный; advisory services обслуживание консультациями, консультации
goods on show демонстрируемые (на выставке) товары
efficient эффективный
publicity реклама
quarterly квартальный report отчет
proforma (или: pro forma) invoice предварительный счет
plate пластинка; each item shall bear a plate к каждому предмету должна быть прикреплена пластинка

Пункт 3
depending (up)on в зависимости от
free вознаграждение; commission fee комиссионное вознаграждение

Пункт 4
to notify извещать (*письменно*) beforehand заранее

Пункт 5
simultaneously одновременно
specified proforma invoice предварительный счет с перечислением товаров
Captain's mail капитанская почта; by Captain's mail капитанской почтой, через капитана

Пункт 6
to mark маркировать
preservation сохранение
corrosion коррозия
to protect защищать, предохранять

Пункт 7
installation установка, монтаж
third parties третьи лица

Пункт 8
to make a claim on (*или:* against) somebody предъявлять претензию к кому-л.

Пункт 9
to bear liability for safe and sound condition of the goods нести ответственность за целость и сохранность товаров
to mortgage закладывать
to pledge отдавать в залог, закладывать
to encumber обременять (*обязательствами*)
wording формулировка, текст

Пункт 10
to guarantee гарантировать
to put into operation вводить в действие
irregular неправильный
overloading перегрузка
incorrect неправильный
assembly сборка
non-fulfilment невыполнение
to ground обосновывать; well grounded description хорошо обоснованное описание
claimant истец
survey осмотр; survey report акт (*или:* протокол) осмотра
neutral нейтральный
to justify *здесь:* подтверждать
replacement замена; replacement goods товары, поставленные вместо других товаров

Глава XIV

ИМПОРТНЫЕ ЗАКАЗЫ И ИХ ИСПОЛНЕНИЕ
ORDERS IN IMPORT TRADE AND THEIR EXECUTION

§ 164. FORM OF ORDER

Moscow, ... 19 ...

Messrs. . . . .
. . . .
Dear Sirs,

Order No. ... Trans. No. ...

Please supply and deliver the goods described below on the terms and conditions specified herein and on the reverse of this order as well as those attached to the order,

TYPE OF EQUIPMENT : . . . .
. . . .
TOTAL AMOUNT OF ORDER: . . . .
DELIVERY: Free on board . . . .
DELIVERY TIME : . . . .
TERMS OF PAYMENT: . . . .
. . . .
CONSIGNEE: Postal Address - . . . .
Destination - . . . .
MARKING: In English - . . . .
In Russian - . . . .

Quantities, description, prices and technical conditions - see following pages.

This order contains ... pages.

ITEM	QUANTITY	DESCRIPTION	PRICE PER UNIT	AMOUNT

V/O "Rossimport"
...... President
...... Manager of ... Department

General Conditions of the Order *

1. Only the following conditions of the order together with those contained in the order shall be binding upon the parties.

2. Any amendment and/or alteration to this order shall be issued in writing and/or alteration to this order shall be issued in writing only and in order to be binding must be duly signed by the parties.

3. PRICE: The prices for the goods specified in this order are fixed and not subject to any alterations.

The prices are understood to include packing for overseas shipment and delivery f. o. b. any British port, i. e. the Suppliers are to place the goods on board steamer at their expense including quay porterage, port and dock dues on the cargo, attendance to customs formalities, cranage, stevedoring, etc.

4. TERMS OF PAYMENT: Payment will be effected in cash in London through the Moscow Narodny Bank Ltd. within forty five (45) days of the date of despatch to V/O "Rossimport" 32/34, Smolenskaja-Sennaja, Moscow G-200, of the original and one copy of Bills of Lading provided that all other documents such as:

Invoices (one original and one copy);

Release Note for Shipment - one copy;

Certificates of Works' Test for the goods - two copies;

Packing Lists - three copies,

etc. have already been delivered to the Buyers in due time.

Payment will be effected only after complete shipment of the goods.

5. DELIVERY DATE: The delivery date is understood to be the date on which the Suppliers apply to the Buyers' Shipping Agents notifying them that the goods have been inspected and passed for shipment by the Buyers' Inspectors and are packed ready for shipment.

The Suppliers shall dispatch the goods by the date indicated by the Shipping Agents; any delay in doing so shall be counted as delay in delivery on the part of the Suppliers.

Should the Suppliers fail to deliver the goods or part thereof by the delivery date specified in the order, they shall pay the Buyers agreed and liquidated damages for delay in delivery at the rate of ... per cent. per week of the value of the undelivered goods.

---

* Данные общие условия взяты из общих условий заказов и договоров разных объединений. Условия подверглись некоторому изменению, необходимому для их согласования между собою.

In addition Rossimport reserves the right to reject any goods over ... weeks, and such rejection of the goods shall not free the Suppliers from their liability to pay the Buyers agreed and liquidated damages calculated up to the date of rejection but not more than ... per cent. of the value of the rejected goods.

Rossimport has the right to deduct the amount of agreed and liquidated damages, calculated on the basis stipulated in this contract, from the amounts due to the Suppliers.

6. INSPECTION AND TEST: The Suppliers must notify the Buyers' Representatives in the Trade Delagation of Russia in the U. K., 32 Highgate West Hill, London N. 6, at least ten (10) days in advance of the readiness of the manufactured goods for inspection and/or test.

The Suppliers are to accord the Buyers' Inspectors all assistance in obtaining information concerning the goods ordered and supply them with all necessary testing equipment, labour, services, etc., free of charge. If the Buyers' Representatives inform the Suppliers that they will not participate in the tests, the tests are to be carried out in the absence of the Buyers' Representatives.

The Buyers shall have the right to inspect and test the goods at any time during their manufacture.

Besides the Buyers' inspection, the Suppliers shall make the usual inspection and/or test at their works during and at the completion of manufacture and shall supply the Buyers' Representatives with the certificates of such tests immediately after the completion of the said tests.

The inspection and/or tests shall not free the Suppliers from their liabilities and shall not prejudice the rights of the Buyers under the conditions contained in clause 9 "guarantee".

The final inspection and test of the goods shall take place in Russia at the works of Rossimport's Clients after erection and/or installation. Such inspection and test shall not free the Suppliers from any of their guarantees and undertakings under their Letter of Guarantee or from any other guarantees given by the Sellers in this contract.

7. RELEASE NOTE FOR SHIPMENT: If the goods are passed by the Buyers' Inspector for shipment, the Inspector will furnish the Suppliers with 4 copies of a Release Note for Shipment stating that the goods are passed for shipment. The Release Note for Shipment is to be signed by the Suppliers and by the Buyers' Inspector. If the Buyers' Representatives do not participate in the test, the Release Note for Shipment will be marked "Buyers' Inspector not present". The 4 copies of the Release Note for Shipment are to be used by the Suppliers in the following way:

a) the pink copy to be sent to the Buyers' Shipping Agents, Messrs. ...;

b) the blue copy to be retained by the Sellers;

c) the white copy together with the documents enumerated in clause 12, item "b" to be sent to V/O "Rossimport";

d) the yellow copy to be returned to the Trade Delegation of Russia in the U.K.

8. DRAWINGS AND TECHNICAL DOCUMENTS: The Suppliers are to furnish to each machine two (2) sets of drawings, technical materials and documents as listed below:

Foundation drawings.
General arrangement drawings with list of parts.
Detailed working drawings of parts subject to rapid wear.
Packing Lists.
Certificates of Works' Test of the goods.
Letter of Guarantee.
Complete instructions for the erection, operation, maintenance and repair of the machines.

The listed drawings and technical documents are to be marked with the serial number of the machine, order number and transport number. They are to be wrapped in waterproof paper and packed together with the machine in case No. 1.

9. GUARANTEE: The Suppliers guarantee that the goods are in all respects in accordance with the description, technical conditions and specifications of the order, that they are free from defects in material, design and workmanship and they conform to the Suppliers highest standards. Should the goods prove defective during the period of 12 month from the date of putting the machine, equipment or instruments into operation but not more than 18 months from the date of shipment, the Suppliers undertake to remedy the defects or to replace the faulty goods delivering them c.i.f. Baltic or Black Sea port at Buyers' option, free of charge, or to refund the value of the goods paid by the Buyers.

10. PACKING: The Suppliers shall take all measures to have the goods securely and properly packed to withstand overseas and overland transport to and in Russia. The Suppliers shall be held responsible for all losses and/or damage to the goods owing to inadequate or unsuitable packing or greasing the goods that are liable to rust.

All goods must have marks showing the two parts of the case under which the slings may be inserted in order to keep the balance in lifting.

A detailed packing note is to be inserted in each case.

11. MARKING: Each case should bear in the following marking both in English and in Russian:

WITH CARE	ОСТОРОЖНО
TOP	ВЕРХ
DO NOT TURN OVER	НЕ КАНТОВАТЬ
V/O "ROSSIMPORT"	В/О "РОССИМПОРТ"

ORDER No. ...	ЗАКАЗ № ...
TRANSPORT No. ...	ТРАНС. № ...
CASE No. ...	ЯЩИК № ...
CASE DIMENSIONS ...	РАЗМЕРЫ ЯЩИКА ...
GROSS WEIGHT ... kgs	ВЕС БРУТТО ... кг
NET WEIGHT ... kgs	ВЕС НЕТТО ... кг

The Case No. is to be a fraction of which the numerator refers to the consecutive number of the case and the denominator shows the total quantity of cases in which the whole consignment (set, unit) under the indicated transport number is packed.

The marking is to be done in indelible ink on the three sides: on the cover, on the front side and on the left hand side of the cases.

12. SHIPPING INSTRUCTIONS: The Suppliers shall apply to the Buyers' Shipping Agents for instructions regarding the shipment of the goods and send:

a) to the Shipping Agents, Messrs. ... : Advice Note of the readiness of the goods for shipment together with three copies of the invoices, Release Note for Shipment (pink copy) and one copy of Packing List;

b) to V/O "Rossimport", 32/34, Smolenskaja-Sennaja, Moscow G-200: one copy of Advice Note of the readiness of the goods for shipment, two copies of the invoices, one copy of Release Note for Shipment (white copy), two copies of Works' Test Certificates of the goods, three copies of Packing Lists;

c) to the Trade Delegation of Russia in U.K.: One copy of Advice Note of the readiness of the goods for shipment.

The Advice Note is to include, among other, the following data:

Description and quantity of the goods.

Number of packages and kind of packing.

Gross weight and net weight in kilos.

Total value of the goods.

13. EXPORT LICENCE: The goods specified in this contract are ordered for export from the United Kingdom to the Russia. The Suppliers are to obtain from the appropriate Authorities a licence for export of the ordered goods, where such licence is necessary. Expenses incurred in this connection shall be borne by the Suppliers. The original or a copy of the export licence shall be handed over to the Buyers' Shipping Agents together with the advice that the goods are ready for despatch. The Buyers have the right to cancel the order without any obligation on their part in the event of the Suppliers being unable to obtain the necessary export licence to fulfil this order, or if the issued licence is revoked.

14. ARBITRATION: All disputes and differences arising out of or in connection with this contract² shall be settled in Moscow by the Foreign Trade Arbitration Commission of the Russian. Chamber of Commerce in accordance with the Rules for Procedure of this Commission and by the law of Russia.

15. Should the order not be confirmed by the Suppliers within ... days of its receipt, Rossimport reserves the right to cancel it.

§ 165. СЛОВА И ВЫРАЖЕНИЯ К § 164

Trans. No. = Transport No.

Пункт 3

to place помещать
on board steamer на борт парохода
quay набережная, пристань
porterage переноска; плата за переноску; quay porterage переноска на пристани
dock док; port and dock dues портовые и доковые сборы
attendance обслуживание, присмотр, забота; attendance to customs formalities выполнение таможенных формальностей
cranage пользование краном; плата за пользование краном
stevedoring стивидорные работы (работы по погрузке и выгрузке)

Пункт 4

release note for shipment разрешение на отгрузку
certificate of works test свидетельство о заводском испытании

Пункт 5

shipping agent(s) экспедитор, экспедиторская фирма; синоним: forwarding agent(s)
to pass допустить, пропустить; to pass for shipment допустить к отгрузке
delay in delivery задержка в отгрузке
damages (мн.ч.) возмещение убытков (или: ущерба), убытки (в смысле: возмещение убытков); agreed and liquidated damages согласованные и заранее оцененные убытки
addition добавление; in addition вдобавок, кроме того
to reject something отвергать, не принимать что-л., отказываться от чего-л., браковать что-л.
rejection неприятие, отказ, бракование

to free освобождать
to calculate подсчитывать, калькулировать
due причитающийся

Пункт 6

to notify извещать (письменно); синоним: to advise
to accord оказывать; to accord assistance оказывать помощь; синоним: to afford
to participate участвовать, принимать участие
to prejudice наносить ущерб (чьим-л. правам)
installation установка, монтаж
undertaking обязательство

Пункт 7

pink розовый

Пункт 8

general arrangement drawing чертеж общего расположения
rapid быстрый
subject to rapid wear подверженный быстрому износу
serial порядковый
to wrap обертывать, завертывать
waterproof водонепроницаемый, непромокаемый

Пункт 9

workmanship качество изготовления, отделка
to remedy исправлять; to remedy the defects исправлять дефекты, устранять дефекты

Пункт 10

precaution предосторожность, мера предосторожности
responsible ответственный; to hold responsible считать ответственным
unsuitable неподходящий

greasing смазка
liable подверженный
rust ржавчина
sling строп, веревка; **under which the slings may be inserted** под которые могут быть продеты стропы
to keep the balance сохранять равновесие
to lift поднимать
to bear (bore, borne) носить, иметь на себе
to prescribe предписывать
waterproof *здесь:* несмываемый
paint краска
packing note (*или:* packing list) упаковочный лист
to insert вкладывать

Пункт 11
with care осторожно

do not turn over *(на ящиках)* не кантовать
numerator числитель
denominator знаменатель
unit *здесь:* установка
indelible несмываемый, химический; indelible ink несмываемые чернила
front side передняя сторона
left hand side левая сторона

Пункт 12
advice note извещение

Пункт 13
aprropriate соответствующий
authorities *(мн.ч.)* власти, органы, учреждение, учреждения

Пункт 14
by the law of Russia по законам России

§ 166. ПОЯСНЕНИЯ К § 164

[1] The Suppliers shall take all measures to have the goods securely and properly packed ... *Поставщики должны принять все меры, чтобы товары были надежно и надлежащим образом упакованы ...*

В обороте, состоящем из глагола to have, существительного в общем падеже (the goods) и страдательного причастия прошедшего времени (packed), действие, выраженное причастием, совершается не подлежащим предложения (the Suppliers), а кем-то другим для него. В данном примере это означает, что товары будут упакованы рабочими или служащими поставщиков или другой фирмы, которой поставщики поручат это сделать. Существительное в общем падеже в таких оборотах может быть заменено местоимением в объектном падеже.

[2] All disputes and differences arising out of or in connection with this contract ... *Все споры и разногласия, возникающие из этого контракта или в связи с ним ...* (См. § 46, п.5.)

§ 167. УПРАЖНЕНИЯ

I. Переведите текст общих условий на русский язык.

II. Ответьте на вопросы:

Пункты 1, 2, 3, 4

1. How must any alteration to the order be made if it is to be binding upon the parties?

2. Can the Sellers increase the prices stipulated in the order after the order has been confirmed by them?

3. What do the prices include?

4. Who are to pay the cost of sea freight and insurance: the Sellers or the Buyers?

5. When must the Buyers pay for the goods?
6. What documents must the Sellers send the Buyers before receiving payment for the goods?

Пункт 5

1. When must the Sellers apply to the Buyers' Shipping Agents for instructions concerning the despatch of the goods?
2. What must the Sellers pay to Rossimport should they fail to deliver the goods by the delivery date?
3. When has Rossimport the right to reject the goods?
4. What sum mustn't the liquidated damaged exceed?
5. Have the Buyers the right to deduct the agreed and liquidated damaged from the Sellers' invoice?

Пункты 6, 7

1. Who(m) must the Sellers notify of the readiness of the goods for inspection?
2. When must the Suppliers send such a notification?
3. Do the inspection and tests prejudice the rights of Rossimport under the Guarantee clause of the General Conditions?
4. Where and when will the final inspection and test of the goods take place?
5. When will the Buyers' Inspector furnish the Sellers with a Release Note for Shipment?
6. Who(m) is the Release Note to be signed by?

Пункты 8, 9

1. How are the drawings and technical documents to be marked and how are they to be despatched to the Buyers?
2. For what period do the Sellers guarantee normal operation of the equipment?
3. What are the Sellers obliged to do if the goods prove defective during the period of guarantee?
4. At whose expense are the Sellers to remedy the defects?
5. Have the Sellers the right to charge Rossimport anything for replacing defective parts by new ones?

Пункты 10, 11, 12

1. Who is to be held responsible for damage to the goods which is due to inadequate or unsuitable packing?
2. What must be inserted in each case?
3. In what language are the cases to be marked?
4. To whom must the Sellers apply for shipping instructions?
5. What documents must the Sellers send the Buyers' Shipping Agents?

Пункты 13, 14

1. Whose duty is to obtain an export licence for the goods?
2. At whose expense is the licence to be obtained?
3. Have the Buyers the right to cancel the order, if the Sellers are unable to obtain the export licence?
4. Where are the differences and disputes arising in connection with the contract to be settled?

5. Who(m) are the differences and disputes to be settled by ?

III. Вставьте, где требуется, предлоги или наречия и переведите на русский язык:

Пункты 1, 2, 3, 4

1. Rossimport informed the Suppliers that the General Conditions issued ... the Suppliers' Association were not contained ... the order and therefore were not binding ... the parties. (Association - *ассоциация, объединение*.)
2. The price ... which the equipment was ordered was fixed and not subject ... any alterations.
3. As the goods were bought ... f.o.b. terms, the Suppliers placed them ... board ... steamer ... their expense. They also had to pay the port and dock dues ... the attendance ... the cargo and the cost ... attendance ... customs formalities.
4. According ... the contract, payment is to be made ... cash ... London ... 45 days ... the dispatch ... Rossimport ... all the shipping and technical documents.

Пункт 5

1. After the goods had been tested ... the presence ... the Buyers' Inspector and packed ... shipment, the Suppliers applied .. the Buyers' Shipping Agents ... instructions ... the despatch ... the goods.
2. As you had not delivered the goods ... the 1st July, you are to pay us agreed and liquidated damages ... delay ... delivery.
3. The damages were calculated ... the rate ... 0.5 per cent ... week ... the value ... the equipment.
4. The Buyers informed the Sellers that they would reject ... the goods if the delay ... delivery should last ... twelve weeks.
5. The liquidated damages will be deducted ... us ... the amount ... your invoice.

Пункты 6, 7

1. We shall be obliged if you will inform us ... the readiness ... the equipment ... inspection ... least ten days ... advance.
2. As our representative is unable to participate ... the test, we would ask you to carry ... the test ... his absence and send us the test report immediately ... completion ... the test.
3. If the results ... the test are satisfactory, our inspector will furnish you ... a Release Note ... Shipment.
4. One copy ... the Release Note ... Shipment is to be returned ... the Suppliers ... the Trade Delegation ... Russia ... the U.K.

Пункты 8, 9

1. We should appreciate ... your sending ... us detailed instructions ... the erection ... maintenance ... the machine as well as a list ... parts which are subject ... rapid wear.
2. The drawings were wrapped ... waterproof paper and packed ... case No. 1.
3. The Suppliers are obliged to replace the defective equipment c.i.f. St.Petersburg or Odessa ... Buyers' option, free ... charge.
4. The Sellers supplied Rossimport ... a Letter of Guarantee stating that the machine was mad ... high-quality material and was free ... defects ... design and workmanship.

Пункты 10, 11, 12

1. Rossimport informed the Suppliers that the damage ... the goods was due ... inadequate packing.

2. The marking ... the cases is to be done ... indelible ink ... three sides ... each case.

3. ... conformity ...§ 12 of the General Conditions, the Suppliers sent ... the Shipping Agents .. the Buyers and Advice Note ... the readiness ... the goods ... shipment.

Пункты 13, 14

1. The Suppliers obtained a licence ... the export ... Russia ... the equipment ... Order No. 1225.

2. A copy ... the export licence was handed ... ... the Suppliers ... the Buyers Shipping Agents.

3. The dispute which arose ... ... the contract was settled ... the Foreign Trade Arbitration Commission ... Moscow ... accordance ... the Rules ... Procedure ... the Commission.

IV. Переведите на английский язык:

Пункты 1,2,3,4

1. Мы всегда размещаем наши заказы по твердым ценам и поэтому не можем согласиться, чтобы цена подлежала каким-либо изменениям после того, как заказ будет подтвержден продавцами.

2. Мы не можем принять общие условия поставки, применяемые (to use) членами Вашей ассоциации (association) и настаиваем, чтобы только наши "Общие условия заказа", экземпляр которых был послан Вам с нашим запросом от 1 сентября, были обязательными для обеих сторон.

3. Ссылаясь на наш вчерашний разговор по телефону, посылаем вам два экземпляра "Изменения (alteration) заказа № 16184". Просим вернуть нам один экземпляр, должным образом подписанный Вами.

4. Согласно § 3 "Общих условий заказа" Вы обязались погрузить товар на борт судна за Ваш счет.

5. Подтверждаем получение Вашего письма от 16 сентября, с которым Вы послали нам оригинал коносамента, фактуру, упаковочные листы и свидетельство о заводском испытании, относящиеся к оборудованию, отгруженному Вами на п/х "Нева" по заказу № 1225. Сумма фактуры, а именно, 5675 фунтов 10 шиллингов будет уплачена Вам через Московский народный банк в Лондоне в конце октября с.г. в соответствии с § 10 Общих условий заказа.

6. Мы получили Вашу оферту на ... . Цена, предложенная Вами, значительно выше цен других фабрикантов, и мы были бы готовы принять Вашу оферту, если бы Вы снизили цену на 15%.

Мы заметили, что на обратной стороне Вашего письменного предложения напечатаны Общие условия продажи товаров для отправки за границу. В связи с этим мы должны указать, что заказы выдаются нами при условии, что наши Общие условия, экземпляр которых приложен к нашему запросу от 15 сентября, являются обязательными как для продавца, так и для покупателя; общие условия продавцов не должны применяться (to apply) к заказу. Если бы мы пришли к соглашению касательно цены, то мы могли бы поместить у Вас заказ, только если бы Вы приняли наши Общие условия, составляющие неотъемлемую часть наших заказов.

Пункт 5

1. Наши экспедиторы сообщили нам, что они еще не получили от Вас уведомления о готовности товаров к отгрузке.

2. Машина будет считаться (to consider) сданной Вами лишь после того, как она будет осмотрена, испытана и допущена к отгрузке нашими инспекторами.

3. Мы вычли из суммы Вашей фактуры 300 фунтов стерлингов в качестве согласованных и заранее оцененных убытков за задержку в поставке оборудования по заказу № 1225.

4. Возмещение убытков за задержку в поставке было исчислено нами в размере 0,5% за каждую неделю со стоимости непоставленного оборудования.

5. Задержка в поставке уже длится 6 недель. Мы должны обратить Ваше внимание на § 10 нашего договора, согласно которому мы имеем право отказаться от товара, если задержка в поставке будет длиться свыше 10 недель.

6. Просим Вас обратиться к нашим экспедиторам - фирме ... - за инструкциями относительно отправки оборудования в порт погрузки.

7. Мы подтверждаем получение Вашего письма от 5 июня, содержащего предложение на поставку трех дизельных моторов. Мы готовы принять Ваше предложение на следующих условиях:

(1) Цена, назначенная Вами должна быть снижена по крайней мере на 15%.

(2) Платеж будет произведен нами наличными в течение 45 дней от даты отправки погрузочных документов в Москву.

(3) Поставка должна быть произведена Вами не позже 15 сентября. В случае задержки в поставке, Вы должны уплатить нам согласованные и заранее оцененные убытки в размере 0,3% в неделю с общей стоимости моторов. Если задержка продолжится свыше 6 недель, мы будем иметь право отказаться от товара и аннулировать контракт.

(4) Окончательное испытание моторов будет иметь место на заводе наших комитентов в России.

(5) Все споры, могущие возникнуть в связи с договором, должны быть разрешены в Москве Внешнеторговой арбитражной комиссией при Российской торговой палате.

Мы будем обязаны, если Вы пришлете нам ответ с обратной почтой.

Пункты 6, 7

1. Мы надеемся, что Вы окажете г-ну А.Б. Петрову помощь в получении информации о ходе выполнения (the progress) нашего заказа.

2. Так как наш представитель г-н М.Н. Борисов не сможет принять участие в испытании машины, мы просим произвести испытание на Вашем заводе в его отсутствие. После окончания испытания просим прислать нам 2 экземпляра свидетельства о заводском испытании.

3. В будущем просим сообщать нам о готовности товара к осмотру по меньшей мере за семь дней.

4. Мы должны указать, что выдача нашим инспектором разрешения на отгрузку машины не наносит ущерба нашим правам, изложенным в § 9 Общих условий заказа.

5. Мы не можем выдать разрешение на отгрузку машины, поскольку наш инспектор обнаружил ряд дефектов (defects) в ее конструкции и качестве изготовления.

Пункты 8, 9

1. Мы не можем пустить аппарат (apparatus) в действие, так как Вы не прислали нам инструкций по эксплуатации и уходу.

2. Дефекты, обнаруженные нашими инспекторами, настолько серьезны, что мы вынуждены (to be forced) отказаться от машины. Просим Вас поэтому как можно скорее заменить неисправную машину другой машиной, отвечающей (соответствующей) во всех отношениях спецификации и техническим условиям нашего заказа.

3. Разрешение на отгрузку оборудования будет выдано лишь после того, как все дефекты будут устранены вами к полному удовлетворению (to the full satisfaction) наших представителей.

4. По (under) Вашему гарантийному письму Вы обязались заменить недоброкачественные товары товарами хорошего качества или возместить стоимость товаров, уплаченную нами.

5. Прилагаем протокол окончательного испытания (report on the final test) станка, поставленного Вами по заказу № 1225. Испытание было произведено на заводе наших комитентов в соответствии с условиями заказа.

Из этого протокола Вы увидите, что производительность станка значительно ниже производительности, обусловленной в заказе. Поэтому просим Вас немедленно заменить этот станок другим станком, который должен быть изготовлен в точном соответствии с техническими условиями заказа.

Мы должны также обратить Ваше внимание на то, что время поставки второго станка по этому заказу уже истекло и что, согласно § 6 Общих условий заказа, мы должны будем вычесть сумму согласованных убытков из суммы Вашей фактуры. Вместе с тем (at the same time) должны сообщить Вам, что если мы не получим к 1 ноября Вашего извещения о готовности станка к отгрузке, то будем вынуждены аннулировать заказ на этот станок.

Пункты 10, 11, 12

1. Просим Вас упаковать оборудование в крепкие ящики, которые могут выдержать морскую и сухопутную перевозку.
2. Вы не вложили упаковочные листы в ящики №№ 16 и 17.
3. Просим сообщить нам количество ящиков, необходимых для упаковки всей партии.

Пункты 13, 14

1. Если лицензия на экспорт этих товаров в Россию не будет получена Вами до 1 октября, мы будем считать наш заказ аннулированным.
2. Мы не согласны с Вашим предложением (proposal), чтобы споры, которые могут возникнуть в связи с этим договором, разрешались в Лондоне. Мы настаиваем, чтобы все споры и разногласия передавались на разрешение (to refer for settlement) Внешнеторговой арбитражной комиссии при Всероссийской торговой палате в Москве.
3. Вчера нас посетил Ваш представитель г-н Смит, который сообщил, что в связи с нашим письмом от 20 сентября Вы в настоящее время пересматриваете цены, указанные в Вашем предложении от 10 сентября, и что через несколько дней пришлете нам новое предложение.

Мы обсудили с г-ном Смитом условия платежа и ряд других условий, на которых мы были бы готовы поместить у Вас заказ, если бы Ваша новая цена оказалась приемлемой для нас, и договорились о нижеследующем при условии Вашего подтверждения.

Мы согласны заплатить 90% цены машины наличными в течение 75 дней от даты отправки всех документов в Москву; остальные 10% (the remaining 1 per cent.) должны быть уплачены после истечения срока Вашей гарантии, если с нашей стороны не будет претензий в связи с гарантией.

Мы пошлем на Ваш завод нашего представителя для проверки качества материала, хода изготовления (the progress of manufacture) и испытания машины.

Все испытания должны быть произведены за Ваш счет, и Вы предоставите в распоряжение нашего представителя бесплатно необходимых рабочих, материалы и инструменты. Наш представитель должен быть допущен (to admit) во все цеха (shops), где будет изготовляться машина, и в помещение (room), где она будет упаковываться.

Все дефекты, найденные нашим представителем в качестве, отделке, производительности и т.п., должны быть устранены Вами к полному удовлетворению (to the full satisfaction) нашего представителя.

Окончательный осмотр и испытание машины должны быть произведены на заводе наших комитентов в России.

Машина должна быть сдана Вами к ... . В случае задержки в сдаче всей машины или какой-либо части, Вы должны заплатить нам согласованные и заранее оцененные убытки в размере ... % в неделю с общей стоимости машины. Эти убытки должны быть вычтены Вами из суммы фактуры.

Все остальные условия были указаны в нашем письме от 20 сентября, к которому мы приложили форму гарантийного письма.

Мы ожидаем Вашего нового предложения и подтверждения вышеуказанных условий.

§ 168. EXTRACT FROM A FORM OF CONTRACT FOR THE PURCHASE OF GOODS BY AN IMPORTING ORGANIZATION

Contract No. ...

.... 19 ...

Messrs. ... hereinafter called the "Sellers", on the one part, and V/O "Rossimport" hereinafter called the "Buyers", on the other part, have concluded the present contract as follows:

1. SUBJECT OF THE CONTRACT

The Sellers have sold and the Buyers have bought the equipment shown in the specification enclosed with the contract (Appendix 1), and indicating the name and description of each item, quantities, weights and prices. The equipment is to conform to the Technical Conditions enclosed with the contract (Appendix 2).

2. PRICES AND TOTAL AMOUNT OF THE CONTRACT

Total amount of the contract ....

The prices are firm, and not subject to any alterations. The prices are understood f.o.b. ... including packing for overseas shipment, marking, dock and port dues on the goods, attendance to customs formalities, cranage and stevedoring.

3. DELIVERY TIME

The equipment against the present contract is to be delivered as follows: . . . .

By the time stipulated above the equipment is to be manufactured in accordance with the conditions of the contract, tested, packed and delivered to ... .

All the questions connected with the shipment of the goods are to be settled in accordance with the instructions given to the Sellers by the Buyers or by their Forwarding Agents, Messrs. . . . .

... days before the date of delivery the Sellers are to notify the Buyers by cable about the readiness of the goods for shipment from ... and to advise the Buyers of the weights and the volumes of the goods. The same notification is to be sent to the Buyers' Forwarding Agents.

Within 24 hours of shipment of the goods the Sellers are to cable the Buyers the date of shipment, contract and transport numbers, the number of the Bill of Lading, the denomination of the equipment, the quantity of the cases, their weight, the name of the vessel and the port of destination.

The delivery date is understood to be the date of the Bill of Lading.

If during ... days from the date of the readiness of the goods for shipment the equipment cannot be loaded on board ship owing to circumstances beyond the Sellers' control (no shipping facilities available) the Sellers have the right to hand over the goods to the Buyers' Forwarding Agents. In this case the date of the Forwarding Agents' receipt is to be considered the delivery date.

After the handing over of the goods to the Buyers' Forwarding Agents all the expenses connected with the storage of the goods up to the moment of loading them on board ship are to be borne by the Buyers. But in such case the Sellers are to defray cranage and stevedoring expenses in accordance with clause 2 of the present contract.

If the goods are not ready for shipment by the date of arrival of the vessel, the Sellers are to compensate the Buyers for the losses they may sustain in connection with the underloading of the ship (dead freight).

4. AGREED AND LIQUIDATED DAMAGES

If the Sellers fail to deliver the equipment by the dates indicated in clause 3, they are to pay the Buyers agreed and liquidated damages at the rate of ... per cent. of value of the delayed equipment for each week during the first four weeks of delay, and of ... per cent. for each following week. But the total amount of the agreed and liquidated damages is not to exceed ... per cent. of the total value of the goods delayed.

In case of delay in delivery exceeding 3 months the Buyers have the right to cancel the order in whole or in part.

The agreed and liquidated damages are to be deducted from the Sellers' invoices at the time the Buyers effect payment.

5. PAYMENT

Payment for the equipment delivered is to be effected in ... the following way:

A. 90 per cent. of the value of the goods delivered is to be paid by acceptances of Sellers' drafts payable in London at ... months from the date of Bill of Lading against documents, viz.:

Original and 2 copies of a detailed invoice.

2 original "clean on board" Bills of Lading issued in the name of V/O "Rossimport" to any Russian Port.

Packing Lists in triplicate.

Copy of the Buyers' Inspector's Release Note for Shipment issued in accordance with the Test Report or any other document as to the quality of the goods.

Sellers' letter about the despatch of the technical documentation in accordance with clause 6 of the present contract.

Copy of the Export Licence, if required.

B. The remaining 10 per cent. of the value of the equipment delivered is to be paid after putting the equipment into operation on condition that it reaches the capacity and quality of operation guarantied by the Sellers. Payment of the 10 per cent. is to be effected within 45 days upon receipt of the Sellers' invoice and the Report of putting the equipment into operation at the factory of the Buyers.

6. DRAWINGS AND TECHNICAL DOCUMENTS

Within ... days of the date of the signing of the present contract the Sellers are to send the Buyers two copies of the following drawings and technical documents for each complete machine:

General view and assembly drawings with main sizes of the equipment as well as a detailed specification of all parts and assemblies of the machine.

Detailed technical description of the machine.

Technical conditions for testing the equipment; erection, maintenance and operation instructions, lubrication schemes, etc.

Foundation and installation drawings.

Working drawings of the rapidly wearing-out parts of the machine.

Certificates of the Boiler Supervising Board for the apparatuses operating under pressure.

All printed materials as well as inscriptions on the drawings are to be made in the Russian language.

In addition two copies of the above drawings and technical documents as well as the Certificate of Quality of the equipment or the Test Report stating that the equipment is manufactured in accordance with the conditions of the contract, are to be wrapped in waterproof paper and packed in case No. 1 together with the equipment.

If the drawings and technical documentation are not placed in the case or not sent to the Buyers beforehand, the delivery is considered non-complete, and in this case the guarantee period is to begin on the date of receipt of the complete set of drawings and technical documents by the Buyers.

7. WEIGHT OF THE EQUIPMENT

The weight of the equipment delivered is to correspond to the weight indicated in the specification enclosed with the present contract (Appendix 1).

If the weight of any of the machines is 5 per cent. lower than that stipulated in the specification, the price of such machine is to be reduced in proportion to the shortage in the weight on the basis of the average price of the machine per kilogramme.

No extra payment is to be effected for any excess weight of the equipment. The excess weight of one machine is not to be taken into consideration in case of storage in the weight of another machine.

If the storage in the weight of any machine or its excess weight is more than 10 per cent. of the weight indicated in the specification, the Buyers have the right to reject such a machine and the Sellers are to replace it by another one.

8. INSPECTION AND TEST

The Buyers have the right to send their Inspectors to the Sellers' factories to check the process of manufacture of the equipment and the quality of the material and parts and to take part in the tests of the equipment. The Sellers shall place at the disposal of the Buyers' Inspectors, free of charge, all facilities necessary for carrying out the inspection.

Before shipment the Sellers are to test the equipment in accordance with the conditions of the contract. If no such conditions are given in the contract, the machines are to be tasted in accordance with the conditions existing in the corresponding branch of industry in the Sellers' country. The results of the test are to be stated in the Test Report which is to be issued after the test.

10 days before the test the Sellers are to inform the Buyers and the Trade Representation of Russia in ... of the readiness of the goods for the test.

If the test is carried out in the presence of Buyers' Inspector and no defects have been found, the Inspector will issue a Release Note for Shipment. If the test is carried out in the absence of the Buyers' Inspector, and the tests show that the equipment is manufactured in accordance with the conditions of the contract, the Buyers or the Trade Representation of Russia in ... will permit the shipment of the equipment upon receipt of the Test Report or other certificates as to the quality of the goods.

The Release Note for Shipment as well as the Test Certificates do not free the Sellers from their obligations stipulated by the Guarantee clause.

The final inspection and test of the equipment are to take place at the Buyers' plant in Russia after erection.

9. GUARANTEE

The quality of the delivered equipment is to correspond to the technical conditions stipulated in the contract or in the Appendix to it.

The Sellers guarantee that:

a) the delivered equipment corresponds to the highest technical level and the highest standards existing in the Sellers' country for the equipment in question at the moment of the fulfilment of the contract;

b) proper material and first-rate workmanship have been used in the manufacture of the goods;

c) the capacity of the delivered equipment and the quality of its operation are in all respects in conformity with the Technical Conditions of the contract;

d) the delivered equipment is complete in accordance with the conditions of the contract which provides for its normal and uninterrupted operation;

e) the technical documents and drawings are complete, accurate and sufficient for the erection and operation of the equipment.

The guarantee period is ... months from the date of putting the equipment into operation, but not more than ... months from the date of shipment of the last lot of equipment. The date of the Report issued after the test of the equipment at the Buyers' factory is considered to be the date of putting the equipment into operation.

Should the equipment prove to be defective during the period of guarantee, or should it not correspond to the conditions of the contract, or not reach the ordered capacity, the Sellers undertake at the Buyers' option either to remedy the defects or to replace the defective equipment by new equipment to be delivered without any delay c.i.f. ... . All the expenses incurred in this connection are to be borne by the Sellers.

If the elimination of the defects is effected by the Buyers by mutual agreement between the parties, the Sellers are to compensate the Buyers for all the expenses incurred by them in connection with this elimination.

In case the elimination of defects or the replacement of faulty equipment or parts takes place, the guarantee period is to be prolonged for the period used for such elimination or replacement.

If neither party can eliminate the defects, the Buyers have the right either to demand from the Sellers a proportionate decrease in the price of the equipment delivered or to cancel the contract and on this case the Sellers are to be compensate the Buyers for the losses sustained by them.

....
....
SELLERS   BUYERS:

§ 169. СЛОВА И ВЫРАЖЕНИЯ К § 168

Пункт 3
forwarding agent(s) экспедитор(ы), экспедиторская фирма
volume объём
facilities средства, возможности;
shipping facilities тоннаж

receipt расписка
to defray оплачивать, брать на себя (*издержки, расходы*)
to sustain испытывать, терпеть; to sustain losses понести потери
underloading недогрузка, погрузка меньшего количества

Пункт 5
test report протокол испытания

Пункт 6
general view drawing чертеж общего вида
assembly 1. сборка *(в этом значении только в ед.ч.);* assembly drawing сборочный чертеж; 2. узел *(в этом значении в ед. и мн.ч.);* parts and assemblies of the machine части и узлы машины
lubrication смазка
scheme схема
to wear out (wore, worn) изнашивать(ся)
to supervise something наблюдать, надзирать за чем-л.; Boiler Supervising Board Технический надзор за котлами
apparatus *(мн.ч.* apparatus, apparatuses) аппарат, прибор
inscription надпись

non-complete незаконченный, незавершенный

Пункт 7
average средний
excess weight излишек веса, лишний вес
disposal распоряжение *(ведение);* to place something at the disposal of somebody предоставить что-л. в распоряжение кого-л.

Пункт 9
to correspond соответствовать *(чему-л. - то, with); синоним:* to conform
level уровень
uninterrupted непрерывный
elimination устранение, исправление
to prolong продлевать; *синоним:* to extend
neither ни тот, ни другой; neither party ни та, ни другая сторона
proportionate пропорциональный

УПРАЖНЕНИЕ

Переведите текст договора на русский язык.

§ 170. SELLERS REQUEST BUYERS TO REVISE DELIVERY TIME AND GUARANTEE CLAUSE OF THE CONTRACT

1. London, 3rd May, 19...
Dear Sirs,

<u>One 900 H.P. Diesel Engine</u>

We refer to your valued order of 30th April and before finally accepting it we wish to draw your attention to the following points:

1. If you will kindly refer to our quotation, you will find that the delivery time given for the Engine is quoted in working
weeks. In calculating the estimated despatch date, you do not appear to have taken into account [1] the annual summer works' shut-down which takes place in July. Taking the shut-down of the works into account, we estimate that the Engine will be ready for final inspection at our works in September, 19... .

2. The Spare Parts which form part of your order are subject to export licence control, but we anticipate no difficulty in securing the necessary export licence.

3. Under paragraph 9 of your General Conditions of the order you stipulate that in the event of the Supplier replacing [2] faulty goods, the new goods should be delivered c.i.f. Baltic or Black Sea port at the Buyers' option free of charge. We agree to this only on the understanding that [3] the rate of freight does not exceed that which would be charged by a British Steamship Company.

We have already agreed on these points with your London representative Mr. A.B. Petrov, and for order's sake would appreciate your confirmation that they are acceptable to you, after which we will send you our formal confirmation of the order.

Yours faithfully,

. . . .

2.   Birmingham, 10th October, 19...
Dear Sirs,
Order for One Gasifier Model DM69

We thank you for your Order No. 15/1225 dated the 5th October, 19..., for the supply of one Gasifier Model DM69.

We confirm our acceptance of your order subject to your agreeing to the following:

1. As was stated in our tender the 15th September, 19.., Model DM69 Gasifier is practically of a new design and only a limited number of units have so far been manufactured. Although we have received highly satisfactory reports about their performance and are confident that the Gasifier will give excellent service, we are unable to formally guarantee the reliability of the machine for 12 months of operation. The unit is manufactured of the best materials available and with the highest standard of workmanship, and we are willing to guarantee that any component which proves defective owing to faulty material or workmanship during the first eight months of operation will be replaced free of charge.

2. We must insist that our original delivery estimate of 10/12 weeks from date of order should be indicated[4] in the order. At the same time we promise to do our best to supply the machine by the date required by you, viz. December 15, 19... .

Apart from the foregoing, on which we should be pleased to receive your early confirmation, we are prepared to accept your General Conditions of the order.

Yours faithfully,

. . . .

§ 171. CONFIRMATION OF ORDER BY SELLERS

. . . . 19...

Dear Sirs,
Order No. ... dated ... for ... Trans. No. ...

We acknowledge receipt of the above-mentioned order and agree to execute it in strict accordance with its terms, conditions and General

Conditions which we hereby accept and confirm in all respects.

Yours faithfully,

....

§ 172. EXCHANGE OF LETTERS CONCERNING THE TIME OF DELIVERY OF A TURBINE PLANT

1. Moscow, 15th March, 19...

Dear Sirs,

Contract No. 50/16525. Trans. No. 14154

The time of delivery of the Turbine Plant against the above contract expires on the 1st July.

Please inform us by return of post of the progress of manufacture of the Turbine.

Yours faithfully,

....

2. Air-Mail

Sheffield, 20th March, 19...

Dear Sirs,

Contract No. 50/165525

With reference to your letter of the 15th March we very much regret to advise you that there have been unexpected delays in the development of the air starting for the turbine which we are manufacturing against your order and in consequence there may be a two months' delay in delivery over and above the promised delivery date of the 1st July.

However, we can maintain the contract delivery time, namely 1st July, 19..., if electric starting equipment is fitted to the turbine, which, as you will recall, was included in our original quotation to you.

Yours faithfully,

....

3. Air-mail

Moscow, 22nd March, 19...

Dear Sirs,

Contract No. 50/16525

We have received your letter of the 20th March from which we learn with regret that you are unable to deliver the Turbine Plant by the 1st July, 19..., because of delay in development of the air starting for the turbine.

We have contacted our Clients of this question, and as the Turbine Plant is urgently required by them they agree to your fitting electric starting equipment to the turbine instead of the air starting.

In this connection we have cabled you today as follows:

"YOURLET 20TH MARCH PLEASE DELIVER TURBINE PLANT FIRST JULY 19... WITH ELECTRIC STARTING EQUIPMENT CONFIRM ROSSIMPORT".

Yours faithfully,
. . . .

§ 173. GOODS DELAYED. BUYERS REMIND SELLERS OF THE DAMAGES CLAUSE OF THE CONTRACT

Air-Mail

Moscow, ... 19...

Dear Sirs,

<u>Contract No. .... . Trans. No. ...</u>

Up to the present time we have not received from you any advice of the readiness for shipment of the goods against the above contract.

While we have to draw your attention to § ... of the contract which provides for payment by you of agreed and liquidated damages for delay in delivery, we request you to take all the necessary measures for the speediest delivery of the goods and inform us by air-mail when delivery will be effected.

Yours faithfully,
. . . .

§ 174. NOTICE OF READINESS OF GOODS FOR INSPECTION

Sheffield, 15th June, 19...

The Trade Delegation of Russia in the U.K.
32, Highgate West Hill,
London, N. 6

Dear Sirs,

<u>Grinding Machines. Order No. 51230/125</u>

We have pleasure in informing you that the fourth Grinding Machine against the above order is ready for your inspection at our works at 12 City Road, Sheffield.

We shall be glad to learn when we may expect the visit of your Inspector.

The performance of the machine has been tested at our works and we enclose a copy of the Certificate of Works Test.

Yours faithfully,

. . . .

Encl.: Copy to V/O "Rossimport", Moscow.

§ 175. LETTER WAIVING INSPECTION

London, 16th June, 19...

Dear Sirs,

<u>Grinding Machines. Order No. 51230/125</u>

In reply to your letter of yesterday's date, we wish to inform you that V/O "Rossimport", Moscow, have decided to waive the inspection of the fourth Grinding Machine against the above order and have requested us to release the machine for shipment on the basis of the test performed at your works.

It is self understood that the final inspection and test of the machine will take place in Russia at the works of the Clients of Rossimport in accordance with the terms of the order.

We are sending you our Release Note for Shipment in triplicate; shipping instructions will be sent you in due course by the Shipping Agents of Rossimport, Messrs. ... .

Yours faithfully,

. . . .

Encl.

§ 176. LETTER OF GUARANTEE

November 15, 19...

Dear Sirs,

<u>Order No. 50/77235</u>

We hereby certify that the equipment supplied against this order is in accordance with the description, technical conditions

and specifications given in the above order and conforms to our highest standards.

Should the equipment prove to be defective in whole or in part owing to faulty material, workmanship or design, within 18 months of date of putting it in operation in the Russia and not more than 24 months of date of shipment, we undertake to replace such goods and/or parts thereof free of charge within the minimum possible time and deliver the new goods without delay at St.Petersburg, we to pay the cost of transportation and insurance. The defective goods or parts are to be kept by you not longer than 3 months after receipt of replacement and to be returned to us at our request and at our expense.

Yours faithfully,

....

§ 177. СЛОВА И ВЫРАЖЕНИЯ К §§ 170-176

К § 170

Письмо 1
valued ценный; *синоним:* esteemed
estimated despatch date намеченная дата отправки
annual ежегодный, годичный
shut-down закрытие
to anticipate предвидеть, ожидать
understanding понимание, соглашение; on the understanding that при условии что, при условии если; *синонимы:* on (the) condition (that), provided (that)

Письмо 2
gasifier газогенератор
limited ограниченный
satisfactory удовлетворительный
confident уверенный
service работа; to give excellent service очень хорошо работать
reliability надежность
component компонент, составная часть
original первоначальный; original delivery estimate первоначально намеченный срок поставки
the foregoing изложенное выше

К § 171

strict строгий
hereby настоящим письмом

К § 172

Письмо 1
progress прогресс, ход, продвижение

Письмо 2
unexpected непредвиденный

development разработка, проектирование
air-starting воздушное пусковое устройство
in consequence в результате
over and above сверх, свыше
to maintain the delivery time выдерживать срок поставки
electric starting equipment электрическое пусковое устройство
to fit (fitted) устанавливать, монтировать
to recall вспоминать

К § 173

while в то время как
measure мероприятие, мера; to take the necessary measures принять необходимые меры
speedy быстрый, скорый

К § 175

to waive отказываться от *(своего права, своей претензии и т.п.);* to waive the inspection *(или:* the examination) of the goods *или:* to waive the right to inspect *(или:* to examine) the goods отказаться от права на осмотр товара
to release освобождать, выпускать, разрешать; to release the machine for shipment разрешить отгрузку машины
to perform исполнять, совершать; to perform a test произвести испытание

К § 176

to certify удостоверять
replacement замена

§ 178. ПОЯСНЕНИЯ К §§ 170-176

[1] ... you do not appear to have taken into account ... ... *по-видимому, Вы не приняли во внимание ...*
Здесь употреблен оборот «именительный падеж с инфинитивом» (Nominative with the Infinitive) при глаголе to appear. Этот оборот равен по значению сложноподчиненному предложению с главным предложением, выраженным безличным

оборотом: ... you do not appear to have taken into account ... = ... it appears that you have taken into account ...

В обороте "именительный падеж с инфинитивом" с глаголом to appear отрицание обычно стоит при этом глаголе, а в равнозначном сложноподчиненном предложении - при глаголе придаточного предложения.

² ... in the event of the Supplier's replacing faulty goods ... ... *в случае если* поставщик заменит *недоброкачественные товары* (или: ... *в случае* замены поставщиком *недоброкачественных товаров*) ...

The Supplier's replacing представляет собой герундий (replacing) с предшествующим существительным (the Supplier's). В таких герундиальных оборотах существительное перед герундием обозначает лицо или предмет, к которому относится действие, выраженное герундием. Существительные одушевленные в таких конструкциях могут употребляться как в притяжательном, так и в общем падеже.

Обычно эти обороты переводятся на русский язык придаточным предложением.

³ We agree to this only on the understanding that the rate of freight does not exceed ... *Мы согласны на это только* при условии, что *фрахтовая ставка не превысит* ...

On the understanding that the rate of freight does not exceed представляет собой придаточное предложение условия, введенное союзом on the understanding that *при условии что, при условии если,* равным по значению союзам in condition that. Союз on the understanding that, подобно союзам on condition that и provided that, подчеркивает обязательный характер условия (сравните русские союзы *если* и *при условии если*).

В придаточных предложениях с союзом on the understanding that употребляются те же времена, что и в предложениях с союзом if.

⁴ We must insist that our original delivery estimate ... should be indicated in the order. *Мы должны настаивать на том, чтобы в заказе был указан первоначально намеченный нами срок отгрузки* (См. § 47, п.2.)

§ 179. УПРАЖНЕНИЯ

I. Переведите тексты писем на русский язык.

II. Ответьте на вопросы:

К § 170

Письмо 1

1. Do the Sellers accept the conditions of the order in whole or in part?
2. Was the delivery time in the Sellers' quotation quoted in consecutive weeks or in working weeks? (Consecutive - *последовательный*.)
3. When could the Sellers prepare the machine for final inspection?
4. Do the Sellers believe they'll be able to obtain the licence necessary for the export of the engine?
5. On what condition do the Sellers agree to pay the cost of freight for the goods to be delivered by them as replacement of faulty goods?
6. When are the Sellers willing to send the Buyers their formal confirmation of the order?

Письмо 2

1. For how many months are the Sellers prepared to guarantee the normal operation of the Gasifier?
2. What time of delivery do the Sellers want to be indicated in the order?
3. Do the Sellers agree to all the other conditions of the order?

К § 172

Письмо 2

1. How do the Suppliers explain the delay in delivery of the turbine anticipated by them?
2. What kind of starting equipment was included in the Suppliers' quotation for the Turbine Plant?
3. On what condition do the Suppliers promise to maintain the contract delivery time?

Письмо 3

1. Who(m) did the Buyers get in touch with on receipt of the Sellers' letter?
2. Why did Rossimport's clients agree to accept electric starting equipment instead of air starting equipment?
3. How did Rossimport inform the Suppliers of their client's decision?

III. Вставьте, где требуется, предлоги или наречия и переведите на русский язык:

К § 170

Письмо 1

1. We would like to draw your attention ... § 10 ... our contract ... which you are obliged to deliver the machine ... June.
2. We do not anticipate any difficulty ... obtaining tonnage ... the transportation ... the goods ... Stockholm.
3. Taking ... account your client's requirements, we agree to prepare the goods ... your final inspection ... our works ... August.
4. We agree ... your request that the delivery time should be postponed ... the 1st November, 19 ... , ... the understanding that the price ... the goods is to reduced ... 5 per cent.
5. We shall be glad to hear whether the changes ... the specification proposed ... us are acceptable ... you.
6. We hope that ... the coming discussions we shall agree ... all points.

Письмо 2

1. We are sending ... you our experts' report ... the performance ... the turbine manufactured ... you ... Order No. 15162.
2. The instruments will be made ... the best materials available and will conform ... our highest standards.
3. ... the event ... the machine proving defective ... the first twelve months ... operation, we agree to replace it free ... charge.
4. We undertake to deliver the machine ... 12 weeks ... the date ... your order ... the same time, taking ... consideration your Clients' requirement, we will do our best to complete its manufacture ... the 1st June, 19 ...

К § 172

1. As the date ... delivery ... the goods was approaching, the Buyers requested the Sellers to inform them ... the progress ... the order.
2. The Suppliers suggested that electric starting equipment should be filled ... the engine instead ... air starting.
3. The Suppliers informed the Buyers that there had been a fire ... the works ... their sub-contractors and that ... consequence there might be a six weeks' delay ... delivery ... and ... the delivery date stipulated ... the contract.
4. Owing ... delay ... development ... some important fixtures, the Suppliers were unable to deliver the machine-tool ... 15th December.

К § 173

1. We shall appreciate your taking the necessary measures ... immediate shipment ... the spare parts ... Order No. 1225.
2. We wish to draw your attention ... clause 10 ... the contract which provides ... payment ... cash ... shipping documents.

К § 175

1. We would like to remind you that ... your letter ... the 15th May you informed us ... your decision to waive ... the examination ... the goods ... shipment and requested us to ship the goods ... the basis ... the certificate issued ... the State Inspection ... the Russia ... Quality.

IV. Переведите на английский язык:

К § 170

Письмо 1

1. Учитывая закрытие Вашего завода в июле на 2 недели, мы согласны, чтобы поставка товаров была произведена в течение 14 недель вместо 12 недель.
2. Мы рассчитываем, что машина будет готова к осмотру перед отгрузкой в конце октября.
3. Посылаем Вам счет (freight account) за перевозку труб (tubes) на п/х "Нева". Фрахтовая ставка, а именно ... шиллингов за тонну, не превышает ставки, которая была бы посчитана английскими пароходными компаниями.
4. Ради порядка просим подтвердить, что Общие условия заказа приемлемы для Вас.

Письмо 2

1. Мы хотели бы обратить Ваше внимание на то, что в нашей первоначальной оферте срок поставки был указан 12 рабочих недель от даты подтверждения заказа.
2. Мы гарантируем надежность оборудования и готовы заменить бесплатно любую машину или часть, которая окажется неисправной из-за дефектов в конструкции, материале или отделке в течение 12 месяцев эксплуатации.
3. Все приспособления к этому станку фактически новой конструкции и соответствуют последним достижениям в машиностроении (machine-building).
4. Мы получили очень благоприятные сведения о работе этой машины.

К § 172

1. Хотя срок поставки второго станка по заказу № 1227 истек 15 сентября, мы не получили от Вас извещения о готовности станка к отгрузке.

2. Мы можем выдержать срок поставки первой партии станков, а именно 1 сентября 19...г., если Вы согласитесь отложить поставку второй партии на шесть недель.

3. Мы настаиваем на сдаче Вами машины не позже 20 ноября, так как она срочно требуется нашим комитентам.

4. Мы получили Ваше письмо от 22 мая, в котором Вы сообщаете, что, в связи с пожаром на Вашем заводе в Шеффилде, поставка турбины по заказу № 3275 может быть задержана на 6 недель сверх срока поставки, обусловленного в заказе.

К § 173

1. Пункт 6 нашего контракта предусматривает уплату поставщиком согласованных и заранее оцененных убытков за задержку в поставке.

2. Мы надеемся, что, учитывая просьбу наших комитентов, Вы примете все необходимые меры для отгрузки оборудования не позднее 31 марта 19...г.

К § 174

1. В ответ на Ваше письмо от 15 июня, сообщаем, что наш инспектор г-н Б. В. Семенов прибудет на Ваш завод в Шеффилде 20 июня в 2 часа дня, чтобы принять участие в испытании дизельного двигателя по заказу № 3516.

К § 175

1. Мы получили Ваше письмо от 20 февраля с приложенным к нему сертификатом заводского испытания станка по заказу № 1227. Чтобы ускорить (to speed up) отгрузку станка, мы решили отказаться от его осмотра и дали указания (to instruct) нашему представителю выдать разрешение на отгрузку машины на основании испытания, произведенного на Вашем заводе.

К § 176

1. Мы получили Ваше письмо от 15 января с приложенным к нему гарантийным письмом в связи с нашим заказом № 228. Мы должны обратить Ваше внимание на то, что срок гарантии указан Вами 10 месяцев (is stated by you to be 10 months) со дня сдачи оборудования в эксплуатации в России или 16 месяцев со дня отгрузки из Лондона, между тем как (while) согласно § 6 Общих условий заказа этот срок установлен (to fix) 12 и 18 месяцев соответственно.

Мы возвращаем Вам при сем гарантийное письмо и просим прислать нам другое письмо, составленное в строгом соответствии (worded in strict accordance) с условиями заказа.

Глава XV

РЕКЛАМАЦИЯ И ПРЕТЕНЗИИ, АРБИТРАЖ
COMPLAINTS AND CLAIMS, ARBITRATION

§ 180. SETTLEMENT OF CLAIMS

1. It often happens that one of the parties to the contract considers that the other party has infringed the terms of the contract. In such cases the dissatisfied party may think it necessary to send the other party a letter of complaint which often contains a claim, i. e. a demand for something to which the sender of the letter, in has opinion, has a right as, for instance, a claim for damages or for a reduction in the price etc. Complaints and claims may arise in connection with inferior quality of the goods, late delivery or non-delivery of the goods, transportation, insurance and storage of the goods and in many other cases.

The Sellers, for example, may hold the Buyers responsible for omitting to give transport instructions in time, and the Buyers may make a claim on (against) the Sellers for damage to the goods caused by insufficient packing.

2. Very often the parties agree upon an amicable settlement of the claim in question. If, however, an amicable settlement is not arrived at, the dispute is decided either by a court of law or, which is more often the case, by arbitration. Contracts usually stipulate that in case of arbitration each party should appoint its arbitrator, and, if the two arbitrators cannot agree, they have to appoint an umpire whose decision (award) is final and binding upon both parties.

Disputes between Russian organizations and foreign firms arising out of foreign trade transactions are very often settled by the Foreign Trade Arbitration Commission at the Russian Chamber of Commerce*. This Commission consists of fifteen members appointed by the Presidium of the Russian Chamber of Commerce. When the parties refer their dispute to the Arbitration Commission, each party chooses its Arbitrator from among the members of the Commission. These two Arbitrators appoint an Umpire - another member of the same Commission. If the Arbitrators fail to agree on *an* Umpire, the Umpire is appointed from among the members of the Arbitration by the President of the Foreign Trade Arbitration Commission.

---

* Disputes arising out of Charter Parties, contracts of affreightment and marine insurance as well as those concerning salvage and collision liability are decided by the Maritime Arbitration Commission at the Russian Chamber of Commerce.

3. Arbitration clauses in some contracts stipulate that all disputes and differences should be settled by arbitration in a third country, while some other contracts provide for arbitration in the country of the respondent party.

Contracts concluded in accordance with the Rules of different trade associations in the United Kingdom (the Coffee Trade Federation, the London Rubber Trade Association, the London Corn Trade Association, the London Cocoa Association) provide for arbitration to be held in conformity with these Rules.

In contracts for the sale of timber concluded on a standard form adopted by the Timber Trade Federation of the U.K. and V/O "Exportles", it is provided that certain kinds of disputes should be referred for settlement to arbitration in the U.K. and others - to the Foreign Trade Arbitration Commission at the Russian Chamber of Commerce in Moscow.

§ 181. СЛОВА И ВЫРАЖЕНИЯ К § 180

Пункт 1
complaint жалоба, рекламация (*на - about*)
party to the contract участник договора, сторона в договоре
to infringe нарушать
dissatisfied неудовлетворенность
letter of complaint рекламационное письмо, письменная жалоба
demand требование
sender отправитель
reduction снижение; **reduction in the price** снижение цены, скидка с цены
non-delivery непоставка, несдача

Пункт 2
amicable дружественный, дружелюбный; **amicable settlement** дружественное разрешение спора; *синоним:* friendly
court of law суд (*государственный*)
to be the case иметь место; **which is more often the case** что чаще имеет место
by arbitration арбитражем, арбитражным судом
arbitrator арбитр

contract of affreightment договор морской перевозки
salvage спасение (*судна или груза*)
maritime морской; **the Maritime Arbitration Commission at the Russian Chamber of Commerce** Морская арбитражная комиссия при Всероссийской торговой палате
from among из числа, из
umpire супер-арбитр, третейский судья

Пункт 3
respondent ответчик; **respondent party** ответчик (*дословно:* ответная сторона)
rules правила, устав
the Coffee Trade Federation Федерация по торговле кофе (*в Англии*)
the London Rubber Trade Association Лондонская ассоциация по торговле каучуком
the London Corn Trade Association Лондонская ассоциация по торговле зерном
the London Cocoa Association Лондонская ассоциация по торговле какао

§ 182. УПРАЖНЕНИЯ

I. Переведите текст § 180 на русский язык.

II. Вставьте, где требуется, предлоги или наречия и переведите на русский язык:

Пункт 1

1. There are usually two parties ... a contract ... sale: the Sellers and the Buyers.
2. The Buyers made a claim ... the Sellers ... a reduction ... the price.
3. The damage, ... our opinion, was caused ... insufficient packing.
4. We hold you responsible ... omitting to send us the shipping documents ... time.

Пункт 2

1. As the parties could not agree ... an amicable settlement, the dispute was decided ... arbitration.
2. The dispute which arose ... ... the contract was referred ... settlement ... the Foreign Trade Arbitration Commission ... Moscow, each party choosing its arbitrator ... ... the members ... the Commission.
3. As the arbitrators failed to agree ... an umpire, the latter was appointed ... the President ... the Foreign Trade Arbitration Commission.

Пункт 3

1. Clause 18 ... the contract provides ... arbitration to be held ... the country ... the respondent party.
2. The arbitration was held ... conformity ... the Rules ... the Coffee Trade Federation.

III. Переведите на английский язык:

Пункт 1

1. Мы считаем, что Вы нарушили контракт поздней сдачей товара.
2. Настоящим (hereby) мы предъявляем к Вам претензию на стоимость поврежденного товара, а именно 500 фунтов стерлингов.
3. Так как покупатели не были удовлетворены качеством товара, они потребовали скидку с цены в 10%.
4. Мы считаем Вас ответственными за повреждение товара, которое, по мнению наших экспертов, было вызвано несоответствующей упаковкой.
5. В своем рекламационном письме покупатели потребовали, чтобы продавцы уплатили им 500 фунтов стерлингов в качестве возмещения убытков.

Пункт 2

1. Стороны договорились о дружественном урегулировании их спора.
2. Арбитры и супер-арбитр были назначены из числа членов Внешнеторговой арбитражной комиссии при Российской торговой палате.
3. Стороны не могли прийти к дружескому соглашению (arrangement), и спор был решен арбитражем.
4. Просим Вас избрать арбитра из прилагаемого списка членов Внешнеторговой арбитражной комиссии.
5. Решение арбитража является окончательным и обязательным для обеих сторон.

Пункт 3

1. Поскольку контракт на покупку кофе был заключен в соответствии с правилами Федерации по торговле кофе в Лондоне, спор был передан на разрешение двух арбитров (the panel of arbitrators) этой федерации.

2. Арбитраж по этому вопросу должен состояться в Москве, поскольку ответной стороной в этом деле (case) является В/О "Россэкспорт".

3. В ответ на Ваше письмо от 15 мая с сожалением сообщаем, что мы не в состоянии принять Ваше предложение о дружественном урегулировании нашей претензии на условиях, указанных в этом письме (in that letter).

Мы должны указать, что во время телефонного разговора с г-ном Брауном мы сообщили ему, на каких условиях мы готовы урегулировать нашу претензию дружественным путем. Поскольку г-н Браун не возражал против суммы, требуемой нами в качестве возмещения убытков, мы не ожидали, что эта сумма будет оспариваться Вами.

В связи с этим мы ссылаемся на § 24 нашего контракта, который гласит (which runs *или:* reading as follows): "Если споры между сторонами не могут быть разрешены дружественно, они должны быть переданы на разрешение во Внешнеторговую арбитражную комиссию при Всероссийской торговой палате в Москве".

В соответствии с этим пунктом контракта, мы передали наш спор на арбитраж и назначили г-на А.Д. Никитина нашим арбитром. Список арбитров, из которых Вам надлежит выбрать Вашего арбитра, будет прислан Вам Внешнеторговой арбитражной комиссией.

4. Подтверждаем наш вчерашний разговор по телефону, во время которого мы сообщили Вам условия, на которых мы согласны разрешить дружественным путем нашу претензию к фирме "Smith & Co." в связи с низким качеством товара по контракту № 125.

Как Вам известно, поставщики были вынуждены признать (to admit) нашу претензию, но они считают требуемую нами сумму высокой, заявляя, что качество сданного товара лишь незначительно отличается от качества образца, на основе которого был заключен контракт. Хотя мы не согласны с их точкой зрения, мы готовы снизить сумму претензий до £ ... при условии, что фирма "Smith & Co." отгрузит остаток товара по контракту № 125 не позже 15 октября. Если фирма не примет этого предложения, мы будем вынуждены передать наш спор на разрешение Внешнеторговой арбитражной комиссии при Всероссийской торговой палате в Москве.

Просим Вас снестись немедленно с фирмой и сообщить нам, согласна ли она удовлетворить нашу претензию, как изложено выше (as stated above).

§ 183. PHRASES AND EXPRESSIONS USED IN CONNECTION WITH DELAY IN DELIVERY

I

1. We shall be glad to know when we may expect delivery of the goods as they are most urgently wanted (needed, required).

2. Please inform us by cable whether you can deliver in August.

3. If you cannot deliver within the next 3 weeks, we shall have to cancel the order and obtain the goods elsewhere.

4. The delivery of the goods was to have taken place last month, and we have been caused serious inconvenience through the delay.

5. When placing this order with you, we particularly stipulated for delivery within eight weeks.

6. The order was placed with you on the strength of your undertaking to effect delivery within eight weeks.

7. We must insist on your informing us by cable of the earliest date you can deliver the goods.

8. Your delay in delivering the goods against Order No 1225 causes us considerable inconvenience.

9. We are surprised that you have not yet delivered the goods against Order No. 1225.

10. This is not the first time we have had to complain of delay in delivery of goods against our orders.

11. We must insist on your unconditional guarantee that the goods will be delivered at the end of September.

12. Should you fail to deliver the goods by the 20th August, we shall be compelled to cancel the order.

13. We are surprised that no advice has been received from you as to the execution of our Order No. 1225.

14. Please despatch the Spare Parts by the first steamer available.

15. We refuse to accept the goods on the ground of late delivery.

16. We are sure you will give this matter your immediate attention.

17. We expect that you will look into the matter without delay.

18. As the delay in delivery has lasted over six weeks, you will have to pay us agreed and liquidated damages in accordance with clause 10 of contract.

II

1. We are very sorry that you have to complain of delay in delivery of the goods.

2. We ask you to accept our apologies for the delay and the inconvenience you have been caused.

3. We apologize for the delay and trust that you have not been caused any serious inconvenience.

4. We assure you that we have done all we could to speed up delivery.

5. As the delay was entirely due to reasons beyond our control, we cannot be held responsible for it.

6. Unfortunately, production in our factory was held up for six weeks by a fire (*or* by a breakdown of machinery).

7. The delay in delivery occurred though no fault of ours.

8. The great pressure of orders for these goods has made it impossible for us to deliver the goods in August.

§ 184. PHRASES AND EXPRESSIONS USED IN CONNECTION WITH UNSATISFACTORY OR DAMAGED GOODS

I

1. We regret to inform you that the examination of the goods shipped by M.V. "Leninogorsk" against Contract No. 1250 has shown that they are not in accordance with the contract specification.

2. The bulk of the goods discharged from the vessel do not correspond with the samples submitted.

3. The goods shipped by you in execution of our Order No. 1500 do not correspond with the sample on the basis of which the order was placed (*or* which led to our placing the order).

4. We have received serious complaints from our Clients with regard to the machine supplied by you against Contract No. 142.

5. We regret having to complain of some grave defects in the machine delivered by you in execution of our Order No. 1682.

6. Our experts have come to the conclusion that the apparatus is quite useless for the purpose intended.

7. As the period of guarantee has not yet expired, we ask you to replace the apparatus by another one.

8. We have examined the goods in the damaged cases and find that we cannot use them.

9. The quality (*or* The goods) is (are) not up to sample (*or* inferior to sample).

10. We regret to inform you that some of the Spare Parts shipped by S.S. "Erevan" against Order No. 1225 do not correspond with your invoice of the 20th May.

11. We have received the Bearings shipped by you against Order No. 12156 and find everything correct with the exception of 20 Bearings the size of which is RNP20 instead of RNP19 as ordered.

12. We cannot make use of the goods and are very sorry to have to place them at your disposal.

13. The goods are being held at your disposal pending your instructions as to how they should be returned.

14. Altogether 120 bales of rubber Nos. 440-559 do not correspond to the quality contracted for and we claim an allowance of $1^1/4$ per pound.

15. Failing your acceptance of our offer, the claim will be submitted to Arbitration.

16. We are making a claim on (against) you for inferior quality of the goods as follows: ....

17. While discharging a cargo of Soya Beans from Vladivostok brought by the S.S. "Erevan", our stevedores came upon a large quantity of bags in hold No. 1 severely damaged by sea water.

18. We opened at random a number of cases which showed no signs of damage on the outside, and found that the contents were badly damaged.

19. We can accept the goods only on condition that you grant us an allowance of ... per ... .

20. In the circumstances, we are compelled to give you formal notice of claim for inferior quality of the goods shipped on all Bills of Lading.

21. We estimate that the damage amounts to ... .

22. From the calculation enclosed you will see that our losses amount to 7.5% of the value of the goods, and we propose that you should allow us such a discount in settlement of our claim (*or* and we ask you to make us an allowance to this extent).

II

1. We are sorry to see from your letter of ... that you are not satisfied with the quality of the consignment shipped by the s.s. ... .

2. We regret to hear that the goods dispatched in execution of your Order No. ... have hot met with your approval.

3. We are sorry that you have had trouble with the Grinding Machine delivered against your Order No. ... .

4. We should be obliged if you would return us a few pieces so that we could look into the matter.

5. We suggest that the consignment should be examined by experts.

6. We have instructed our Agents Messrs. ... to appoint an expert to investigate the matter and will write to you as soon as we receive his report.

7. The goods had been carefully examined before shipment and found in excellent condition.

8. We had specially selected the goods which were superior to the samples in every respect.

9. We have carefully examined your complaint and find that it is apparently due to a misunderstanding.

10. We are surprised to learn from your telegram and subsequent letter, both dated the ... that you refuse to accept the goods shipped by s.s. ... alleging that they are inferior to the samples which led to the conclusion of the contract.

11. We cannot accept your claim for the following reason.

12. We cannot be responsible for any damage incurred during the transport.

13. We must state that in no way can we hold ourselves responsible for the alleged damage to the goods ex s.s. ... .

14. We agree to consider a settlement of the claim on the lines proposed in Mr. A.'s report.

15. We hope that you will be satisfied with this explanation and withdraw your claim.

16. In the opinion of our expert, £ ... would be a fair compensation.

17. We agree to pay you, without prejudice, £ ... in full and final settlement of your claim.

18. We maintain that we are not liable for the damage, but considering our long-standing business relations and the loss you have suffered, we offer you as a token of goodwill the sum of £ ... in full and final settlement of your claim.

19. We do not see our way (*or* we are unable) to grant you a discount of $7\,^{1}/_{2}$ per cent. in settlement of your claim. The utmost we are prepared to allow you is 5 per cent.

20. We prefer to settle the matter by arbitration rather than to pay such an allowance which we consider to be (very much) exaggerated.

21. We feel sure that you will withdraw your **claim** after a closer examination of the goods.

22. As our guarantee does not cover damage resulting from failure to comply with our Maintenance Instructions, we think you will agree that we cannot be expected to replace the damaged parts free of charge.

23. We trust you will agree that this concession on our part is a satisfactory solution of the difficulty.

§ 185. PHRASES AND EXPRESSIONS USED IN CONNECTION WITH SHORTAGE IN WEIGHT, UNSATISFACTORY PACKING, ETC.

1. We regret to draw your attention to the fact that a shortage (*or* a deficiency) in weight of 12 cwt. was found when the goods were discharged.

2. We find that eleven bales show a landed weight of 2,496 lbs. against a shipping weight of 2,750 lbs., thus showing a loss of 254 lbs.

3. We must ask you to send us your credit for the value of the goods short-shipped, viz. £ ... .

4. A considerable number of cases arrived in a badly damaged condition, the lids being broken and the contents crushed.

5. The packing of the goods is inadequate and unsuitable to local conditions.

6. The consignment contains only 35 cases whereas 42 cases are stated on the Bill of Lading.

7. Unfortunately you did not send us the Bill of Lading for these goods and in order to obtain delivery we have had to incur extra expenses for which we hold you responsible.

8. We trust you will pay the greatest attention to packing so as to avoid any breakage in future.

II

1. We have received your letter of ... claiming for shortage in weight in the consignment of Cotton shipped by s.s. "Erevan".

2. We request you to send us the certificates of landed weights for the consignment in question to enable us to compare them with the shipped weights.

3. The loss in weight was clearly caused by pilferage, and a claim should be made by you against the Underwriters.

4. We regret to learn from your telegram that 20 cases ex s.s. "Svir" arrived in damaged condition.

5. The goods were packed in strong cases and with the greatest care, and we can only conclude that the cases have been stored and handled carelessly.

6. We should recommend you to lodge your claim with the Insurance Company.

7. We must point out that the Bill of Lading for these goods is a "clean" one, i. e. it does not contain any qualifications in respect of the packing and condition of the goods.

8. We have taken up the matter with the Shipping Company and requested them to send an explanation to you direct.

9. We are sorry to disagree with you on this matter.

10 We regret very much that we are unable to meet your request (*or* to comply with your request).

§ 186. СЛОВА И ВЫРАЖЕНИЯ К §§ 183-185

К § 183

I

elsewhere *здесь:* у другой фирмы
strength сила; on the strength в силу
to complain жаловаться (*на что-л.* - of. about)
unconditional безусловный, безоговорочный
to compel вынуждать, заставлять
ground основание, мотив, причина; on the ground на основании, по причине

II

entirely всецело, исключительно
to hold up останавливать, задерживать
through no fault of ours не по нашей вине

К § 184

I

unsatisfactory неудовлетворительный
bulk большая часть, основная часть
to discharge разгружать
to lead (led) вести, привести
grave серьезный; синоним serious
to be up to something быть на уровне, быть в соответствии, соответствовать; to be up to sample соответствовать образцу
bearing подшипник
exception исключение; with the exception за исключением
pending в ожидании, до
bale кипа, тюк
the quality contracted for качество, обусловленное в договоре

failing в случае отсутствия, в случае не выполнения, несоответствия; failing your acceptance of our offer если Вы не акцептируете (*или:* не примете) наше предложение
voyage рейс
marks маркировка
soya beans соевые бобы
stevedore стивидор, грузчик
to come upon something наткнуться на что-л., встретиться с чем-л., обнаружить что-л.
severely очень, очень сильно; *синоним* badly
at random наугад
on the outside снаружи, с наружной стороны
notice of claim заявление о претензии; to give formal notice of claim официально заявить (*или:* известить) о претензии

II

we regret to hear мы с сожалением узнали
to meet with somebody's approval быть одобренным кем-л., удовлетворить кого-л.
superior лучше (*чего, чем - to*)
apparently по-видимому
misunderstanding недоразумение
we are surprised to learn мы с удивлением узнали
to allege утверждать (*что*) якобы; alleging that they are inferior to the samples заявляя, что он (*товар*) якобы хуже образцов
to incur навлечь на себя; происходить; damage incurred during the transport порча, происшествия во время перевозки
in no way can we hold ourselves responsible for the alleged damage to the goods мы никоим образом не можем считать себя ответственными за поврежденный, согласно Вашему утверждению, товар
on the lines в духе, в направлении
explanation объяснение
fair справедливый; fair compensation вполне достаточная компенсация
prejudice ущерб, ограничение; without prejudice без ущерба для наших прав
to maintain утверждать
settlement расчет; in full and final settlement в полный и окончательный расчет
liable ответственный; *синоним:* responsible

long-standing долголетний, давнишний; long-standing business relations долголетние деловые отношения
token знак
goodwill доброжелательность; as a token of goodwill в знак доброжелательности
to see one's way to do something найти возможным сделать что-л.
the utmost самое большое
rather than скорее чем
to exaggerate преувеличивать
close подробный
to comply with соблюдать что-л., следовать чему-л., поступать согласно чему-л.
failure (*в сочетании с инфинитивом указывает на невыполнения действия*) failure to comply with our Maintenance Instructions несоблюдение наших инструкций по уходу

K § 185

I

deficiency недостача, нехватка; *синоним* shortage
landed weight вес при выгрузке, выгруженный вес
shipping weight вес при погрузке, погруженный вес
credit note кредитовое авизо
short-shipped оставшийся непогруженным
lid крышка
to crush дробить, раздавливать, мять
breakage поломка

II

pilferage хищение, воровство (*из отдельных мест груза*)
underwrite страховщик (*лицо, принимающее на страхование имущество*)
care внимание, осторожность, тщательность
to handle обращаться, обходиться
carelessly небрежно
to lodge предъявлять (*требование, претензию*); to lodge a claim with somebody предъявлять претензию кому-л.
qualification оговорка
to take up the matter with somebody возбудить вопрос перед кем-л.
shipping company пароходная компания
to disagree не соглашаться (*с кем-л. - with somebody*); we are sorry to

277

disagree with you к сожалению, мы не можем согласиться с Вами
to meet a request удовлетворить просьбу
to comply with a request исполнить просьбу, удовлетворить просьбу

§ 187. УПРАЖНЕНИЯ

I. Переведите тексты §§ 183 - 185 на русский язык.

II. Вставьте, где требуется, предлоги или наречия и переведите на русский язык:

К § 183

I

1. The order was placed ... the firm ... condition that the goods were delivered .. two months.
2. ... their letter the Sellers complained .. delay ... delivery .. the machinery ... Order No. 225.
3. The Sellers insisted ... the Buyers' informing them ... the approximate date ... the arrival ... the vessel ... the port of loading.
4. We would ask you to look ... the matter and see that the equipment is shipped ... the first steamer available.
5. The Buyers cabled ... the Sellers that they refused to accept the goods ... the ground ... inferior quality.

II

1. The reason ... the delay ... delivery is that production ... our plant was held ... ... ten weeks ... a fire.
2. We apologize ... the delay which was due ... reasons ... our control.
3. We have instructed our factory to speed up the manufacture of the equipment ... Order No. 1215 and hope that it will be delivered ... time.

К § 184

I

1. We have to complain ... the quality ... the goods which is inferior ... the sample ... the basis ... which the contract was concluded.
2. We regret to state that the goods are not ... ... the sample which led to our placing the order ... you.
3. The specification ... the machine does not correspond ... our Technical Conditions.
4. As the machine is quite useless ... the purpose intended, we request you to replace it immediately ... another machine conforming ... the specification ... the contract.
5. As we cannot make any use ... the goods, we are holding them ... your disposal.
6. The Bearings (подшипники) shipped ... you ... execution ... our Order No. 1215 correspond ... the specification ... the order ... the exception ... 25 Bearings the sizes ... which differ ... the sizes ordered.
7. ... your acceptance ... our offer, we shall be compelled to refer the matter ... arbitration.
8. We examined ... random 20 bags which showed no damage ... the outside.
9. We regret having to give you formal notice ... claims ... Bills of Lading Nos 8, 9.

10. The damage amounts ... 10 per cent. ... the total value ... the goods and we propose that you should allow us a discount ... the extent.

II

1. We are sorry to learn that the goods have not met ... your approval.
2. Our Clients are not satisfied ... the performance ... the machine delivered ... you ... execution ... our Order No. 1575.
3. ... shipment the goods were ... excellent condition and there is no doubt that they damaged ... the transport.
4. ... the opinion ... Mr. A., the damage ... the goods was due ... insufficient packing.
5. We would ask you to look ... the matter and advise us ... your decision.
6. Our experts have come ... the conclusion that the Cotton is superior ... the samples ... every respect.
7. ... no way can we hold ourselves responsible ... damage incurred ... the transport.
8. Though we are not liable ... the damage, we are willing to pay you, ... prejudice, £500 ... full settlement ... your claim.
9. As you have not complied ... our Maintenance Instructions, we are unable to replace the apparatus free ... charge.
10. We consider this to be an important concession ... the part ... our Clients and trust that their offer will meet ... your approval.

K § 185

I

1. You will see ... the enclosed documents that the landed weight is 199,500 kilos ... the shipping weight ... 200,000 kilos, so the shortage ... weight amounts ... 500 kilos.
2. The number ... cases unloaded ... this steamer is 230 ... 240 cases stated ... the Bill ... Lading.
3. Our Clients complain that the painting *(окраска)* ... the machines is unsuitable ... local weather conditions.
4. The cases arrived ... a damaged condition ... which we hold you responsible.

II

1. As the goods were sold ... c.i.f. terms, we suggest that you should make a claim ... the Insurance Company.
2. As requested ... you, we have lodged a claim ... the Shipping Company and will inform you ... their answer.
3. The master ... the vessel signed the Bill ... Lading ... these goods ... any qualifications ... respect ... the packing ... the goods.
4. We must point ... that the loss ... weight is considerable and amounts ... 6 per cent. ... the shipped weight.
5. We should recommend you to take ... the matter ... your Shipping Agents.
6. We cannot comply ... your request as we are not responsible ... the damage.
7. We have carefully considered your complaint and are sorry to say that we have to disagree ... you ... the matter.

II. Переведите на английский язык:

К § 183

I

1. Если Вы не можете гарантировать сдачу товара в конце июля, мы будем вынуждены аннулировать заказ,

2. Мы удивлены, что еще не получили от Вас извещения о готовности товара к отгрузке и просим телеграфировать нам, когда товар будет отправлен в порт погрузки.

3. Мы снова вынуждены жаловаться на задержку в выполнении наших заказов, которая причиняет нам значительные неудобства.

4. Подтверждаем нашу телеграмму, посланную Вам вчера, в которой сообщили об отказе принять товар ввиду его поздней сдачи. Так как задержка в поставке товара продолжалась свыше 10 недель, мы аннулировали заказ и купили товар у другой фирмы.

5. Просим Вас немедленно заняться этим делом и телеграфировать нам причину задержки.

II

1. Мы получили Ваше письмо от 15 мая и очень сожалеем, что Вам приходится жаловаться на задержку в поставке машин по контракту № 1215.

2. Мы не можем считать себя ответственными за задержку в поставке, поскольку она произошла не по нашей вине.

3. Просим Вас принять наши извинения за задержку и заверения, что мы делаем все возможное, чтобы ускорить выполнение Вашего заказа.

4. Мы должны указать, что задержка в поставке была вызвана причинами, которые мы не могли предотвратить.

5. Подтверждаем получение Вашего письма от 5 мая, в котором Вы жалуетесь на позднюю поставку машин по контракту № 1225. Мы тщательно рассмотрели Вашу жалобу и должны сообщить, что не можем считать себя ответственными за задержку в поставке этих машин.

Мы должны напомнить Вам, что 25 августа 19... г., т. е. через 3 месяца после подписания контракта, Вы нам послали новые технические условия и просили изготовить машины в соответствии с этими условиями. Кроме того, ряд чертежей, которые Вы обещали прислать нам в июле, были получены только 12 сентября. В связи с этим мы ссылаемся на наше письмо от 14 сентября, в котором известили Вас, что ввиду изменения технических условий и задержки в получении чертежей поставка машин может быть произведена только в апреле следующего года. Мы сделали все возможное, чтобы ускорить поставку, и машины были отгружены из С.Петербурга 15 февраля 19..., т.е. за 6 недель до срока, указанного в нашем письме от 14 сентября прошлого года.

Мы надеемся, что Вы будете удовлетворены этим объяснением.

6. Мы подтверждаем получение Вашего письма от 25 августа, из которого мы с удивлением узнали (we are surprised to learn), что Вы вычли из суммы нашей окончательной фактуры 260 фунтов стерлингов, как возмещение убытков за задержку в поставке товара по контракту № 255. Мы должны указать, что согласно § 6 Вы должны были открыть безотзывный аккредитив в Банке внешней торговли России в нашу пользу не позже 15 июня. Аккредитив был открыт Вами лишь 10 июля, т.е. с опозданием на 25 дней, и товар был отгружен 20 июля на п/х "Нева". Если бы Вы открыли аккредитив вовремя, товар был бы отгружен на п/х "Свирь", который вышел из С.Петербурга 25 июня. Поэтому мы не можем считать себя ответственными за задержку в поставке и настаиваем, чтобы Вы уплатили нам вышеуказанную сумму в 260 фунтов стерлингов.

Если, однако, Вы намерены передать дело в арбитраж, мы готовы назначить нашего арбитра.

7. Подтверждаем получение Вашего письма от 15 октября, в котором Вы отказываетесь уплатить нам согласованные и заранее оцененные убытки в сумме 120 фунтов стерлингов в связи с поздней сдачей оборудования по заказу № 2225. В Вашем письме Вы указываете, что часть оборудования была сдана Вами 20 мая, т.е. в срок, зафиксированный в контракте, и что пункт о заранее оцененных убытках не должен применяться к этим товарам. Как мы Вам уже писали в нашем письме от 15 августа, часть оборудования, сданная Вами 20 мая, не могла быть использована нашими клиентами, ввиду несдачи других частей, необходимых для работы всей установки. Поскольку Вы отказываетесь признать нашу претензию, мы сегодня передаем наш спор на разрешение Внешнеторговой арбитражной комиссии при Всероссийской торговой палате в Москве, в соответствии с § 18 Общих условий заказа.

8. Мы получили Ваше письмо от 15 с.м., в котором Вы отказываетесь уплатить нам сумму в $600 в качестве возмещения убытков в связи с задержкой в поставке 4 шлифовальных станков по заказу № 1235. Вы указываете в Вашем письме, что извещение о готовности станков к отгрузке было послано Вами нашим экспедиторам 15 августа, т.е. за 5 дней до срока поставки, указанного в заказе. Мы не можем согласиться с Вами по этому вопросу (on this matter). Согласно § 8 Общих условий заказа, машины считаются готовыми к отгрузке только после того, как они будут осмотрены и испытаны нашими инспекторами. Такой осмотр и испытание были произведены на Вашем заводе только 25 сентября после того, как наши экспедиторы потребовали (have requested you) прислать им разрешение на отгрузку станков, подписанное нашими инспекторами. Мы считаем Вас поэтому ответственными за задержку в поставке станков и дали указание нашей бухгалтерии вычесть вышеуказанную сумму из Вашей фактуры в соответствии с § 16 Общих условий заказа.

К § 184

I

1. Мы тщательно осмотрели товар и пришли к заключению, что качество основной части товара не соответствует образцу, на основании которого был заключен контракт.

2. Поскольку мы не можем использовать поврежденные аппараты, мы держим их в Вашем распоряжении.

3. Мы открыли 30 мешков, выбранных (taken) наугад, и обнаружили, что бобы (the beans) сильно повреждены морской водой.

4. Настоящим мы официально заявляем Вам о нашей претензии на низкое качество товара, отправленного на п/х "Нева" по коносаменту № 5.

5. Мы проверили содержимое ящиков с запасными частями и нашли все в порядке, за исключением частей в ящиках № 15 и № 21, которые оказались покрытыми ржавчиной (rust).

6. При данных обстоятельствах, мы можем принять товар только при условии, если Вы предоставите нам скидку в 10%.

7. Так как срок гарантии еще не истек, мы просим командировать (to send) одного из Ваших специалистов для устранения дефектов.

8. Мы оцениваем наши убытки (losses) в 3000 рублей и предлагаем, чтобы Вы вычли эту сумму из Вашей фактуры.

9. Мы ссылаемся на наше письмо от 20 апреля, в котором сообщили Вам, что производительность шлифовального станка, поставленного Вами по заказу № 225, оказалась значительно ниже производительности, обусловленной в заказе. Мы просили Вас поэтому заменить этот станок другим станком, соответствующим техническим условиям заказа. Вчера мы получили Вашу телеграмму, в которой Вы указываете, что станок, по Вашему мнению, не был испытан в соответствии с инструкциями, посланными при Вашем письме от 5 апреля. Мы не можем согласиться с Вашей точкой зрения. Станок был испытан на заводе наших комитентов опытными инженерами, которые нашли, что низкая производительность машины является результатом некоторых изменений в ее конструкции, которые Вы произвели без нашего согласия. Мы прилагаем заключение (the report) наших инженеров и просим сообщить нам по телеграфу, согласны ли Вы заменить этот станок другим станком.

Если Вы не согласны заменить станок, мы будем вынуждены передать наш спор в арбитраж, в соответствии с § 12 Общих условий заказа.

II

1. Мы с сожалением узнали из Вашего письма от 12 октября, что 10 ящиков из партии, отправленной пароходом "Свирь", прибыли в поврежденном состоянии.
2. Мы с удивлением узнали из Вашего письма от 12 октября и телеграммы от того же числа, что Вы считаете нас ответственными за якобы поврежденный товар (for the alleged damage of the goods), поставленный Вам по контракту № 1225.
3. Ваша жалоба, по-видимому, вызвана недоразумением, так как товар был погружен в прекрасном состоянии.
4. Мы назначили эксперта для выяснения причины и размера повреждения товара и снесемся с Вами немедленно по получении его заключения (report).
5. Хотя порча товара произошла не по нашей вине, мы согласны уплатить Вам, без ущерба для наших прав, 250 фунтов стерлингов в полный и окончательный расчет по Вашей претензии.
6. Мы не видим возможности удовлетворить Вашу просьбу по следующей причине.
7. Мы считаем требуемую Вами скидку преувеличенной. По нашему мнению скидка в 5% была бы вполне достаточной компенсацией.
8. Мы прочитали заключение (the opinion) г-на А. и согласны урегулировать наш спор в духе, предложенном им.
9. Мы утверждаем, что порча товара произошла в пути, за что мы не ответственны.
10. Наши инженеры установили (to ascertain), что авария машины была вызвана несоблюдением наших инструкций по уходу.
11. В связи с Вашим письмом от 28 апреля и в подтверждение нашего разговора сегодня по телефону, мы, к сожалению, должны Вас уведомить, что никоим образом не можем считать себя ответственными за прочу 5 ящиков товара с п/х ... . Товар был тщательно упакован опытными рабочими в прочные ящики стандартного типа, которые обычно употребляются нами для морской перевозки. Хотя, согласно договору, Вам было предоставлено право осмотреть товар перед погрузкой, Вы сообщили нам телеграммой 29 марта, что отказываетесь от осмотра. Товар был погружен в прекрасном состоянии, и мы рекомендуем Вам заявить Вашу претензию страховщикам, так как, несомненно, товар был поврежден в пути или во время выгрузки.

Что касается Вашей жалобы на позднюю отгрузку товара, мы должны заявить, что если бы Ваши инструкции об отправке товара были получены нами до 15 марта, как мы просили, товар мог бы быть отправлен 20 марта на п/х ... . Между тем (however) мы получили Ваши инструкции лишь 22 марта, ввиду чего товар был отправлен следующим пароходом.

12. Мы получили Ваше письмо от 15 сентября, в котором Вы просите нас предоставить Вам скидку в 10% со стоимости 100 тонн ..., отгруженных Вам на п/х "Псков" по контракту № 225. В письме Вы указываете, что качество товара не соответствует спецификации, данной в контракте. Мы не можем удовлетворить Вашу просьбу, так как анализ, произведенный нашей лабораторией в С.Петербурге в соответствии с § 6 контракта, показал, что товар полностью соответствует спецификации, гарантированной в контракте. Сертификат лаборатории был послан Вам при нашем письме от 15 августа.

В Вашем письме вы возражаете также против расходов по хранению товара в С.Петербурге, которые мы включили в нашу фактуру. Мы должны указать, что если бы аккредитив был открыт Вами в срок, указанный в контракте, мы не хранили бы товар на складе и отгрузили бы его на п/х "Минск" 15 июля.

К § 185
III

1. Стоимость товаров, оставшихся непогруженными, составляет 856 фунтов стерлингов, и мы просим Вас вычесть эту сумму из нашего счета.

2. Так как выгруженный вес составляет 1 255 000 кг по сравнению с погруженным весом в 1 256 500 кг, указанным в коносаменте, мы предъявляем к Вам претензию на недостачу в весе в 1500 кг.

3. Так как товар был продан на условиях сиф, мы рекомендуем Вам предъявить претензию к страховщикам.

4. Тот факт, что капитан подписал коносамент без каких-либо оговорок в отношении упаковки или состояния товара, показывает, что ящики были повреждены в пути.

5. Просим возбудить этот вопрос перед покупателями и настоять на том, чтобы они направили (to direct) танкер в Батуми для погрузки мазута.

6. К сожалению, мы не можем согласиться с Вами по вопросу о причине поломки машины.

7. Мы получили Ваше письмо от 16 с. м., в котором Вы жалуетесь, что товар, проданный Вам по контракту № 250, не был отгружен на п/х "Смольный", который вышел из Архангельска в Лондон 10 августа. Вы далее указываете, что Вы будете считать нас ответственными за убытки, которые Вы можете в связи с этим понести.

Мы не можем признать Вашу претензию по следующей причине. Согласно пункту 6 нашего договора, Вы обязались открыть по телеграфу безотзывный аккредитив в нашу пользу на полную стоимость товара в течение 5 дней от даты нашего телеграфного извещения о готовности товара к отгрузке. Извещение было послано Вам 25 июля, но аккредитив не был открыт в срок, обусловленный в контракте. 2 августа мы Вам снова телеграфировали, указав название парохода и дату его ожидаемого отплытия из Архангельска. К сожалению, аккредитив был открыт Вами только 11 августа, т.е. после того как пароход уже ушел. Товар, таким образом, не был погружен по Вашей вине, и мы должны также указать, что понесем (to bear) дополнительные расходы по его хранению в Архангельске, которые, согласно пункту 8 договора, будут включены в нашу фактуру.

8. В ответ на Ваше письмо от 15 февраля сообщаем, что, к сожалению, мы не видим возможности принять Ваше предложение о дружественном урегулировании нашей претензии, так как предлагаемая Вами сумма не покрывает даже половины наших убытков.

Мы должны обратить Ваше внимание на то, что во время пребывания в Москве Вашего представителя г-на Брауна мы информировали его о сумме нашей претензии, и он просил не передавать дело в арбитраж, заверяя нас, что по возвращении в Лондон он примет меры к полному удовлетворению наших претензий. Мы сегодня передаем дело во Внешнеторговую арбитражную комиссию при Российской торговой палате в Москве и назначаем г-на А. Д. Никитина нашим арбитром.

§ 188. COMPLAINT ABOUT INADEQUATE PACKING

1.

Stockholm, 15th May, 19...

Dear Sirs,

When unpacking your cases with "Moskvitch" cars we experience difficulties owing to the cases being too low. The space between the top of the cases and the top of the car is too small and as a result some cars are getting damaged on the top.

We suggest therefore that you should make the cases with one board of about 20 cm higher, which would enable us to unpack the cases without damaging the cars.

We are looking forward to your answer.

Yours faithfully,

. . . .

2.

Moscow, 21st May, 19...

Dear Sirs,

We have received your letter of the 15th May and are sorry to hear you are experiencing difficulties in unpacking cases with "Moskvitch" cars owing to insufficient height of the cases.

We have contacted the manufacturing plant and arranged for the cases to be made about 20 cm higher as suggested by you.

We thank you for bringing the matter to our attention and feel sure that in future the cases will not cause you any trouble.

Yours faithfully,

. . . .

§ 189. COMPLAINT ABOUT THE BUYERS' FAILING TO ADVISE THE SELLERS OF THE EXPECTED ARRIVAL OF A VESSEL AT THE PORT OF LOADING

1.

Moscow, 11th august, 19...

Dear Sirs,

M.T. "Binta". Contract No. 525 dated Jan. 10, 19...

We have just received a telegram from Batumi informing us of the arrival of the M.T. "Binta" for lifting 10,000 tons of Gasoil against our Contract No. 525.

We would like to point out that up to present moment we have not had any advice from you about the chartering of this vessel. In this connection we refer to your letter of 20th July, 19..., in which you informed us that you had not yet chartered a tanker and in which you promised to cable us immediately after chartering it. The unexpected arrival of the M.T. "Binta" at Batumi has put us in a difficult position so far as loading arrangements are concerned. Although in this case we have taken measures to ensure that the loading of the vessel should be effected without delay, we must insist, in accordance with § 6 of the contract, that in future you should inform us the names of the vessels chartered by you as well as of their approximate loading dates at least two weeks before the expected arrival of each vessel at port of loading.

Yours faithfully,

. . . .

2.

London, 14th August, 19...

Dear Sirs,

M.T. "Binta". Contract No. 525 dated Jan. 10, 19...

We are receipt of your letter of the 11th August and have to apologize for failing to give you due notice of the chartering of the M.T. "Binta" and of the date of her expected arrival at Batumi.

As a matter of fact, the "Binta" was originally placed by us for loading oil products in the Persian Gulf, but when we subsequently decided to send her to Batumi, we omitted, through an oversight, to advise you of it.

We thank you for taking measures to start loading the tanker without delay and assure you that in future you will be notified in due time of the expected arrival of each tanker chartered by us against Contract No. 525.

Yours faithfully,

. . . .

§ 190. CLAIM IN CONNECTION WITH AN IMPORTED DRILLING MACHINE

1. Claiming cost of replacing broken parts of Drilling Machine:

Moscow, 2nd June, 19...

Dear Sirs,

Special Cluster Drilling Machine. Order No. 19086

We regret to inform you that our Clients have experienced serious trouble with the above machine.

After a short period of operation the teeth of two bevel gears and one wheel were crushed and the second wheel was broken. We enclose 4 photos illustrating these defects.

As the machine was brought to a standstill due to this damage, our Clients were compelled to manufacture replacement parts in order to prevent delay in production.

We enclose a statement showing the expenses incurred by our Clients in manufacturing one bevel gear with shaft, another bevel gear and two wheels as well as the cost of dismantling the machine, assembling and fitting the new parts. The expenses of our Clients amount to £ ... and we shall be glad to receive your remittance of this amount in due course.

Yours faithfully,
. . . .

Enclosure.

2. Claim admitted. Manufacturers request to consider amount of claim:

Moscow, 2nd June, 19...

Dear Sirs,

<u>Special Cluster Drilling Machine. Order No. 19086</u>

In reply to your letter of the 2nd June we regret to see that there has been some trouble with the gears mentioned.

We are glad your Clients have effected the manufacture of replacement parts and quite appreciate their having to do this in order to prevent production delays.

We are also quite agreeable to recompense you for the cost of this work, but we must say that your figures appear to be high.

In the circumstances, would you be good enough to review the cost again, and advise us what reduction you can make in the sum to be credited to your account.

Yours faithfully,
. . . .

3. Advising of inability to review amount of claim:

Moscow, 12th June, 19...

Dear Sirs,

<u>Special Cluster Drilling Machine. Order No. 19086</u>

We acknowledge with thanks receipt of your letter of the 8th instant.

Regarding the cost of replacing the damaged parts, which you find to be high, we wish to draw your attention to the fact that we have included in our claim only the cost of material and labour, all other expenses connected with the repair not having been taken into consideration.

We really think the sum indicated in our letter of the 2nd June is quite reasonable, and we request you to pay the full amount claimed by our Clients.

           Yours faithfully, .
           . . . .

  4. Agreeing to pay the amount claimed. Information as to manner of payment requested:

           Birmingham, 17th June, 19...

Dear Sirs,

  <u>Special Cluster Drilling Machine. Order No. 19086</u>

  We thank you for your letter of 12th June and note your remarks.

  In the circumstances, we have decided to pay you the whole amount asked for, so will you be good enough to state how payment is to be effected, and to whom, and we will attend to the matter immediately.

           Yours faithfully,
           . . . .

  5. Instructions as to payment sent:

           Moscow, 22nd June, 19...

Dear Sirs,

  <u>Special Cluster Drilling Machine. Order No. 19086</u>

  We acknowledge receipt of your letter of the 17th June. Please remit the amount in question to Moscow to our account No. 100/1066 with the Bank for Foreign Trade of Russia advising us accordingly.

           Yours faithfully,
           . . . .

  6. Payment effected:

           Birmingham, 29th June, 19...

Dear Sirs,

  With reference to your letter of the 22nd June we are pleased to inform you that we have today instructed the Midland Bank, Ltd., London, to remit £... to your Account No. 100/1066 with Bank for Foreign Trade of Russia., Moscow, as requested. Our instructions concerning the broken parts of the machine at the works of your Clients will follow in a few days.

           Yours faithfully,
           . . . .

§ 191. CLAIM FOR INFERIOR QUALITY OF COFFEE

  1. Provisional notice of claim:

           London, 15th Oct., 19...

Dear Sirs,

<u>Contract No. 232 dated 1st Sept., 19...</u>

We have examined the consignment of Coffee shipped by the s.s. "Catrine" against Contract No. 232 and, in accordance with the terms of the contract, are hereby making a claim against you for inferior quality of the goods.

After a further examination of the Coffee we shall forward a claim to you with details.

Yours faithfully,

. . . .

2. Final notice of claim:

London, 18th Oct., 19...

Dear Sirs,

<u>Contract No. 232 dated 1st Sept., 19...</u>

Further to our letter of the 15th October, 19... , regarding our claim for inferior quality of Coffee ex s.s. "Catrine" against Contract No. 232, we wish to advise you that as a result of a second examination of the Coffee we are making the following claim against you:

We find that 5,000 bags of Coffee ex s.s. "Catrine" sold to us as Santos Coffee New York Type No. 2 contain an excessive quantity of unripe, shelly, broken, weevilly and defective beans and correspond to Santos Coffee New York Type No. 3/4.

We are therefore claiming from you the amount of $ 7,200.00 being the difference in price between Santos N. Y. Type 2 and Santos N. Y. Type 3/4 of $ 1.20 per 50 kilos on 5,000 bags weighing 300 metric tons.

Please inform us if you agree to grant us this allowance.

Yours faithfully,

. . . .

3. Sellers' counter offer:

London, 23rd Oct., 19...

Dear Sirs,

<u>5,000 Bags Santos Coffee ex s.s. "Catrine"</u>

We acknowledge receipt of your letter of the 20th October, 19..., claiming an allowance of $ 1.20 per 50 kilos on 5,000 bags of Coffee ex s.s. "Catrine".

We have carefully examined the samples from this consignment and offer you, without prejudice, an allowance of 50 U.S.A. cents per 50 kilos in full settlement of your claim.

Failing your acceptance of this offer, the claim will be submitted to arbitration.

Yours faithfully,

. . . .

4. Buyers decline Sellers' counter offer:

London, 24th Oct., 19...

Dear Sirs,

<u>Contract No. 232. 5,000 Bags Santos Coffee</u>

We thank you for your letter of the 23rd October offering us an allowance of 50 U.S.A. cents per 50 kilos on the above consignment.

We regret to inform you that we do not see our way to accept your offer and are submitting the claim to arbitration.

Yours faithfully,

. . . .

5. Arbitration award:

The Coffee Trade Federation
Arbitration Award
Award No. A 151
London, 5th November, 19...

We, the undersigned Members of the Panel of Arbitrators, appointed to arbitrate on:

5,000 bags Santos Coffee CLF, AAI sold as Santos Coffee, N. Y. Type 2, good bean, greenish, strictly soft, cup tested.

Sold by: Messrs. A. White & Co.

Shippers: Messrs. B. Brown & Co., Santos ex s. s. "Catrine".

And, having carefully examined the samples, find them inferior to guarantee and award the Buyers an allowance of 80 U.S.A. cents per 50 kilos.

We further award that the arbitration fee of forty-eight guineas together with the Federation fee of 5 shillings be paid by Sellers and Buyers equally.

(Signatures)

§ 192. СЛОВА И ВЫРАЖЕНИЯ К §§ 188 - 191

K § 188

space пространство
board доска

K § 189

the Persian Gulf Персидский залив
subsequently позже, потом, впоследствии
oversight недосмотр; through an oversight по недосмотру

K § 190

Письмо 1

drilling machine сверлильный станок; cluster drilling machine многошпиндельный сверлильный станок
tooth зуб; *мн.ч.* teeth зубья
gear зубчатое колесо, шестерня, зубчатая передача: bevel gear коническая зубчатая передача
wheel колесо

standstill остановка, бездействие; to bring to a standstill вывести из строя; to be brought to a standstill выбыть из строя
replacement parts части для замены, сменные части
to prevent предупреждать, не допускать
statement ведомость, расчет
shaft вал, ось
to dismantle разбирать *(машину)*
to assemble собирать, монтировать
to fit пригонять
dismantling, assembling and fitting разборка, монтаж и пригонка
remittance перевод *(денежный)*
in due course в надлежащий срок

Письмо 2
to reconsider пересматривать
agreeable согласный
would you be good enough будьте любезны
to review пересматривать

Письмо 4
to attend to something заняться чем-л.

К § 191

Письмо 1
provisional предварительный; provisional notice of claim предварительное извещение о претензии

Письмо 2
Santos Coffee New York Type No. 2 кофе сорта Сантос, Ньюйоркский тип № 2
excessive чрезмерный
unripe незрелый
shelly в оболочке, неочищенный от оболочки
broken разбитый, раздробленный
weevilly изъеденный жучками

Письмо 5
panel список лиц, группа; panel of arbitrators список арбитров
to arbitrate выносить арбитражное решение, решать третейским судом
CLF, AAI маркировка на мешках данной партии кофе
greenish зеленоватый
strictly soft строго "софт" *(торговая характеристика качества кофе)*
cup tested дегустированный.
to award присуждать; to award somebody something *(или:* to award something to somebody) присуждать кому-л. что-л.
arbitration fee арбитражный взнос
Federation fee взнос в пользу Федерации по торговле кофе
equally в равном размере, в равных долях, поровну

§ 193. УПРАЖНЕНИЯ

I. Переведите тексты §§ 188 - 191 на русский язык.

II. Вставьте, где требуется, предлоги или наречия и переведите на русский язык:

К § 188

1. The top ... the car got scratched owing ... the insufficient height ... the packing case. (To scratch - *царапать*.)
2. We would ask you to contact ... the manufacturers and suggest ... them that the cases should be manufactured ... one board ... about 15 cm higher.

К § 189

1. ... ... the present moment we had not had ... you any advice ... the progress of manufacture of the machinery ... Order No. 624.
2. We insist ... your opening the Letters of Credit ... least 10 days ... the expected arrival ... each vessel ... the port of loading.
3. We omitted, ... an oversight, to enclose ... our letter a copy ... the Bill ... Lading ... the goods.
4. The delay ... delivery ... the spare parts ... the machine has put us ... a difficult position.

290

К § 190

Письма 1, 2

1. The breakage ... two gears has brought the machine ... a standstill.
2. To prevent delay ... production we obliged to manufacture replacement parts the cost ... which amounts ... 500 roubles ... ... the statement enclosed.
3. We regret that we cannot make you any reduction ... the sum stated ... our letter ... the 15th October.
4. We agree to recompense you ... the cost ... repairs ... the damaged parts.

Письма 3, 4, 5, 6

1. The losses suffered .. our Clients ... ... delay ... production have not been included ... the amount ... the claim.
2. Please inform us ... whom payment is to be made, and we will attend ... the matter ... once.
3. We shall be obliged if you remit the amount ... question ... our account No. 1001 ... The Bank ... Foreign Trade ... Russia ... Moscow.

К § 191

Письма 1, 2, 3

1. The documents relating ... the claim made by the Buyers ... the Sellers were forwarded ... the Arbitration Commission ... registered letter.
2. The difference ... price claimed ... the Buyers ... the Sellers amounted ... 3,000 roubles.
3. The Buyers claimed an allowance ... 10 shillings ... bag ... the whole consignment consisting ... 5,000 bags.
4. The Sellers offered ... the Buyers, ... prejudice, an allowance ... 10 per cent. ... final settlement ... the Buyers' claim.

Письмо 4

1. The claim was submitted ... arbitration and the Arbitrators awarded ... the Buyers an allowance ... 50 cents ... ... 50 kilos.
2. ... examining the samples, the experts found that the quality was inferior ... guarantee.

III. Переведите на английский язык:

К § 188

С сожалением сообщаем Вам, что мы получили ряд жалоб от наших клиентов в связи со станками, поставленными Вами по заказу № 1025 и отгруженными на п/х "Нева". Наши клиенты жалуются на отсутствие во многих ящиках упаковочных листов и инструкций по сборке, хотя в Общих условиях заказа обусловлено, что упаковочные листы и инструкции должны быть вложены в каждый ящик. Далее, маркировка на многих ящиках не соответствует инструкциям, посланным Вам с нашим письмом от 15 сентября. Эти факты причинили нашим комитентам много излишних хлопот, и мы должны просить Вас заняться этим вопросом и обеспечить упаковку и маркировку машин по нашим заказам в точном соответствии с нашими указаниями.

К § 189

Мы с удивлением узнали из Вашей телеграммы от 16 октября, что Вы направили (to direct) танкер "Бинта" в Батуми для погрузки 10 000 тонн газойля и что судно прибудет 21-23 октября.

Мы ссылаемся на Вашу телеграмму от 5 октября, в которой Вы сообщили, что ввиду отсутствия свободной складской емкости (free storage facilities) Вы не сможете забрать (to lift) все количество газойля ранее начала ноября. В связи с этим Вы просили нашего согласия отложить погрузку до 1-3 ноября, что мы подтвердили телеграммой 6 октября. Вы должны согласиться поэтому с тем, что Ваше извещение о предстоящем (forthcoming) прибытии 21-23 октября танкера "Бинта" ставит нас в затруднительное положение. Мы принимаем необходимые меры, чтобы обеспечить погрузку танкера по возможности без задержки. Однако мы настаиваем, чтобы в будущем Вы сообщали нам название каждого судна, направляющегося (proceeding) в порт погрузки по крайней мере за 10 дней до его ожидаемого прибытия в порт, как это обусловлено в договоре.

К § 190

Мы получили Ваше письмо от 25 апреля, из которого, к сожалению, узнали, что Вы отказываетесь удовлетворить нашу претензию на сумму 1000 долларов в связи с поломкой шлифовального станка по заказу № 1257. В письме Вы указываете, что поломка, по Вашему мнению, произошла в результате небрежного обращения со станком и недостаточной смазки (greasing). Мы не можем согласиться с Вашей точкой зрения. Посланные Вам фотографии поломанных частей ясно показывают, что поломка шестерен произошла из-за недоброкачественного материала. Мы должны также указать, что сумма нашей претензии представляет только стоимость замены поврежденных частей и что убытки, понесенные (suffered) нашими комитентами вследствие задержки в производстве, не включены в эту сумму.

Поскольку Вы отклоняете нашу претензию, мы направили ее во Внешнеторговую арбитражную комиссию при Всероссийской торговой палате в Москве, на разрешение которой, согласно условиям заказа, должны передаваться (to refer) все споры и разногласия.

К § 191

Мы получили Ваше письмо от 20 октября с жалобой на якобы низкое качество (alleged inferior quality) товара, проданного по контракту № 250.

Мы должны указать, что отобрали товар высшего качества (of superior quality) для исполнения этого контракта, и заявляем, что сданный Вам товар полностью (fully) соответствует его описанию в контракте. Что касается некоторого отклонения в цвете, то оно настолько незначительно, что не может служить основанием для претензии и обычно допускается в торговле (in trade).

Мы поэтому не можем принять Ваше предложение дать Вам скидку с цены в 10 шиллингов, и если Вы пожелаете передать дело в арбитраж, мы готовы назначить нашего арбитра по получении от Вас соответствующего уведомления.

§ 194. EXAMPLE OF A CLAUSE IN A CONTRACT BETWEEN A RUSSIAN ORGANIZATION AND A BRITISH FIRM PROVIDING FOR ARBITRATION IN A THIRD COUNTRY

Any disputes or differences arising out of or in connection with the present contract are to be settled, without recourse to Courts of Law, by an Arbitration Tribunal in Stockholm, Sweden.

The Arbitration Tribunal shall consist of two Arbitrators and an Umpire.

The party giving notice of arbitration shall notify the other party by registered letter stating the question at issue and giving the name and address of its Arbitrator. Within ... days of receipt of such a letter, the other party shall inform the first party, also by registered letter, of name and address of its Arbitrator, and if it does not do so, its Arbitrator shall be appointed by the President of the Chamber of Commerce in Stockholm at the request of the party giving notice of arbitration.

The two Arbitrators are to choose an Umpire within ... days of the appointment of the second Arbitrator. Should the Arbitrators fail to agree upon an Umpire, the Umpire shall be appointed by the President of the Chamber of Commerce in Stockholm, Sweden, within ... days after receipt in Stockholm of such an application made by either of the parties.

The award shall be issued on the basis of the present contract and legal regulations to be used in accordance with the principles of international law.

The award shall state the reasons for the decision, indicate the composition of the Arbitration Tribunal, the date and place of the decision and allocation of the costs and expenses of the arbitration between the parties.

Both parties shall accept the award of the Arbitration Tribunal as final and binding upon them.

§ 195. EXAMPLE OF A CLAUSE IN A CONTRACT BETWEEN A RUSSIAN ORGANISATION AND A FOREIGN FIRM PROVIDING FOR ARBITRATION IN THE COUNTRY OF THE RESPONDENT PARTY

All disputes and differences which may arise between the parties in respect of or in connection with the present contract shall be referred for settlement to arbitration in the following manner:

1. If V/O "Rossexport" should be respondent in such dispute or difference, the matter shall be referred for settlement to the Foreign Trade Arbitration Commission of the Russian Chamber of Commerce, Moscow, and shall be tried in conformity with the Rules of Procedure of this Commission.

2. If the firm should be respondent in such dispute or difference, the matter shall be referred for settlement to ....
....
The arbitration award shall be final and binding upon both parties.

§ 196. EXTRACT FROM THE RULES OF PROCEDURE OF THE FOREIGN TRADE ARBITRATION COMMISSION AT RUSSIAN CHAMBER OF COMMERCE

(Approved by Decision of the Presidium of Russian Chamber of Commerce)

1. The Foreign Trade Arbitration Commission shall accept for arbitration disputes of every nature arising from foreign trade contracts and, in particular, disputes between foreign firms and Russian trading organizations.

Such disputes shall include disputes arising from claims concerned with the purchase of goods abroad, the sale of goods abroad and agency contracts, as well as disputes concerned with the carriage, insurance, storage and despatch of such goods and other foreign trade operations.

Such disputes are accepted for arbitration upon a written declaration by the party concerned that the parties have agreed in writing to submit the dispute to arbitration by the Foreign Trade Arbitration Commission.

The agreement to submit the dispute for arbitration by the Foreign Trade Arbitration Commission may be contained in the contract from which the dispute arose, or it may take the form of a separate agreement concerning an existing dispute or one which may arise in future (special agreement, exchange of correspondence, clauses in other documents relating to the dispute in question).

2. The Points of Claim shall contain the following particulars:
   a) the names of the claimant and the respondent;
   b) the claimant's and the respondent's addresses;
   c) the claim made stating the facts on which the claim is based and indicating the evidence in support of the claim;
   d) the name of the member of the Foreign Trade Arbitration Commission whom the claimant appoints as the Arbitrator, or a statement to the effect that the appointment of the Arbitrator is left to the discretion of the President of the Foreign Trade Arbitration Commission.

3. The Points of Claim shall be accompanied by the originals or certified copies of the documents (the contract, correspondence between the parties, etc.) to which the claimant refers in support of his claims.

4. On filing Points of Claim with the Foreign Trade Arbitration Commission, the claimant shall make payment in advance on account of the fee to cover the expenses of the arbitration proceeding to the amount of 1 per cent, of the sum in dispute.

Such payment shall be credited to the current account of Russia Chamber of Commerce No. 1210047 in the Bank for Foreign Trade of Russia in Moscow or paid in cash direct to Russia Chamber of Commerce.

The receipt for such payment shall be filed with the Foreign Trade Arbitration Commission together with the Points of Claim.

5. The Points of Claim and all accompanying documents shall be filed with the Foreign Trade Arbitration Commission with copies for each respondent.

6. On receipt of the Points of Claim, the Foreign Trade Arbitration Commission shall forthwith inform the respondent that Points of Claim have been filed, and forward to him copies of the Points of Claim and of all accompanying documents.

Within fifteen days after receipt of such notice, the respondent shall inform the Foreign Trade Arbitration Commission which of the members of the Commission he chooses as his Arbitrator, or that he leaves the choice of Arbitrator to the discretion of the President of the Foreign Trade Arbitration Commission.

If the parties have agreed upon other time limits, the latter must be observed.

7. Where the respondent fails to choose an Arbitrator within the time specified in paragraph 6 of these Rules, the President of the Foreign Trade Arbitration Commission shall appoint an Arbitrator from among the members of the Commission.

8. The Arbitrators who have been either chosen or appointed shall be informed thereof by the Foreign Trade Arbitration Commission without delay and invited to choose an Umpire from among the members of the Commission within fifteen days following the receipt of such notice.

9. Where the Arbitrators fail to agree on an Umpire within the time specified in paragraph 8, the Umpire shall be appointed by the President of the Foreign Trade Arbitration Commission from among the members of the Commission.

10. By mutual consent of the parties, the settlement of the case may, in exceptional cases, be entrusted to a sole Arbitrator.

A sole Arbitrator is either chosen directly by the parties from among the members of the Foreign Trade Arbitration Commission, or, at the request of the parties, appointed by the President of the Foreign Trade Arbitration Commission from among the members of the Commission.

11. Where an Arbitrator is unable to take part in the hearing of a case, the Foreign Trade Arbitration Commission shall notify the party concerned thereof and request that another Arbitrator be chosen from among the members of the Foreign Trade Arbitration Commission within fifteen days.

If the party fails to choose an Arbitrator within this time, the Arbitrator shall be appointed by the President of the Foreign Trade Arbitration Commission from among the members of the Commission.

12. Where an Umpire is unable to take part in the hearing of a case, the Foreign Trade Arbitration Commission shall notify the Arbitrators thereof and suggest that another Umpire be chosen within fifteen days, the provisions of paragraph 9 of these Rules being applicable.

13. Upon the request of the claimant, the President of the Foreign Trade Arbitration Commission may deal with the security for the claim.

The amount and the form of the security shall be determined by the President of the Foreign Trade Arbitration Commission.

14. The day for the hearing of the case shall be fixed by the President of the Foreign Trade Arbitration Commission by agreement with the Umpire or with the sole Arbitrator.

....
....
....

§ 197. СЛОВА И ВЫРАЖЕНИЯ К §§ 194-196

К § 194

tribunal трибунал, суд; arbitration tribunal арбитражный суд
to give notice of arbitration сообщить (письменно) о передаче дела в арбитраж
issue предмет обсуждения, спора; проблема; the question at issue спорный вопрос
to choose (chose, chosen) выбирать, избирать
appointment назначение
regulation правило; legal regulations юридические правила, юридические нормы
composition состав

К § 195

to try разбирать, судить

К § 196

Пункт 1

disputes concerned with the purchase of the goods споры, относящиеся к покупке товаров
the party concerned заинтересованная сторона

Пункт 2

points of claim исковое заявление
claimant истец

evidence доказательство
support подтверждение; in support в подтверждение
discretion усмотрение; to the discretion на усмотрение

Пункт 4

to file регистрировать, подавать, передавать, представлять (документ); to file a document with an organization представить документ в организацию
on account в счет
proceedings производство (судебное), процесс (судебный); arbitration proceedings арбитражное производство
sum in dispute спорная сумма
current account текущий счет
time limit (предельный) срок
to observe соблюдать

Пункт 10

exceptional исключительный
sole единоличный; sole arbitrator единоличный арбитр

Пункт 11

hearing рассмотрение, слушание (дела в суде)

Пункт 12

provision условие, оговорка, положение
applicable применимый

§ 198. УПРАЖНЕНИЯ

I. Переведите тексты §§ 194-196 на русский язык.

II. Вставьте, где требуется, предлоги и переведите на русский язык:

К § 196

Пункты с 1 по 4

1. The parties ... the contract agreed ... writing to submit the dispute ... arbitration.
2. The Points ... Claim were accompanied ... documents relating ... the claim ... question.
3. ... support ... his claim the claimant referred ... the correspondence ... the parties.
4. The respondent left the appointment ... his Arbitrator ... the discretion ... the President ... the Arbitration Commission.
5. The claimant paid ... advance 1 per cent. ... the sum ... dispute ... account ... the fee charged ... the Foreign Trade Arbitration Commission.
6. The sum paid ... the claimant was credited ... the current account ... Russian Chamber ... Commerce.
7. The receipt ... the payment made ... the claimant was filed ... the Foreign Trade Arbitration Commission ... ... the Points of Claim.

Пункты с 5 по 14

1. All the documents were filed ... the Arbitration Commission together ... copies ... the respondent.
2. The Arbitration Commission forwarded ... the respondent a copy ... the Points of Claim accompanied ... copies ... all documents received ... the claimant.
3. The Arbitration Commission sent a notice ... the Arbitrators appointed ... the parties inviting them to choose an Umpire ... ... the members ... the Commission ... fifteen days ... receipt ... the notice.
4. ... mutual consent the parties decided to entrust the settlement ... the dispute ... a sole Arbitrator.
5. ... the request ... the parties, the President ... the Arbitration Commission appointed a sole Arbitrator.
6. ... agreement ... the Umpire, the President ... the Arbitration Commission fixed the day ... the hearing ... the case.
7. The parties left the appointment ... the sole Arbitrator ... the discretion ... the President ... the Arbitration Commission.
8. The provisions ... clauses 1-5 ... the Rules ... Procedure apply ... both claims and counter claims.
9. The hearing ... the case took place ... public, and the parties presented their cases ... the Commission ... their representatives appointed ... them ... their discretion.
10. The case was heard ... a tribunal consisting ... two Arbitrators and an Umpire.
11. ... the close ... the hearing the Umpire announced the award ... the representatives ... the parties.
12. The Arbitration Commission awarded 5,000 roubles ... ... favour ... the claimant and allocated the arbitration expenses .. the parties.
13. As the claimant has paid the arbitration expenses ... full, he has the right to recover ... the respondent a part ... the expenses due ... the latter ... conformity ... the award ... the Commission.
14. As the parties arrived ... an amicable settlement, they requested the Arbitration Commission to make an award ... consent.
15. ... order ... the President ... the Arbitration Commission the hearing ... the case was discontinued and the arbitration expenses were allocated ... the parties ... accordance ... the terms ... the amicable settlement.

III. Переведите на английский язык:

К § 196

Пункты с 1 по 4

1. Путем обмена письмами стороны согласились на передачу спора во Внешнеторговую арбитражную комиссию.
2. В подтверждение нашего иска (claim) мы прилагаем засвидетельствованные копии следующих документов.
3. Мы предоставляем назначение нашего арбитра на усмотрение председателя Внешнеторговой арбитражной комиссии.
4. Согласно пункту 4 Правил о производстве дел во Внешнеторговой арбитражной комиссии, экземпляр которых при сем прилагается, истец должен внести аванс (to pay in advance) 1% от спорной суммы в счет сборов на покрытие расходов по арбитражному производству.

Пункты с 5 по 14

1. Посылаем Вам с этим письмом копию искового заявления с приложениями, а также список членов Внешнеторговой арбитражной комиссии. В соответствии с пунктом 6 Правил о производстве дел в Комиссии, просим Вас в 15-дневный срок назначит Вашего арбитра из числа членов Комиссии.
2. Сообщаем Вам, что по согласованию с суперарбитром г-ном А. председатель Внешнеторговой арбитражной комиссии г-н Б. назначил днем слушания дела 8 января 19... г.
3. Стороны договорились возложить разрешение дела на единоличного арбитра, который по их просьбе был назначен председателем Комиссии.
4. С сожалением сообщаем Вам, что г-н А., назначенный Вами в качестве Вашего арбитра, не сможет участвовать в рассмотрении дела, так как в настоящее время его нет в Москве. Просим Вас поэтому избрать другого арбитра из числа членов Внешнеторговой арбитражной комиссии.
5. По получении копии искового заявления ответчик заявил во Внешнеторговой арбитражной комиссии встречный иск.
6. Рассмотрение спора производилось в открытом заседании (in open session), на которое были приглашены представители сторон.
7. Арбитры попросили экспертов представить заключение (to state their opinion) по ряду технических вопросов, возникших при рассмотрении дела.
8. Истец приложил к исковому заявлению засвидетельствованные копии документов, на которые он ссылался в своем иске.
9. Единоличный арбитр присудил, чтобы расходы по арбитражному производству были покрыты в равных долях (equally) истцом и ответчиком.
10. Так как стороны договорились о мировом соглашении, дело было прекращено производством, и расходы по арбитражному производству были распределены между сторонами в соответствии с условиями мирового соглашения.
11. Арбитражная комиссия присудила в пользу истца ... фунтов стерлингов, а также сумму, израсходованную им на ведение дела.

§ 199. DISPUTE BETWEEN A BRITISH IMPORTER AND AN ITALIAN EXPORTER*

On the 1st August, 19..., Messrs. Hamilton & Martin in Manchester purchased from Messrs. Ambrose Cataneo & Co., in Naples, 5 tons of prunes at 24s. per cwt. for immediate delivery c.i.f. London, to be sent to Manchester through Messrs. Van Oppen & Co., Forwarding Agents. The goods were to be well dried and of good quality, and packed in cases of about 1 cwt., payable at three months by acceptance.

On the 10th August the Buyers received the invoice amounting to £ 192. On the 1st September the goods reached Manchester. The Consignees paid in freight and duty £ 34. On the 2nd Sept. a few cases were opened for the purpose of examination. The prunes proved to be maggot-eaten and therefore unfit for consumption. The Buyers informed the Sellers by telegram of the bad condition of the goods and placed them at the disposal of the Sellers with the request to dispose of them in some other way and refund the £ 34 disbursed for freight and duty.

By their letter of the 3rd Sept., Ambrose Cataneo & Co. intimated that they were not going to receive the goods back, saying that they had packed the prunes carefully, and in packing, the goods were nice and dry and without warmth. If the goods arrived in an unsatisfactory condition, this was due to the heat and damp they were subjected to during the voyage. They pointed to the fact that the goods had been sold c.i.f. London, and for that reason they ought to have been examined on behalf of the Buyers either in Naples or at the latest in London, and that for damage incurred during the transport the Buyers, and not the Sellers, were responsible.

On receipt of this letter the Buyers obtained expect opinion on the state of the goods, Mr. John Smith, a member of the Manchester Chamber of Commerce, being appointed as expert. In giving his opinion Mr. J. Smith confirmed the bad condition of the goods and pointed out that, even assuming that the maggots had only developed during transport, the eggs must have been in the prunes before the packing took place, as it was impossible for the insects, which laid the eggs, to penetrate the thick side of the cases during transport.

Hamilton & Martin notified the Sellers of the result of this expert examination, and demanded that they should immediately dispose of the goods otherwise, failing which the goods would be sold by public auction.

Ambrose Cataneo & Co. replied that they maintained their standpoint, and that the Buyers could do what they thought fit, since they would have the matter settled by the Commercial Court in Naples. Thereupon Hamilton & Martin applied the Manchester Chamber of Commerce to have the goods publicly sold, of which they notified the Sellers. The sale took place, and the prunes were sold to a distiller for £ 67 15s., and the proceeds, after deduction of the costs, were handed over to Hamilton & Martin. The latter notified the Sellers, placing the above amount less £ 34 disbursed as freight and duty at their disposal.

---

* Текст § 199 и связанная с ним переписка (200) взяты, с некоторыми изменениями и сокращениями, из "The Principles and Practice of Commercial Correspondence" by J. Stephenson, London, 1952, Sir Isaak Pitman & Sons, Ltd.

In the meantime Ambrose Cataneo & Co. brought an action against the Buyers before the Commercial Court in Naples, which declared itself competent in the matter, as the legal place of delivery was Naples and not Manchester. Hamilton and Martin were summoned before the Commercial Court in Naples, and as the Defendants refused to acknowledge the competency of the Court at Naples, judgement in default was pronounced against them and they were ordered to pay the invoice amount of £192 plus the costs of the proceeding amounting to £7 15s. On the basis of this judgement the Naples firm brought proceeding against Hamilton & Martin in Manchester and instructed a Solicitor in Manchester to this end. The latter in his plant demanded that the execution of the judgement of the Commercial Court of Naples should be admitted in Manchester, or alternately judgement for the payment of the invoice should be pronounced by the Court in Manchester. Thereupon Hamilton & Martin also instructed their Solicitor. The action was tried, and the Judgement was entered against the Plaintiff. However, Hamilton and Martin had to pay the Plaintiff the net proceeds of the compulsory sale of the prunes less their disbursements.

§ 200. EXCHANGE OF LETTERS BETWEEN THE PARTIES AND THEIR SOLICITORS IN CONNECTION WITH THE DISPUTE DESCRIBED IN § 199

1. The Sellers instruct their Solicitor:

Naples, 5th Oct., 19...

Sydney Berry, Esq.,
Solicitor, Brazennose Street,
Manchester.

Dear Sir,

We are indebted for your address to the Italian Consul of your city, and wish to make use of your services by instructing you to enter an action against Messrs. Hamilton & Martin, of your city, concerning the recovery of a claim for £204 15s.

You will learn the precise facts from the enclosed documents, but for your better understanding we make the following comments and explanation of our instructions.

Please obtain by an action the execution of the judgement of the Commercial Court here, dated the 25th Sept., and thereupon obtain payment of our claim of £204 15s., either amicably or by enforcement.

If the Court of Manchester should declare the judgement of the Naples Court incapable of execution, we shall be glad if you will bring a fresh action for recovery of the amount of the invoice only, i.e., £192.

In support of our claim, we beg to draw your attention to the following points:

1. The place of payment in Naples, although we have sold the goods c.i.f. London, c.i.f. meaning cost, insurance, and freight. This c.i.f. delivery, however, implies only that the Sellers bears the cost of transport and insurance, but it in no way changes the place of transfer of the legal title.

From this it follows:

a) The risks of transport, in so far as they have not been transferred to a third person by insurance, are to be borne by the Buyer, and not by the Seller.

b) The examination of the goods and the objections raised thereto ought to have taken place in Naples and not in Manchester, and the opinion of the expert appointed by the Chamber of Commerce, therefore, does not in any way concern us.

c) The settlement of this dispute is subject to Italian Law and the Italian Courts, and the latter have pronounced judgement in our favour.

2. If the Court is Manchester should hold that the judgement in question cannot be executed and that a fresh action has to take place, it must be taken into consideration that the goods were in a perfectly sound and good condition at the time of shipment. If then the shipment manifested considerable defects on arrival in Manchester, these have occurred during transport owing to the great heat and dampness. As, however, in accordance with English Law, the Buyer is responsible for the risks of transport, the Court in Manchester will be bound to give judgement in our favour.

3. The opinion of the Manchester expert, apart from the fact that it is invalid for reasons afore-mentioned, must be opposed on points of fact. In the first instance, examination was not made in due time, considering that the goods arrived in Manchester on the 1st Sept., and the expert's report is dated the 10th Sept. It is a well-known fact that such goods have to be examined, unpacked and aired immediately on arrival. The Buyers have omitted to do this, and they thus have not acted with the care of a proper merchant, but have made themselves responsible for the defects in question.

Furthermore, the examination must be regarded as an unsatisfactory one, as only thirty cases were examined, and there is no proof that the remaining seventy cases showed the same defects.

For the rest we leave this matter in your hands, fully confident that you will carry the action through successfully.

If you require any further particulars, we shall be glad to furnish them on application.

In the enclosure, in addition to the power of attorney signed in bank, you will find a cheque for £15, which kindly use to pay the expenses of the action.

Please acknowledge receipt of this immediately on arrival and keep us informed of the progress of the case.

Yours faithfully,
Ambrose Cataneo & Co.

Enclosures.

2. Instructions to the Defendant's Solicitor:

Manchester, 10th Oct., 19...

J. Pheathean Monks, Esq.,
   Solicitor,
      Bolton.

Dear Sir,

In view of the fact that, in course of a conversation with our Mr. Martin, you expressed your willingness to represent our interests in the action against Ambrose Cataneo & Co., of Naples, we are sending you the documents referring to this case, at the same time giving you our views on the matter.

1. The request of the Plaintiff to obtain execution of the judgement of the Commercial Court in Naples must be opposed as, in accordance with English Law, the Defendant has to be summoned before the proper judge at his place of residence.

2. As regards the application by the Plaintiff for a new trial in Manchester, two questions have to be considered:

a) Were we within our rights on not examining the goods until they reached Manchester, or, are the Plaintiffs right in their assertion that the examination of the goods and the objection thereto, ought to have taken place in Naples and,

b) Has it been proved that the defects of the goods already existed in Naples, or, have they arisen during transport without any fault of the Sellers?

As regards the first question, there is no doubt that examination of and objection to a shipment may take place at the destination. This is not only in the nature of the matter itself, but it is a general commercial usage. The place of delivery is the place where the goods are at the moment of sale, and where they pass into the ownership of the Buyer.

If, however, they are to be shipped to a Buyer who lives a considerable distance away, it is natural that the right of examination must be reserved to the Buyer who can exercise these right only at the place where he receives the shipment, i.e. at the place of destination.

In our opinion the second question has been decided by the expert's report, which shows that the prunes were not well dried and of good quality, and that the eggs from which the maggots developed must have been present in the fruit already at the time of dispatch.

3. We expressly ordered well-dried prunes of good quality, but have received badly dried, maggoty, uneatable goods, and we are, therefore, perfectly within our rights to cancel the contract and place the goods at the disposal of the Sellers.

We shall be glad if you will make application to the Court to decline the request of the Plaintiff and to pronounce judgement that our liability should be restricted to the payment of £32, i.e., the proceeds of the sale less our disbursements.

Yours faithfully,
Hamilton & Martin

ENCLOSURES: Documents and evidence.

3. Advice of judgement by letter from Plaintiff's Solicitor:

Manchester, 14th Oct., 19...

Messrs. Ambrose Cataneo & Co.,
    Naples.

Dear Sirs,

In accordance with my letter addressed to you on the 7th inst. your action against Messrs. Hamilton & Martin was heard on the 12th inst., and I am sorry to say the judgement is not favourable to you. The Court declined your request to have the judgement of the Commercial Court at Naples executed, and likewise, it also threw out your application for payment of the invoiced amount. The Defendants are obliged to hand over to you only the net proceeds of £32, and you have to bear the cost of the action as well as those of the Plaintiff's Solicitor.

Herewith I give you the principal point in support of this judgement:

1. From the contract of sale it is clear that Naples is the place of delivery. The condition c.i.f. London does not alter the place of delivery, but only expresses the consignor's liability to pay the charges for freight and insurance to Liverpool. For this reason, as far as the material question is concerned, the case is subject to judgement according to the Italian Law, whilst for the action itself the Manchester Court is competent.

2. Where goods are purchased at a distance, the Italian Law grants the Buyer the right to examine the goods at the place of destination, ant to make complaints in reference thereto. The Defendants had thus no obligation to examine the goods in Naples, and the opinion of the Manchester expert holds good.

I abstain from making any comment in regard to the judgement given, but at the same time I assure you that I have used my best endeavours to convince the Court of the justification of your plaint.

The question now arises whether you want to carry the case to the Court of Appeal or not. In the event of your wish to appeal, you must notify me by return as the term of appeal expires on the 22nd December. It is my duty, However, to inform you that, in my opinion, there are very little prospects of obtaining a revision of the judgement already given.

Awaiting the favour of your reply, I remain,

Yours faithfully,

Sydney Berry

§ 201. СЛОВА И ВЫРАЖЕНИЯ К §§ 199-200

К § 199

prunes чернослив
cwt. сокращенное обозначение слова hundredweight английский центнер (*читается:* hundredweight)
payable подлежащий уплате; payable at three months by acceptance платеж трехмесячным акцептом
maggot личинка; maggoteaten изъеденный личинками
unfit негодный
consumption потребление
to dispose of распорядиться чем-л.
to disburse израсходовать
to intimate ставить в известность
to subject подвергать
to assume предполагать
to penetrate проникать
auction аукцион; by public auction с публичного аукциона
distiller винокур
action судебный процесс; to bring an action возбудить судебный процесс
to summon вызывать (*в суд*)
competency компетенция
in default ввиду неявки (*ответчика*)
judgement (*или:* judgment) приговор, решение суда; to pronounce judgement вынести решение
to bring proceeding against somebody начать, возбудить процесс против кого-л.
solicitor солиситор (*поверенный*)
end цель; to this end для этой цели
plaint исковое заявление, иск
thereupon после этого
to enter judgement вынести судебное решение
plaintiff истец
compulsory принудительный
disbursement(s) расходы, издержки

К § 200

Письмо 1

to enter an action начать судебный процесс
recovery взыскание

precise точный
enforcement принуждение; взыскание; by enforcement принудительным путем
incapable неспособный; incapable of execution не могущий быть исполненным
to imply подразумевать, предполагать
title титул, право на имущество
afore-mentioned ранее упомянутый
point of fact вопрос факта; on points of fact по существу, с фактической точки зрения
instance пример, отдельный случай; in the first instance во-первых; сначала
to air проветривать
to oppose оспаривать
to assert утверждать
power of attorney доверенность

Письмо 2

to be within one's rights иметь право
assertion утверждение
to exercise the right осуществить право
to pass into ownership переходить в собственность
expressly ясно, точно, определенно
uneatable несъедобный

Письмо 3

to throw out отклонять (*об иске*)
defendant ответчик
consignor отправитель
the case in subject to judgement according to дело подлежит решению суда в соответствии с
for the action itself the Manchester Court is competent само же судебное разбирательство является компетенцией суда в Манчестере
to hold good быть юридически обоснованным
to abstain воздерживаться
to convince убеждать
justification обоснованность
court of appeal апелляционный суд
prospect перспектива; надежда

§ 202. УПРАЖНЕНИЯ

I. Переведите текст § 199 и письма § 200 на русский язык.

II. Вставьте, где требуется, предлоги или наречия и переведите на русский язык:

К § 200

1. On receipt ... the Sellers' letter the Buyers requested an expert to give his opinion ... the state ... the goods.
2. ... ... the terms ... the contract, the terms ... payment were ... acceptance ... three months ... the date ... the invoice.
3. The Buyers declared that they were not responsible ... damage ... the goods incurred ... the transport.
4. The Sellers informed the Buyers ... the result ... the expert's examination and enclosed ... their letter a copy ... the expert's report.
5. We request you to dispose ... the goods ... once.
6. We trust that the goods will meet ... your full approval.
7. We insist ... the strict fulfilment ... the contract.
8. The goods were invoiced ... the Buyers ... the 9th August.
9. The responsibility ... the damage ... so far it has been brought ... ... inherent decay, has to be borne ... the Buyers.
10. The prunes passed ... Buyers' possession ... London.
11. The Sellers objected ... an inspection ... the goods ... Manchester.
12. You are not satisfied ... trying to make us responsible ... the damage.
13. ... the opinion ... the Buyers, the examination ... the goods has to take place ... their arrival ... the place ... destination.
14. ... the last time we must ask you to dispose ... the goods.
15. As you have not complied ... our request, we shall be obliged to sell the goods ... public auction.
16. The goods were shipped ... the risk ... Buyers.
17. The Buyers notified the Chamber of Commerce ... a case ... dispute ... a firm in Naples.
18. Though the goods were sold ... c.i.f. terms, the Buyers had the right to examine them ... their destination.
19. The Solicitors agreed to represent the Buyers' interests ... their action ... the Sellers.
20. The Court ... Manchester declared the judgement ... the Naples Court incapable ... execution.
21. The Sellers brought a fresh action ... the recovery ... the amount ... the invoice.
22. The Sellers raised objections ... the examination ... the goods ... Manchester.
23. The Sellers think that the opinion ... the expert, apart ... the fact it is invalid ... the legal point of view, must be opposed ... points of fact.
24. As ... the rest, we leave the matter ... your hands.
25. Please keep us informed ... the progress ... the case.
26. The Defendants stated their views ... the matter ... a special letter ... their Solicitor.
27. The Plaintiffs made an application ... a new trial ... Manchester.
28. The Buyers consider that they were ... their rights ... not goods ... London.
29. ... the opinion ... the Buyers, the examination ... and objections ... a shipment may take place ... the destination.

III. Переведите на английский язык:

К §§ 199-200

1. 1 августа 19... года фирма "Гамильтон и Мартин" в Манчестере заказала у фирмы "Амброзе Катанео и Ко" в Неаполе партию чернослива с поставкой сиф Лондон для дальнейшей переотправки (for re-forwarding) через экспедиторскую фирму "Ван Оппен и Ко" (through Van Oppen & Co., Forwarding Agents) в Манчестере. По прибытии товара в Манчестер покупатели открыли несколько ящиков и обнаружили, что чернослив изъеден личинками и негоден для употребления. Покупатели отказались принять товар и потребовали по телеграфу, чтобы продавцы распорядились товаром и возместили им стоимость фрахта и пошлины.

2. В своем ответном письме продавцы указали, что во время упаковки товар был в хорошем состоянии и что порча произошла во время перевозки. Они далее указали, что товар был продан сиф Лондон и что поэтому он должен был быть осмотрен покупателями в Неаполе или Лондоне. По получении этого ответа покупатели попросили Торговую палату в Манчестере назначить эксперта для осмотра товара и дачи заключения (to examine the goods and deliver an opinion) о состоянии чернослива. Эксперт дал заключение в том смысле (to the affect), что товар не годен к употреблению. Он далее указал, что яички, из которых развились личинки, уже, должно быть, находились в сливах до упаковки.

3. В своем извещении о результате экспертизы фирма "Гамильтон и Мартин" потребовала, чтобы покупатели немедленно забрали товар, указав, что в противном случае сливы будут проданы с аукциона. Фирма "Амброзе Катанео и Ко." не согласилась распорядиться товаром, Торговая палата в Манчестере, по просьбе фирмы "Гамильтон и Мартин", продала товар с аукциона. Вырученная сумма (the proceeds of the sale) за вычетом расходов была передана фирме "Гамильтон и Мартин". Последняя сообщила фирме "Амброзе Катанео и Ко.", что она держит в распоряжении эту сумму за вычетом стоимости фрахта и пошлины.

4. Фирма "Амброзе Катанео и Ко." возбудила процесс против покупателей в коммерческом суде в Неаполе. Ответчики отказались признать компетенцию этого суда. Решение, ввиду их неявки в суд, было вынесено против них, и им было предложено уплатить продавцам фактурную стоимость товара и судебные издержки. На основании этого решения продавцы поручили поверенному в Манчестере начать судебный процесс против покупателей для взыскания (for the recovery) этой суммы. Суд в Манчестере вынес решение против истца.

5. Мы выполнили Ваш заказ самым тщательным образом и надеемся, что Вы будете полностью удовлетворены товаром.

6. Мы сожалеем, что не можем принять этот товар. Просим Вас распорядиться им немедленно и возместить нам наши расходы.

7. К нашему крайнему удивлению, мы узнали из Вашей телеграммы от 15 с. м., что Вы отказываетесь принять товар, утверждая, что он негоден для употребления.

8. Мы не принимаем Вашей жалобы. Наоборот, мы настаиваем на строгом выполнении Вами условий контракта.

9. Мы не ответственны за порчу товара, происшедшую за время перевозки.

10. Мы решительно возражаем против осмотра товара в Манчестере.

11. Если Вы внимательно рассмотрите вопрос с юридической точки зрения, то придете к заключению, что у Вас нет основания считать нас ответственными за порчу.

12. Вы не выполнили наш заказ в соответствии с нашими инструкциями.

13. В данном случае совершенно не существенно, является ли Неаполь местом выполнения заказа или Лондон.

14. Если к этому времени Вы не выполните нашей просьбы, мы распорядимся продать товар и передадим чистую выручку, за вычетом наших расходов, в Ваше распоряжение.

15. Из Вашего письма от 15 текущего месяца мы, к сожалению, усматриваем, что Вы продолжаете придерживаться своей точки зрения. Мнение эксперта, копию которого Вы нам прислали, ни в какой мере не является убедительным, поскольку мы не признаем компетенцию Манчестерской торговой палаты в этом деле.

16. Покупатели настаивают на своем прежнем утверждении, что Лондон является местом выполнения заказа.

17. Мы считаем, что итальянский суд не компетентен в этом деле.

18. Товар является Вашей собственностью, и мы поэтому не можем распорядиться им.

19. Просим Вас возбудить судебное дело против фирмы "Смит и Ко." в Вашем городе касательно взыскания суммы нашей претензии в ... фунтов стерлингов.

20. В обоснование нашей претензии мы хотели бы обратить Ваше внимание на следующие моменты.

21. Мнение эксперта должно быть оспорено с фактической стороны.

22. Если Вам потребуются дальнейшие сведения, мы будем рады сообщить их вам.

23. Просим держать нас в курсе хода дела.

Глава XVI

МОРСКАЯ ПЕРЕВОЗКА ГРУЗОВ
SEA TRANSPORTATION OF GOODS

§ 203. EXTRACT FROM THE RUSSIAN COAL CHARTER 1962 FOR COAL, COKE AND COALTARPITCH FROM RUSSIA CODE NAME: "ROSSCOAL"

Agreed January, 1962, between
The Documentary Council of the Baltic and
International Maritime Conference,
The Scandinavian Coal Importers
Federation, Copenhagen, Helsinki -
Helsingfors, Oslo, Stockholm,
Russian Chamber of Commerce, Moscow,
V/O "Rosspromexport", Moscow,
V/O "Rossfracht", Moscow.

.... 19...

IT IS THIS DAY MUTUALLY AGREED between ....
Owners of the .... of ... tons net register .....
.... ton or thereabouts deadweight, exclusive of bunkers, classed ....
.... now .... and expected ready to load on or about .... and ....:
Charteres, as follows:

PORT OF LOADING. (*Note:* Delete the ports not agreed upon.)

1. The said vessel being in every way fitted for the voyage, shall with all possible despatch proceed to —
one Baltic port: St.Petersburg, Riga, Ventspils, Klaipeda;
Black Sea and Azov ports:

Odessa, including Iljichevsk, Izmail, Reni, Jdanov,	one or two ports at Charterers' option; first port to be declared latest on vessel passing Istanbul

where she can safely lie always afloat, and there load, as may be ordered by Shippers' Agents, below deck, unless otherwise agreed, in the customary manner a full and complete cargo of

coal	of about ... tons of 1000 kilos
coke	(5 per cent. more or less
coaltarpitch	in Owners' option).

Should the cargo or part of the cargo consist of coke, the Owners shall have the liberty to load coke on deck at Charterers' risk; but no freight shall be paid on any deck cargo lost or jettisoned; deck cargo to be properly secured and winches to be kept free from cargo.

QUANTITY. When giving notice of the loading date under clause 3 the Owners shall state the approximate quantity and kind of cargo and bunkers required in tons of 1000 kilos and also the grain cubic capacity of each hold.

PORT OF DISCHARGE. Being so loaded, the vessel shall proceed with all possible despatch to .... and deliver the cargo alongside any wharf, floating depot or lighters as may be ordered by the Consignees, where she can safely lie always afloat.

FREIGHT. 2. A. The freight shall be paid at the rate of ... per ton of 1000 kilos intaken weight, provided the vessel arrives without having broken bulk, with option to the Consignees (which must be declared in writing latest before breaking bulk) to pay on delivered weight, in which event the cargo shall be weighed simultaneously with the discharging by official weighers, the Consignees paying all expenses incurred thereby, but the Owners or their Agents having liberty to provide check clerks at the Owners' expense.

B. The Owners shall put their Agents at the loading ports in funds, sufficient to cover the vessel's ordinary disbursements, including charges for bunkers and trimming, if any, prior to the vessel's sailing from the port of loading; if not, the total amount, not exceeding one third of the freight, shall be endorsed upon the Bill of Lading as a freight advance, increased by 2 per cent. to cover interest and commission (whereof 1 per cent. shall be for the Charterers) plus actual cost of insurance.

C. The total freight (less advance at port of loading, if any) shall be paid on unloading and right delivery of the cargo, unless the Consignees exercise their option to pay on delivered weight as provided for in § 2, A, in which case the freight shall be paid as follows: 90 per cent. on unloading and right delivery of the cargo and the balance upon receipt from the Owners of the certificate stating the quantity of cargo delivered and the timesheet covering the discharging.

D. The total freight (less advance at port of loading, if any) shall be paid on unloading and right delivery of the cargo in cash at the port of discharge at the official rate of exchange on the final day of discharge.

Note: Delete alternatives C or D adopted.

LOADING LAYDAYS. OWNERS' DEFINITE NOTICE. 3. The loading date shall not be before 8 a.m. on the ... but Charterers, ... and Rossfracht at the port of loading are to receive from the Owners at least 5 clear running days' written notice of the definite loading date (at 8 a.m.) also 24 hours' notice to be given toRossfracht at the port of loading. The Master or the Owners or their Agents shall keep Rossfracht advised by telegram of any alterations regarding the vessel's position.

If the vessel be not ready to load within 48 hours after the definite loading date, 24 hours' extra loading time shall be allowed.

SAILING TELEGRAM. A sailing telegram shall be sent or communicated to Sovfracht at the port of loading when the vessel leaves her last port, or if bound to or lying at a local port to discharge 24 hours' written notice shall be given when the vessel is expected to be clear of cargo, or in default 24 hours more shall be allowed for the loading.

NOTICE OF READINESS. MASTER'S NOTICE. 4. Written notice of readiness (Master's Notice) to receive the entire cargo not to be given toRossfracht before the vessel is actually ready to receive the entire cargo and provided the vessel is cleared at custom house whether in berth or not, and such notice thereafter to be handed in to Rossfracht within the office hours between 9 a.m. and 5 p.m. on a working day, or 1 p.m. on Saturdays and days before holidays.

TINE TO COUNT. Time for loading to count from 8 a.m. on the next working day after the receipt of Master's Notice.

HATCH BEAMS. The vessel shall not be considered ready to commence the loading until the holds intended for cargo are free of inward cargo and properly cleaned. All hatch beams shall be removed before the loading commences. If the hatch beams are not removed the vessel shall not be considered ready to receive the cargo until they have been actually removed.

LOADING TIME. The cargo shall be loaded at the average rate of ... metric tons per wether working day of 24 consecutive hours (2 p.m. Saturdays and days preceding holidays to 8 a.m. Mondays and days following holidays as well as Sundays and holidays excepted, unless used). If the loading be commenced earlier than the time stipulated, only effectively used time to count. The same applies when loading is effected during excepted periods as above. Shippers to have the right of working during excepted periods, they paying overtime expenses for shore operations only.

....
....

COSTS. 12. A. The Consignees shall effect the discharge of the cargo, the vessel paying ... per ton of 1000 kilos for all work in connection with unloading and providing winches, motive power and running gear customary at the port of discharge. All extra expenses in connection with discharging beyond ordinary working hours to be paid by the party at whose request such work is performed. The vessel shall also provide vessel's winchmen if requested and permitted, otherwise the Consignees shall provide and any pay for winchmen, who shall nevertheless be regarded as servants of the Owners.

FIXED PRICE. B. The Consignees shall effect the discharge of the cargo, the vessel paying ... per ton of 1000 kilos on the quantity for which freight is paid or payable, covering all costs and charges whatsoever in connection with the unloading, and providing winches, motive power and running gear customary at the port of discharge.

All extra expenses in connection with discharging beyond ordinary working hours to be paid by the party at whose request such work is performed. The vessel shall also provide winchmen from the crew, if requested and permitted, otherwise the Consignees shall provide and pay for Consignees, but shall follow the instructions of the Master in connection with discharging.

FREE DISCHARGE. C. The Consignees shall effect the discharge of the cargo free of all risk and expense to the vessel. The vessel shall provide winches, motive power and running gear customary at the port of discharge. The vessel shall also provide winchmen from the crew, if requested and permitted, otherwise the Consignees shall provide and pay for winchmen from shore, who shall be regarded as servants of the Consignees, but shall follow the instructions of the Master in connection with the discharging.

Note: Delete alternatives A, B or C not adopted, but if the Owners shall effect the discharge delete the entire clause 12.

EXEMPTIONS. 13. In case of strikes, lock-outs, civil commotions, accidents, or any other causes beyond the control of the Consignees which prevent or delay the discharging, such time shall not count unless the vessel be already on demurrage.

DEVIATION. 14. The vessel shall have liberty to tow and to be towed and to assist vessels in distress and to deviate for the purpose of saving life or property, to sail without pilot and to call at any ports in any order, for bunkering or other purposes or to make trial trips after notice, or adjust compasses and/or radio equipment and reasonable exercise of any of these liberties shall not be deemed to be a departure from the contractual route.

DEMURRAGE. 15. Demurrage, if any, at the rate of ... per day of 24 hours or pro rata to be paid by the Charterers if the vessel be detained beyond her loading time or by the Consignees, payable day by day, if the vessel be detained beyond her discharging time.

DUES AND CHARGES. 16. The Charterers shall pay all dues and duties on the cargo at the port of loading. The Consignees shall pay all dues and duties on the cargo at the port of discharge, also the additional cost of discharging, if any, in consequence of separation of different parcels. The Owners shall pay port dues, pilotage, towage and other charges appertaining to the vessel.

CANCELLING. 17. Should the vessel not be ready to load at 4 p.m. ... or if any misrepresentation be made respecting the size, position or condition of the vessel, the Charterers shall have the option of cancelling the Charter, such option to be declared latest on notice of readiness (Master's Notice) being given under clause 4. If the Charter is cancelled the Charterers shall inform the Owners.

Should the vessel be fixed to load at port(s) of the Black Sea or Azov Sea, if when the vessel be ready to leave her last port of call (whether a discharging port or not) the Owners inform the Charterers by telegram that she cannot reach the loading port before the cancelling date, the Charterers shall have the option of cancelling this charter by telegram within 72 hours (Sundays and legal holidays excepted) from the receipt of such notice, unless a cancelling date has been agreed upon.

. . . .
. . . .
. . . .

ARBITRATION. 24. A. Should any dispute arise under the provisions applying to the loading port in the Charter, the same shall be referred to two Arbitrators, one to be appointed by each party, sitting in the country of the loading port, and in case the said Arbitrators cannot agree, then to an Umpire sitting in the same country, to be elected by the same Arbitrators.

B. Any such dispute under the provisions applying to the discharging port shall be settled in like manner, the Arbitrators and Umpire sitting in the country of the discharging port.

Memo: Clause 24, A and 24, B are optional and either or both of them may be deleted on the signing of the Charter by the parties unless mutually agreed.

. . . .
. . . .
. . . .

§ 204. СЛОВА И ВЫРАЖЕНИЯ К § 203

coal charter угольный чартер, чартер для перевозки угля
coke кокс
coaltarpitch (*или:* coal tar pitch) каменноугольный пек
code name кодовое наименование
Rosscoal Росскол (*кодовое наименование чартера*)
conference *здесь:* ассоциация судовладельцев; the Baltic and International Maritime Conference Балтийская и Международная ассоциация владельцев морских судов

council совет; documentary council совет по вопросам документации
tons net register (*или:* net register tons) нетто-регистровые тонны; *ед.ч.* register ton регистровая тонна *(=100 куб. фут. или 2,83 куб. м; вместимость, выраженная в нетто-регистровых тоннах, представляет собой так называемую чистую вместимость судна)*
thereabouts около этого; **1,000 tons or thereabouts** приблизительно 1000 тонн

bunker бункер
to class относить к классу; to be classed иметь класс, быть отнесенным к какому-л. классу; classed имеющий класс
expected ready to load который, как предполагают, будет готовым к погрузке

Пункт 1

in every way во всех отношениях
to fit приспособлять, снаряжать
discharge разгрузка; port of discharge порт разгрузки
despatch (или: dispatch) скорость, быстрота; with all possible despatch как можно скорее
to proceed проследовать
latest on vessel passing Istanbul не позднее времени прохождения судном Стамбула
afloat на плаву; where she can safely lie always afloat где оно (судно) может в безопасности находиться все время на плаву
below deck под палубу, под палубой
unless otherwise agreed если иное не согласовано
customary обычный; in a customary manner в обычном порядке
full and complete cargo полный пароходный груз (дословно: полный и законченный груз)
to delete зачеркнуть
ports not agreed upon порты, по которым не достигнута договоренность
to have the liberty иметь право
deck cargo палубный груз
lost cargo утраченный груз
to jettison выбрасывать за борт
to secure закреплять
winch лебедка; winches to be kept free from cargo груз не должен мешать работе лебедок
grain cubic capacity зерновая кубатура
to deliver the cargo выдать груз, сдать груз
wharf пристань, причал
depot склад; floating depot плавучий склад

Пункт 2

intaken weight погруженный вес
to break bulk вскрывать люки
delivered weight выданный вес, выгруженный вес
in which event и в этом случае
weigher весовщик
clerk конторский служащий; check clerk контролёр

funds средства; to put somebody in funds снабдить кого-л. средствами
disbursements дисбурсментские расходы (издержки по обслуживанию судна)
trimming тримминг (надлежащее размещение груза на судне)
if any здесь: если таковые имеют место
right надлежащий
timesheet (или: time sheet) таймшит (ведомость учета времени, затраченного на погрузку и/или выгрузку судна)

Пункт 3

loading date дата начала погрузки, начало погрузки
laydays (или: lay days) сталийные дни (период времени, обусловленный в чартере для погрузки и разгрузки судна)
running days последовательные дни, календарные дни
to keep advised извещать, держать в курсе
sailing telegram телеграмма о выходе судна
to communicate сообщать, передавать
bound направляющийся; if bound to ... = if the vessel is bound to ... если судно направляется в ...
to be clear of cargo закончить выгрузку
in default в случае невыполнения; в противном случае

Пункт 4

notice of readiness нотис о готовности
master's notice нотис капитана
entire весь
actually фактически
to clear очищать(ся); to clear a vessel at the Custom House выполнять таможенные формальности по судну (дословно: производить очистку судна на таможне)
berth причал; whether in berth or not независимо от того, находится судно у причала или нет
inward cargo импортный груз, доставленный груз
beam балка, бимс; hatch beam бимс люка (выемная продольная балка люка)
to remove снимать
weather working day погожий рабочий день
shore operations береговые операции

313

Пункт 12
servant служащий
fixed price установленная цена
free discharge *здесь:* судно свободно от расходов по выгрузке

Пункт 13
lock-out локаут
fcivil commotions гражданские волнения
to be on demurrage находиться на демередже, находиться на простое

Пункт 14
distress бедствие; a vessel in distress судно, терпящее бедствие
to deviate отклоняться *(от курса)*
pilot лоцман
trial trip пробный переход
to adjust регулировать
compass компас

exercise *здесь:* осуществление
liberty *здесь:* привилегия, льгота
departure *здесь:* отклонение
contractual договорный
route маршрут

Пункт 16
dues налоги, сборы
charge сбор
pilotage лоцманские сборы
towage буксировка
to appertain относиться

Пункт 17
to fix *здесь:* фрахтовать
port of call порт захода
cancelling date канцеллинг *(обусловленный крайний срок прибытия зафрахтованного судна в порт погрузки)*

§ 205. FORM OF BILL OF LADING USED BY THE RUSSIAN BALTIC SHIPPING LINE

Bill of Lading No. ...
Shipped in apparent good order and condition by _____
_____
on board the $\frac{steamship}{motor\ vessel}$ called the _____
where of Master is _____
trading under Russia flag, Owners Baltic State Steamship _____
Line, Carrier _____ and now lying in _____
the following goods, viz: _____

SUPPLIER: _____
Full address) _____
IMPORT INSTITUTION: _____
_____
TERMS OF DELIVERY: _____ COUNTRY OF ORIGIN: _____
(if f.o.b. also
  state port) _____

Lic. No.	Transport instruction No.	Order No.	Nariard No.	Calling Forward No.

CONSIGNEE: _____
(Address) _____
DETAILS OF GOODS:

Marks and numbers	Nos. of packages and kind of packing	Total cubic measure-ment	Description of goods

WEIGHT: Total Gross _____
                    (tons cwts. qrs. lbs.)
Total Net _____
                    (tons cwts. qrs. lbs.)
VALUE: _____

Rate of freight	Received on account of freight	To be paid by Consignee

    Being marked and numbered as above but not guaranteed for the adequacy of marks and to be carried and delivered subject to all conditions, terms and clauses inserted into this Bill of Lading in the like apparent good order and condition from the ship's deck (either into lighters or on the quay at Master's option) where the responsibility of the Carrier for the carriage of aforesaid goods shall cease.

    The goods to be delivered at the port of .... or as near there as the ship may safely get always afloat, to the Consignee or to his or their assigns, on payment of freight as per margin of this Bill of Lading and all other charges due under this contract of carriage.

    Nothing of this Bill of Lading whether printed, or written, or stamped shall limit or affect the above-mentioned conditions. If the freight and all charges in connection with the contract of carriage payable on or before delivery of goods have not been paid, the Carrier, on delivery of the goods to warehouse (warehousemen), or into lighters (lighterman) or other custodian entrusted to hold the goods for their Owner, shall be entitled to stipulate that the said custodian shall not part with the possession thereof until payment has been made of full freight and any other charges due under this contract of carriage.

Neither the weight nor the measure of goods carried on bulk as well as the conformity of all kinds of goods with their description in this Bill of Lading are checked by the Carrier during loading.

The shipper, the receiver of goods and the holder of the Bill of Lading as well as any other person interested hereby expressly accept and agree to all printed, written or stamped provisions, terms and reserves of this Bill of Lading, including those on the back hereof.

In witness whereof the Master, Carrier or his Agent has affirmed to . . . . Bill of Lading, all of this tenor and date, one of which being accomplished the other to stand void. One Bill of Lading duly endorsed is to be given up in exchange for the goods, or for a delivery order for same.

Dated in . . . . . this . . . . day   of . . . . 19. . .

§ 206. СЛОВА И ВЫРАЖЕНИЯ К § 205

steamship line пароходная линия, пароходство
apparent видимый, кажущийся; in apparent good order and condition с внешней стороны в полной исправности и хорошем состоянии
to trade *здесь:* совершать рейсы, плавать
carrier перевозчик
institution организация
lic. = licence лицензия
cubic кубический; cubic measurement кубатура
qr(s). = quarter(s) квартер(ы) (*мера веса; в Англии 1 qr. = 28 англофунтам или 12,701 кг; в США 1 qr. = 25 англофунтам или 11,340 кг*)
to number нумеровать
adequacy соответствие
subject to all conditions, terms and clauses с соблюдением всех условий, положений и оговорок
safely безопасно
assign правопреемник

to stamp штемпелевать, отпечатывать
warehouseman владелец склада
lighterman владелец лихтера
custodian хранитель
to part with the possession of something выпускать что-л. из своего владения
conformity соответствие
holder держатель, предъявитель
witness свидетель; доказательство, свидетельство; in witness whereof в удостоверение чего
to affirm *здесь:* подписать
tenor содержание
to accomplish совершать, выполнять; one of which being accomplished the other to stand void и если один из них (*коносаментов*) будет использован, то другие являются недействительными
delivery order деливери-ордер (*распоряжение о выдачи товара*)

§ 207. TELEPHONE CONVERSATIONS BETWEEN A DEPARTMENT MANAGER OF V/O "ROSSFRACHT" AND FOREIGN BROKERS ABROAD

I

Broker. - Good morning, Mr. Petrov. Any news today?

Manager. - So far nothing important, but I may get, later on in the day, an order for a general cargo from London to St. Petersburg - about 5,000 tons. I'm told that the position required would be 20-30 January.

Broker. - There are very few steamers of such a size and position in the market and it will, therefore, be very difficult to cover this order. I might arrange a steamer of about 6,000 tons ready to load about 25th January.

Manager. - I don't think it will be possible to arrange such a size, but I'll have a word with the Shippers. Meantime, please do your best to find a suitable steamer. What's the general news?

Broker. - There are some f.o.b. orders quoting in the market at a low rate but Owners aren't interested unless tempting rates are offered and my opinion is that owing to the scarcity of tonnage on the market, Shippers will have to pay higher rates.

Manager. - Thanks, Mr. Smith. As soon as I get the order, I shall telegraph immediately.

II

Broker. - Good evening, Mr. Petrov. My reason for calling you up is to tell you that I have found a boat suitable for your cargo. It is the s.s. "Albert", 5,000 tons ready about 5th February. The rate is thirty-five and six. I have the steamer firm only until 3 o'clock so you must make a quick decision.

Manager. - The steamer is rather late for our cargo, Mr. Smith, but I'll get the Charterers on the other 'phone and hear what they will say. What's the actual draft of the steamer fully loaded?

Broker. - We reckon she will draw not more than 27'6" (twenty-seven feet and six inches) in fresh water.

Manager. - I've got the Charterers on the other line, Mr. Smith, and they agree to accept your steamer provided the rate of freight is reduced to thirty-three and six.

Broker. - That's rather on the low side. Can't you raise this figure to thirty-four and six?

Manager. - Sorry, it's the most they can offer.

Broker. - O.K. then, the steamer's confirmed at thirty-three and six and we'll write out the Charter-Party. Good-bye.

III

Manager. - Good morning, Mr. White. Would you be good enough to get the Owners of the s.s. "Maria" on the 'phone and find out when the steamer will complete loading.

Broker. - They have just 'phoned, Mr. Petrov. They say that the steamer has only 3,000 tons on board.

Manager. - What are the prospects?

Broker. - The point is, a holiday interferes but we calculate the steamer will complete loading about 15th February. With overtime, we might complete loading about the 12th.

Manager. - Could you find out how much overtime we shall have to pay to stevedores and crew to enable steamer to leave the loading port not later than 12th February?

Broker. - If the weather is favourable, we might guarantee to finish loading on the 12th but the expenses will amount to about $120.

Manager. - O.K. We authorise you to arrange overtime with the stevedores but bear in mind that the expenses are not to exceed $120.

Broker. - I'll do my best and will keep you advised as to how matters go. - Good-bye.

IV

Broker. - Good afternoon, Mr. Petrov.

I've just sent you a telegram to the effect that the s.s. "Maria" sailed on 11th February, and the extra cost is $106.

Manager. - Thank you very much. Meantime, Charterers have asked for an option to discharge the steamer at two ports, Odessa and Novorossiisk.

Broker. - I've got the Owners on the other line and they say they might agree to send the steamer to two ports of discharge provided Charterers guarantee a quick discharge.

Manager. - You may be sure that we shall do everything to discharge as quickly as possible.

Broker. - In that case Owners agree and the extra charge will be 2s per ton on the entire quantity, as usual.

Manager. - Very well, Mr. Smith. I confirm this option. Good-bye.

V

Manager. - Good morning, Mr. Brown. Did you get our telegram regarding the s.s. "Clyde"?

Broker. - Yes, I got your telegram this morning and I have already had a talk with the Owners. Unfortunately Owners cannot accept all conditions in your telegram. They accept your date of loading, they also agree to cut the size of the steamer to 6,000 tons, 10%, but they insist on thirty-six and six. I fear that your offer at thirty-four and six will be of no interest to Owners.

Manager. - In my opinion, the Owners' demand is too high.

The market position today is rather weaker in comparison with yesterday. As a matter of fact, we have today several proposals at the rate of thirty-five and six and there is no doubt that if we make a firm counter-offer we'll be able to get the boat at thirty-four and six.

Broker. - I quite agree with you that the market position is today a little bit weaker, but the Owners say that they have today another offer from the

River Plate at such a rate that makes them reluctant to accept your offer. Anyhow will you be so kind as to extend your offer until 5 p.m. today, and will you give us a discretion up to six pence. We'll then try to push the business through.

Manager. - I am very sorry, we cannot improve our terms. The best we can do is to renew our authority until 5 p.m. but at the rate not over thirty-four and six. If you do not confirm the boat by 5 p.m., in all likelihood the business will be taken off by your competitors.

Broker. - All right, I shall do my best to induce the Owners to accept your offer. Good-bye.

Manager. - Good-bye.

§ 208. SPECIMENS OF TELEGRAMS IN CONNECTION WITH THE CHARTERING OF VESSELS*

1. Telegram to foreign Brokers inviting firm offer for tonnage to load 450 stds of Timber in St.Petersburg for Great Yarmouth:

"450 STDS GREAT YARMOUTH MAKE US FIRM OFFER".

2. Telegram from foreign Brokers offering a vessel for the transportation of Grain from St. Petersburg to Antwerp:

"S.S. ... UNDER OFFER ELSEWHERE OFFER YOU FIRM REPLY TOMORROW NOON, S.S. ... TWEENDECKER ST.PETERSBURG ANTWERP 900-1,000 TONS MIN. MAX. ANY GRAIN NOT LIGHTER THAN BARLEY OPTION OF LENTILS L/C 12/17 MAY, 35/6 250 TONS LOADING PER WORKABLE HATCH PER WEATHER WORKING DAY CUSTOM OF PORT DISCHARGING ARBITRATION LONDON OWNERS LIBERTY COMPLETE WITH OTHER CARGO".

3. Firm offer of a vessel for loading 750 stds of Timber in St. Petersburg for Amsterdam:

---

* Such telegrams are usually coded.

"OFFER YOU FIRM WITH REPLY TOMORROW NOON S.S. ... 750 STDS 7 1/2% L/C 29TH THIS MONTH - 8TH NEXT ST. PETERSBURG AMSTERDAM 180 SHILLINGS ALL OTHER CONDITIONS AS PER LAST C/P S.S. ...".

4. Accepting offer with alterations:

"S.S. ... ST. PETERSBURG ANTWERP ACCEPT YOUR OFFER WITH FOLLOWING ALTERATIONS WITH REPLY TOMORROW 10 A. M. L/C 1-12-NEXT MONTH 170 SHILLINGS ALL OTHER CONDITIONS AS PER LAST C/P SAME SHIP".

§ 209. LETTERS IN CONNECTION WITH THE CHARTERING OF VESSELS

1. Confirming the fixture of a boat:

.... 19 ...

Dear sirs,

S.S. "......"

We refer to the telegrams exchanged and to your telephone call this morning and are pleased to confirm the fixture of the above vessel on the following terms as per out telegram this morning:
"S.S. ... 850 STDS 7 1/2 % MORE OR LESS AT OWNERS' OPTION ST. PETERSBURG S. C. D. LAYDAYS 20TH - 31ST JULY, BASIS RATE 200S. SOVIETWOOD TERMS, 45 STDS. D. B. B. 30 STDS. BOARDS PER HATCH PER WEATHER WORKING DAY LOADING, £70 DEMURRAGE, HALF DESPATCH AT LOADINGPORT, ARBITRATION AT HOMEPORT OF CHARTERERS, OWNERS' AGENT AND STEVEDORES AT DISCHARGINGPORT".

We will send you tomorrow two originals and two copies of the Charter-Party.

Yours faithfully,

. . . .

2. Sending Charter-Parties for signature:

Dear Sirs,

I have sent you today under separate cover two originals and two copies of Charter-Parties for the following steamers: s.s. ". . . ." props Archangel Onega-Action Grange, s.s. ". . . ." D. B. B. St. Petersburg - Antwerp, also two copies of Charter for the s.s. ". . . ." D. B. B. Belomorsk - Hull.

I shall be obliged if you will send us one original Charter for the s.s. ". . . ." and one original for the s.s. ". . . ." in return, duly signed.

Yours faithfully,
. . . .

§ 210. СЛОВА И ВЫРАЖЕНИЯ К §§ 207-209

К § 207

I

general cargo генеральный груз, смешанный груз
order здесь: ордер (*поручение на фрахтование судна*); to cover an order выполнить ордер
to have a word (*разг.*) поговорить
there are some f.o.b. orders quoting in the market на рынке котируются ставки по ордерам фоб (*ордера на тоннаж со стороны покупателей, купивших товар на условиях фоб*)
tempting соблазнительный, выгодный
scarcity недостаточное количество; scarcity of tonnage недостаточное количество тоннажа

II

thirty-five and six (*разг.*) = 35 shillings and sixpence
I'll get the charterers on the other phone я свяжусь с фрахтователями по другому аппарату
to draw иметь осадку
draft осадка
on the low side = low
О. К. = all right

III

the point is дело в том
to interfere мешать, препятствовать; вмешиваться

IV

I've got the owners on the other line я как раз говорю с судовладельцами по другому аппарату

V

to have a talk (*разг.*) поговорить
10% = 10% more or less
to cut здесь: уменьшить
round about = about
River Plate Лаплата
reluctant неохотный
to give a discretion up to six pence дать право акцептовать повышенную ставку в пределах шести пенсов
to push the business through заключить сделку
in all likelihood по всей вероятности
the business will be taken off by your competitors сделка уйдет к вашим конкурентам

К § 208

steamer under offer elsewhere пароход предложен другим фрахтователям
tweendecker двухпалубное судно
lentils чечевица; option of lentils опцион на погрузку чечевицы
L/C = laydays/cancelling сталийные дни/канцеллинг; L/C 12/17 May начало сталийного времени 12 мая, канцеллинг 17 мая

loading – loading rate норма погрузки
workable hatch рабочий люк
custom of port discharging норма разгрузки в соответствии с обычаем порта
to complete *здесь:* догрузить
C/P – Charter Party

K § 209

Письмо 1

fixture сделка на фрахтование, фрахтовая сделка
S.C.D. – Surrey Commercial Docks *(название одного из лондонских доков)*
basis rate базисная ставка фрахта
D.B.B. – deals, battens, boards дилены, баттенсы, бордсы *(доски различных размеров сечения)*
per hatch per weather working day на каждый люк в один погожий рабочий день
at homeport of charterers в порту страны фрахтователей

Письмо 2

props пропсы, крепёжный лес

Глава XVII

МОРСКОЕ СТРАХОВАНИЕ ГРУЗОВ
MARINE INSURANCE OF GOODS

§ 211. FORM OF INSURANCE POLICY ISSUED BY INGOSSTRAKH

UPRAVLENIE INOSTRANNOGO STRAKHOVANIJA ROSSII
INGOSSTRAKH

Moscow, Ul. Kuibisheva, 11/10
Cable address: Moscow Ingosstrakh

Sum Insured   Cargo Insurance

POLICY No._____

Upravlenie Inostrannogo Strakhovanija Rossii (Ingosstrakh) pursuant to the Transport Insurance Rules insured

_____
(name of the insured)
for account of whom it may concern in the sum of

_____
(sum insured in words)
(whereof on desk_____)
on _____
(description of insured goods, number of packages, weight etc.)
valued at _____
(insured value)
per _____
(name of vessel od description of means of transport)
$\frac{B/L}{Way\ Bill}$ dated _____
at and from _____
with transhipment _____
on the following conditions: _____
_____

Premium _____
Issued at_____the... day of _____ 19...

UPRAVLENIE INOSTRANNOGO
STRAKHOVANIJA ROSSII

(Signature)

Survey clause.
In the event of a claim under this policy notice shall be given immediately to Ingosstrakh or its Agents, if any, at the port of arrival, previous to survey. List of Ingosstrakh's Agents see back hereof.

§ 212. СЛОВА И ВЫРАЖЕНИЯ К § 211

sum insured страховая сумма
cargo insurance страхование грузов
pursuant to на основании
whom it may concern кого это может касаться
the insured страхователь *(лицо, отдающее имущество на страхование)*
valued at стоимостью в

insured value застрахованная стоимость груза
means of transport перевозочное средство
way bill *(или:* waybill) накладная
at and from в и от
sailing date дата выхода в рейс
survey осмотр

§ 213. EXTRACT FROM THE TRANSPORT INSURANCE RULES OF INGOSSTRAKH

I. GENERAL STIPULATIONS

§ 1. Upravlenie Inostrannogo Strakhovanija Rossii (Ingosstrakh) accepts in accordance with these Rules for insurance cargoes and also anticipated profit and commission, freight and expenses connected with the carriage of cargo.

II. EXTENT OF LIABILITY

§ 2. Under insurance contracts concluded in accordance with these Rules are indemnified losses arising from fortuitous accidents and perils of the carriage.

The insurance contract may be concluded on the basis of one the following conditions:

A. "All risks".

Under an insurance contract concluded on this condition are indemnified irrespective of percentage:

a) losses due to damage to or total loss of the whole or part of the cargo arising from all perils except those specified in the items "a" - "i" of the 6 of the Rules;

b) losses, expenses and contributions allowed in general average;

c) any necessary and properly incurred expenses for the salvage of the cargo and also for minimizing the loss and ascertaining its extent, if the loss is indemnified in accordance with insurance conditions.

B. "With particular average".

Under an insurance contract concluded on this condition are indemnified:

a) losses due to damage to or total loss of the whole or part of the cargo caused by fire, lightning, storm, whirlwind and other elemental disasters, stranding or collision of vessels, aircraft and other means of transport with each other or by contact with any fixed or floating objects, grounding, collapsing of bridges, explosion, damage to the vessel by ice, wetting by sea or river water and also owing to measures taken for salvage and extinction of fire;

b) losses in consequence of the vessel or aircraft being missing;

c) losses due to damage to or total loss of the whole or part of the cargo in consequence of accidents in loading, stowage and discharge of the cargo and in taking in fuel by the vessel;

d) losses, expenses and contributions allowed in general average;

e) any necessary and properly incurred expenses for the salvage of the cargo and also for minimizing the loss and ascertaining its extent, if the loss is indemnified in accordance with insurance conditions.

> Remark. In the case of carriage of cargoes by sea, losses due to damage are not indemnified if they are under 3% (three per cent) of the insured amount of the whole cargo under one Bill of Lading, and when the cargo is in lighters, barges and other delivering vessels - of the insured amount of the cargo in each vessel. This limitation is not applied in case of general average or when the loss is due to stranding or collision of the vessel with another vessel or with any fixed or floating objects (including ice), grounding, fire or explosion on shipboard.

C. "Free from particular average".

Under the insurance contract concluded on this condition are indemnified:

a) losses due to total loss of the whole or part of the cargo caused by fire, lightning, storm, whirlwind and other elemental disasters, stranding or collision of vessels, aircraft and other means of transport with each other or by contact with any fixed or floating objects, grounding, collapsing of bridges, explosion, damage to the vessel by ice, wetting by sea or river water and also owing to measures taken for salvage and extinction of fire;

b) losses in consequence of the vessel or aircraft being missing;

c) losses due to total loss of the whole or part of the cargo in consequence of accidents in loading, stowage and discharge of the cargo and in taking in fuel by the vessel;

d) losses due to damage to the cargo caused by stranding or collision of vessels, aircraft and other means of transport with each other or with any fixed or floating objects (including ice), grounding, fire or explosion on shipboard, aircraft or other means of transport;

e) losses, expenses and contributions allowed in general average;

f) any necessary and properly incurred expenses for the salvage of the cargo and also for minimizing the loss and ascertaining its extent if the loss is indemnified in accordance with insurance conditions.

§ 3. The liability under the insurance contract begins from the time when the cargo is taken from the warehouse at the place of shipment for transport and continues during the whole transport (including reloading and transhipments as well as storage in warehouses at the places of reloading and transhipments) until the cargo is delivered into warehouse of the Consignee or into another warehouse at the place of destination named in the policy, but not exceeding 60 days after discharge of the cargo from the oversea vessel at the final port of discharge.

§ 4. During the delivery of the cargo in lighters, barges and other delivering vessels Ingosstrakh bears liability only if the use of such vessels is common according to local conditions.

§ 5. Losses due to death or mortality of animals and fowls or accidents to them, due to leakage and strewing of cargo, breakage of glass, porcelain, pottery, ceramics, marble and articles made thereof, bricks of every kind, millstones, grindstones, and lithographic stones, graphite crucibles, electrodes and other objects liable to breakage under insurance on the conditions specified in the items 2 and 3 of the § 2 of the Rules are indemnified only when such losses have arisen in consequence of the wreck of the vessel or any other means of transport.

§ 6. Losses arising in consequence of the following are not to be indemnified:

a) warlike operations or warlike measures of any nature and consequences thereof, damage or destruction by mines, torpedoes, bombs and other engines of war, actions of pirates and also in consequence of civil war, people's commotions and strikes, confiscation, requisition, arrest or destruction of cargoes by order of military or civil authorities;

b) direct or indirect effect of atomic explosion; radiation and radioactive contamination arising from any use of the atomic energy and utilization of fissile materials;

c) malice or gross negligence of the insured or beneficiary or their representatives and also consequence of infringement by any one of them of the prescribed rules of carriage, sending and storage of cargoes;

d) effect of temperature, of the air in the hold or of specific properties of the cargo including drying up;

e) improper packing or corking of cargoes and the shipping of cargoes in damaged condition;

f) fire or explosion in consequence of the loading with the knowledge of the insured or of the beneficiary or of their representatives, but without Ingosstrakh's knowledge, of substances and object dangerous in respect of explosion or spontaneous combustion;

g) shortage of cargo while the outer packing is intact;

h) damage to cargo by worms, rodents and insects;

i) delay in the delivery of cargoes and falls in prices, neither are indemnified any other indirect losses of the insured except cases when, in accordance with the insurance conditions, such losses are subject to indemnification in general average.

Under the insurance contracts concluded on the conditions specified in items B and C of § 2 of the Rules, are not to be indemnified also losses arising from:

j) flood and earthquake;

k) sweating of the hold and wetting of cargoes by atmospheric precipitations;

l) depreciation of the cargo in consequence of contamination or damage to packing while the outer packing remains intact;

m) jettison and washing overboard of the deck cargo or of cargo carried by deckless vessels;

n) theft or non-delivery of cargo.

§ 7. By agreement between the parties the insurance conditions stated in § 2 of the Rules may be modified, amplified or replaced by other conditions generally used in insurance practice.

In particular, Ingosstrakh's liability for losses enumerated in tem "a" of § 6 of the Rules, liability during the storage of the cargo in warehouses at the place of shipment awaiting loading, and in the place of destination after discharge may be included, the terms of liability as provided in § 3 of the Rules may also be altered.

When insuring under conditions stated in items 2 and 3 of § 2 of the Rules the liability of Ingosstrakh for losses arising from causes enumerated in items "j", "k", "l", "m", "n" of § 6 of the Rules may be included and the liability for losses specified in § 5 of the Rules may be extended.

. . . .
. . . .
. . . .

§ 214. СЛОВА И ВЫРАЖЕНИЯ К § 213

§ 1

to accept for insurance принимать на страхование
profit прибыль; anticipated profit ожидаемая прибыль

§ 2

insurance contract договор страхования
to indemnify возмещать
fortuitous случайный; fortuitous accident случайность
perils of carriage опасности перевозки
all risks с ответственностью за все риски
total loss полная гибель
contribution взнос; contributions allowed in general average взносы по общей аварии
to minimize доводить до минимума, уменьшать
with particular average с ответственностью за частную аварию
lightning молния
whirlwind вихрь
elemental стихийный
disaster бедствие
aircraft самолет
contact здесь: удар
fixed or floating objects неподвижные или плавучие предметы
grounding посадка на мель
collapsing of bridges провал мостов
explosion взрыв
wetting подмочка
extinction of fire тушение пожара
missing отсутствующий, недостающий; to be missing пропасть без вести
fuel топливо
limitation ограничение
delivering vessel подвозочное судно
free from particular average свободно от частной аварии

§ 3

reloadings and transhipments перегрузки и перевалки

§ 5

death and mortality of animals and fowls падеж животных и птиц
strewing раструска
porcelain фарфор
pottery фаянс
ceramics керамика
marble мрамор
articles made thereof изделия из них
brick кирпич
millstone жернов
grindstone точильный камень
crucible тигль; graphic crucible графитовый тигль
electrode электрод
wreck крушение

§ 6

warlike военный
destruction уничтожение
mine мина
torpedo (мн. ч. torpedoes) торпеда
engines of war орудия войны
by order по приказу; по требованию
authorities власти
contamination заражение, загрязнение
fissile расщепляемый
malice злой умысел
gross здесь: грубый
beneficiary бенефициар
specific специфический, особый
property свойство
drying up усушка
corking укупорка
knowledge знание; with the knowledge с ведома; without the knowledge без ведома
object здесь: предмет
spontaneous самопроизвольный; spontaneous combustion самовозгорание
intact целый
worm червь
rodent грызун
insect насекомое
sweating отпотевание
wetting подмочка
precipitations осадки; atmospheric precipitations атмосферные осадки
jettison выбрасывание за борт
washing overboard смытие за борт
deckless беспалубный
theft кража

§ 7

to modify изменять
to amplify расширять, дополнять
to extend расширять

§ 215. FORM OF LLOYD'S MARINE POLICY *

BE IT KNOWN THAT . . . . as well in . . . . . own name as for and in the name and names of all and every other person or persons to whom the same doth, may, or shall appertain, in part or in all doth make assurance and cause . . . . . . and them, and every of them, to be insured lost or not lost, at and from . . . . Upon any kind of goods and merchandises, and also upon the body, tackle, apparel, ordnance, munition, artillery, boat, and other furniture, of and in the good ship or vessel called the . . . . . . whereof is master under God, for this present voyage, ... or whosoever else shall go for master in the said ship, or by whatsoever other name or names the said ship, or the master thereof, is or shall be named or called; beginning the adventure upon the said goods and merchandises from the loading thereof aboard the said ship, ... upon the said ship, &c . . . . and so shall continue and endure, during her abode there, upon the said ship, &c. And further, until the said ship, with all her ordnance, tackle, apparel, &c., and goods and merchandises whatsoever shall be arrived at . . . . upon the said ship, &c., until she hath moored at anchor twenty-four hours in good safety; and upon the goods and merchandises, until the same be there discharged and safely landed. And it shall be lawful for the said ship, &c., in this voyage, to proceed and said to and touch and stay at any ports or places whatsoever . . . . . without prejudice to this insurance. The said ship, &c., goods and merchandises, &c., for so much as concerns the assured by agreement between the assured and assurers in this policy, are and shall be valued at

. . . .

Touching the adventures and perils which we the assurers are contended to bear and do take upon us in this voyage: they are of the seas, men of war, fire, enemies, pirates, rovers, thieves, jettisons, letters of mart and countermart, surprisals, takings at sea, arrests, restraints, and detainments of all kinds, princes, and people, of what nation, condition, or quality soever, barratry of the master and mariners, and of all other perils, losses and misfortunes, that have or shall come to the hurt, detriment, or damage of the said goods and merchandises, and ship, &c., or any part thereof. And in case of any loss or misfortune it shall be lawful to the assured, their factors, servants and assigns, to sue labour, and travel for, in and about the defence, safeguards, and recovery of the said goods and merchandises, and ship, &c., or any part thereof, without

---

* Настоящая форма полиса страхового объединения Ллойда содержит ряд архаических терминов, которые сохранились как в силу традиции, так и потому, что большинство из них получило юридическое толкование при рассмотрении споров в течение XVIII и XIX веков. Текст полиса снабжен дословным переводом на русский язык, поскольку для учащихся такой перевод труден.

prejudice to this insurance; to the charges whereof we, the assurers, will contribute each one according to the rate and quantity of his sum herein assured..And it is especially declared and agreed that no acts of the insurer or insured in recovering, saving, or preserving the property insured shall be considered as waiver, or acceptance of abandonment. And it is agreed by us, the insurers, that this writing or policy of assurance shall be of as much force and effect as the surest writing or policy of assurance heretofore made in Lombard Street, or in the Royal Exchange, or elsewhere in London. And so we, the assurers, are contented, and do hereby promise and bind ourselves, each one for his own part, our heirs, executors, and goods to the assured, their executors, administrators, and assigns, for the true performance of the premises, confessing ourselves paid the consideration due unto us for this assurance by the assured, at and after the rate of
....

IN WITNESS whereof we, the assurers, have subscribed our names and sums assured in London.

N.B. Corn, fish, salt, flour, and seed are warranted free from average, unless general, or the ship be stranded - sugar, tobacco, hemp, flax, hides and skins are warranted free from average, under five pounds per cent, and all other goods, also the ship and freight, are warranted free from average, under three pounds per cent unless general, or the ship be stranded.

Перевод

ФОРМА МОРСКОГО ПОЛИСА ЛЛОЙДА

Настоящим объявляется, что ...... как от ..... собственного имени, так и от имени всякого другого лица или всех других лиц, которых это может или будет касаться частично или полностью, заключает страхование и застрахует ...... как их, так и каждого из них вне зависимости от того, погибнет или не погибнет, в и от .... в отношении любого рода грузов и товаров, а также в отношении корпуса, такелажа, снаряжения, военного снаряжения, военных запасов, артиллерии, шлюпок и прочего снабжения хорошего корабля или судна, или на этом корабле или судне, именуемом ...., шкипером которого под богом на настоящий рейс является .... или кто-нибудь другой, кто пойдет за шкипера на этом корабле, причем этот корабль или его шкипер могут носить другое имя или другие имена; риск в отношении этих грузов и товаров начинается с погрузки на борт указанного корабля .... в отношении указанного корабля и пр. .... и будет продолжаться в отношении указанного корабля и пр. в течение его пребывания там и далее до тех пор, пока указанный корабль со всем своим вооружением, такелажем, снаряжением и пр., а также какими бы то ни было грузами и товарами прибудет в .... в отношении указанного корабля и пр. до того, как он простоит на якоре двадцать четыре часа в полной безопасности, и в отношении грузов и товаров до того, пока они не будут выгружены и в безопасности доставлены на берег. Для указанного судна и пр. в данном плавании будет считаться законным направляться, плыть и заходить в какие бы то ни было порты или места и оставаться там .... без ущерба для настоящего страхования. Указанный корабль и пр., грузы и товары и пр., поскольку это касается страхователя, на основании соглашения между страхователем и страховщиками по этому полису оценены и будут оцениваться в. . . . .

Что касается рисков и опасностей, которые мы, страховщики, согласны нести и берем на себя в этом плавании, то таковыми являются риски и опасности от моря, военных кораблей, пожара, врагов, пиратов, разбойников, воров, выбрасывания за борт, каперства и противокаперства, нападения, захвата в море, арестов, запрещения и задержания со стороны королей, принцев и народа любой национальности или любого состояния или положения, баратрии со стороны шкипера и матросов и от всех других опасностей, потерь и несчастий, которые причинили или причинят ущерб, убыток или вред указанным грузам и товарам и кораблю и пр., или какой-нибудь части их. В случае какой-либо утраты или какого-либо несчастья будет считаться правомерным для страхователя, его агентов, служащих и правоприемников возбуждать иски, хлопотать и совершать хождение по делу и относительно защиты, охраны и получения обратно указанных грузов и товаров, судна и пр., или какой-либо части их, без ущерба для настоящего страхования; во всех произведенных для этого расходах мы, страховщики, будем участвовать взносами, каждый соразмерно размеру и величине суммы, принятой им на страх в этом документе. Особо заявляется и считается принятым, что никакие действия страховщика или страхователя по возвращению, спасанию или сохранению застрахованного имущества не будут рассматриваться как отказ от прав или как признания абандона. И мы, страховщики, соглашаемся, что этот документ, или полис страхования, будет иметь такую же силу и такое же значение, как самый надежный документ или полис страхования, выданный до настоящего времени на Ломбард Стрит или на Королевской бирже или где-нибудь в другом месте в Лондоне. Мы, страховщики, также соглашаемся и настоящим обещаем и обязуемся, каждый за свою часть, за себя самих, наших наследников, душеприказчиков и ручаемся своим имуществом перед страхователем, его душеприказчиками, опекунами и правоприемниками честно выполнять изложенное выше, признавая, что страхователи уплатили нам вознаграждение, причитающееся нам за это страхование, в размере . . . . . .

В удостоверение чего мы, страховщики, подписали свои имена и принятые на страх суммы в Лондоне.

П р и м е ч а н и е. Зерно, рыба, соль, фрукты, мука и семена страхуются с освобождением страховщика от ответственности за аварию, если только это не будет общая авария или если судно не сядет на мель; сахар, табак, пенька, лен, шкуры и кожи страхуются с освобождением страховщика от ответственности за аварийные убытки, сумма которых составляет меньше 5%; все другие товары, а также судно и фрахт страхуются с исключением ответственности за аварийные убытки, сумма которых составляет меньше 3%, если только это не будет общая авария или если судно не сядет на мель.

Глава XVIII

ФИНАНСОВЫЕ ДОКУМЕНТЫ
FINANCIAL DOCUMENTS

§ 216. BILL OF EXCHANGE

A bill of exchange (also called a bill) is a written order, addressed by one person to another, to pay on demand or at a specified date a stated sum to a specified person or to his order, or to bearer. English and American law give the following definition of a bill of exchange:

"A bill of exchange is an unconditional order in writing, addressed by one person to another, signed by the person giving it, requiring the person to whom it is addressed to pay on demand or at a fixed or determinable future time, a sum certain in money to or to the order of a specified person, or to bearer."

Bills are either inland or foreign.

An inland bill is one which is drawn by a person in one country upon another person resident in the same country as a bill drawn in London upon a person in Sheffield.

A foreign bill is one which is drawn by a person resident in one country upon another person resident in some other country, as a bill drawn in New York upon a firm in London.

Let us suppose that Smith & Co., Ltd., of London have sold goods to A. B. White & Co. of Sheffield and that the contract provides for payment by a three months' bill. Let us further suppose that the amount to be paid to the Sellers at the expiration of the three months is £258.10.6.

Smith & Co., Ltd., will then draw the following bill upon A. B. White & Co.:

---

258 10s. 6d. Due 11th May, 19...

London, 8th February, 19...

Three months after date pay to our order the sum of two hundred and fifty-eight pounds ten shillings and sixpence sterling for value received.

For and behalf of
Smith & Co., Ltd.
(Signatures)

Stamp

To Messrs. A. B. White & Co.,
Sheffield

The person who draws or makes out the bill (Smith & Co., Ltd.) is called drawer, the person upon whom it is drawn (A. B. White & Co.) is called the drawee. The drawee is the person who will have to pay. In its present form the document is called a draft, and in this state it is sent by Smith & Co., Ltd., to A. B. White & Co. to be signed, or as it is called, accepted. When A. B. White & Co. receive the draft, if they are willing to pay as directed in the draft, they write on the paper, and, generally, across the face of it, the word "accepted", together with their name, and, very likely, the name of their bank, where the amount will be paid:

Accepted
Payable at
the Sheffield City Bank, Ltd.
A. B. White & Co.

The draft has now become an acceptance* and, because they have accepted it, A. B. White & Co. are called acceptor. In its altered form the draft is returned to the drawer, Smith & Co., Ltd.

It will be noticed that the bill is due on the eleventh of May, three months and three days from the eighth of February.

The three extra days allowed in England for the payment of the bill are called days of grace.

Suppose, however, that Smith & Co., Ltd., desire to obtain money for the bill before the date on which it falls due. They can do so by taking it to a banker, who will cash it for them, giving them the amount stated in the bill less the charge for cashing it. This is called discounting the bill, and the amount charged by the banker is called discount. When selling the bill the drawer endorses it, that is, he writes his name across the back of the bill, which then becomes a negotiable document, and may be passed from one person to another, each one endorsing it in turn, until it is presented, on the eleventh of May, for payment at the bank mentioned by A. B. White & Co.

Bills may be drawn at a stated time after date as above, at sight (on demand) or at a stated time after sight.

The following is a specimen of a bill drawn at a stated time after sight (see page 334).

When William Brown & Co. receive this document for accepting, they sign their name across it, as in the previous case, and add the date on which they do so.

---

* In commercial correspondence "draft" is often used instead of "acceptance" or "bill of exchange".

> £70 10s. 0d.
>
> London, 8th May, 19...
>
> Fourteen days after sight pay to our order the sum of seventy pounds ten shillings sterling for value received.
>
> Per Pro James Benson & Co.
> (Signatures)
>
> To Messrs. William Brown & Co.
> 15 High Street,
> Manchester.

Foreign bills are usually drawn in sets of three, and sent abroad by different mails, so that in case the first gets lost by any means, the second or third may be safely delivered. Only one part (one bill of the set) should be accepted by the drawer.

The following is a specimen of a part of a foreign bill:

> Bill of Exchange for $ 5,000
>
> New York, May 1, 19...
>
> Ninety days after sight of this First of Exchange (Second and Third of the same date and tenor being unpaid) pay to the order of Messrs. Collecting Bank, Ltd., the sum of five thousand dollars only. Value received and charge to account of
>
> The American Exporting Corporation
> (Signatures)
>
> To British Importers, Ltd.,
> 35 Cheapside,
> London, E. C.

When the bill has been drawn by an exporter, he attaches to it the shipping documents and hands the bill to the bank for collection, instructing the collecting bank how to deliver the document to the Buyer. If the documents are to be surrendered only against payment, the documentary bill is known as a "D/P" bill (D/P = documents against payment). If the instructions are to surrender the documents against acceptance of the bill, the documentary bill is called a "D/A" bill (D/A = documents on acceptance).

If the bill is payable to the exporter himself ("pay to our order"), he endorses it on the back, before handing the bill to his bank for collection. The bank then places its own endorsement on the bill making it payable to its correspondent in the drawee's town.

There are different kinds of endorsements (*or* endorsements).

An endorsement in blank (*or* blank endorsement) represents merely the signature of the endorser on the back of the bill without any direction as to whom or to whose order the bill is to be payable; the bill is then payable to bearer.

A special endorsement specifies the name of the payee:

>Pay to the order of Messrs A. Robinson & Co.
>For and on behalf of Smith & Co., Ltd.
>(Signatures)

A restrictive endorsement may be a mere authority to deal with the bill as directed by the endorser:

>Pay the Collecting Bank, Limited, or order for collection
>For and on behalf of Smith & Co., Ltd.
>(Signatures)

§ 217. TELEGRAPHIC TRANSFER (T.T.)

When the debtor has to settle his account without delay, he can buy a telegraphic transfer (*or* cable transfer) from a bank, paying the equivalent amount at the current rate of exchange plus the cost of the telegram to be sent by the bank. The bank will then send their correspondent in the creditor's town a telegram in a secret code instructing the correspondent to pay the creditor or to his order the amount of the debt. This method is called for short T.T.

§ 218. MAIL TRANSFER (M.T.)

Instead of cabling the money, the bank can send a transfer (*or* a mail payment) by forwarding a letter to their correspondent, instructing the correspondent to pay the amount of the debt to the creditor direct or through his bank.

§ 219. CHEQUES

A cheque (*or* in U.S.A. - check) is defined as a bill of exchange drawn on a bank and payable on demand.

The holder of a bearer cheque can receive its value in cash from the bank on which it is drawn.

The following is a form of a bearer cheque:

```
                                              No. ...
                                              London, ... 19...
   Brown's Bank Limited                       ┌─────────┐
   Pay to Mr. A. White or bearer              │  Stamp  │
   the sum of twenty pounds only.             └─────────┘
   £20-0-0                    John Smith
```

An order cheque is also payable direct to the holder, but the latter must endorse it before such a cheque can be cashed at the bank.

In order to safeguard the cheque it is often crossed. The purpose of crossing is to instruct the bank not to pay the amount of the cheque over the counter, but only through another bank.

The following is a form of an order cheque (crossed):

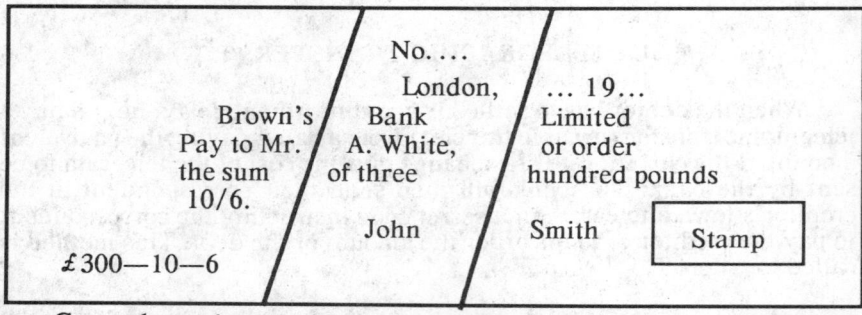

```
                        No. ...
                        London,    ... 19...
          Brown's      Bank        Limited
          Pay to Mr.   A. White,   or order
          the sum      of three    hundred pounds
          10/6.
                       John        Smith
                                              ┌─────────┐
   £300—10—6                                  │  Stamp  │
                                              └─────────┘
```

General crossing consists in drawing two parallel lines across the face of the cheque with the words "and Company", "& Co." or "not negotiable" between them. Two parallel lines without these words also constitute a crossing:

```
  │       │   │     │   │         │   │   │
  │  and  │   │     │   │   Not   │   │   │
  │Company│   │& Co.│   │negotiable│  │   │
  │       │   │     │   │         │   │   │
```

When the name of a bank is written across the face of a cheque either with or without the words "not negotiable", this addition constitutes a special crossing, the cheque is then crossed specially and to that bank. The name of the bank may be between parallel lines, or it may stand alone without any lines.

A special crossing directs the bank on which the cheque is drawn to pay the amount of the cheque to the payee's account at the bank indicated in crossing.

§ 220. BANK CREDITS

Sellers often stipulate in contracts that payment should be made by Buyers by means of credit established (or open) by the Buyers with a bank in favour of Sellers. This means that the buyers must go to their bank and arrange that the bank should open a credit under which the bills of exchange (payable at sight or at a stated time - according to the contract) accompanied by shipping documents will be drawn by the Sellers on the bank, and not on the Buyers.

If a bank issues a revocable credit, it has the right to revoke it at any time without notice to the beneficiary (i.e. the Sellers of the goods).

The bank which agrees to issue an irrevocable credit, cannot cancel it, even if the Buyers ask them to do so.

§ 221. SPECIMEN LETTER OF CREDIT (REVOCABLE)

IMPORTERS BANK, LTD.

Foreign Branch, London, E. C. 2

Revocable Credit No. ...   Dated London ...

(Please quote this reference
on all correspondence
relating hereto)

Amount   ...

To _____

At the request of _____
we hereby advise having opened our Revocable Credit in your favour:
drafts to be drawn on us a _____
to the extent of ... _____

The following documents (complete set unless otherwise stated) must accompany your draft(s):

1. Bills of Lading $\frac{on\ Board}{Received\ for\ Shipment}$ Clean, To Order, and endorsed in blank.

2. Invoice.

3. $\frac{Policy}{Certificate}$ of Insurance covering $\frac{marine}{marine \text{ and } war}$ risks for invoice value plus ... per cent.

Other insurance risks to be covered ....

4. Other documents _____

Evidencing shipment of

Merchandise ⎧ Description_____
⎨ Quantity _____ Price _____
⎩ Weight _____

C. I. F.
C. & F.
F. O. B.
F. O. R.

From _____ to _____

In $\frac{part\ consignments}{one\ consignment}$, when pro rata drawings $\frac{may}{may\ not}$ be made.

Drafts drawn hereunder must clearly specify the number of this credit.

Nothing in this letter is to be taken as confirmation of the credit, which is revocable and therefore subject to cancellation at any time without notice.

Yours faithfully,
For and on behalf of Importers Bank, Ltd.,
(Signature)

§ 222. SPECIMEN LETTER OF CREDIT (IRREVOCABLE)

IMPORTERS BANK, LTD.

Foreign Branch, London, E. C. 2

Irrevocable Credit No. ...   Dated London ...
(Please quote this reference on all   Expiring in London ...
correspondence relating hereto)   Amount   ...

To_____

At the request of _____

we hereby authorise you to draw on us at _____

to the extent of_____

The following documents (complete set unless otherwise stated) must accompany your draft(s):

1. Bills of Lading $\frac{on\ Board}{Received\ for\ Shipment}$ Clean, To Order, and endorsed in blank.

2. Invoice.

3. $\frac{Policy}{Certificate}$ of Insurance covering $\frac{marine}{marine \text{ and } war}$ risks for invoice value plus _____ per cent.

Other insurance risks to be covered ....

4. Other documents _____

Evidencing shipment of

	Description _____	C. I. F.
Merchandise		C. & F.
	Price _____	
	Quantity _____	F. O. B.
	Weight _____	F. O. R.

From _____ to _____

In $\frac{part\ consignments}{one\ consignment}$, when pro rata drawings $\frac{may}{may\ not}$ be made.

Drafts drawn hereunder must clearly specify the number of this credit, and must be presented on or before ... .

We hereby undertake to accept and/or pay all drafts regularly drawn upon us under this credit.

Yours faithfully,
For and on behalf of Importers Bank, Ltd.,
(Signature)

§ 223. СЛОВА И ВЫРАЖЕНИЯ К §§ 216 - 222

К § 216

on demand по требованию
determinable который может быть определен
a sum certain in money определенная сумма денег
to the order приказу
specified person обозначенное лицо
bearer податель, предъявитель
inland bill внутренний переводный вексель
foreign bill иностранный переводный вексель
resident проживающий
due 11th May срок платежа 11 мая, срочный 11 мая
drawer трассант (лицо, выставившее тратту)
drawee трассат (лицо, на которое выставлена тратта)
acceptor акцептант
days of grace льготные дни

suppose = let us suppose предположим
to fall due наступать сроку
to cash платить (по чеку, векселю)
to discount здесь: учитывать, дисконтировать (вексель)
negotiable который может быть переуступлен, оборотный; negotiable document оборотный документ
in turn по очереди
to draw a bill at a stated time выписать тратту со сроком платежа в указанное время
sight предъявление; at sight по предъявлении
first of exchange = first bill of exchange первый экземпляр переводного векселя
to charge дебетовать; charge to account дебетуйте счет
collection инкассирование; for collection на инкассо
to surrender выдавать

blank endorsement бланковый индоссамент
endorser индоссатор *(лицо, совершающее передаточную надпись)*
special endorsement именной индоссамент
restrictive endorsement ограниченный индоссамент

K § 217

telegraphic transfer *(сокр. Т.Т.)* телеграфный перевод
debtor должник

K § 218

mail transfer почтовый перевод

K § 219

bearer cheque чек на предъявителя
order cheque ордерный чек
to safeguard охранять, ограждать
crossed cheque кроссированный чек, перечеркнутый чек
counter *здесь:* окошко кассира
to draw чертить
not negotiable не подлежит передаче

K § 220

revocable отзывной

K § 221

"received for shipment" bill of lading коносамент на груз, принятый для отправки
"to order" bill of lading ордерный коносамент
endorsed in blank с бланковым индоссаментом, с бланковой передаточной подписью
certificate of insurance страховой сертификат
to evidence явиться доказательством;
evidencing являющийся доказательством
C. & F. = cost and freight каф = стоимость и фрахт *(условие продажи, по которому цена включает расходы по фрахту)*
in part consignments отправка частями; **in one consignment** одним грузом
drawing выписка тратт; **pro rata drawing** выписка тратт на суммы, пропорциональные количеству груза

Глава XIX

ОБОЗНАЧЕНИЕ И ЧТЕНИЕ ДЕНЕЖНЫХ СУММ В АНГЛИЙСКОЙ ВАЛЮТЕ И ВАЛЮТЕ США*
ENGLISH AND AMERICAN MONEY

§ 224. ДЕНЕЖНЫЕ СУММЫ В АНГЛИЙСКОЙ ВАЛЮТЕ

1. В Англии расчетными денежными единицами являются pound (*мн. число* pounds) и penny (*мн. число* pence) - фунты и пенсы. 1 pound (£) = 100 pence (100 p.).

2. Слово pound(s) фунт(ы) обычно обозначается сокращенно знаком £, стоящим перед числом вплотную к нему: £10, 10 фунтов.
Денежные суммы, состоящие из одних фунтов (при отсутствии пенсов), обозначаются : £57.
Если количество цифр в числе фунтов больше трех, то каждые три цифры справа налево отделяются запятой; £1,000 - a (one) thousand pounds;£1,385,726 - one million three hundred and eighty- five thousand seven hundred and twenty-six pounds. £1 читается a pound (*или:* one pound).
Слова thirteen (13), fourteen (14), fifteen (15), sixteen (16), seventeen (17), eighteen (18) и nineteen (19) в денежных суммах следует произносить четко с двумя ударениями .

3. а) Слова penny,pence *пенс, пенсы* обозначается сокращенно строчной буквой p (с точкой или без точки). Суммы, состоящие из одних пенсов, обозначаются 5p.; 5p. Все эти обозначения читаются fivepence. 1p читается a penny или one penny.
При обозначении словами сумм от 2 до 99 пенсов включительно, числительные со словом pence обычно пишутся слитно: twopence, threepence, fourpence и т. д.

б) Суммы меньше одного пенса обозначаются и называются следующим образом: 1/4 p - a farthing или one farthing; 1/2 p. - a halfpenny или one halfpenny; 3/4 p. - three farthings.

Эти доли пенса сочетаются с числом целых пенсов непосредственно (без союза and); при этом артикль a или числительное one перед farthing и halfpenny опускаются.

4. Суммы, состоящие из фунтов и пенсов, обозначаются одним из следующих способов:

£10.06; £10:06; £10/06.

При чтении число фунтов соединяется с числом пенсов союзом and, слова penny и pence никогда при этом не опускаются:
£10.06 — ten pounds and sixpence; £1.01 — a (one) pound and a penny; £3.0 $1/2$ — three pounds and a halfpence; £3.01 $1/4$ — three pounds and a penny farthing; £4.04 $1/2$ — four pounds and fourpence halfpenny

5. Наряду со словом pound(s) *фунт(ы)* часто встречается сочетание pound(s) sterling *фунт(ы) стерлингов*. Слово sterling раньше употреблялось в Англии по отношению к золотым и серебряным монетам со значением *установленной пробы, установленной ценности*. В настоящее время sterling после слова pound(s) употребляется в смысле *в английской валюте* или *установленными в Соединенном Королевстве деньгами*. Sterling поэтому не применяется в обозначениях валют английских доминионов (австралийские и ново-зеландские фунты) и валют других стран. В международной торговле sterling в обозначениях денежных сумм употребляется, когда хотят указать, что речь идет именно об английской валюте.

Слово sterling стоит после существительного pound(s), а при употреблении знака £ — после числа: 25 pounds sterling* или £25 sterling или £25 stg. 25 *фунтов стерлингов*.

Слово sterling часто встречается при повторении денежной суммы прописью: £25,615/8 (twenty-five thousand six hundred and fifteen pounds sterling and eightpence).

Кроме денежных сумм, sterling встречается в ряде выражений: sterling account *счет в фунтах стерлингов*, sterling bill (или: sterling draft) *тратта с платежом в фунтах стерлингов*, sterling credit *кредит в фунтах стерлингов*, sterling area *стерлинговая зона* и др. В отличие от pound(s) sterling, где sterling стоит после определяемого слова pound(s), в перечисленных выражениях sterling стоит перед определяемым словом.

---

* Следует обратить внимание на то, что слово sterling, являясь прилагательным, не принимает окончания s (сравните русский перевод: *25 фунтов стерлингов*).

Английские банкноты и монеты

Amount (сумма)
1 p a penny, one p (Coll.)*
2p twopence = two pence
two p (Coll.)
5p five pence

10p ten pence

50p fifty pence

£1 a pound, a quid (Sl.)

Note (банкнота)
£1 a pound, a quid (Sl.)
£5, 10, 20 five/ ten/ twenty pounds
five/ ten/ twenty quid (Sl.)

£3.82 = three pounds eighty-two (pence)

Coin (монета)
a penny (пенни, пенс)
a twopenny piece (двухпенсовый)

a fivepenny piece (пятипенсовый)

a tenpenny piece (десятипенсовый)

a fifty pence piece (монета в 50 пенсов)

a pound coin (фунт стерлингов, соверен /уст./)

a poud note
a five / ten/ twenty pound note

a fiver/ tenner (Sl.) (пятерка десятка)

§ 225. ДЕНЕЖНЫЕ СУММЫ В ВАЛЮТЕ США

1. В США расчетными денежными единицами являются dollar *доллар* и cent *цент*. В долларе 100 центов.

2. Слово dollar(s) *доллар(ы)* обычно обозначается сокращенно знаком $ или ⊜, стоящим перед числом вплотную к нему: $25 *25 долларов*.

Денежные суммы, состоящие из одних долларов (без центов), обозначаются одним из следующих способов: $25; $25.00; $25:00; $25^{00}; $25 ^{00}/100. Все эти обозначения читаются twenty-file dollars.

Обозначения $25^{00} и $25^{00}/100 часто встречаются в чеках и векселях.

---

* Условные обозначения:
    Coll.- разговорное
    Sl. - слэнг

Когда хотят указать, что речь идет именно о долларах США в отличие, например, от канадских или мексиканских долларов, то перед знаком $ ставятся буквы U.S. или U.S.A.: U.S.$25.00 *25 долларов США.*

При обозначении или повторении суммы прописью ее пишут следующим образом: $25.00 (twenty-five^{00}/$_{100}$ dollars), U.S.$25.00 (twenty-five ^{00}/$_{100}$ U.S. dollars).

Если количество цифр в числе долларов больше трех, то каждые три цифры справа налево отделяются запятой: $2,250,136.00 - two million two hundred and fifty thousand a hundred and thirty-six dollars *2 250 136 долларов.*

3. Слово cent(s) *центы* обозначается либо полностью, либо сокращенно буквой с (с точкой или без точки) или знаком ¢, стоящим после числа: 1 cent, 1c., 1¢ - one cent *один цент*; 10 cents, 10 c., 10 c. - ten cents *десять центов.*

Центы обозначаются также следующими способами: $0.01 или $.01 (читается one cent) *один цент*; $0.05 или $.05 (читается five cents) *пять центов*: $0.10 или $.10 (читается ten cents) *десять центов*; $0.65 или $.65 (читается sixty-five cents) *шестьдесят пять центов.*

Когда хотят указать, что речь идет именно о валюте США, то перед словом cent(s) или перед сокращениями с. и ¢ ставят буквы U.S. или U.S.A.: 5 U.S. cents, 5 U.S.¢., 5 U.S. c *5 центов США.*

При обозначении суммы в центах прописью слово cent(s) пишется полностью: 25 с. - twenty-five cents, 25 U.S.c. - twenty-five U.S. cents.

4. Суммы, состоящие из долларов и центов, обозначаются и читаются следующим образом:

$18.01; $18:01; $18^{01}/$_{100}$ - eighteen dollars and one cent *18 долларов 1 цент;*

$18.10, $18:10, $18^{10}/$_{100}$ - eighteen dollars and ten cetns *18 долларов 10 центов;*

$18.65, $18/65, $18^{65}/$_{100}$ - eighteen dollars and sixty-five cents *18 долларов 65 центов;*

$18.02 3/4, $18:02^{3}/$_{4}$ - eighteen dollars and two and three quarters cents *18 долларов 2 3/4 цента;*

$3,225.65, $3,225:65, $3.225^{65}/$_{100}$ - three thousand two hundred and twenty-five dollars and sixty five cents *3225 долларов и 65 центов.*

При обозначении или повторении суммы в долларах и центах прописью центы обычно пишутся в виде дроби перед словом dollars следующим образом:

$325.45 (three hundred and twenty-five and ^{45}/$_{100}$ dollars), U.S.

$325.45 (three hundred and twenty-five and ^{45}/$_{100}$ U.S. dollars).

Банкноты и монеты США

Amount
1 с a cent
5c 5 cents
10c ten cents
25c twenty-five cents
50c half a dollar, half a buck (Sl.)

Note
$ 1 a dollar, a buck (Sl.)

$ 5 five dollars, five bucks (Sl.)

$10 ten dollars, ten bucks (Sl.)

$20 twenty dollars, twenty bucks (Sl.)

$ 3.82 = three dollars eighty-two (cents)

Coin
a penny (монета в один цент)
a nickel (монета в пять центов)
a dime (монета в десять центов)
a quarter (монета в 25 центов)
a half-dollar (монета в полдоллара)

a dollar bill (банкнота достоинством в 1 доллар)
a five dollar bill (пятерка)

a ten dollar bill (десятка)

a twenty dollar bill (двадцатка)

ПРИМЕЧАНИЕ:

Обратите внимание, что обозначение пенсов и центов (p и c) никогда не употребляется, если есть обозначение фунтов и долларов (£, $) при написании суммы денег. Сумма пенсов и центов просто пишется после точки.

Например:
£7.35, $ 7.35
I was given 1.50 change (one fifty change).
I got $ 1.50 change (a dollar fifty change).
The ticket is £13.45 (thirteen forty-five)

§ 226. УПРАЖНЕНИЯ

К § 25

Пункты 2, 3

1. Прочитайте и напишите прописью:
   $475; U.S.$38.00; $12500; U.S.$1,125^{00}/100; 21c.; 95c; 20 cents; U.S.$0.50; $0.05; U.S.$0.25.

2. Напишите различными способами следующие суммы:
216 долларов; 3075 долларов США; 3 цента; 30 центов США

Пункт 4

1. Прочитайте и напишите прописью:
$36.05; $75^{15}/100; $175:10; U.S.$2,224.16; $1.02^{1}/2;

2. Напишите различными способами следующие суммы:
4 доллара 2 цента; 12 052 доллара США 40 центов; 2 доллара 3^{1}/2 цента.

ПРИЛОЖЕНИЯ

СЧЕТА-ФАКТУРЫ, КОНСУЛЬСКИЕ ФАКТУРЫ И СВИДЕТЕЛЬСТВА О ПРОИСХОЖДЕНИИ ТОВАРОВ
INVOICES, CONSULAR INVOICES AND CERTIFICATES OF ORIGIN

F. O. B. INVOICE USED IN THE OIL EXPORT TRADE OF RUSSIA

Bought of V/O "Rossexport"

Moscow, 16th Apr., 19...

Messrs_____
_____

Invoice No. ...
Terms: As per contract dated 12th Feb., 19 ...
To shipment of Gasoil
per m/t "Ashkhabad" (Voyage 118-6) B/L d/d Batumi 14th April, 19 ... 8500.10.0.0 at $ 31.1266 per ton F.O.B. Batumi

$$\underline{\$264{,}591.66}$$
$$E.\&O.E.$$

Price of Gasoil (Specific Gravity at 15^0 C - 0.86475):

10c X 311.226 = $31.1266

Quotation as per contract dated 12th Feb., 19...

Примечания: 1. To shipment of gasoil - дебетовые записи в счетах и бухгалтерских книгах начинаются с предлога to, а кредитовые с предлога by.

2. 8500.10.0.0 означает вес груза: 8500 tons 10 cwt. 0 qr. 0 lbs. *8500 тонн 10 центнеров.*

3. Цена за тонну $31.1266 выводится путем умножения цены за американский галлон (10c) на количество галлонов, содержащихся в тонне (311,226 галлонов). Количество галлонов в тонне зависит от удельного веса веществ (specific gravity) и определяется по специальным таблицам.

4. E. & O.E. - Error and Omissions Excepted. *Исключая ошибки и пропуски.* (Обычная приписка в счетах-фактурах.)

CONSULAR INVOICE

No ...

_____
(place and date)

Invoice of merchandise produced in _____
(place)

shipped by _____ of _____ to _____
(Consignor) (city, country) (Consignee)

of _____ to be carried per _____
(vessel or other carrier)

destined for _____
(port of entry)

Marks and numbers	Quantities	Description of goods	Invoice value per unit	Total	Consular correction or remarks

$\frac{I}{We}$ declare that all statements contained herein and in the attached sheet or sheets are true and correct.

(Signature of Consignor or authorised Agent)

CONSULAR CERTIFICATE

I certify that the present invoice composed of ... sheet(s) per copy in triplicate has been presented to me by the signor of the preceding declaration and that a fee of ... has been paid. Seal

Seal

(Signature of Consul)

CERTIFICATE OF ORIGIN

This is to certify that the goods described below:

Name of merchandise	Number of parcels	Packing	Marking	Weight	Notes

Shipped the _____ by _____ from _____
          (date)   (Consignor)   (city and
_____ to _____ of _____ to the
country)   (Consignee)   (city and country)
address of _____ are actually of Russian origin.
_____
   (date)
                                                            (Signature)

         ┌─────────────────────────────────────┐
         │ Seal of the organisation by which the │
         │   Certificate is issued   │
         └─────────────────────────────────────┘

АНГЛО-РУССКИЙ АЛФАВИТНЫЙ СЛОВАРЬ *

ОБЪЯСНЕНИЕ СОКРАЩЕНИЙ

Английские сокращения

a. - adjective — имя прилагательное
adv. - adverb — наречие
cj. - conjunction — союз
n. - noun — имя существительное
pl. - plural — множественное число
p.p. - past participle — причастие прошедшего времени
pref.- prefix — префикс
pr.p.- present participle — причастие настоящего времени
prp. - preposition — предлог
sing.- singular — единственное число
v. - verb — глагол

Русские сокращения

ам. - американский термин
г - грамм
ж.-д.- железнодорожный
куб. - кубический
кв. - квадратный
кг - килограмм
л - литр
-л. - *-либо*
лат. - латинский (язык)
мор. - морской термин
см. - смотрите
сокр. - сокращение, сокращенно

A

A. B. C. название коммерческого кода
above 1. prp. выше, свыше; above 500 tons свыше 500 тонн; 2. adv. выше; as stated above как указано выше; 3. a. названный выше, указанный выше; the above price указанная выше цена; 4. n. the above изложенное выше, вышеизложенное
absence n. отсутствие; in the absence of в отсутствие (*или* в случае отсутствия) кого-л.
abstain v. воздерживаться
accept v. принимать; акцептировать
acceptable a. приемлемый
acceptance n. 1. принятие; акцепт, акцептование; 2. акцепт, акцептованная тратта; 3. приемка
acceptor n. акцептант
accessories n. pl. принадлежности
accident n. несчастный случай, авария; insured accident страховой случай
accompany v. сопровождать; to be accompanied сопровождаться (*чем-л.* - by)
accomplish v. совершать, выполнять
accord v. оказывать; to accord assistance оказывать помощь
accordance n. соответствие; in accordance with в соответствии с
accordingly adv. соответственно, соответствующим образом
according to prp. 1. согласно; according to your request согласно вашей просьбе; 2. в зависимости от; according to the circumstances в зависимости от обстоятельств
account I n. счет; current account текущий счет; freight account счет за фрахт; on account в счет; to take into account принимать во внимание, учитывать
account II v.: to account for something объяснять что-л.
accountant n. бухгалтер; chief accountant главный бухгалтер
achievement n. достижение
acknowledge v. 1. подтверждать; подтверждать получение; we acknowledge (the) receipt of your letter подтверждаем получение вашего письма; 2. признавать
acquaint v. знакомить; to acquaint oneself with знакомиться с
act I n. 1. действие, поступок; act of God действие непреодолимой силы, форс-мажор; 2. закон, акт

act II v. действовать, работать, выступать
action n. судебный процесс; to bring an action возбудить судебный процесс
actual a. фактический, действительный
actually adv. фактически
adapt v. приспособлять
add v. добавлять, прибавлять
addendum n. (pl. addenda) добавление, приложение
addition n. добавление; in addition вдобавок, кроме того
additional a. дополнительный, добавочный
adequacy n. соответствие
adequate a. соответствующий; достаточный
adjust v. уточнять; регулировать; приспособлять
adjustment n. уточнение, урегулирование, расчет;
average adjustment *см.* average
admissible a. допустимый
admission n. признание; доступ, допуск
admit v. признавать; to admit a claim признать претензию справедливой
admixture n. примесь; foreign admixture посторонняя примесь
adopt v. принимать
advance I n. 1. повышение; advance in price повышение в цене; 2. аванс; freight advance аванс фрахта; in advance заранее, предварительно; в качестве аванса; 2. ссуда
advance II v. 1. повышать(ся); повышаться в цене; 2. платить авансом; 3. давать ссуду
advantage n. выгода, преимущество; to advantage выгодно, хорошо
advertise v. рекламировать, помещать объявления
advertisement n. реклама, объявление
advice n. 1. извещение; advice of sale извещение о продаже; 2. совет
advise v. 1. извещать; to keep advised держать в курсе, извещать; 2. советовать
advisory a. консультативный, совещательный; advisory services обслуживание консультациями; консультации
affect v. влиять; to affect something влиять на что-л.
afford v. оказывать; to afford assistance оказывать помощь
afloat adv. на плаву
afore-mentioned a. ранее упомянутый
agency n. 1. агентство; 2. посредничество

352

agent n. агент; **average agent** аварийный комиссар; **consignment agent** консигнационный агент; **exclusive agent** единственный (*или* монопольный) агент; **shipping** (*или* **forwarding**) **agent(s)** экспедитор(ы), экспедиторская фирма
agree v. соглашаться (*с чем-л., на что-л.* - to, *с кем-л.* - with); **to agree (up)on** договориться о чем-л., согласовать что-л., **agreed** договоренный, согласованный; договорено, решено
agreeable a. согласный
agreement n. соглашение, договор
air v. проветривать
aircraft n. самолет
air-mail n. воздушная почта, авиапочта
airmail v. посылать авиапочтой
air starting n. воздушное пусковое устройство
alienate v. отчуждать
allege v. утверждать, утверждать что якобы
allocate v. распределять, назначать
allocation n. распределение
allow v. допускать, разрешать; предоставлять; **to allow a discount** предоставить скидку
allowance n. скидка; **to make an allowance** сделать скидку
alloy n. сплав
alter v. изменять
alteration n. изменение, переделка
altogether adv. в общем, всего
amend v. исправлять, внести исправление
amendment n. изменение
amicable a. дружественный, дружелюбный
amicably adv. дружеским образом
amount I n. сумма; **to the amount of** на сумму
amount II v. составлять (*сумму, количество*); **to amount to £100** составить (сумму в) 100 фунтов
ampersand n. знак &
amplify v. расширять, дополнять
analysis n. (pl. **analyses**) анализ
and/or cj. и/или
announce v. объявлять
annual a. ежегодный, годичный
annually adv. ежегодно
answer n. ответ; **in answer to** в ответ на
anticipate v. предвидеть, ожидать
apart from prp. кроме
apologize v. просить извинения, извиняться (*перед* - to)
apology n. извинение
apparatus n. (pl. **apparatus, apparatuses**) аппарат, прибор
apparent a. видимый
apparently adv. по-видимому
appeal v. апеллировать, подавать апелляцию
appear v. казаться; оказываться; **it appears that** оказывается что
appendices pl. *от* **appendix**
appendix n. (pl. **appendices**) приложение, добавление
appertain v. относиться
applicable a. применимый
application n. 1. применение, распространение; 2. обращение; заявление; ходатайство; **to make an application** подавать заявление; возбудить ходатайство
apply 1. применять(ся), распространять(ся), относиться; 2. обращаться
appoint v. назначать
appointment n. 1. свидание, встреча; 2. назначение
appraise v. оценивать
appreciate v. 1. ценить; понимать, сознавать; 2. быть благодарным, быть признательным; **we shall appreciate it if you will** мы будем благодарны если вы; **we appreciate your invitation** мы благодарны за ваше приглашение; **your early reply will be much appreciated** мы будем весьма признательны за ваш скорый ответ
appropriate a. соответствующий
approval n. одобрение, утверждение; **to meet with somebody's approval** быть одобренным кем-л. *или* удовлетворить кого-л.
approve v. одобрять; подтверждать
approximate a. приблизительный
approximately adv. приблизительно
appurtenances n. pl. принадлежности
arbitrate v. выносить арбитражное решение, решать третейским судом
arbitration n. арбитраж; **arbitration sample** арбитражная проба; арбитражный образец; **by arbitration** арбитражем *или* арбитражным судом
arbitrator n. арбитр
arise v. (**arose, arisen**) возникать
arisen p.p. *от* **arise**
arose past *от* **arise**
arrange v. 1. устраивать, договариваться, согласовывать; 2. принимать меры; обеспечивать
arrangement n. 1. соглашение, договоренность; 2. мероприятие, план; **shipping arrangements** фрахтовые мероприятия *или* мероприятия по отгрузке; **to make arrangements** принимать меры; договариваться

arrival n. прибытие; **on arrival** по прибытии
arrive v. прибывать, приезжать
as: as per согласно; **as regards** что касается *или* относительно; **as to** что касается *или* относительно; **as well as** а также; так же как и; **as yet** еще, пока что
ascertain v. определять, устанавливать
assemble v. собирать, монтировать
assembly n. 1. сборка; **assembly drawing** сборочный чертеж; 2. узел; **parts and assemblies of the machine** части и узлы машины
assert v. утверждать
assertion n. утверждение
assign n. правопреемник
assist v. оказывать помощь
assistance n. помощь, содействие; **to render assistance** оказывать помощь (*или* содействие)
associate n. коллега; сотрудник
association n. ассоциация
assortment n. ассортимент; **in assortment** в ассортименте
assume v. предполагать
assure v. уверять, заверять
atomic a. атомный
attach v. прилагать, прикреплять (к - to)
attend v. 1. заниматься (*чем-л.* - to); 2. присутствовать, посещать
attendance n. обслуживание, присмотр, забота; **attendance to customs formalities** выполнение таможенных формальностей
attention n. внимание; **(for the) attention of Mr. A.** вниманию г-на А. (*надпись над текстом письма*); **the matter (your enquiry) is having our careful attention** мы уделяем этому делу (вашему запросу) должное внимание; **to give careful attention** уделять должное внимание; **we draw your attention** см. **draw**
auction n. аукцион; **by public auction** с публичного аукциона
authentic a. достоверный
authorities n. pl. власти, органы; учреждение, учреждения
authorize (*или* **authorise**) v. уполномочивать
automatically adv. автоматически
available a. имеющийся в наличии, наличный, доступный; **to be available** быть в наличии *или* быть доступным; **Mr. A. isn't available at the moment** г-на А нет сейчас; **to be available for sale** иметься в продаже

avenue n. авеню
average I n. 1. среднее число, средняя величина, средняя; 2. авария; **average agent** аварийный комиссар; **average adjustment** диспаша; **general average** общая авария; **particular average** частная авария; **free from particular average** свободно от частной аварии; **with particular average** с ответственностью за частную аварию
average II a. средний
await v. ожидать, ждать; **to await something** ожидать (*или* ждать) чего-л.
award I n. решение (суда или арбитров); **award by consent** решение в соответствии с мировым соглашением
award II v. присуждать
aware a. знающий, осведомленный; **to be aware (of something)** знать (*что-л.*) *или* быть осведомленным (*о чем-л.*); **to become aware** быть осведомленным *или* получить сведения
away: to be away отсутствовать; **to be away from Moscow** не быть в Москве

B

badly adv. плохо; серьезно; очень, очень сильно
bag n. мешок
balance I n. 1. остаток, остающаяся сумма, остающееся количество; 2. сальдо; 3. равновесие; **to keep the balance** сохранять равновесие
balance II v. сбалансировать, уравнять; погасить (*счет*)
bale n. кипа, тюк
bank n банк; **the State Bank of Russia** Государственный банк России; **the Bank for Foreign Trade of Russia** Банк для внешней торговли России; **the Moscow Narodny Bank, Limited** Московский народный банк (*название российского банка в Лондоне*)
barley n. ячмень
barratry n. баратрия (*намеренные действия капитана или команды, направленные в ущерб судовладельцу или грузовладельцу*)
barrel I n. бочка, бочонок; баррель
barrel II v. упаковывать (*укладывать, наливать*) в бочки
base v. базировать; **to be based** базироваться
basic a. основной
basis n. база, основа

batten n. баттенс *(толстая доска)*
beam n. балка; бимс; **hatch beam** бимс люка
bear v. (bore, borne) нести; **to bear expenses** нести расходы; **to bear in mind** принимать во внимание *или* учитывать
bearer n. податель, предъявитель
bearing n. подшипник
bed n. ложе; **engine bed** машинная плита
beforehand adv. заранее
beg: we beg to acknowledge (**to inform, to state** etc.) подтверждаем (сообщаем, заявляем и т.п.) или имеем честь подтвердить (сообщить, заявить и т.д.); **I beg your pardon?** как вы сказали? (*или* будьте добры повторить); **I beg your pardon ?** извините
behalf: on behalf of от имени
believe v. думать, полагать
belong v. принадлежать
below 1. adv. ниже, внизу; **2.** prp. ниже (*чего-л., чем что-л.*)
beneficiary n. бенефициар
benefit n. выгода; **to our mutual benefit** с выгодой для обеих сторон
Bentley n. код Бентлей; **a cable in Bentley's code** телеграмма, закодированная по коду Бентлей
berth I n. причал, место у причала; **berth or no berth** независимо от того имеется свободный причал или нет; **whether in berth or not** независимо от того находится судно у причала или нет
berth II v. ставить на причал
besides adv. prp. кроме того, кроме
best: to do one's best сделать все возможное
beyond prp. за пределами, вне; сверх; **beyond the control of the parties** не зависящий от сторон, который стороны не могут предотвратить
bid n. предложение цены (*со стороны покупателя*)
bill n. **1.** счет; **2.** переводной вексель, тратта (*вместо* **bill of exchange**); **foreign bill** иностранная тратта; **inland bill** внутренняя тратта; **3.** свидетельство, накладная; **railway bill** ж.-д. накладная; **way bill** накладная
bill of exchange n. переводной вексель, тратта
bill of lading n. коносамент; **clean bill of lading** чистый коносамент; "**on board**" **bill of lading** бортовой коносамент; "**received for shipment**" **bill of lading** коносамент на груз, принятый для отправки; **through bill of lading** сквозной коносамент; "**to order**" **bill of lading** ордерный коносамент
bind v. (bound) связывать
binding a. связывающий, обязательный (*для кого-л.* - (**up**)**on somebody**); **binding offer** связывающее (*или* твердое) предложение; **binding upon both parties** обязательный для обеих сторон
blading (*в телеграммах*) = **bill of lading**
blockade n. блокада
blower n. вентилятор
blue-print n. светокопия, синька
board n. **1.** борт. **on board vessel** (*или:* **on board ship, on board steamer**) на борс(у) судна; **on board the m. v. "Krasnodon"** на борт(у) теплохода "Краснодон"; **free on board** *см.* **free;** "**on board**" **bill of lading** *см.* **bill of lading;** **2.** доска; **3.** совет; **board of directors** совет директоров
boat n. судно
bonus n. надбавка; бонификация
booklet n. брошюра, буклет
border n. граница
bore past *от* **bear**
borne p.p. *от* **bear**
both ... and cj. как ... так и
bound 1. а. обязанный; **to be bound** быть обязанным; **2.** а. направляющийся (*о судне*); **bound for India** направляющийся в Индию; **3.** p.p. *от* **bind**
bracking n. сортировка, браковка, бракераж
branch n. отделение
break v. (broke, broken) ломать(ся), разбивать(ся); **to break down** сломаться или выйти из строя (*о машине*); **to break bulk** *см.* **bulk**
breakage n. поломка
breakdown n. (*или:* **break-down**) авария, поломка (*машины*)
bring; to bring about вызывать, причинять
brochure n. брошюра
broke past *от* **break**
broken 1. а. разбитый, раздробленный; **2.** p.p. *от* **break**
broker n. брокер, маклер; **grain broker** брокер по продаже зерна
brokerage n. брокерская комиссия
bulk n. **1.** масса; **in bulk** без упаковки; насыпью; навалом; наливом; нерасфасованный, без расфасовки; **to break bulk** вскрывать люки; начинать разгрузку; **2.** большая часть, основная часть

bunker n. бункер
business n. дело, дела; сделка; business day *см.* day; business relations деловые отношения; on business по делу

C

cable I n. телеграмма; by cable телеграммой *или* по телеграфу
cable II v. телеграфировать
cablegram n. телеграмма
calculate v. 1. калькулировать, подсчитывать; 2. рассчитывать, полагать
calculation n. калькуляция
calendar n. календарь
call v. вызывать (*по телефону*); to call at заходить куда-л.; to call on заходить к кому-л.; to call up вызывать (*по телефону*); to call for требовать; to be called for до востребования
calliper n. калипер (*мерная вилка*); Customs calliper measure таможенный калиперный обмер
cancel v. (cancelled) аннулировать, отменять, расторгать
cancellation n. аннулирование, отмена, расторжение
cancelling date n. канцеллинг (*обусловленный крайний срок прибытия зафрахтованного судна в порт погрузки*)
capacity n. производительность; мощность; грузоподъемность; cubic capacity кубатура; grain cubic capacity зерновая кубатура
car n. автомобиль (*легковой*); passenger car легковой автомобиль
care n. 1. забота, попечение; (in) care of по адресу, через; 2. внимание, осторожность, тщательность; with care осторожно
careful a. тщательный
carefully adv. тщательно
careless a. небрежный
carelessly adv. небрежно
cargo n. 1. груз; deck cargo палубный груз; general cargo генеральный (*смешанный*) груз; inward cargo доставленный (*или* импортный) груз; 2. полный пароходный груз
carriage n. перевозка; carriage paid перевозка оплачена *или* с оплаченной перевозкой
carrier n. перевозчик
carry v. носить; перевозить; to carry out выполнять, совершать, делать
case I n. ящик; pacing case ящик для упаковки *или* упаковочный ящик
case II n. 1. случай; in case of в случае чего-л.; in the case of в отношении чего-л.; in case в случае если; in any case во всяком случае; to be the case иметь место; which is more often the case что чаще имеет место; 2. дело; судебное дело; a case in dispute спорное дело
cash I n. наличные (*деньги*); cash on delivery уплата при доставке; cash with order наличными при выдаче заказа; in (*или* by) cash наличными; net cash немедленная уплата наличными
cash II v. оплатить (*чек, вексель*); получить деньги (*по чеку, векселю*)
catalogue n. (*в США* - catalog) каталог; catalogue of machines каталог машин
catch n. улов
cause I n. причина
cause II v. 1. причинять, вызывать; 2. получить, выполнить
caviar n. (*или* caviare) икра; barrelled caviar бочковая икра; beluga caviar белужья икра; pressed caviar паюсная икра; osetrova caviar осетровая икра
cease v. прекращать
cent n. цент
ceramics n. pl. керамика
cereal n. хлебный злак
certificate n. сертификат, свидетельство; certificate of insurance страховой сертификат; works test certificate заводское свидетельство (*или заводской сертификат*) об испытании
certify v. удостоверять
cessation n. прекращение
cesser clause n. оговорка (*в чартере*) о прекращении ответственности фрахтователя
chairman n. председатель
chamber n. палата; камера; chamber of commerce торговая палата; the Russian Chamber of Commerce Российская торговая палата
chance n. шанс, возможность (*вероятная*)
characteristic n. показатель; working characteristics рабочие показатели *или* рабочая характеристика
charge I n. начисление, взимание, сбор, расход; free of charge бесплатно; pl. charges расходы, издержки; bank charges банковские расходы *или* банковская комиссия; interest charges подлежащие уплате проценты
charge II v. посчитать, назначить (*цену*), поставить в счет, брать, взимать; дебетовать

charter I n. (*или* charter-party) чартер, чартер-партия
charter II v. фрахтовать
charterer n. фрахтователь (*лицо, нанимающее судно*)
chartering n. фрахтование
charter-party *см.* charter I
cheap a. дешевый
check I n. ам. чек
check II v. проверять
check sheet n. проверочный лист, контрольный список
cheque n. (*в США и Канаде* - check) чек; bearer cheque чек на предъявителя; crossed cheque кроссированный чек; order cheque ордерный чек
choose v. (chose, chosen) выбирать, избирать
chose past *от* choose
chosen p.p. *от* choose
circumstance n. обстоятельство; in (*или* under) the circumstances при таких обстоятельствах
cite v. вызывать в суд
claim I n. претензия, рекламация; требование, иск; to make a claim on (*или* against) somebody предъявить претензию к кому-л.; notice of claim заявить о претензии; claim for damages иск (*или* претензия) об убытках
claim II v. требовать
claimant n. истец
clarify v. выяснять, вносить ясность в
class v. относить к классу; to be classed иметь класс *или* быть отнесенным к какому-л. классу; classed имеющий класс
clause n. пункт, условие (контракта); оговорка; price clause пункт о цене; payment clause пункт о условиях платежа
clear I v. очищать(ся); to clear a vessel at the Custom House производить очистку судна на таможне *или* выполнить таможенные формальности по судну
clear II a. ясный; in clear клером (*в некодированном, т. е. незашифрованном виде*)
clerical a. канцелярский
clerk n. конторский служащий; check clerk контролер
client n. клиент; комитент
close a. 1. близкий; as close as possible как можно ближе; 2. подробный; 3. заключительный (*о курсе*); close rate заключительный курс
closing rate = close rate *см.* close
cloth n. ткань; printed cotton cloth набивная хлопчатобумажная ткань; grey cloth суровая ткань *или* суровье
cluster drilling machine n. многошпиндельный сверлильный станок
coal n. уголь
cocoa n. какао; cocoa beans какао бобы
code I n. код; in code form в кодированном (*зашифрованном*) виде; code name кодовое наименование
code II v. кодировать, шифровать
coffee n. кофе
coke n. кокс
collect v. инкассировать
collection n. инкассирование; for collection на инкассо
collision n. столкновение; to be in collision столкнуться *или* иметь столкновение
combine v. объединять, комбинировать, смешивать
come: to come upon something натолкнуться на что-л. *или* встретиться с чем-л. *или* обнаружить что-л.
commence v. начинать(ся)
commencement n. начало
commercial a. коммерческий счет или счет-фактура
commission n. комиссия; комиссионное вознаграждение
commitment n. обязательство
commodity n. товар
common a. общий, обычный
commotion n. волнение; civil commotion гражданское волнение
communicate v. 1. сноситься; 2. сообщать, передавать
communication n. сообщение, извещение
company n. компания, акционерное общество; engineering company машиностроительная компания; private company частная (*или закрытая*) компания; shipping company судоходная компания
comparatively adv. сравнительно
compare v. сравнивать; as compared with по сравнению с
compass n. компас
compel v. вынуждать, заставлять
compensate v. компенсировать, возмещать
compensation n. компенсация, возмещение
competency n. компетенция
competent a. компетентный
competitive a. конкурентный, конкурентоспособный
competitor n. конкурент

357

complaint n. жалоба, рекламация (*на* - about); **letter of complaint** рекламационное письмо; письменная жалоба
complete I a. полный, комплектный; **complete with all accessories** комплектно со всеми принадлежностями
complete II v. заканчивать, завершать; **to complete the contract** закончить исполнение контракта
completion n. завершение, окончание
compliance n. согласие, соответствие; **in compliance with** в соответствии с
complication n. осложнение
comply v. соблюдать, исполнять (*что-л.* - with something); следовать, поступать согласно (*чему-л.* - with something)
component 1. n. компонент, составная часть; 2. a. составной
composition n. состав
compressor n. компрессор; **air compressor** воздушный компрессор
comprise v. включать, состоять из
compulsory a. принудительный
computation n. исчисление, расчет
compute v. подсчитывать, вычислять
concern I n. концерн; **manufacturing concern** промышленный концерн
concern II v. касаться, иметь отношение; **to the satisfaction of all concerned** к удовлетворению всех участвующих (*или* заинтересованных) сторон; **the party concerned** заинтересованная сторона; **whom it may concern** кого это может касаться
concerning prp. относительно, касательно
conclude v. заключать
conclusion n. заключение; **to come to the conclusion** прийти к заключению
conclusive a. убедительный
condenser n. конденсатор
condensing plant = condenser
condition n. 1. условие; **general conditions** общие условия; **technical conditions** технические условия; **on condition that** при условии если; 2. состояние; **sound condition** здоровое состояние
confiscation n. конфискация
conform v. соответствовать (*чему-л.* - to something)
conference n. 1. конференция; 2. ассоциация судовладельцев, картель судовладельцев
confident a. уверенный
confirm v. подтверждать
confirmation n. подтверждение; **order confirmation** подтверждение заказа

conformity n. соответствие; **in conformity with** в соответствии с
congestion n. скопление; переполнение; **congestion of shipping** скопление морских судов
connection n. (*или* **connexion**) связь; **in connection with** в связи с этим
consecutive a. последовательный
consent n. согласие (*на* - to)
consequence n. следствие; **in consequence** вследствие или в результате
consider v. рассматривать, считать; принимать во внимание, учитывать
considerable a. значительный
considerably adv. значительно
consideration n. рассмотрение, обсуждение; **to send consideration** послать на рассмотрение (*или* для обсуждения); **to take into consideration** принимать во внимание или учитывать
consignee n. грузополучатель
consignment n. 1. партия (*товаров*); груз; **consignment note** накладная груза; **in one consignment** одним грузом; **in part consignment** отправка частями; 2. консигнация; **consignment agreement** консигнационный договор; **consignment stock** консигнационный склад; **to send goods on consignment** посылать товар на консигнацию
consignor n. отправитель
constitute v. составлять
consultant n. консультант
consumption n. потребление
contact I n. 1. контракт, связь; 2. соприкосновение, удар
contact II v. сноситься; **to contact somebody** сноситься с кем-л.
contain v. содержать
contamination n. заражение, загрязнение
contention n. утверждение
contents n. pl. содержание, содержимое
continental a. континентальный
contingency n. непредвиденное обстоятельство
continuation n. продолжение; **continuation sheet** лист для продолжения письма
continue v. продолжать(ся); **continued** продолжено, продолжение
contract I n. договор, контракт; **contract of affreightment** договор морской перевозки; **from of contract** формуляр (*или* образец) контракта; **insurance contract** договор страхования; **sales contract** договор продажи; **against contract** по контракту (*в*

счет контракта); under contract по контракту (*на основании контракта*)

contract II v. заключать контракт, заключать договор; contracting parties договаривающиеся стороны

contractual a. договорный

contrary n. противоположность; on the contrary наоборот; напротив; to the contrary в противоположном смысле

contribution n. взнос; cargo's contribution to general average взнос, причитающийся с груза по общей аварии

convenient a. удобный (*для кого-л. - for*)

conversation n. разговор; telephone conversation *или* conversation by telephone телефонный разговор *или* разговор по телефону

convert v. конвертировать, переводить to convert dollars into pounds sterling переводить доллары в фунты стерлингов

convince v. убеждать

co-operation n. (*или* cooperation) сотрудничество

copy n. копия, экземпляр

corking n. укупорка

corporation n. корпорация; stock corporation акционерная корпорация

correctness n. правильность

correspond v. соответствовать (*чему-л. - to, with*)

corresponding a. соответствующий

corroborate v. подтверждать, подкреплять

corrosion n. коррозия

cost I n. 1. стоимость; cost to us себестоимость; first cost первоначальная стоимость; 2. pl. costs издержки, расходы; costs of production издержки производства

cost II v. стоимость

cotton I n. хлопок

cotton II a. хлопчатобумажный; cotton piece goods хлопчатобумажные ткани в кусках; штучные хлопчатобумажные изделия

council n. совет; documentary council совет по документам

counsellor n. советник (*посольства*); commercial counsellor торговый советник

count v. считать(ся)

counter-claim n. встречный иск

countersign v. скреплять подписью

couple v. присоединять

course n. ход, течение; in due course в надлежащий срок; in the course of в течение, в ходе чего-л.; of course конечно; само собой, разумеется

court (of law) n. суд; court of appeal апелляционный суд

cover I n. 1. конверт; обертка; under separate cover в отдельном конверте; отдельным пакетом; 2. покрытие (*денежное, страховое*)

cover II v. 1. покрывать; обеспечивать; 2. относиться к; brochure covering Model 20A брошюра, относящаяся к модели 20A

covering a. сопроводительный; covering letter сопроводительное письмо

cover note n. коверонот, ковер-нота (*временное свидетельство о страховании*)

crab n. краб; tinned crab meat крабовые консервы

craft n. плавучее средство, плавучие средства

cranage n. пользование краном; плата за пользование краном

credit I n. 1. кредит; on credit в кредит; 2. кредит; credit note кредитовое авизо; 3. аккредитив

credit II v. кредитовать

crew n. команда (*судна*)

cross v. разойтись (*о письмах, телеграммах*); our letters have crossed наши письма разошлись

crucible n. тигль; graphite crucible графитовый тигль

crush v. дробить, давить, мять

cubic a. кубический; cubic capacity кубатура

cup tested a. дегустированный

currency n. валюта

current a. текущий, настоящий; current quotation текущая цена

custodian n. хранитель

custom n. обычай

customary a. обычный; in a customary manner в обычном порядке

customer n. покупатель, клиент

custom house n. таможня

customs dues n. таможенные сборы

cut v. (cut) уменьшать

cycle n. период (*переменного тока*)

cylindrical a. цилиндрический, cylindrical grinding machine круглошлифовальный станок

D

damage I n. 1. повреждение (*чего-л. - to*); ущерб (*чему-л. - to*); 2. pl. damages возмещение ущерба, убытков; убытки; agreed and liquidated damages согласованные и заранее

оцененные убытки
damage II v. вредить, портить, наносить ущерб
dangerous a. опасный
data n. pl. данные, сведения
date I n. дата, число (*месяца*); of today's date от сегодняшнего числа; of yesterday's date от вчерашнего числа; of the same (*или* of even) от того же числа; from this date от даты этого письма (*или* этой телеграммы); at an early date в скором времени; up to date до настоящего времени; up-to-date современный; shipping date срок отгрузки
date II v. датировать; a letter dated the 15th May письмо, датированное 15 мая; to date from начинаться (*или* считаться) от
day n. день; day of grace льготные дни; business days присутственные дни; in a few days через несколько дней; running days последовательные (*или* календарные) дни; weather working day погожий рабочий день
dead freight *см.* freight
deadweight n. (*или* dead weight) дедвейт (*полная грузоподъемность судна*)
deal I n. сделка; соглашение
deal II v. **1.** торговать (*чем-л.* - in); **2.** to deal with заниматься, ведать чем-л.; to deal with a claim рассматривать претензию
dealings n. pl. дела, сделки, торговые операции
deals n. pl. дильсы (*еловые и сосновые доски*)
dear a. **1.** (*в обращениях в письмах*) Dear Sirs господа; уважаемые господа; Dear Mr. Smith уважаемый мистер Смит; Dear Mrs. Brown уважаемая миссис Браун; Dear Miss White уважаемая мисс Уайт; **2.** дорогой
decay n. порча
decide v. решать
decidedly adv. решительно
decision n. решение
deck n. палуба; on deck на палубе
deckless a. беспалубный
declaration n. заявление
declare v. объявлять, заявлять
decline v. **1.** отклонять; **2.** уменьшаться, понижаться
decode v. раскодировывать, расшифровывать
decrease I n. уменьшение (*на* - by, *до* - to)
decrease II v. уменьшать(ся) (*на* - by, *до* - to)

deduct v. вычитывать
deduction n. вычет, уменьшение, скидка
deem v. считать
default n. невыполнение, неисполнение; отсутствие; in default в случае невыполнения *или* в противном случае; ввиду неявки ответчика; in default of agreement в случае недостижения соглашения
defective a. дефектный, неисправный
defence n. возражение ответчика
defendant n. ответчик
deficiency n. недостача, нехватка
define v. определять
definite a. определенный
definitely adv. определенно, окончательно
defray v. оплачивать, брать на себя (*издержки, расходы*)
degree n. **1.** степень; **2.** градус
delay I n. задержка, запоздание; delay in delivery задержка в поставке
delay II v. задерживать
delcredere n. (*или* del credere) делькредере (*поручительство комиссионера за выполнение покупателем его финансовых обязательств*); to accept the del credere принять на себя делькредере
delegation n. делегация; the Trade Delegation of Russia in the U.K. Торговое представительство России в Соединенном Королевстве
delete v. зачеркивать
deliver v. **1.** поставлять, сдавать; **2.** доставлять
delivery n. **1.** поставка, сдача; delivery time *или* time for (*или* of) delivery срок поставки; part delivery частичная поставка, частичная сдача; to take delivery принять поставку; **2.** доставка; express delivery со срочной доставкой (*надпись на конверте*); **3.** вручение
delivery order деливери-ордер (*распоряжение о выдаче товара*)
demand n. **1.** требование; on demand по требованию; to make a demand on somebody for something предъявить требование к кому-л. о чем-л.; **2.** спрос (*на* - for); to be in demand пользоваться спросом
demurrage n. демередж (*плата за простой судна*); to be on demurrage находиться на демередже (*или* на простое)
denomination n. название
denominator n. знаменатель
dense a. густой

360

department n. отдел; accounts department бухгалтерия
departure n. 1. отправление; 2. отклонение
depend v. зависеть (*от* - (up)on)
depot n. склад; floating depot плавучий склад
describe v. описывать
description n. описание
descriptive a. описательный
design I n. конструкция
design II b. конструировать, проектировать
desire v. желать
despatch I n. (*или* dispatch) 1. отправка; 2. скорость, быстрота; with all possible despatch как можно скорее; despatch money диспач (*премия за более быструю погрузку или выгрузку по сравнению с временем, указанным в чартер-партии*)
despatch II v. (*или* dispatch) отправлять
destination n. назначение; port of destination порт назначения
destruction n. уничтожение
detail n. подробность; in detail подробно или детально
detailed a. подробный
detain v. задерживать
detention n. задержка, простой (*судна*); 2. возмещение за задержку (*судна*) сверх срока
determinable a. который может быть определен
determine v. определять, устанавливать
develop v. развивать
development n. 1. развитие; 2. разработка, проектирование; 3. pl. developments события
deviate v. отклоняться; отклоняться от курса
dial v. (dialled) набирать (*буквы и цифры по автоматическому телефону*)
difference n. 1. разница; 2. разногласие
different a. отличный, другой; различный
diligence n. заботливость
dimension n. размер; overall dimensions габаритные (*или* предельные) размеры
diminish v. уменьшать(ся)
direct I a. прямой
direct II adv. (*или* directly) прямо, непосредственно; немедленно
direct III a. направлять
director n. директор; managing director директор-распорядитель

directory n. справочник, указатель; trade directory справочник о фирмах или указатель фирм
dirt n. сорная примесь
disabled лишенный возможности самостоятельно передвигаться (*о судне*)
disagree v. не соглашаться (*с кем-л.* - with, *с чем-л., на что-л.* - to)
disagreement n. несогласие, разногласие
disappointed a. разочарованный
disaster n. бедствие
disburse v. израсходовать
disbursement n. 1. (*часто* pl. disbursements) расходы, издержки; 2. (*только* pl.) дисбурсментские расходы (*издержки по обслуживанию судна*)
discharge I n. 1. разгрузка; 2. погашение, ликвидация
discharge II v. разгружать
discontinue v. прекращать
discount I n. скидка; to allow (*или* to grant, to give) a discount предоставить скидку; resale discount скидка для торговцев
discount II v. учитывать (*вексель, тратту*)
discover v. обнаруживать
discretion n. усмотрение; to the discretion на усмотрение; at the discretion по усмотрению; to be within the discretion of somebody зависеть от чьего-л. усмотрения
discussion n. (*часто* pl. discussions) обсуждение, переговоры
dismantle v. разбирать (*машину*)
dispatch *см.* despatch
disposal n. распоряжение; at somebody's disposal в чье(м)-л. распоряжение(и); to place something at somebody's disposal предоставить что-л. в чье-л. распоряжение
dispose: to dispose of something распоряжаться чем-л.
dispute n. спор, конфликт; dispute on the quality спор по качеству; sum in dispute спорная сумма
disregard v. не принимать во внимание
dissatisfied a. неудовлетворенный
dissent v. расходиться во мнениях; dissenting opinion особое мнение
distiller n. винокур
distress n. бедствие; vessel in distress судно, терпящее бедствие
distribute v. распределять; продавать
ditto n. то же (*употребляется в таблице или колонке во избежание повторения вышестоящих слов или цифр*)

361

divergency n. расхождение
divisible a. делимый; divisible letter of credit делимый аккредитив
do v. подходить, годиться, удовлетворять требованиям
dock n. док
document n. документ; shipping documents грузовые (*или* погрузочные) документы
documentation n. документация
domicile v. домицилировать (*о векселе*)
doubt n. сомнение; no doubt (*или* there is no doubt) несомненно, нет сомнения
down: down to до (*употребляется вместо* to *для подчеркивания предела уменьшения количества, меры*); to reduce the time down to 18 months сократить время до 18 месяцев
draft n. 1. тратта, переводный вексель; draft at three months (*или* three months' draft) тратта со сроком платежа через три месяца; 2. осадка (*судна*)
draw (drew, drawn) v. 1. обращать, привлекать (*внимание*); to draw somebody's attention to something обращать чье-л. внимание на что-л.; 2. получать; to draw one's supplies снабжаться товарами; 3. выставлять, выписывать (*о тратте*); 4. иметь осадку; 5. to draw up составлять (документ)
drawee n. трассат (*лицо, на которое выставлена тратта*)
drawer n. трассант (*лицо, выставляющее тратту*)
drawing n. 1. чертеж, general arrangement drawing чертеж, общего расположения; general view drawing чертеж общего вида; working drawing рабочий чертеж; 2. выписка тратт на суммы, pro rata drawing выписка тратт на суммы, пропорциональные количеству груза
drawn p.p. от draw
drew past от draw
drought n. засуха
dry I a., n. сухой; сухое состояние; in the dry в сухом состоянии
dry II v. сушить
drying up n. усушка
due a. 1. должный; to be due to something быть вызванным чем-л.; to be due (*в сочетании с инфинитивом*) быть должным; 2. причитающийся; 3. срочный; to fall due наступать сроку (*о платеже, о векселе*)

dues n. pl. пошлины, сборы; customs dues таможенные сборы
duly adv. 1. надлежащим образом; 2. своевременно
duplicate n. дубликат, копия; in duplicate в двух экземплярах
duration n. продолжительность
duty n. пошлина, налог, сбор; stamp duty гербовый сбор

E

early a., adv. ранний, рано; as early as possible как можно раньше; at an early date в скором времени; at the earliest possible moment как можно раньше
earthquake n. землетрясение
edition n. издание
effect I n. содержание; смысл; to this effect в этом смысле; to the effect that о том (*или* в том смысле) что
effect II v. производить, совершать; to effect payment производить платеж; to effect insurance производить страхование
effectively adv. фактически, в действительности
efficiency n. коэффициент полезного действия; продуктивность; производительность; использование, отдача
efficient a. эффективный
effort n. усилие
elect v. избрать, предпочитать
electrode n. электрод
elemental a. стихийный
eliminate v. устранять
elimination n. устранение
elsewhere adv. в другом месте
elucidate v. разъяснять; выяснять
embassy n. посольство
empty v. опорожнять, высыпать
enable v. давать возможность
enclose v. прилагать; to enclose with (*или* in) a letter приложить к письму
enclosure n. приложение
end n. 1. конец; at the end of this month (this week, December etc.) в конце этого месяца (этой недели декабря и т.д.); 2. цель; to this end с этой целью
endeavour n. старание, усилие; to use the best endeavour приложить все усилия
endorse v. (*или* indorse) 1. записать (*или* напечатать) на обратной стороне документа; to endorse on the bill of lading внести (*или* вписать) в коносамент; 2. индоссировать (*делать*

передаточную надпись); to endorse a bill exchange (a bill of lading) индоссировать тратту *(коносамент)*; endorsed in blank с бланковым индоссаментом

endorsement n. *(или* indorsement) индоссамент, индоссо *(передаточная надпись)*; blank endorsement бланковый индоссамент; restrictive endorsement ограниченный индоссамент; special endorsement именной индоссамент

endorser n. *(или* indorser) индоссатор

ends n. pl. эндсы или дилены *(короткие доски)*; with falling ends с соответствующим количеством дилен

enforce v. принуждать; взыскивать; to enforce judgement приводить в исполнение судебное решение принудительным путем

enforcement n. принуждение; взыскание; by enforcement принудительным путем

engaged: to be engaged быть занятым; to be engaged in something заниматься чем-л.; to be fully engaged with orders быть полностью загруженным заказами

engagement n. 1. обязательство; without engagement без обязательства; 2. назначенная встреча; дело, занятие

engine n. двигатель, мотор; Diesel engine дизельный двигатель *или* дизель; steam engine паровая машина; heavy-oil engine нефтяной двигатель

engineer n. инженер; chief engineer главный инженер

enlist v. заручиться

enquire v. *(или* inquire) спрашивать, наводить справки, посылать запрос, запрашивать

enquiry n. *(или* inquiry) запрос

ensure v. обеспечивать

enter (upon) v. приступать к; to enter upon the arbitration приступать к арбитражному разбирательству

entire a. весь

entirely adv. всецело, исключительно

entitle v. дать право, предоставить право; to be entitled иметь право или быть вправе

entrust v. поручать, вверять

enumerate v. перечислять

enumeration n. перечень, перечисление; список

equal a. равный, одинаковый; equal in value равный по стоимости *или* равной стоимости; to an equal value равной стоимости *или* равную сумму; equal to sample полностью соответствующий образцу *или* одинаковый с образцом

equalization n. уравнение; equalization charge уравнительный взнос

equally adv. в равном размере, поровну

equipment n. оборудование

erect v. монтировать, устанавливать

erection n. монтаж, установка

error n. ошибка; through a clerical error из-за канцелярской ошибки; through a typing error по вине машинистки или из-за ошибки, допущенной машинисткой; error in *(или* of) judgement ошибка в суждении

escalator price *см. price*

essential a. существенный, необходимый

establish v. учреждать, устанавливать; открывать *(аккредитив)*; to establish a letter of credit with a bank открыть аккредитив в банке

establishment n. учреждение, открытие

estimate I n. оценка, наметка, смета

estimate II v. оценивать, исчислять; estimated production расчетная производительность

event n. случай, событие; in the event of в случае чего-л.

eventual a. возможный; eventual losses возможные убытки

ever adv. когда-л.

evidence I n. доказательство

evidence II v. являться доказательством

evident a. очевидный

evidently adv. очевидно

exact a. точный

exaggerate v. преувеличивать

examination n. рассмотрение, изучение

examine v. осматривать, рассматривать, изучить; обсуждать

exceed v. превышать

excellent a. превосходный

exception n. исключение; with the exception за исключением

exceptional a. исключительный

excess n. превышение; excess weight излишек *(или* превышение) веса *или* лишний вес; in excess сверх данного количества; in excess of выше чего-л.

excessive a. чрезмерный

exchange I n. 1. обмен; exchange of letters (telegrams) обмен письмами (телеграммами); 2. валюта, иностранная валюта; foreign exchange иностранная валюта; 3. телефонная станция

exchange II v. обменивать

363

exclude v. исключать
exclusive agent см. agent
exclusive of prp. не включая чего-л., исключая что-л.
excuse v. извинять; to excuse somebody from something освободить кого-л. от какой-л. обязанности
execute v. исполнять, выполнять; to execute an order выполнять заказ
execution n. исполнение, выполнение
exempt v. освобождать
exemption n. освобождение, изъятие, исключение
exercise I n. осуществление
exercise II v. осуществлять, использовать; to exercise an option осуществлять (*или* использовать) право
exhibit v. выставлять, экспонировать
exhibition n. выставка
exist v. существовать
expansion n. расширение
expect v. ожидать, рассчитывать
expense n. расход; at the expense of за счет кого-л.
experience I n. опыт
experience II v. испытывать
expert n. эксперт, специалист
expiration n. истечение (*срока*)
expire v. истекать (*о сроке*)
explanation n. объяснение
explosion n. взрыв
export I n. (*часто* pl. exports) экспорт, вывоз
export II v. экспортировать, вывозить
exporter n. экспортер
expressly adv. ясно, точно, определенно
extend v. 1. продлевать; 2. расширять
extension n. 1. продление; 2. добавочный номер (*телефона*)
extent n. степень, мера; размер; to the extent of в размере *или* в пределах
extra 1. a. дополнительный, добавочный; 2. adv. особо, дополнительно, сверх того
extract n. выдержка, выписка

F

fabric n. ткань
facilities n. pl. средства, возможности; shipping facilities тоннаж
fact n. факт; as a matter of fact фактически, на самом деле
fail v. 1. не иметь успеха; 2. обанкротиться; 3. (*в сочетании с инфинитивом другого глагола передает значение отрицательной формы глагола*); should the suppliers fail to deliver the goods если поставщики не поставят товары; 4. (*в отрицательной форме в сочетании с инфинитивом*) не замедлить сделать что-л.; we shall not fail to send мы не замедлим послать
failing prp. в случае отсутствия, в случае невыполнения; failing your acceptance если вы не акцептуете; failing which в противном случае; failing him в случае его отсутствия
failure n. 1. неудача; 2. банкротство; 3. (*в сочетании с инфинитивом указывает на невыполнение действия*); failure to comply with our instructions несоблюдение наших инструкций
fair a. справедливый
faithfully: yours faithfully с уважением (*заключительная формулировка вежливости в письмах*)
far: as far as possible по возможности, по мере возможности; as far as I know насколько мне известно; so far до настоящего времени; so far as something (somebody) is concerned поскольку это касается чего-л. (кого-л.)
fasten (up) v. скреплять
fault n. 1. вина; through no fault of somebody не по вине кого-л.; through somebody's fault по чьей-л. вине; 2. недостаток; to find fault with something жаловаться на что-л.
faultless a. безупречный
faulty a. неисправный, недоброкачественный
favour 1. польза; letter of credit in our (your) favour аккредитив в нашу (вашу) пользу или на наше (ваше) имя; 2. письмо
favourable a. благоприятный
favourably adv. благоприятно
federation n. федерация; Timber Trade Federation Федерация лесной торговли (*в Англии*)
fee n. сбор; вознаграждение; commission fee комиссионное вознаграждение
feed heater n. экономайзер, подогреватель питательной воды
feed heating equipment = feed
feeding stuffs n. pl кормовые продукты
file I n. дело (*канцелярское*)
file II v. регистрировать, подавать, передавать, представлять (*документ*); to file a document with an organization представить документ в организацию; to file a document with other documents of the case приобщить документ к делу

final a. окончательный
finally adv. окончательно, в последний раз
financial a. финансовый
find v. (found) находить; to find out выяснять
finishing a. завершающий, окончательный; finishing operation окончательная обработка
fire n. пожар
firm I n. фирма
firm II a. твердый; firm offer твердое предложение *или* твердая оферта
first; first-class первоклассный; first of exchange первый экземпляр переводного векселя; first of all прежде всего; first-rate первоклассный
fissile a. расщепляемый
fit v. (fitted) устанавливать, монтировать; пригонять, приспособлять; снаряжать
fix v. 1. закреплять, устанавливать, фиксировать; 2. фрахтовать
fixture n. 1. приспособление (*к машине*); hydraulically operated fixture гидравлическое приспособление; 2. сделка на фрахтование, фрахтовая сделка
flight n. полет; поездка самолетом
flood n. наводнение
flour n. мука
fog n. туман
follow v. следовать; as follows как изложено ниже
following 1. pr. p. *от* follow; 2. a. следующий; 3. prp. после, вслед за; following which после чего; 4. n. the following следующее
foregoing 1. a. предшествующий, изложенный выше; 2. n. the foregoing изложенное выше
foreign a. 1. иностранный; foreign trade внешняя торговля; the Bank for Foreign Trade of Russia Банк для внешней торговли России; the Foreign Trade Arbitration Commission Внешнеторговая арбитражная комиссия; 2. посторонний; foreign admixture посторонняя примесь; foreign smell посторонний запах; foreign substance постороннее вещество
form v. составлять
formal a. формальный, официальный
forth adv. далее, ниже; to set forth излагать
forthcoming a. предстоящий
forthwith adv. немедленно
fortuitous a. случайный; fortuitous accident случайность

forward v. пересылать, направлять, отправлять
forwarding a. n. транспортный, транспортировка; forwarding agent *см.* agent
found p.p. *от* find
foundation plate n. фундаментальная плита
fraction n. дробь
frankly adv. откровенно
free I a. свободный; франко; free of charge бесплатно; free alongside ship франко вдоль борта судна, фас; free on board франко борт судна, фоб; франко вагон (*в США*); free on board vessel фоб (*в США*); free on rail франко рельсы, франко вагон
free II v. освобождать
freight n. фрахт; freight account счет за фрахт; dead freight мертвый фрахт (*плата за зафрахтованное, но неиспользованное место на судне*); freight prepaid фрахт уплачен (*до ухода судна из порта погрузки*); sea freight морской фрахт
frequently adv. часто
from among prp. из числа, из
frost n. мороз
fuel n. топливо; fuel oil мазут, топливная нефть
fulfilment n. исполнение, выполнение
full a. полный; in full полностью
fully adv. полностью, сполна; fully paid полностью оплаченный
funds n. pl. средства; to put somebody in funds снабдить кого-л. средствами
furnish v. снабжать, предоставлять; to furnish somebody with something снабжать кого-л. чем-л.
further I 1. a. дополнительный, добавочный, дальнейший; 2. adv. далее, дополнительно; further to our letter в дополнение (*или:* возвращаясь) к нашему письму
further II v. продвигать; содействовать завершению
furthermore adv. кроме того
future n. будущее; in (the) future в будущем

G

gallon n. галлон
gas analyser газоанализатор
gasifier n. газогенератор
gas oil n. (*или* gasoil) газойль

gear n. зубчатое колесо, шестерня; зубчатая передача; **bevel gear** коническая зубчатая передача

general a. общий; **general conditions** общие условия; **in general** вообще *или* в общем

generator n. генератор

gentlemen n. pl. господа (*форма обращения в деловых письмах*)

good a. действительный; **to hold good (in law)** быть юридически обоснованным, *или* иметь юридическую силу

goods n. pl. товар, товары

goodwill n. доброжелательность

grade n. сорт

grant v. предоставлять (*скидку, -кредит и т. п.*); **to grant a discount** предоставить скидку

grateful a. благодарный, признательный (*кому-л. - то*)

grave a. серьезный

gravity n. тяжесть; **gravity centre** (*или* **centre of gravity**) центр тяжести

greasing n. смазка

greatly adv. очень, весьма

greenish a. зеленоватый

gross a. 1. брутто; **gross weight** *см.* **weight**; **gross registered ton** брутто-регистровая тонна; 2. грубый

ground n. основание, мотив, причина; **on the ground** на основании, по причине

grounding n. посадка на мель

guarantee I n. (*или* **guaranty**) гарантия; **letter of guarantee** гарантийное письмо; **banker's guarantee** банковские гарантии

guarantee II v. гарантировать (от - against)

guinea n. гинея

H

hand I n.; **to came to hand** (*или* **to be to hand**) поступать, получаться (*о письмах*); **on the one (on the other) hand** с одной (с другой) стороны

hand II v. вручать; **to hand in** вручать; **to hand over** передавать, вручать

handle v. обращаться, обходиться

handling n. обращение; **handling of the machine** обращение с машиной; 2. pr. p. *от* **handle**

hands n. рабочая сила, рабочие

happen v. случаться

harbour n. порт, гавань

hasten v. спешить

hatch n. люк; **workable hatch** рабочий люк

hear v. узнавать, получать сообщение, получать известие; **we look forward to hearing from you** мы ожидаем получения известий от вас; **we regret to hear** мы с сожалением узнали

hearing n. рассмотрение, слушание (*дела в суде*)

heavy 1. тяжелый; 2. большой, значительный; 3. строгий; **heavy restrictions** строгие ограничения

hectolitre n. гектолитр

height n. высота

hemp n. пенька; **Manilla hemp** манильская пенька

hereby adv. настоящим (*письмом*)

herein adv. = **in this document (letter, offer, contract etc.)** в этом документе (письме, оферте, контракте и т.д.)

hereinafter adv. ниже, в дальнейшем (*в данном документе*); **hereinafter called (referred to) as the "Sellers"** именуемые в дальнейшем "продавцы"

hereof adv. = **of this, of these** этого, этих, об этом, об этих

hereon adv. = **on this document** на этом документе

hereto adv. = **to this document**; **the parties hereto** стороны по этому контракту (*или* договору)

hereunder adv. = **under this document** по этому документу

herewith adv. с этим письмом, при сем

hesitate v. колебаться, стесняться

hewn goods n. pl. тесаный материал

highly adv. весьма, очень, чрезвычайно

hinder v. мешать, препятствовать

hindrance n. препятствие

hire n. аренда, наем

hold I n. трюм

hold II v. (held) 1. держать; **to hold on** (*или* **to hold line**) держать трубку, не вешать трубки (*телефона*); 2. признавать; 3. иметь силу; **to hold good in law** *см.* **good**; 4. **to hold up** останавливать, задерживать

holder n. держатель, предъявитель

hole n. отверстие

holiday n. праздник, праздничный день

honing machine *см.* **machine**

hope v. надеяться

hospitality n. гостеприимство

however cj., adv. однако; **however much** как бы ни

hull n. корпус (*судна*)
hydraulic a. гидравлический; hydraulic press гидравлический пресс

I

ice n. лед; ice conditions ледовые условия
idea n. идея, представление; idea of the price представление о цене; general idea общее представление
identical a. тождественный (*чему-л.* - with something); if any если это имеет место, в надлежащем случае и т. п.; if so в случае положительного результата (*дословно:* если так)
illustrate v. иллюстрировать
immaterial a. несущественный
immediate a. немедленный
imply v. подразумевать, предполагать
impress v. производить впечатление; we were very impressed by the Russian Pavilion на нас произвел большое впечатление павильон России
impression n. 1. впечатление; 2. тираж (*печатного произведения*)
improper a. несоответствующий, неправильный, неподходящий
improvement n. улучшение, усовершенствование
inability n. невозможность
inadequate a. недостаточный
incapable a. неспособный
incidence n. сфера действия; the incidence of the costs вопрос о том, на кого падают издержки
incline v. склонять(ся); to be inclined быть склонным
include v. включать
inconvenience v. неудобство, беспокойство
incorporate v. 1. включать; 2. зарегистрировать как корпорацию; incorporated (*в конце названий американских корпораций*) зарегистрированный как корпорация
increase I n. увеличение
increase II n. увеличивать(ся)
incur v. (incurred) нести; to incur expenses производить расходы; 2. навлечь на себя; происходить; damage incurred during the transport порча, происшедшая во время перевозки
indebted a. обязанный, признательный; to be indebted to somebody for an address быть признательным кому-л. за сообщение адреса

indeed adv. действительно, в самом деле
indelible a. несмываемый, химический; indelible ink несмываемые чернила
indemnification n. возмещение
indemnify v. возмещать
indemnity n. возмещение, компенсация; insurance indemnity страховое возмещение
indicate v. указывать
indirect a. косвенный
indorse *см.* endorse
indorsement *см.* endorsement
indorser см. endorser
inferior a. худший, хуже; inferior to something хуже чего-л. (*или* чем что-л.)
inform v. сообщать, извещать
information n. информация, сведения
infringe v. нарушать
Ingosstrakh Ингосстрах
ingot n. чушка
inherent a. присущий
initial a. начальный, первый
inquire *см.* enquire
inquiry *см.* enquiry
inscription n. надпись
insect n. насекомое
insert v. вставлять, вносить; вкладывать
insist v. настаивать (*на* - on)
inspection n. инспекция, осмотр, проверка; the State Inspection of Russia for Quality Государственная инспекция России по качеству; the State Grain Inspection of Russia Государственная хлебная инспекция России
installation n. установка, монтаж
instalment n. частичный взнос; payment in (*или* by) instalments платеж частичными взносами (*или* частями, в рассрочку)
instance n. пример, отдельный случай; for instance например; in the first instance во-первых *или* сначала
instant a. текущего месяца; a letter of the 15th instant письмо от 15 числа текущего месяца
institution n. организация
instruct v. инструктировать, давать инструкции (*или* указания)
instruction n. инструкция, указание; shipping instructions инструкция по отгрузке
insufficient a. недостаточный
insurance n. страхование; insurance policy страховой полис; cargo insurance страхование грузов

insure v. страховать, застраховать (от, против - against; у, в - with)
insured 1. n. (с артиклем the) страхователь (лицо, отдающее на страх имущество); 2. p.p. от insure
intact a. целый
intaken a. взятый; погруженный; intaken weight см. weight
integral a. составной, нераздельный, неотъемлемый; integral part неотъемлемая (или неотделимая) часть
intend v. 1. намереваться; 2. предназначать
interchange n. обмен
interest I n. 1. интерес; to be of interest to somebody представлять интерес для кого-л., заинтересовать кого-л.; to prove of interest to somebody оказаться интересным для кого-л., 2. объект; 3. проценты; interest charges причитающиеся (или начисленные) проценты; interest at the rate of 5 per cent. процентная ставка (или проценты) в размере 5%; legal interest законные проценты
interest II v. интересовать; to be interested in интересоваться чем-л.
interfere v. мешать, препятствовать
interval n. интервал, промежуток времени; at regular intervals через равные промежутки времени
interview n. беседа, встреча
intimate v. 1. указывать, намекать; 2. ставить в известность
introduce v. вводить, вносить
invalid a. недействительный, не имеющий силы
invalidate v. делать недействительным, лишать силы; to be invalidated становиться недействительным, терять силу
investigate v. изучать, исследовать; расследовать
invitation n. приглашение
invoice I n. счет-фактура, счет, фактура; final invoice окончательная фактура; proforma invoice образец фактуры или предварительная фактура; provisional invoice предварительная фактура
invoice II v. отфактуривать, послать согласно счету-фактуре
inward a. внутренний
irrespective of prp. независимо от
irrevocable a. безотзывный; irrevocable letter of credit см. letter of credit
issue I n. 1. выпуск, выдача; 2. предмет обсуждения, спора; проблема; a question at issue спорный вопрос
issue II v. выдавать, выпускать

item n. предмет, статья; позиция
itemize v. перечислять по пунктам; to itemize the price выделить цену каждого предмета (или каждой позиции)

J

jettison I n. выбрасывание за борт
jettison II v. выбрасывать за борт
judge v. судить
judgement n. (или judgment) приговор, решение суда; to pronounce (или to enter) judgement вынести решение
juridical a. юридический; juridical address юридический адрес
jurisdiction n. юрисдикция
justification n. обоснованность
justify v. оправдывать; to be justified иметь основание

K

keep v. (kept) хранить, держать; to keep in stock держать на складе; to keep somebody informed (или advised) of something держать кого-л. в курсе чего-л.
kept past p.p. от keep
kilo n. (pl. kilos) килограмм
kindly adv. пожалуйста, будьте добры
kindness n. любезное отношение, любезность
knowledge n. значение; with (without) the knowledge с (без) ведома

L

laboratory n. лаборатория
labour n. рабочая сила
lack v. недоставать
laid past p.p. от lay
lain p.p. от lie
lapse n. истечение (времени); lapse of term истечение срока
last a. прошлый, последний; a letter of the 15th May last письмо от 15 тая текущего года (из письма, написанного в июне - декабре того же года); last-named последний из названных
late a., adv. поздний; поздно; late October loading погрузка в конце октября; later on позже или позднее; в будущем; в дальнейшем; at (the) latest самое позднее или как самый поздний срок
latent a. скрытый

latitude *n.* льгота
latter *a.* последний (*из двух названных*)
law *n.* 1. закон; 2. право; **English law** английское право; **the law of Russia** (*или* **Russian law**) российское право; **law-court** *n.* суд; **general law-court** общий суд
lay I *v.* (laid) класть; **to lay down** устанавливать
lay II *past от* lie
laydays *n. pl.* (*или* **lay days**) сталийные дни
lay time *n.* стояночное (*или* сталийное) время
lead *n.* свинец
lead *v.* (led) вести, привести
leaflet *n.* листовка, проспект (*на одном листе*)
leakage *n.* утечка
leaky *a.* имеющая течь, с течью
learn *v.* (learned, learnt) узнавать, получать сведения; **we regret to learn** мы с сожалением узнали
learnt *past p.p от* learn
least: **at least** по меньшей (*или* по крайней) мере
leave *v.* (left) оставлять (y - with); **to leave behind** забывать (*в смысле не взять с собой, не послать*)
left *past p.p. от* leave
legal *a.* юридический
legalize *v.* легализовать
length *n.* длина
lentils *n. pl.* чечевица
less *prp.* минус, за вычетом
let: **to let somebody know something** сообщать кому-л. что-л. (*или* о чем-л.); **let us know** сообщите нам
letter *n.* письмо; **letter of guarantee** *см.* guarantee I; **covering letter** сопроводительное письмо; **registered letter** заказное письмо
letter of credit аккредитив; **confirmed letter of credit** подтвержденный аккредитив; **documentary letter of credit** товарный аккредитив; **irrevocable letter of credit** безотзывный аккредитив; **divisible letter of credit** делимый аккредитив
level *n.* уровень
levy *v.* взимать, облагать
liability *n.* ответственность
liable *a.* подтвержденный, ответственный
liberty *n.* привилегия, льгота, право; **to take the liberty of doing something** позволить (*или* разрешить) себе сделать что-л.
licence *n.* (*или* **license**) лицензия

lid *n.* крышка
lie *v.* (lay, lain, lying) лежать, находиться
lien *n.* право удержания (*имущества*); **lien upon the cargo for freight** право удержания груза в обеспечение фрахта
lift *v.* забирать, грузить; поднимать
lighter *n.* лихтер
lighterman *n.* владелец лихтера
lightning *n.* молния
limit I *n.* предел, лимит; **price limit** лимитная (*или* предельная) цена
limit II *v.* ограничивать
limitation *n.* ограничение
limited (*в конце названий акционерных обществ*) с ограниченной ответственностью
line *n.* линия; **shipping line** пароходная линия или пароходство; **on the lines** в духе или в направлении
liquid *n.* жидкость
list I *n.* список, лист; **list price** прейскурантная цена; **packing list** упаковочный лист
list II *v.* составлять список; вносить в список; перечислять
load I *v.* грузить; **to load on a steamer** грузить на пароход
load II *n.* лоуд (*мера объема для лесоматериалов*)
lobster *n.* краб
location *n.* расположение
lock-out *n.* локаут
lodge *v.* 1. предъявлять (*требование, претензию*); **to lodge a claim with somebody** заявить претензию кому-л.; 2. давать на хранение, депонировать; 3. открывать (*аккредитив*)
log (book) *n.* судовой журнал; **ship's log (book)** судовой журнал
long: **long-standing business relations** долголетние деловые отношения; **long ton** большая (*или* английская, длинная) тонна (= 2240 англ. фунтам или 1016 кг)
look: **to look forward to** (*с последующим существительным или герундием*) ожидать чего-л. (*интересного, приятного*); **to look into something** изучать (*или* исследовать) что-л.
loss *n.* убыток, потеря; гибель; **total loss** полная гибель
lost: **to be lost** погибать
lot *n.* партия; лот (*при продаже пушнины с аукциона*); **in lots** лотами или партиями
lubrication *n.* смазка
lying *pr. p. от* lie

369

M

machine I *n.* 1. машина; 2. станок (вместо machine-tool); **boring machine** расточный станок; **cylindrical grinding machine** кругло-шлифовальный станок; **drilling machine** сверлильный станок; **grinding machine** шлифовальный станок; **honing machine** доводочный (или полировально-шлифовальный) станок; **jig boring machine** координатно-расточный станок; **milling machine** фрезерный станок; **precision boring machine** алмазно-расточный станок

machine II *v.* подвергать механической обработке, обрабатывать на станке

machinery *n.* машины, машинное оборудование

machine-tool *n.* станок

maggot *n.* личинка; **maggot-eaten** изъеденный личинками

maggoty *a.* изъеденный личинками, червивый

mail I *n.* почта; (ам.) **by return (of) mail** с обратной почтой, срочно

mail II *v.* посылать по почте

maintain *v.* утверждать; **to maintain the delivery time** выдерживать срок поставки

maintenance *n.* уход, содержание; эксплуатация; **maintenance of the machine** уход за машиной

maize *n.* кукуруза

majority *n.* большинство

make: **to make out a document to somebody** выписывать документ на чье-л. имя; **to make up** составлять (из частей)

maker *n.* производитель, изготовитель (изделий), фабрикант

malice *n.* умысел

management *n.* управление

manager *n.* заведующий, директор (конторы, отделения); **export manager** заведующий экспортным отделом; **general manager** главный управляющий

manganese *n.* марганец; **manganese ore** марганцевая руда; **peroxide of manganese** перекись марганца; **peroxide of manganese ore** руда перекиси марганца; **washed Poti manganese ore** мытая чиатурская марганцевая руда (экспортируемая через порт Поти)

manual I *n.* руководство, справочник

manual II *a.* ручной

manufacture I *n.* 1. производство (изделий); изделие; 2. *pl.* **manufactures** изделия

manufacture II *v.* производить, изготовлять (изделия)

manufacturer *n.* производитель (изделий), фабрикант

marble *n.* мрамор

margin *n.* 1. разница, остаток; маржа; 2. гарантийный взнос; дополнительная сумма; 3. поле (страницы)

marine *a.* морской; **marine insurance** морское страхование; **marine risk** морской риск

maritime *a.* морской; **the Maritime Arbitration Commission** Морская арбитражная комиссия

mark I *n.* 1. знак; 2. *pl.* **marks** маркировка

mark II *v.* обозначать, отмечать, помечать; маркировать

market *n.* рынок; **to be in the market** выступать на рынке; **to be in the market for something** намереваться купить что-л.; **to put on the market** выпускать на рынок

marking *n.* маркировка

master *n.* капитан

materially *adv.* существенно

matter *n.* вопрос, дело; **as a matter of fact** фактически, на самом деле; **on the matter** по данному вопросу; **the matter is having our careful attention** мы уделяем этому вопросу большое внимание; **to take up the matter with somebody** возбудить вопрос перед кем-л.

maturity *n.* срок платежа; срок погашения; **at maturity** при наступлении срока платежа (или погашения)

mean *v.* означать

means *n. pl.* способ, средство; **by means of** посредством чего-л.

meantime *adv.* (или **in the meantime**) тем временем

measure *v.* 1. мера, измерение, обмер; **nominal measure** номинальный обмер (обмер пиломатериалов до их строжки); 2. мероприятие, мера; **to take measures** принимать меры

measurement *n.* 1. изменение, замер; **cubic measurement** кубатура; 2. *pl.* **measurements** размеры

meet *v.* 1. встречать(ся); 2. удовлетворять; **to meet a request** удовлетворять просьбу; **to meet the requirement** удовлетворять требованиям; удовлетворять потребности (или требования); **to meet the specification** удовлетворять требованиям спецификации; **to meet one's obligations** вы-

370

полнить свои обязательства
melt v. плавить(ся); **melting point** точка плавления
member n. член
mention I n. член
mention II v. упоминать, называть
merchant n. торговец, купец
merchantable a. пригодный для торговли
merely adv. только, лишь
message n. послание, сообщение, извещение
middle n. середина
mill n. мельница, завод
miller n. мельник; владелец мельничного предприятия
mine n. мина
minimize v. доводить до минимума, уменьшать
minor a. незначительный, второстепенный; **to be of minor importance** иметь второстепенное значение
minus prp. минус, за вычетом
misrepresent v. давать неправильные сведения
misrepresentation n. неправильные сведения
missing a. отсутствующий, недостающий; **to be missing** недоставать; пропасть без вести
misunderstand v. неправильно понимать
misunderstanding n. недоразумение
mixture n. смесь
model n. модель
modern a. современный
modification n. изменение
modify v. изменять
moisture n. влага, влажность
moment n. момент; **at the moment** в данный момент; **at the earliest possible moment** как можно скорее
monthly a., adv. ежемесячный, ежемесячно
moreover adv. кроме того
mortality n. смертность; **death and mortality of animals** падеж животных
motor n. мотор; **motor vessel** теплоход; **electric motor** электрический мотор
motor-cycle n. мотоцикл
mount v. устанавливать, монтировать
move v. передвигать(ся), переезжать
mutilate v. искажать
mutual a. взаимный
mutually adv. взаимно; **to be mutually agreed** по взаимному соглашению

N

name I имя; **in the name of** на имя кого-л.
name II v. называть
natural a. 1. естественный, натуральный; 2. натурный;
natural weight натуральный вес (зерна)
nature n. род; **nature of the goods** род товаров
navigation n. навигация
necessary a. необходимый, нужный
need I n. надобность, нужда; **to be in (urgent) need of something** (срочно) нуждаться в чем-л.;
need II v. 1. нуждаться; **to need something** нуждаться в чем-л.; 2. быть должным, обязанным; **I needn't tell you** мне не нужно (или нет нужды) говорить вам
neglect I n. небрежность
neglect II v. пренебрегать, упускать, не делать
negligence n. небрежность
negotiable a. который может быть переуступлен, оборотный; **negotiable document** оборотный документ; **not negotiable** не подлежит передаче
negotiate v. вести переговоры (o - for)
negotiation n. 1. (часто pl. negotiations) переговоры (o - for); **to begin** (или **to start**) **negotiations** начинать переговоры; **to carry** (или **to conduct**) **negotiations** вести переговоры; **to be in negotiation** вести переговоры; 2. продажа, передача; выплата; **negotiation of a letter of credit** выплата по аккредитиву
neither pron. ни тот ни другой; **neither party** ни та ни другая сторона
net a. (или **nett**) чистый; нетто; без вычетов, без скидки; **net weight** см. **weight**; **per pound net** за фунт чистого веса; **net price** цена без скидки; **(by) net cash** наличными без скидки
neutral a. нейтральный
nevertheless adv. тем не менее, все же, однако
next a. следующий, ближайший; текущего года, следующего года (в зависимости от контекста); **on the 2nd July** 2 июля текущего года; **on the 2nd January next** 2 января следующего (нового) года
nominal a. номинальный
nominate v. назначать
nomination n. назначение

non-complete a. незаконченный, незавершенный
non-conformity n. несоответствие (чему-л. - with, to)

non-delivery *n.* непоставка, несдача; недоставка
nor *cj.* также не
normally *adv.* обычно
note I *n.* примечание; заметка, записка; свидетельство; **release note for shipment** разрешение на отгрузку; **packing note** упаковочный лист; **advice note** извещение; **debit note** дебет-нота *или* дебетовое авизо
note II *v.* отмечать, принимать к сведению
notice I *n.* извещение; предупреждение; *мор.* нотис; **at short notice** в короткий срок *(после извещения, предупреждения)*; **notice of readiness** извещение *(или* нотис) о готовности судна *(к погрузке или выгрузке)*
notice II *v.* замечать
notification *n.* извещение, уведомление *(письменное)*
notify *v.* извещать *(письменно)*
notwithstanding *prp.* несмотря на
null *a.* недействительный; **null and void** потерявший силу или не имеющий силы
number I *n.* 1. число, количество; **a number of** ряд, несколько; **a large (small) number** большое (малое) число; **the number of** число или количество; 2. номер
number II *v.* насчитывать; нумеровать
numerator *n.* числитель

O

oats *n. pl.* овес
object I *n.* 1. предмет; 2. цель; **our object in writing to you** цель настоящего письма
object II *v.* возражать (против - to)
objection *n.* возражение
obligation *n.* обязательство; **without obligation** без обязательства
oblige *v.* обязывать; **to be obliged** быть обязанным или быть должным; быть благодарным или быть признательным *(кому-л. - to)*.
observation *n.* замечание, высказывание
observe *v.* 1. замечать, видеть; 2. соблюдать
obstacle *n.* препятствие
obstruction *n.* препятствие
obtain *v.* получать, доставлять
obtainable *a.* который может быть получен
obviously *adv.* очевидно

occasion *v.* вызывать, причинять
occur *v.* (occurred) происходить, случаться
offer I *n.* предложение, оферта *(на - for, of)*; **to make an offer for something** сделать *(или* дать) предложение на что-л.
offer II *v.* предлагать
office *n.* контора; учреждение; **office hours** служебные часы или часы работы
official *a.* официальный
oil *n.* нефть; масло; **fuel oil** топливная нефть, мазут; **lubricating oil** смазочное масло; **machine oil** машинное масло; **spindle oil** веретенное масло
omission *n.* пропуск; **errors and omissions excepted** исключая ошибки и пропуски
omit *v.* пропускать, отпускать, упускать; **to omit to do** *(или* doing) не сделать
only *a.* единственный
open *a.* открытый; **to remain open** оставаться открытым *(о предположении)*
operation *n.* работа, действие; эксплуатация; **to put into operation** вводить в действие *(или* в эксплуатацию)
opinion *n.* мнение; **in my (his, your etc.) opinion** по моему (его, вашему, и т.д.) мнению; **in the opinion of somebody** по мнению кого-л.
opportunity *n.* удобный случай, возможность; **to have the opportunity of doing something** иметь возможность сделать что-л.; **to take the opportunity** воспользоваться случаем
oppose *v.* оспаривать
option *n.* усмотрение, выбор; опцион *(право выбора)*; **at** *(или* in) **our (your) option** по нашему (вашему) усмотрению; **at** *(или* in) **buyers' (sellers') option** по усмотрению покупателей (продавцов)
optional *a.* факультативный
order I *n.* заказ; **against** *(или* on) **Order No.** по заказу №; **against** *(или* on) **our (your) order** по нашему (вашему) заказу; **cash with order** наличными при выдаче заказа; 2. приказ, ордер; **by order** по приказу или по требованию; **loading order** погрузочный ордер; **to order** приказу; **to our (your) order** нашему (вашему) приказу; **a bill of lading made out to order** коносамент, выписанный приказу *(кого-л.)*; 3. порядок; **for order's sake** ради порядка
order II *v.* заказывать (у - from)

ordinal *a.* порядковый
ore *n.* руда
origin *n.* происхождение; **of Russian origin** происхождением из России
original *a.* 1. оригинальный; **original bill of lading** оригинальный коносамент или оригинал коносамента; 2. первоначальный; **original delivery estimate** первоначально намеченный срок поставки
originally *adv.* первоначально
otherwise *adv.* иначе, в противном случае; **unless otherwise agreed** если иное не согласовано
ourselves = us
outer *a.* внешний
output *n.* выпуск, продукция; производительность
outside 1. *prp.* вне, за пределами; **outside Russia** за пределами России; **outside the seller's control** не зависящий от продавца; 2. *n.* наружная сторона; **on the outside** с наружной стороны
outturn *n.* выгруженное количество
over and above *prp.* сверх, свыше
overall *c.* полный, предельный; габаритный
overland *a.* сухопутный
overseas *a.* заморский; **overseas transport** морская перевозка
over-shipment *n.* погрузка большого количества
oversight *n.* недосмотр; **through an oversight** по недосмотру
overtime *n.* сверхурочно время; сверхурочные; сверхурочная работа
owe *v.* быть должным (*или* обязанным, признательным); **we owe your address to Messrs. ...** мы признательны за сообщение вашего адреса фирме ...
owing to *prp.* из-за, по причине, вследствие
owner *n.* 1. владелец; 2. *pl.* **owners** владельцы; судовладельцы (*вместо* **shipowners**)
ownership *n.* собственность; право собственности (*на* - in); **to pass into ownership** переходить в собственность
oyster *n.* устрица

P

pack *v.* упаковывать
package *n.* место (*груза*)
packing *n.* упаковка; **cost of packing** стоимость упаковки
paint n. краска

panel *n.* список лиц; группа; **panel of arbitrations** группа арбитров
parcel *n.* 1. пакет, пачка, посылка; **by parcel post** почтовой посылкой; 2. партия (*товара*); частичный груз
part I *n.* часть; **part shipment** частичная отгрузка; **in part** частично; **spare parts** запасные части; 2. деталь (*машины*); 3. сторона; **on my (his, our etc.) part** с моей (его, нашей и т.д.) стороны; **on the part of** со стороны кого-л.; **on the one (on the other) part** с одной (с другой) стороны
part II *v.* расставаться; **to part with the possession of something** упускать что-л. из своего владения
partial *a.* частичный
participate *v.* участвовать, принимать участие
participation *n.* участие
particular I *n.* подробность, деталь
particular II *a.* особенный, специальный; частный; **particular average** частная авария; **in particular** в особенности *или* в частности
particularly *adv.* в особенности, в частности
partnership *n.* товарищество; **limited partnership** коммандитное товарищество
party *n.* сторона (*в договоре*); **party to the contract** участник договора
pass *v.* 1. передавать, пересылать; 2. переходить (*к кому-л.* - to); 3. проходить; 4. допускать, пропускать; **to pass for shipment** допустить (*или* разрешить) к отгрузке
past *a.* прошлый, минувший; **for some years past** за последние несколько лет; **for some time past** за последнее время
pattern *n.* образчик, образец (*узора, рисунка*)
pay *v.* (**paid**) платить; **to pay for something** платить за что-л. или оплачивать что-л.
payable подлежащий оплате, подлежащий уплате
payment *n.* платеж, уплата
penalty *n.* пени, штраф
pending *prp.* в ожидании, до
penetrate *v.* проникать
per *prp.* (*в сочетании с единицами измерений*) за, в; **per ton** за тонну; **per pound (kilogram)** за фунт (*килограмм*); **per unit** за единицу; **per hour** в час
per cent. *n.* (*или* **per cent, percent**) процент (*на сотню, со ста*); **5 per cent.** 5 процентов

percentage *n.* процент (*доля или часть в процентах*)
perfect I *a.* безупречный, отличный
perfect II *v.* совершенствовать
perform *v.* исполнять, совершать; **to perform a test** произвести испытание
performance *n.* 1. исполнение, выполнение (*договора*); 2. работа (*машины*)
peril *n.* опасность, риск; **perils of the sea** морские опасности; **perils of carriage** опасности перевозки
period *n.* период; срок
permit *v.* разрешать
permission *n.* разрешение; **with your permission** с вашего разрешения
peroxide *n.* перекись, двуокись; **peroxide of manganese** перекись марганца
persist *v.* упорствовать
personal *a.* личный
persuade *v.* убеждать
pertain *v.* относиться, иметь отношение
perusal *n.* ознакомление, прочтение
petrol *n.* бензин
phase *n.* фаза
phone *n., v.* телефон; телефонировать (*вместо* telephone)
photo-copy *n.* фотокопия
photostatic *a.* фотостатический, светокопировальный;
photostatic copy светокопия
phrase *n.* фраза
piece *n.* кусок; штука
pilferage *n.* хищение, воровство (*из отдельных мест груза*)
pilot *n.* лоцман
pilotage *n.* проводка судов; лоцманские расходы (*или* сборы)
place *v.* 1. помещать, размещать; **to place an order with somebody** поместить заказ у кого-л.; **to place an agency in somebody's hands** передать кому-л. агентство, назначить кого-л. агентом; 2. назначать, подавать (*судно*); **to place a vessel against a contract** назначить судно для выполнения контракта; **to place lighters** подавать лихтеры
plain *a.* ясный
plaint *n.* исковое заявление, иск
plaintiff *n.* истец
planed goods строганые доски
plant *n.* 1. завод; **manufacturing plant** завод-изготовитель; 2. установка, агрегат; оборудование
plate *n.* плита; лист; **foundation plate** фундаментная плита
pleasant *a.* приятный

please *v.* нравиться; **we are pleased to send you** мы с удовольствием посылаем вам
pleasure *n.* удовольствие; **we have pleasure in sending (in informing,** etc.**)** мы с удовольствием посылаем (*сообщаем и т.д.*) вам или мы рады послать (*сообщить и т.д.*) вам; **we had (shall have) the pleasure of meeting you** мы имели (*будем иметь*) удовольствие встретиться с вами
pledge I *n.* залог, заклад
pledge II *v.* закладывать, заложить; **pledge goods with a bank** заложить товар в банке
plus *prp.* плюс, с добавлением
pneumatic *a.* пневматический
point *n.* 1. пункт, вопрос; **points of claim** исковое заявление; **point of fact** вопрос факта; 2. точка; **melting point** точка плавления
point II *v.* указывать; **to point out** указывать, обращать внимание; **to point out something to somebody** обратить внимание кого-л. на что-л.
policy *n.* 1. политика; 2. полис; **policy of insurance** (*или* insurance policy) страховой полис
porcelain *n.* фарфор
port *n.* порт; **port of call** порт захода; **port of loading** порт погрузки; **port of destination** порт назначения; **port of discharge** порт разгрузки
portable *a.* переносный, передвижной; **portable air compressor** переносный (*или* передвижной) воздушный компрессор; **portable compressor station** переносная компрессорная установка
porterage *n.* переноска, плата за переноску; **quay porterage** переноска на пристани
position *n.* 1. состояние; **to be in a position** быть в состоянии; 2. положение, местонахождение; позиция (*судна*)
possession *n.* владение; **we are in possession of your letter** *или* **your letter has come into our possession** мы получили ваше письмо
possibility *n.* возможность
possible *a.* возможный; **as soon as possible** как можно скорее
post *n.* почта; **by return (of) post** с обратной почтой или срочно; **by parcel post** почтовой посылкой
post restante до востребования (*надпись на конверте*)
postmark *n.* почтовый штемпель
postpone *v.* откладывать, отсрочивать

postponement *n.* отсрочка
postscript *n.* постскриптум *(в конце письма после подписи; обозначается буквами P.S.)*
potential *n.* потенциальный, возможный
pottery *n.* фаянс
pound *n.* 1. фунт *(денежная единица);* pound sterling фунт стерлингов; 2. фунт *(мера веса;* = 453,59*г)*
power *n.* 1. сила, энергия; horse power лошадиная сила; motive power энергия; 2. полномочие; power of attorney доверенность
practically *adv.* 1. фактически, в сущности; 2. практически
preamble *n.* преамбула *(вводная часть контракта)*
precaution *n.* предосторожность, мера предосторожности
precede *v.* предшествовать чему-л.
precipitation *n.* выпадение осадков; atmospheric precipitations атмосферные осадки
precise *a.* точный
prefer *v.* предпочитать
prejudice I *n.* ущерб, ограничение; without prejudice to somebody's rights без ущерба для чьих-л. прав
prejudice II *v.* наносить ущерб *(чьим-л. правам)*
preliminary *a.* предварительный
premium *n.* премия; страховая премия
preparation *n.* приготовление, изготовление, выработка; подготовка
prepare *v.* готовить, подготавливать; to be prepared быть готовым *(или* согласным*);* быть подготовленным
prescribe *v.* предписывать
presence *n.* присутствие
present I *n.* настоящее время; at present *или* at the present time в настоящее время
present II *v.* представлять, предъявлять (кому-л. - to somebody)
presentation *n.* предъявление; after presentation после предъявления
preservation *n.* сохранение
president *n.* президент, председатель
presidium *n.* президиум
press *n.* печатная машина; to be in the press печататься в типографии или находиться в печати
pressure *n.* давление; pressure of work загруженность срочной работой
presume *v.* полагать
prevail *v.* преобладать
prevent *v.* предупреждать, не допускать, препятствовать, мешать; to prevent somebody (from) doing something мешать кому-л. сделать что-л.
prevention *n.* предупреждение, предотвращение
previous *a.* предшествующий, предыдущий; previous to до, перед
previously *adv.* заранее; previously to перед тем как
price *n.* цена; at the price of ... по цене в ... фунтов; best price самая выгодная цена; самая низкая или самая высокая цена *(в зависимости от контекста);* fixed *(или* firm*)* price твёрдая цена; list price прейскурантная цена; lowest price самая низкая цена; sliding *(или* escalator*)* price скользящая цена
prime *a.* первосортный; высшего качества
principal I *n.* комитент, доверитель
principal II *a.* главный, основной
principle *n.* принцип; in principle в принципе; on principle из принципа
print I *n.* печатание; печать; to be out of print разойтись *(о печатном издании)*
print II *v.* печатать
prior *a.* предшествующий; to be subject to prior sale *ам.* быть действительной в том случае, если товар не будет продан до получения ответа покупателя *(об оферте);* prior to до, перед
probable *adv.* вероятно
procedure *n.* процедура; производство дел *(судебное)*
proceed *v.* 1. приступать; to proceed to the execution of the order приступить к исполнению заказа; 2. действовать; 3. проследовать
proceedings *n. pl.* производство *(судебное),* процесс *(судебный);* заседание *(суда);* to bring proceedings against somebody начать *(или* возбудить*)* процесс против кого-л.
proceeds *n. pl.* вырученная сумма, выручка
process *v.* обрабатывать, перерабатывать
procure *v.* доставать, обеспечивать
produce *v.* производить, изготавливать
product *n.* продукт
production *n.* производство
profit *n.* прибыль; anticipated profit ожидаемая прибыль
programme *n.* программа, план; shipping programme план погрузок
progress *n.* прогресс; ход, продвижение
prohibition *n.* запрещение
prolong *v.* продлевать
promise I *n.* обещание

promise II *v.* обещать
prompt *a.* немедленный; **prompt shipment** немедленная отгрузка; **prompt vessel** промптовое судно *(которое может стать под погрузку в короткий срок)*
proof *n.* (*pl.* proofs) доказательство; **final proof of quality** окончательное доказательство (*или* подтверждение) качества
proper *a.* соответствующий, надлежащий
properly *adv.* надлежащим образом
property *n.* 1. собственность; право собственности (*на* - in); 2. свойство
proportion *n.* пропорция, доля; **in proportion** пропорционально (*чему-л.* - to something)
proportionate *a.* пропорциональный
proportionately *adv.* пропорционально (*чему-л.* - to something)
proposal *n.* предложение
propose *v.* 1. предлагать; 2. предполагать, намереваться
props *n. pl.* пропсы, крепёжный лес
pro rata *adv. лат.* пропорционально
prospect *n.* перспектива, надежда
prospectus *n.* (*pl.* prospectuses) проспект, публикация *(рекламного характера)*
protect *v.* защищать, предохранять (*от* - from, against)
protection *n.* защита (*от* - from, against)
protest *n.* протест; **sea protest** морской протест
prove *v.* 1. доказывать; 2. оказываться; **to prove (to be) defective** оказаться дефектным (*или* неисправным)
provide *v.* снабжать (*чем-л.* - with); предоставлять; обеспечивать; **to provide for something** предусматривать что-л.
provided (that) *cj.* при условии если, при условии что; **always provided (that)** при непременном условии что
provision *n.* условие, оговорка, положение
provisional *a.* предварительный; **provisional invoice** предварительный счет-фактура
provisionally *adv.* предварительно
proximo следующего месяца; **on the 2nd proximo** 2 числа следующего месяца
prunes *n. pl.* чернослив
public *n.* публика; **in public** открыто, публично; **на открытом судебном заседании**
publication *n.* печатное издание

publicity *n.* реклама
pump *n.* насос
purchase I *n.* покупка
purchase II *v.* покупать
purchaser *n.* покупатель
purpose *n.* цель; **for the purpose of doing something** с целью сделать что-л.
put: to put into port входить в порт; **to put forward a claim** предъявить претензию; **to put forward a quotation** представить (*или* сделать) предложение; **to put somebody through to someone** соединить кого-л. по телефону с кем-л.

Q

qualification *n.* оговорка
qualitative *a.* качественный
quality *n.* качество; **first quality** первый сорт
quantity *n.* количество
quarter *n.* 1. четверть; 2. квартер (мера веса; = 1/80 тонны; мера объёма для зерна; = 8 бушелям); 3. квартал
quay *n.* набережная, пристань
question *n.* вопрос, проблема, дело; **in question** о котором идёт речь; **on the question** по вопросу
quotation *n.* котировка, цена, курс, расценка; предложение, оферта; **quotation for goods** котировка товара или цена на товар; предложение на товар
quote *v.* назначать (*цену, условия*); назначать цену; сделать предложение; **to quote a price (terms of payment)** назначить цену (условия платежа); **to quote a price for something** назначать цену на что-л., **to quote for something** назначать цену на что-л.; сделать предложение на что-л.

R

radiation *n.* радиация
radioactive *a.* радиоактивный
rails *n. pl.* рельсы
raise *v.* (raised) повышать, поднимать; **to raise a claim** предъявить претензию
random: at random наугад
range *n.* ряд; набор; серия; номенклатура; **our range of compressors** наша номенклатура компрессоров или производимые нами типы компрессоров

rapid *a.* быстрый

rapidly *adv.* быстро; **rapidly wearing out parts** быстро изнашивающиеся части

rate *n.* 1. размер; норма; 2. ставка; **rate of freight** ставка фрахта; **basis rate** базисная ставка; 3. курс; **rate of exchange** курс перевода или валютный курс; **rate of exchange of U.S.A. dollars into pounds sterling** курс перевода долларов С.Ш.А. в фунты стерлингов; **close** (*или* **closing**) **rate** заключительный курс

rather *adv.* (*с прилагательным и наречием*) довольно; **rather high** довольно высокий; 2. **rather than** скорее чем

rating *n.* мощность, производительность; **nominal rating** номинальная мощность

re: (*или* **Re**) относительно, касательно; **in re:** по делу

reach *v.* достигать, доходить до; **your tender should reach us** ваше предложение должно поступить к нам

read *v.* гласить; **a telegram reading as follows** телеграмма следующего содержания

readiness *n.* готовность

reason *n.* причина, основание; **for some reason of** по какой-л. причине; **by reason of** вследствие (*или* из-за, по причине) чего-л.

reasonable *a.* обоснованный, разумный

recall *v.* вспоминать

receipt *n.* 1. получение; (**up**) **on receipt** по получении; 2. расписка

receive *v.* получать

receiver *n.* грузополучатель

recent *a.* недавний, последний

re-charter *v.* перефрахтовать

reciprocal *a.* взаимный, обоюдный; **reciprocal trading** торговля на основе взаимности

reckon *v.* считать

recompense *v.* компенсировать

reconsider *v.* пересматривать

recourse *n.* 1. обращение (*за помощью*); **without recourse to general law-courts** без обращения в общие суды; 2. регресс; **right of recourse** право регресса

recover *v.* взыскивать, получать обратно

recovery *n.* взыскание

re-design *v.* перерабатывать (*о конструкции, проекте*); **the machine is under re-designing** конструкция машины перерабатывается

reduce *v.* снижать

reduction *n.* снижение; **reduction in the price** снижение цены или скидка цены

refer *v.* (**referred, referring**) 1. ссылаться; 2. обращаться

referable *a.* подлежащий передаче (*на рассмотрение*)

reference *n.* 1. ссылка; **with reference to** ссылаясь на; **with further reference to** снова ссылаясь на; 2. рекомендация; 3. передача дела

reflect *v.* отражать

re-forward *v.* переотправлять

refund I *n.* возврат, возмещение (*денежных сумм*)

refund II *v.* возвращать, возмещать (*денежные суммы*)

refusal *n.* отказ

refuse *v.* отказываться

regard I *n.* отношение; **with regard to** относительно

regard II *v.* рассматривать

register *n.* регистр; **register ton** регистровая тонна (= 100 куб. фут. или 2,83 куб. м); **net register tons** или **tons net register** нетто-регистровые тонны

registered *a.* заказное (*надпись на конверте*)

regret I *n.* сожаление; **to our (my) regret** к нашему (моему) сожалению

regret II *v.* сожалеть; **we regret to inform you** с сожалением сообщаем вам

regular *a.* постоянный, регулярный; **regular buyer** постоянный покупатель; **at regular intervals** *см.* **interval**

regulation *n.* правило

reimbursement *n.* возмещение

reject *v.* браковать; отвергать, отказываться от; **to reject the goods** отказываться от товара

rejection *n.* отказ (*принять что-л.*); браковка

relate *v.* относиться; **relating to** относящийся к

relation *n.* отношение; **in relation to** по отношению к; **trading relations** торговые отношения

release I *n.* освобождение, выпуск, разрешение; **release** (*или* **release note**) **for shipment** разрешение на отгрузку

release II *v.* освобождать; выпускать; разрешать; **to release a machine for shipment** разрешить отгрузку машины

reliability *n.* надёжность

reluctant *a.* неохотный

rely *v.* полагаться (*на* - on); we rely on you to do your best мы полагаемся на вас в том, что вы сделаете всё возможное
remain *v.* оставаться
remainder *n.* остаток
remedy *v.* исправлять; to remedy the defects исправить (*или* устранить) дефекты
remind *v.* напоминать; to remind somebody of something напоминать кому-л. о чём-л.
reminder *n.* напоминание
remit *v.* переводить (*деньги*)
remittance *n.* перевод
remove *v.* снимать; переезжать
render *v.* 1. оказывать (*помощь и т.п.*); to render assistance оказывать помощь; 2. делать; to render impossible делать невозможным
renounce *v.* не признавать, отвергать, отказываться от
repair I *n.* (*часто pl. repairs*) починка, исправление, ремонт
repair II *v.* ремонтировать
repay *v.* возвращать, возмещать (*деньги*)
replace *v.* заменять (*чем-л.* - by)
replacement *n.* замена; replacement parts части для замены, сменные части
reply I *n.* ответ; in reply to в ответ на
reply II *v.* отвечать (*на* - to)
report *n.* доклад, отчёт; протокол, акт; заключение; test report протокол испытания; report of survey акт осмотра
represent *v.* представлять
representative *n.* представитель
request I *n.* просьба; in accordance (*или* in conformity, in compliance) with your request в соответствии с вашей просьбой
request II *v.* просить; as requested (by you) согласно вашей просьбе; as requested in your letter как вы просили в вашем письме
require *v.* требовать(ся); нуждаться в; the information required by you требующаяся вам информация; we **require** нам требуется
requirement *n.* требование; потребность; to meet the requirements удовлетворять (*или* отвечать) требованиям; удовлетворять (*или* обеспечить) потребности; to cover the **requirements** обеспечить потребности
requisition *n.* реквизиция
resale *n.* перепродажа; resale discount скидка для торговцев

resell *v.* (resold) перепродавать
reserve *v.* 1. сохранять, резервировать; to reserve the right сохранить за собой право; 2. предназначать
resold *past, p.p. от* resell
respect *n.* отношение; in respect of (*или* to) something в отношении чего-л.; in all (many) respects во всех (многих) отношениях
respective *a.* соответствующий
respectively *adv.* соответственно (*по отношению к каждому в отдельности*); the prices for Grade A and Grade B are £50 and £40 respectively цены за сорт А и сорт Б составляют соответственно 50 и 40 фунтов
respondent *n.* ответчик; respondent party ответная сторона
response *n.* ответ; in response to в ответ на
responsibility *n.* ответственность; to accept responsibility принимать на себя ответственность; to bear responsibility нести ответственность
responsible *a.* ответственный; to hold responsible считать ответственным
restraint *n.* ограничение
restrict *v.* ограничивать
restriction *n.* ограничение; driving restrictions ограничение автомобильного движения
result I *n.* результат
result II *v.* проистекать, получаться, являться результатом (*чего-л.* - from); приводить (*к* - in)
retain *v.* удерживать, сохранять у себя
retention *n.* удержание, сохранение
return I *n.* возврат, возвращение; by return (of) post *или* (*ам.*) by return (of) mail с обратной почтой или срочно; in return в обмен
return II *v.* возвращать
returnable *a.* подлежащий возврату
reverse *a.* обратный, оборотный; reverse side обратная (*или* оборотная) сторона
revert *v.* возвращаться (*к вопросу, документу*)
review *v.* пересматривать
revise *v.* пересматривать, изменять
revision *n.* пересмотр, изменение
revocable *a.* отзывный
revoke *v.* отзывать; to revoke an offer отзывать предложение
revolution *n.* оборот; revolutions per minute обороты в минуту
right I *n.* право; to be within one's rights иметь право; to exercise the right осуществлять право
right II *a.* надлежащий

rise I *n.* повышение; rise in price повышение в цене
rise II *v.* (rose, risen) повышаться, увеличиваться
risen *p.p. от* rise
risk *n.* риск; risk of leakage риск от утечки; all risks с ответственностью за все риски; at somebody's risk на чьём-л. риске; marine risks морские риски; war risk военный риск
risky *a.* рискованный
rodent *n.* грызун
rose *past от* rise
roughing: roughing operations черновая (*или* предварительная) обработка (*на станке*)
route *n.* маршрут
rubber *n.* каучук
rule I *n.* правило; Rules for (of) Procedure правила о производстве дел; Transport Insurance Rules правила транспортного страхования; rule of court судебное решение
rule II *v.* стоять на уровне (*о ценах, ставках и т.п.*); ruling действующий
ruler *n.* правитель
run *v.* (ran, run) гласить; running as follows следующего содержания (*о письме, телеграмме и т.п.*)
running 1. *n.* работа; 2. *a.* текущий, последовательный; running days *см.* day; 3. *pr. p. от* run
rush *v.* срочно высылать, срочно отправлять
rust *n.* ржавчина
rye *n.* рожь

S

saddle *v.* обременять; to saddle somebody with the responsibility возложить на кого-л. ответственность
safeguard *v.* охранять, ограждать
safely *adv.* безопасно
said: the said (*выше*) упомянутый, (*выше*) указанный
sail *v.* плыть, отплывать, уходить в море, отправляться в море
sailing *n.* отход, отплытие
sake *n.*: for order's sake ради (*или* для) порядка
sale *n.* продажа
salvage *n.* спасение (*судна или груза на море*)
same *pron., n.* тот же самый; таковой
sample *n.* образец (*торговый*); equal to sample полностью соответствующий образцу, одинаковый с образцом

sampling *n.* отбор проб, отбор образцов
satisfaction *n.* удовлетворение
satisfactory *a.* удовлетворительный
satisfy *v.* (satisfied) удовлетворять; to be satisfied with something быть удовлетворённым чем-л.
save *v.* экономить
saw mill лесопильный завод
sawn goods *n. pl.* пиломатериалы
say *v.* let us say скажем (*вводное слово*)
scarcity *n.* недостаточное количество
scheme *n.* схема
seal *v.* опечатывать
seaworthy *a.* мореходный
secretary *n.* секретарь
secure *v.* 1. обеспечивать; 2. получать, доставать; 3. закреплять
securely *adv.* надёжно
security *n.* обеспечение
see: to see one's way to do (*или* to doing) something находить возможность сделать что-л.
select *v.* отбирать
self-explanatory *a.* говорящий сам за себя
selves *n.* (*pl. от* self): with your goods selves = with you с вами
semi- *pref.* полу-; semi-finishing operations неокончательная обработка
separate *a.* отдельный
separately *adv.* отдельно, в отдельности
separation *n.* отделение; сепарирование (*отделение одной партии груза от другой*)
serial *a.* порядковый
serious *a.* серьёзный
servant *n.* служащий
service *n.* 1. служба; эксплуатация; работа; service and maintenance эксплуатация и уход; to give excellent service очень хорошо работать; 2. услуга, обслуживание; technical service техническое обслуживание
set I *n.* 1. набор, комплект; 2. установка
set II *v.*: to set forth излагать
settle *v.* 1. решать, разрешать, улаживать, урегулировать; to settle the matter урегулировать (*или* уладить) вопрос; to settle the business договориться о сделке (*или* заключить сделку); 2. уплачивать
settlement *n.* 1. урегулирование; 2. расчет (*денежный*), уплата
severely *adv.* очень, очень сильно
sewing machine *n.* швейная машина
shaft *n.* вал, ось

379

share *n.* акция; **share capital** акционерный капитал
shelly *a.* в оболочке, не очищенный от оболочки
shifting *n.* перестановка, перетяжка *(судна на другой причал)*
ship I *n.* судно, корабль
ship II *v.* (shipped, shipping) отгружать, отправлять *(на морском или речном судне; в США - также по железной дороге или другим видом транспорта)*; **to ship by a steamer** отгрузить пароходом или отправить на пароходе
shipment *n.* 1. отгрузка, отправка *(морем; в США - также по железной дороге или другим видом транспорта)*; погрузка; **for** *(или* **with) immediate shipment** с немедленной отгрузкой; **part shipment** частичная отгрузка; 2. груз, партия *(отправленного товара)*
shipowner *n.* судовладелец
shipper *n.* грузоотправитель
shipping *n.* 1. отправка, экспедиция; **shipping agent(s)** экспедитор(ы), экспедиторская фирма; 2. судоходство; **shipping line** *см.* line; **shipping company** пароходная компания
shiproom *n.* тоннаж
shore *n.* берег
shortage *n.* нехватка, недостаток
short-delivered *a.* недостающий при сдаче
short-shipped *a.* оставшийся непогруженным
shortweight *n.* недостаток в весе
show *n.* выставка; **goods on show** демонстрируемые на выставке товары
show-room *n.* *(или* **showroom)** выставочный зал, демонстрационный зал
shut-down *n.* закрытие
side *n.* сторона; **front side** передняя сторона; **left (right) hand side** левая *(правая)* сторона
sight *n.* предъявление; **at sight** по предъявлении
signature *n.* подпись; **for signature** на подпись или для подписи
similar *a.* подобный, аналогичный *(чему-л. - to)*
simultaneously *adv.* одновременно
sincerely *adv.* искренне; **yours (very) sincerely** искренне ваш(и) *(заключительная формула вежливости в письмах)*
single *a.* единственный; **single copies of a catalogue, brochure etc.** по одному экземпляру каталога, брошюры и т.п.

size *n.* величина, размер
sliding *a.* скользящий; **sliding price** *см.* price
slight *a.* незначительный
slightly *adv.* незначительно
sling *n.* строп *(верёвка)*
slipring *n.* контактное кольцо; **slipring electric motor** электрический мотор с контактными кольцами
smell *n.* запах; **foreign smell** посторонний запах
sole *a.* единственный, единоличный; **sole arbitrator** единоличный арбитр
solely *adv.* исключительно, только
solicitor *n.* солиситор, поверенный
soonest possible *(в телеграммах)* = **as soon as possible** как можно скорее
Sovcoal Совкол *(кодовое наименование чартер-партии для перевозки угля из России)*
soya beans *n. pl.* соевые бобы
space *n.* 1. пространство; 2. тоннаж
spare *a.* запасной; **spare parts** запасные части
spares = **spare parts** запасные части
special *a.* специальный, особый
specific *a.* определённый; специфический, особый; **specific weight** удельный вес
specification *n.* спецификация
specify *v.* указывать, обозначать; перечислять
specimen *n.* образец; **specimen letters** образцы *(или примеры)* писем
speed I *n.* скорость
speed II *v.* (sped) ускорять *(часто* **to speed up)**
speedy *a.* быстрый, скорый
spell *v.* (spelt, spelled) диктовать, произносить или писать *(слово)* по буквам; **how do you spell this word?** как пишется это слово?
spelt *past, p. p. от* spell
spite: in spite of несмотря на
split *v.* (split) раздроблять, разбивать *(часто* **to split up)**
spontaneous *a.* самопроизвольный; **spontaneous combustion** самовозгорание
spot *n.* место; **on the spot** на месте, немедленно; **spot cash** немедленная уплата наличными
spout *n.* желоб
stamp I *n.* 1. марка; гербовая марка; **stamp duty** гербовый сбор; 2. штамп, печать, штемпель
stamp II *v.* 1. штемпелевать; 2. наклеить почтовую *(или* гербовую) марку)

380

standard *n.* 1. стандарт; Government standard государственный стандарт; standard form of contract типовой контракт; 2. стандарт *(мера объёма для лесоматериалов)*
standpoint *n.* точка зрения
standstill *n.* остановка, бездействие; to bring to a standstill вывести из строя; to be brought to a standstill выбыть из строя
starting *a.* пусковой; starting equipment пусковое устройство; starting rheostat пусковой реостат
state *v.* заявлять, сообщать, указывать; as stated как указано
statement *n.* 1. заявление; 2. ведомость, расчет, спецификация; statement of account выписка из счёта
status *n.* *(или* financial status*)* финансовое положение
statutory *a.* установленный законоположением
stay *n.* пребывание
stem *v.* (stemmed) обусловить день начала погрузки; подать *(судно)* для погрузки
step *n.* шаг, мера; to take steps принять меры
sterling *a.* стерлинги; 5,000 pounds sterling 5000 фунтов стерлингов; in pounds sterling в фунтах стерлингов
stevedore *n.* стивидор, грузчик
stevedoring *n.* стивидорные работы
stipulate *v.* обусловливать
stipulation *n.* условие
stock *n.* запас; склад; in stock на складе
stop *n.* (в телеграммах) точка
stoppage *n.* задержка, остановка
storage *n.* 1. хранение, складирование; 2. складское помещение
store *v.* складировать, хранить на складе
storm *n.* буря; severe *(или* bad*)* storm сильная буря
stow *v.* складывать, укладывать
stowage *n.* штивка (укладка)
straight away *adv.* немедленно
stranding *n.* посадка на мель
strength *n.* сила; on the strength в силу
strewing *n.* раструска
strict *a.* строгий
strictly *adv.* строго; strictly net строго без скидки
strike *n.* забастовка
stuff *n.* продукт
sub-contractor *n.* субпоставщик
subdivide *v.* *(или* sub-divided*)* раздроблять, разбивать

subject I *n.* *(или* subject matter*)* предмет, содержание, существо
subject II *v.* подвергать
subject to 1. *(как часть составного сказуемого после* to be*)* подлежащий, который может подлежать; подчиняющийся чему-л.; имеющий силу или действительный лишь в силу чего-л.; 2. *(в обстоятельственных оборотах, выражающих обязательное условие)* при условии (если); при соблюдении, при условии соблюдения; на тот случай если, в том случае если
sublet *v.* передавать в наем
submission *n.* представление, передача на рассмотрение; submission note соглашение сторон о передаче спора на решение арбитража
submit *v.* представлять *(документы)*
subrogate *v.* передавать право требования
subsequent *a.* последующий
subsequently *adv.* позже, потом, впоследствии
subsisting *a.* существующий
substance *n.* вещество; foreign substance постороннее вещество
substitute I *n.* замена; судно, назначенное вместо другого судна
substitute II *v.* подставлять, заменять, замещать; to substitute tanker B for tanker A заменить танкер А танкером Б или назначить танкер Б вместо танкера А
substitution *n.* замена; in substitution взамен
success *n.* успех
successful *a.* успешный; the successful party сторона, в пользу которой вынесено решение
successively *adv.* постепенно; последовательно
suffer *v.* страдать; to suffer losses терпеть *(или* нести*)* убытки
sufficient *a.* достаточный
suggest *v.* предлагать *(советовать, рекомендовать)*
suggestion *n.* предложение *(совет, рекомендация)*; at the suggestion of по предложению кого-л.
suit *v.* подходить; to suit somebody подойти кому-л.; to suit somebody's purpose подходить для чьей-л. цели; to suit the requirements удовлетворять *(или* отвечать*)* требованиям
suitable *a.* подходящий, годный, пригодный
sum *n.* сумма
summarize *v.* суммировать, обобщать, подытоживать

381

summons *n.* (*pl.* summonses) вызов (*в суд*)
superficial *a.* поверхностный
superior *a.* высший, лучший, выше, лучше (*чем* - to)
supervise *v.* наблюдать, надзирать
supplement *n.* добавление, приложение
supplier *n.* поставщик
supply I *n.* снабжение, поставка
supply II *v.* снабжать (*кого-л. чем-л.* - somebody with something *или* something to somebody)
support *n.* подтверждение; in support в подтверждение
suppose *v.* предполагать, думать
sure *a.* уверенный; to make sure удостовериться, убедиться
surplus *n* излишек, превышение
surprise I *n.* удивление; to learn with surprise узнать с удивлением
surprise II *v.* удивлять; to be surprised быть удивленным
survey *n.* осмотр
surveyor *n.* сюрвейер (*инспектор*)
sustain *v.* испытывать, терпеть, понести; to sustain losses понести потери
sweating *n.* отпотевание
switch *n.* железнодорожная стрелка
synthetic *a.* синтетический

T

table *n.* таблица
take: to take up documents выкупить документы, оплатить документы
tank *n.* резервуар; shore tank береговой резервуар
tanker *n.* танкер, наливное судно; carrying tanker танкер, перевозящий груз
tax *n.* налог
technical *a.* технический; technical conditions технические условия
teeth *pl. от* tooth
telegram *n.* телеграмма; telegram reading (running) as follows телеграмма следующего содержания
telegraph *v.* телеграфировать
telegraphic *a.* телеграфный; telegraphic address адрес для телеграмм; telegraphic transfer телеграфный перевод
telephone *n.* телефон; telephone conversation или conversation by telephone (*или* on the telephone) телефонный разговор или разговор по телефону; telephone conversation of this morning (of yesterday, etc.) телефонный разговор, состоявшийся сегодня утром (вчера и т.д.)
teletype *n.* телетайп, телепринтер; by teletype по телетайпу
telex I *n.* телекс (*телеграмма, посланная по телетайпу*); by telex по телетайпу
telex II *v.* телеграфировать по телетайпу, передавать по телетайпу
tempting *a.* соблазнительный, выгодный
tender *n.* предложение (*письменное*); тендер (*заявка на торгах*); торги
tenor *n.* содержание
term *n.* 1. условие; terms of payment условия платежа; on the terms на условиях; on the terms and conditions на всех условиях; 2. *pl.* terms условия; условия платежа; 3. срок
termination *n.* прекращение, окончание
test *n.* испытание; test certificate свидетельство об испытании; test report протокол испытания; running test рабочее испытание; service test эксплуатационное испытание
textiles *n. pl.* ткани
thanks *n. pl.* благодарность; (very) many thanks *или* thanks very much большое спасибо или очень благодарен (*или* благодарны); thanks to благодаря; with thanks с благодарностью
theft *n.* кража
thereabouts *adv.* около этого, приблизительно
thereafter *adv.* = after that (time) с этого времени
thereby *adv.* = by it, by that means, in that connection этим, при помощи этого, в связи с этим
therefore *adv.* = for it, for this, for that вместо этого, вместо него
therefrom *adv.* = from it, from them от него, от них
therein *adv.* = in it, in them в нем, в них
thereof *adv.* = of it, of them его, их
thereto *adv.* = to it на это; consent thereto согласие на это
thereupon *adv.* немедленно после этого
thief *n.* (*pl.* thieves) вор
threw *past от* throw
throughout *adv.* на всём протяжении; throughout the charter в продолжение всего времени действия чартера
throw *v.* (threw, thrown) бросать, кидать; to throw out отклонять (*об иске*)
thrown *p. p. от* throw

thus *adv.* таким образом

time *n.* время; срок; **time of** (*или* **for) delivery** срок поставки; **time of shipment** срок отгрузки; **at the present time** в настоящее время; **in time** вовремя; **in good time** в надлежащее время; **in due time** своевременно; **in four months' time** через четыре месяца

timesheet *n.* (*или* **time-sheet**) таймшит (*ведомость учета времени, затраченного на погрузку и/или выгрузку судна*)

tin *n.* 1. олово; 2. жестяная банка

title *n.* титул; право на имущество

token *n.* знак; **as a token of goodwill** в знак доброжелательности

tolerance *n.* допуск

ton *n.* тонна; **long** (*или* **English**) **ton** *см.* **long**; **register ton, net register tons, tons net register** *см.* **register**; **short ton** малая (*или* короткая) тонна

tonnage *n.* тоннаж

tool *n.* инструмент

tooth *n.* (*pl.* **teeth**) зуб

top *n.* верхняя часть, верх

torpedo *n.* (*pl.* **torpedoes**) торпеда

total 1. *n.* общее количество, итог; итого, всего; 2. *a.* общий

touch *n.* соприкосновение, общение; **to get in touch with** связываться или сноситься с кем-л.

tow *v.* буксировать

towage *n.* буксировка

trade *v.* 1. торговать; 2. совершать рейсы, плавать

trading *a.* торговый; **trading relations** торговые отношения

transfer I *n.* перевод; **mail transfer** почтовый перевод; **telegraphic transfer** (*или* **cable transfer**) телеграфный перевод

transfer II *v.* (**transferred**); 1. передавать; 2. переводить (*деньги*)

transhipment *n.* перегрузка

transit *n.* провоз; транзит; **during** (*или* **in**) **transit** во время перевозки или во время нахождения в пути

translation *n.* перевод; **English translation** перевод на английский язык

transportation *n.* перевозка; **sea transportation** морская перевозка

treatment *n.* обработка; **to put to a treatment** подвергнуть обработке

tribunal *n.* трибунал; суд

trimming *n.* тримминг (*надлежащее размещение груза на судне*)

trip *n.* поездка

triplicate *n. a.* третий экземпляр; тройной; **in triplicate** в трёх экземплярах

trouble *n.* беспокойство, хлопоты

truck *n.* вагон; платформа

truly: yours truly (*или* **truly yours**) с уважением (*в конце писем*)

try (**tried**) 1. пытаться; 2. разбирать, судить

turbine *n.* турбина; **steam turbine** паровая турбина

turbo-alternator *n.* турбоальтернатор

turn I *n.* очередь; **in turn** по очереди

turn II *v.* переворачивать; **do not turn over** не кантовать (*надпись на ящиках*)

tweendecker *n.* двухпалубное судно

type *n.* тип

U

ultimate *a.* конечный

ultimo *adv.* прошлого месяца; **a letter of the 15th ultimo** письмо от 15 числа прошлого месяца

umpire *n.* супер-арбитр (*третейский судья*)

unable *n.* неспособный; **to be unable** не быть в состоянии

unavoidable *a.* неизбежный, неминуемый, неотразимый

unconditional *a.* безусловный

undergo *v.* (**underwent, undergone**) подвергаться, проходить

undergone *p. p. от* **undergo**

underloading *n.* недогрузка, погрузка меньшего количества

under-shipment *n.* погрузка меньшего количества

understanding *n.* взаимопонимание, соглашение; **on the understanding that** при условии что; при условии если

undertake *v.* (**undertook, undertaken**) обязываться, брать на себя обязательство

undertaken *p. p. от* **undertake**

undertaking *n.* обязательство

undertook *past от* **undertake**

underwent *past от* **undergo**

underwriter *n.* страховщик (*лицо, принимающее на страх имущество*)

uneatable *a.* несъедобный

unexecuted *a.* неисполненный, невыполненный

unexpected *a.* непредвиденный

unfit *a.* негодный

unforeseen *a.* непредвиденный

unfortunately *adv.* к сожалению; к несчастью

unfulfilled *a.* неисполненный, невыполненный

uninterrupted *a.* непрерывный
unit *n.* 1. единица; **per unit of metallic manganese per ton** за каждый процент металлического марганца в тонне; 2. установка
unless *cj.* если не
unmerchantable *a.* непригодный для торговли
unripe *a.* незрелый
unsatisfactory *a.* неудовлетворительный
unseaworthiness *n.* непригодность для плавания, немореходность
unsold *a.* непроданный
unsolicited *a.* незапрошенный; **unsolicited offer** оферта, посланная по инициативе продавца *(без предварительного запроса покупателя)*
unsuitable неподходящий
unwashable *a.* несмываемый
up *adv.* выше; up to; 1. *(указывает на временный предел):* **up to the present moment** до настоящего времени; 2. *(вместо to для подчеркивания предела увеличения):* **to increase the cargo up to 6,500 tons** увеличить груз до 6500 тонн; 3. *(указывает на соответствие):* **to be up to sample** соответствовать образцу
urgent *a.* срочный
urgently *adv.* срочно
usage *n.* обычай; узанс, обыкновение
use I *n.* использование; **to make use of something** использовать что-л.
use II *v.* пользоваться
used *past от* use; *(в сочетании с инфинитивом выражает повторяющееся действие)* **we used to get large orders** мы бывало *(или* обычно*)* получали большие заказы
useful *a.* полезный *(для кого-л.-* to)
useless *a.* бесполезный
user *n.* потребитель
usual *a.* обычный; **as usual** как обычно
usually *adv.* обычно
utilization *n.* использование
utmost 1. *a.* предельный; крайний; 2. *n.* **the utmost** самое большое; все возможное; **to do one's utmost** сделать все возможное

V

valid *a.* действительный
validity *n.* действительность, срок действия
valuation *n.* оценка
value I *n.* стоимость, ценность; **contract value of the goods** стоимость товаров по контракту; **insurance value** застрахованная стоимость груза; **to be value of** стоимостью в
value II *v.* оценивать; **valued at** стоимостью в
valued 1. *a.* ценный; 2. *p: p. от* value
variation *n.* изменение, перемена
various *a.* различный
vary *v.* колебаться, изменяться
verify *v.* проверять
versus *prp.* против
vessel *n.* судно
vice-president *n.* заместитель председателя
view *n.* 1. вид; **general view drawing** чертеж общего вида; 2. взгляд, мнение; **in view of** ввиду; 3. намерение, цель; **with the view of** *или* **with a view to** *(с последующим герундием)* с целью
visit *n.* посещение, визит; **a visit to Moscow** посещение Москвы; **to play a visit** нанести визит
void *a.* не имеющий силы, недействительный; **to become void** терять силу; **null and void** *см.* null
voltage *n.* напряжение тока
volume *n.* объем
vote *n.* голос; **by a majority vote** большинством голосов
voucher *n.* оправдательный документ
voyage *n.* рейс

W

waive *v.* отказываться от *(своего права, своей претензии и т. п.)*; **to waive the inspection of the goods** *или* **to waive the right to inspect the goods** отказаться от права осмотра товара
warehouseman *n.* владелец склада
warlike *a.* военный
warranty *n.* гарантия
wash: washing overboard смытие за борт
whereby *adv.* - by what, by which которым, при помощи которого; **whereby it is agreed as follows** которым *(договором)* стороны пришли к следующему соглашению
whereof *adv.* - of what, of which которого, которых; из которого, из которых
whereupon *adv.* - after which после чего
whichever какой бы ни, который бы ни; в зависимости от того, который,

смотря по тому, который
while *cj.* в то время как
whirlwind *n.* вихрь
whole *a.*, *n.* целый; in whole в целом; the whole все количество
wholesaler *n.* оптовый торговец; we are wholesalers of cotton fabrics мы ведем оптовую торговлю хлопчатобумажными тканями
wide *a.* широкий; wide experience большой опыт
width *n.* ширина
willing *a.* согласный, склонный
winch *n.* лебедка
winchman *n.* лебедчик
wire I *n.* 1. проволока; провод; 2. телеграмма
wire II *v.* 1. устанавливать провода; 2. телеграфировать
wiring 1. *n.* установка (*или* прокладка) проводов; electrical wiring установка электрических проводов; 2. *pr. p. от* wire II
wish *v.* желать, хотеть
withdraw *v.* (withdrew, withdrawn) отзывать
withdrawn *p. p. от* withdraw
waterproof *a.* водонепроницаемый, несмываемый
wax *n.* воск; paraffin wax парафин (*твердый*)
way *n.* 1. путь; on the way в пути; 2. метод, способ; in any way каким-л. образом; 3. отношение; in every way во всех отношениях
way bill *n* (*или* waybill) накладная
wear I *n.* износ
wear II *v.* (*или* wear out) изнашивать(ся); rapidly wearing out parts быстро изнашивающиеся части
weather *n.* погода; weather day погожий день; weather working day погожий рабочий день
weevilly *a.* изъеденный жучками
weigh *v.* (*или* to weigh up) взвешивать
weigher *n.* весовщик
weight *n.* вес; delivered weight выданный (*или* выгруженный) вес; landed weight вес при выгрузке или выгруженный вес; net weight вес нетто или чистый вес; shipping weight вес при погрузке или погруженный вес
wetting *n.* подмочка
wharf *n.* пристань, причал
whatsoever *a.* какой бы то ни было
wheat *n.* пшеница; winter wheat озимая пшеница; spring wheat яровая пшеница
wheel *n.* колесо
whereas *cj.* в то время как
whereat *adv.* at which по которому, по которым
within *prp.* в пределах; в течение; within six weeks в течение шести недель; within the Russia на территории России
withstand *v.* (withstood) выдерживать, противостоять
withstood *past от* withstand
witness *n.* 1. свидетель; 2. доказательство, свидетельство; in witness whereof в удостоверение чего
woodgoods *n. pl.* (*или* wood goods) лесные материалы
wore *past от* wear II
work *v.*; to work out разрабатывать, вырабатывать, составлять (*документ*); составлять (*в результате подсчета, калькуляции*); the price works out at £5 цена составляет 5 фунтов
workmanship *n.* качество изготовления, отделка; sound workmanship хорошее качество изготовления или хорошая отделка
works *n.* (*со значением как sing. так и* pl.) завод(ы); manufacturing works завод-изготовитель; printing works типография
worm *n.* червь
worn *p. p. от* wear II
wrap *v.* (wrapped) обертывать, завертывать
wreck *n.* кораблекрушение
writer *n.* пишущий это письмо, нижеподписавшийся
writing *n.* писание; in writing в письменном виде
wrong *a.* неправильный, неисправный

Y

York - Antwerp Rules Йорк-Антверпенские правила
yourlet (*в телеграммах*) = your letter

Z

zinc *n.* цинк

РУССКО - АНГЛИЙСКИЙ АЛФАВИТНЫЙ СЛОВАРЬ *

СОКРАЩЕНИЯ

ам. -	*американский термин*
англ. -	*английский термин*
г -	*грамм*
ед. ч. -	*единственное число*
ж. - д. -	*железнодорожный*
исчисл. -	*исчисляемый*
куб. -	*кубический*
кв. -	*квадратный*
кг -	*килограмм*
лат. -	*латинский язык, латинское выражение*
мн ч. -	*множественное число*
неисчисл. -	*неисчисляемый*
разг. -	*разговорное слово, разговорное выражение*
с. - х. -	*сельскохозяйственный*
сокр. -	*сокращение, сокращенно*
сущ. -	*имя существительное*
тж. -	*также*

А

аванс advance; аванс фрахта advance of freight *или* freight advance; авансом by way of advance *или* as an advance, in advance; выдать аванс *или* уплатить аванс кому-л. to make (*или* to pay) an advance to somebody

авансировать to advance, to make an advance, to pay an advance

авансовый: авансовый платеж advance payment

аварийный (*в морском страховании*): аварийная гарантия average bond; аварийная диспаша average statement; аварийные издержки average disbursements; аварийный комиссар average (*или* marine insurance) surveyor

авария 1. accident; breakdown; авария машины breakdown of machinery; 2. (*в морском страховании*) average; общая авария general average; свободно от всякой аварии free of all average; частная авария particular average; свободно от частной аварии free from particular average; включая частную аварию with average

авиапочта air-mail; авиапочтой by air-mail; посылать авиапочтой to send by air-mail *или* to airmail

авизо advice; note; дебетовое авизо debit note; кредитовое авизо credit note

автоматически automatically

автоматический automatic

автомобиль (*легковой*) car, motorcar; *ам.* automobile; (*грузовой*) lorry, truck

агент agent; консигнационный агент consignment agent; монопольный агент exclusive agent; торговый агент commercial agent; назначить кого-л. агентом to appoint somebody as an agent

агентство agency; торговое агентство России Trade Agency of Russia

адрес address; по адресу at the address; (*через кого-л. для передачи адресату*) in care of (*сокр.* C/o)

адресат addressee; адресат груза consignee

адресовать to address; адресовать груз to consign a cargo

аккредитив letter of credit (*сокр.* L/C); безотзывный аккредитив irrevocable letter of credit; делимый аккредитив divisible letter of credit; подтвержденный аккредитив confirmed letter of credit; неподтвержденный аккредитив unconfirmed letter of credit; отзывный аккредитив revocable letter of credit; товарный аккредитив documentary letter of credit; открыть аккредитив в банке to open (*или* to establish) a letter of credit with a bank

акцепт acceptance

акцептный кредит acceptance credit

акцептование *см.* акцепт

акцептовать to accept; акцептовать тратту to accept a draft (*или* a bill of exchange, a bill); акцептованная тратта acceptance *или* accepted draft

акциз excise, excise duty

анализ analysis (*мн. ч.* analyses)

анкета questionnaire; form; заполнить анкету to fill in a form

аннулирование cancellation

апеллировать to appeal

апелляционный суд *см.* суд

апелляция appeal

аппарат apparatus (*мн. ч.* apparatus, apparatuses)

арбитр arbitrator; единоличный арбитр sole (*или* single) arbitrator; решение арбитра (*или* арбитров) arbitration award; исполнять обязанности арбитра to arbitrate; назначить арбитра to appoint (*или* to nominate) an arbitrator; передать спор на решение арбитров to refer (*или* to submit) the dispute to arbitrators

арбитраж 1. (*третейское разбирательство*) arbitration; арбитраж по вопросу о качестве arbitration on quality; посредством арбитража или арбитражем by arbitration; стоимость (*или* издержки) арбитража arbitration fee(s), costs of arbitration; условие или пункт (договора) об арбитраже arbitration clause; передать спор на арбитраж to refer (*или* to submit) the dispute for arbitration; решать спор посредством арбитража to settle the dispute by arbitration; 2. (*орган третейского разбирательства*) arbitration commission, arbitration tribunal; court of arbitration, board of arbitrators; решение арбитража arbitration award; Внешнеторговый арбитраж the Foreign Trade Arbitration Commission; Морской арбитраж the Maritime Arbitration Commission.

арбитражный arbitration; Арбитражная комиссия при Российской торговой палате the Foreign Trade Arbitration Commission of (*или* at) the Russian Chamber of Commerce; Морская арбитражная комиссия при Российской торговой палате the Maritime Arbitration Commission of (*или* at) the Russian Chamber of Commerce; арбитражная оговорка arbitration clause; арбитражное решение arbitration award; арбитражный суд (*третейское разбирательство*) arbitration; (*орган третейского разбирательства*) *см.* арбитраж 2; арбитражным судом by arbitration

арматор shipowner, owner

ассортимент assortment; в ассортименте in assortment

ассоциация association

атташе attache; торговый атташе commercial attache

аукцион auction; продать с аукциона to sell by auction; аукцион пушнины fur auction

Б

базировать to base; базироваться to be based

базис basis

базисная цена *см.* цена

банк bank; Государственный банк СССР the State Bank of the Russia; Банк для внешней торговли России the Bank for Foreign Trade of the U. S. S. R.; Московский народный банк the Moscow Narodny Bank, Limited

банковский: банковский учетный процент *см.* процент 4; банковский чек *см.* чек; банковская тратта *см.* тратта

банкрот bankrupt, insolvent

банкротиться, обанкротиться to become bankrupt (*или* insolvent); to fail

банкротство bankruptcy, insolvency, failure

баржа barge

безоговорочный unconditional, unqualified

безопасность safety

безопасный safe

безотзывный irrevocable; безотзывный аккредитив *см.* аккредитив

безусловный unconditional

бенефициар beneficiary

беседа conversation, talk, interview

бесплатно free of charge

беспокойство trouble, inconvenience; просим извинения за причиненное вам беспокойство we apologize for the trouble (*или* for the inconvenience) you have been caused; простите за беспокойство (*разг.*) (I'm) sorry to trouble you; никакого беспокойства! no trouble at all!

бесполезный useless

биржа exchange; товарная биржа goods (*или* commodity) exchange

благодарить to thank; благодарим вас за (ваше) письмо we thank you for your letter

благодарный grateful; быть благодарным to be grateful, to be obliged; мы благодарны за ваше письмо we are obliged for your letter *или* we thank you for your letter

благоприятно favourably

благоприятный favourable

бланковый индоссамент *см.* индоссамент

ближайший (*следующий непосредственно*) next; ближайший пароход the next steamer available; в ближайшем будущем in the near future; при ближайшем рассмотрении on closer examination

борт board; на борт(у) on board; на борт(у) судна on board vessel; на борт(у) теплохода "Краснодон" on board the m.v. "Krasnodon"

бортовый коносамент *см.* коносамент

бочка barrel; cask

бракование (*непринятие*) rejection

браковать, забраковать to reject

брать (*посчитать, назначить цену*) to charge

брокер broker; брокер по продаже зерна grain broker, broker in grain

брошюра brochure, booklet

брутто gross; вес брутто *см.* вес; брутто-регистровые тонны *см.* тонна

будущее future; в будущем in the future; later on; на будущее for the future

буксир (*судно*) tug; на буксире in tow

буксировать to tow

бухгалтер bookkeeper, accountant; главный бухгалтер chief accountant

бухгалтерия accounts department

быстрый speedy, prompt, rapid, fast; быстрая поставка prompt (*или* speedy) delivery; быстрый износ rapid wear

В

валовой gross; валовая вместимость судна gross tonnage; валовая сто-

имость *см.* **стоимость**

валюта 1. *(внутренние или иностранные деньги)* currency; валюта договора *(или сделки)* currency of the contract; валюта цены (платежа) currency of the price (of payment); 2. *(векселя, переводы и другие платежные поручения, подлежащие оплате в иностранной валюте)* exchange, foreign exchange; иностранная валюта exchange, foreign exchange; курс иностранной валюты rate of exchange

валютный: валютный курс rate of exchange; валютные ограничения exchange restrictions

варрант *(складской)* warrant, warehouse warrant

ввиду owing to, because of, in the view of

вводить, ввести to introduce; вводить в действие to put into operation

ввоз importation, import

ввозить, ввезти to import

вдобавок in addition

ведомость *(список)* list; *(расчетная)* statement, calculation

вексель: переводный вексель *см.* тратта; простой вексель promissory note

вернуть *см.* **возвращать**

верфь dockyard; yard; судостроительная верфь ship-yard

вес weight; вес брутто gross weight; вес нетто net weight; вес тары tare; выгруженный вес landed *(или* outturn) weight; погруженный вес shipped *(или* shipping) weight; общий вес total weight; средний вес average weight

взаимность reciprocity; торговля на основе взаимности reciprocal trading

взаимный mutual; reciprocal; взаимная выгода mutual benefit

взнос payment; fee; contribution; частичный взнос part payment; *(при уплате по частям)* instalment; платеж частичными взносами payment in *(или* by) instalments; арбитражный взнос arbitration fee; долевой взнос *(в страховании)* contribution; долевой взнос по общей аварии general average contribution; членский взнос membership fee

взыскание *(денежных сумм)* recovery; принудительное взыскание recovery by enforcement

взыскивать, взыскать *(денежные суммы)* to recover; взыскивать принудительным путем to enforce *или* to recover by enforcement

визит visit; нанести визит to pay a visit

вина fault; по нашей (вашей) вине through our (your) fault; не по нашей вине through no fault of ours; по вине машинистки through a typing error

вклад *(в банке)* deposit

вкладывать, вложить to insert

включать to include *(в -* in); включить в цены to include in the price; включить *(или* внести*)* в договор to insert in the contract; включая including; включая частную аварию *см.* авария 2

включительно inclusive; до 15 января включительно to 15th January inclusive

влага, влажность moisture

владелец owner

владение possession

влияние influence; effect

влиять на что-л. to influence *(или* to affect*)* something

вместимость capacity; tonnage; валовая вместимость судна *см.* валовой; чистая вместимость судна *см.* чистый

вне beyond; вне власти *(или* не во власти*)* продавцов (покупателей) beyond the control of the sellers (of the buyers)

внешний external, outside, outer

внимание attention; вниманию г-на А. Б. Брауна *(надпись на письме или конверте)* (for the) attention of Mr. A. B. Brown; обращать внимание на что-л. *или* уделять внимание чему-л. *(заинтересоваться чем-л.)* to pay *(или* to give) attention *или* to attend to something; просим обратить особое внимание на упаковку товара we request you to pay particular attention to the packing of the goods; обращать чьё-л. внимание на что-л. *(указывать кому-л. на что-л.)* to draw *(или* to call*)* somebody's attention to something; обращаем ваше внимание на то, что we wish to draw your attention to the fact that; мы уделяем этому делу большое внимание the matter is having our careful attention; мы немедленно обратим на это внимание we shall attend to the matter immediately; принимать во внимание to take into consideration *(или* into account); не принимать во внимание *или* оставлять без внимания not to take into consideration, *или* to disregard

вносить, внести 1. *(вводить)* to insert, to introduce; 2. *(платить)* to pay

внутренний internal, inside, inner

389

водоизмещение displacement
возврат 1. *(чего-л. взятого)* return; подлежащий возврату returnable; 2. *(денежных сумм)* refund; 3. *(таможенных пошлин)* drawback, customs drawback
возвращать, возвратить to return; *(денежные суммы)* to reimburse, to refund; возвращаться *(к переписке, разговору, теме)* to revert
воздерживаться to abstain
возмещать, возместить *см.* компенсировать
возмещение compensation; indemnity; *(об истраченных суммах)* refund; возмещение ущерба (убытков) compensation for damage (for losses) *или* damages; иск о возмещении ущерба *(или* убытков) a claim for damages; страховое возмещение insurance indemnity
возможно 1. *(безлично)* it is possible; 2. *(со сравнительной степенью)* as ... as possible; возможно скорее as soon as possible; возможно раньше as early as possible; возможно больше (меньше) *(с неисчисл. сущ.)* as much (little) ... as possible; как можно больше (меньше) пшеницы as much (little) wheat as possible; *(с исчисл. сущ.)* as many (few) ... as possible; как можно больше (меньше) ящиков as many (few) cases as possible; 3. *(может быть)* possibly, maybe; пароход, возможно, прибудет завтра the steamer will possibly arrive tomorrow
возможность possibility; *(удобный случай)* opportunity, chance; возможность повышения цен possibility of a rise in prices; нет возможности it is impossible; по (мере) возможности as far as possible; по возможности больше (меньше) = возможно больше (меньше) *см.* возможно 2; при первой возможности at the first opportunity; если представится возможность should an opportunity arise; иметь возможность сделать что-л. to have an opportunity of doing *(или* to do) something; воспользоваться возможностью сделать что-л. to take the opportunity if doing *(или* to do) something; дать возможность кому-л. сделать что-л. to enable somebody to do something
возможный possible; сделать всё возможное to do all one (possibly) can *или* to do one's best; мы сделали всё возможное, чтобы зафрахтовать судно we did all we could *(или* we did our best) to charter a vessel
возникать, возникнуть to arise; если возникнет необходимость if need should arise *или* should need arise
возражать, возразить to object *(против* - to)
возражение objection *(против* - to)
вольт volt
воспользоваться чем-л. to use something *или* to make use of something
востребование: до востребования *(в адресе на конверте)* to be called for, poste-restante
впечатление impression; произвести впечатление to make *(или* to produce) an impression *или* to impress
вредить to damage
время time; время от времени from time to time; тем временем in the meantime; в то время как while, whereas; в то же время at the same time; в настоящее время at the present time *или* at present; до настоящего времени up to the present time; в требуемое время at the time required; стояночное время lay time; время, затрачиваемое на обработку детали на станке production time
вручать, вручить to hand, to hand in, to hand over; to deliver
вручение handing over; delivery
всего 1. *(итого - перед количеством)* total (quantity); *(итого - перед суммой)* total (sum); 2. *(лишь)* only
вследствие owing to, because of
встреча meeting, interview
второстепенный *(незначительный)* minor; иметь второстепенное значение to be of minor importance
выбирать, выбрать to choose; *(отбирать)* to select; *(избирать голосованием)* to elect
выбор choice; *(опцион, усмотрение)* option; по нашему (вашему) выбору at *(или* in) our (your) option
вывоз exportation; export
вывозить, вывезти to export
выгода benefit, advantage; с выгодой для всех участвующих сторон to the benefit of all concerned; к взаимной выгоде to the mutual benefit
выгружать, выгрузить to unload, to discharge
выгрузка unloading, discharge; выгрузка на берег landing
выдавать, выдать to issue; выдать заказ кому-л. to give somebody an order *или* to place an order with somebody
выдача issue; при выдаче заказа when placing the order; мы согласны уп-

латить 10% при выдаче заказа we agree to pay 10 per cent. with order
выдержанный *(о товаре)* seasoned
выдерживать, выдержать: выдерживать срок поставки to maintain the delivery time *(или* the delivery date)
вызванный caused, brought about *(чем* - by), due *(чем* - to)
вызов 1. *(по телефону)* call, telephone call; вызов по междугородному телефону trunk call; 2. *(в суд)* summons
вызывать, вызвать 1. *(причинять)* to cause, to bring about; 2. *(звонить по телефону)* to call up on the telephone; to ring up; вызовите меня по телефону call me up on the telephone *или* ring me up; 3. *(в суд)* to summon
вынуждать, вынудить to compel, to force
выписка extract; выписка из счета statement of account; *см. тж.* счет I
выписывать: выписать коносамент (счет-фактуру) to make out a bill of lading (an invoice); выписать тратту (чек) to draw a bill of exchange (a cheque); выписать газету (журнал) to subscribe to a newspaper (to a magazine)
выплачивать, выплатить to pay, to pay off; выплачивать в рассрочку to pay by instalments
выполнение fulfilment, carrying out; execution, performance; выполнение контракта fulfilment *(или* performance) of the contract; выполнение заказа execution of the order; выполнение обязательств carrying out of obligations
выполнять, выполнить to fulfil, to carry out, to execute, to perform; выполнить контракт to fulfil *(или* to carry out, to perform) the contract; выполнить заказ to execute the order; выполнить свои обязательства to carry out one's obligations
выпуск issue; *(производительность)* output, production
выручка proceeds *(мн. ч.)*
высота height
выставка exhibition, show; fair
выставлять, выставить 1. *(на выставке)* to exhibit; 2. *(выписывать - о векселе)* to draw; выставить тратту to draw a bill of exchange
выступать, выступить *(действовать)* to act; выступать в качестве агента to act as an agent; выступать на рынке to be in the market
высшее качество *см.* качество

вычеркивать, вычеркнуть to delete, to strike out
вычет deduction; за вычетом less *или* minus
вычисление calculation, computation
вычислять, вычислить to calculate, to compute
вычитать, вычесть to deduct
выше higher; как указано выше as stated above; указанная выше цена the price stated above *или* the above price; упомянутый выше abovementioned *или* mentioned before, *или* foregoing; изложенное выше *или* вышеизложенное the foregoing
выяснять, выяснить to find out, to ascertain

Г

Гаагские правила Hague Rules
габаритный overall; габаритные размеры *см.* габарит(ы)
габарит(ы) overall dimensions, overall measurements; overall size
гавань harbour, port; входить в гавань to put in harbour
газойль gas oil *(или* gasoil)
галлон gallon; американский галлон American gallon
гарантировать to guarantee; to warrant; гарантировать от убытков to guarantee against *(или* from) loss
гарантия guarantee *(или* guaranty); warranty; банковская гарантия banker's guarantee
генеральный груз *см.* груз 1
генератор generator
гербовый: гербовая марка stamp; гербовый сбор stamp duty; гербовый сбор по векселю stamp duty on the bill of exchange
гинея guinea
главный chief, principal; main; главный бухгалтер *см.* бухгалтер
год year; текущий год current year; финансовый год financial year
годиться to suit
годный *см.* пригодный
годовой yearly, annual; годовые *(о процентах)* per annum *(сокр.* р. а.)
голубой blue, light blue
гонорар fee
гостеприимство hospitality
готовить to prepare
готовность readiness
готовый ready, prepared
граница border, frontier; за границей, за границу abroad; из-за границы from abroad

грационные дни *см.* день
груз 1. *(совокупность товаров, перевозимых на одном судне)* cargo; генеральный груз general cargo; зерновой груз grain cargo *или* cargo of grain; импортный груз import cargo; массовый *(или* навалочный, сыпучий) груз *или* груз насыпью *(или* навалом) bulk cargo *или* cargo in bulk; обратный груз homeward cargo; полный и законченный груз full and complete cargo; с полным грузом fully loaded; скоропортящийся груз perishable cargo; смешанный груз general *(или* mixed) cargo; экспортный груз export *(или* outward) cargo; 2. *(товары на судне)* goods *(мн. ч.)*; опасные грузы dangerous goods; список грузов cargo sheet
грузить to load
грузовой манифест *см.* манифест
грузовой трюм *см.* трюм
грузоподъемность *(судна)* carrying capacity, capacity; полная грузоподъемность deadweight capacity *или* deadweight *(или* dead-weight)
грузчик stevedore; longshoreman

Д

давать право *см.* право 1
давление pressure
давний *см.* долголетний
далее *(затем, после)* further
дальнейший *(последующий)* further; в дальнейшем *(позже)* later on *или* in further; *(ниже)* below; в дальнейшем именуемый *(во вступительной части контракта)* hereinafter referred to as; дальнейшие подробности further particulars
данные data *(мн. ч.)*; необходимые данные the necessary data
данный given; в данное время at the present time *или* at present
дата date; дата письма the date of the letter; дата почтового штемпеля the date of the postmark; датой отгрузки должна считаться дата коносамента the date of the bill of lading is to be considered the date of shipment
датировать to date; письмо, датированное 25 января a letter dated the 25th January; письмо, датированное сегодняшним (вчерашним) числом a letter of to-day's date (of yesterday's date); письмо, датированное тем же числом a letter of the same date

двигатель engine; дизельный двигатель Diesel engine
двойной double
дебет debit; в дебет вашего счета to the debit of your account
дебетовать to debit
дебетовое авизо *см.* авизо
дебитор debtor
дедвейт deadweight *(или* dead-weight)
действие action, operation; *(влияние)* effect; *(действительность)* validity; срок действия validity
действительность reality; *(о документе)* validity; в действительности in reality *или* in fact
действительный real, actual; *(о документе)* valid
действующий *(существующий, преобладающий)* ruling; действующие цены (ставки) ruling prices (rates)
декада ten day period
декларация declaration; декларация о привезенном грузе bill of entry
деливери-ордер delivery order
делимый divisible; делимый аккредитив *см.* аккредитив
дело 1. *(вопрос)* matter, question; 2. *(торговое)* business; по делу on business; 3. *(сделка)* business, transaction; 4. *(судебное)* case; по делу *(в надписи над письмом юридического характера)* Re: *или* in re:; по делу Смита против Брауна Re: Smith versus Brown
демередж *(простоя судна)* demurrage
демонстрационный зал show-room
день day; *(после полудня)* afternoon; в 3 часа дня at three o'clock in the afternoon *или* at three o'clock p. m.; через несколько дней in a few days; грационные *(или* льготные) дни days of grace; погожий рабочий день weather working day; последовательные дни consecutive days
деньги money, currency; наличные деньги cash *или* ready cash *или* ready money
депозит deposit
депонент depositor
депонировать to deposit
держать to hold, to keep; мы держим оферту открытой для вашего акцепта we hold the offer open for your acceptance; держать в курсе to keep informed *(или* advised); держать на складе to keep in stock
десятилетие decade
деталь 1. *(подробность)* detail; 2. *(часть механизма, машины)* part
дефект defect
дефектный defective, faulty; оказаться

дефектным to prove (to be) defective
дешевый cheap
директор director; директор конторы manager of the department; совет директоров board of directors
дисконт discount
диспач dispatch (*или* despatch), dispatch money
диспаша average statement
диспашер average adjuster, average stater
длина length
добавление addition; (*к документу*) addendum (*мн. ч.* addenda); в добавление in addition
добавлять, добавить to add
добавочный additional, supplementary; extra; (*о номере телефона*) extension, добавочный комплект an extra set; добавочный (*номер телефона*) 21 extension 21
доброжелательность goodwill
доверенность power of attorney, procuration; по доверенности (*в подписях*) per procurationem (*латинское выражение, пишущееся сокращенно* per pro *или* p.p.)
доверитель principal (*часто во мн. ч.* - principals)
до востребования *см.* востребование
договариваться, договориться 1. (*вести переговоры*) to negotiate (*о* - for, about); 2. (*придти к соглашению*) to come to an agreement (*или* to understanding) (o - about), to agree (o - on); мы договорились о цене we have come to an agreement (*или* understanding) about the price *или* we have agreed on the price
договор 1. (коммерческий) contract, agreement; договор продажи sales contract; договор морской перевозки contract of affreightment; агентский договор agency agreement; консигнационный договор consignment agreement; заключить (*подписать*) договор to conclude (to sign) a contract (*или* an agreement); продлить (*расторгнуть*) договор to extend (to cancel) a contract (*или* an agreement); по договору *см.* контракт; 2. (*соглашение между государствами*) treaty, agreement; договор о торговле и мореплавании treaty of commerce and navigation; по договору under the treaty
док dock
доказательство evidence; proof (*мн. ч.* proofs); окончательное доказательство качества final proof of quality
доказывать, доказать to prove

доклад report
доковые сборы dock dues
документ document; грузовые (*или* погрузочные) документы shipping documents; против (погрузочных) документов against (shipping) documents; оборотный документ negotiable document (*или* instrument); товарораспорядительный документ document of title
документация documentation; техническая документация technical documentation
долг debt
долголетний (*давний*) long-standing; долголетние деловые отношения long-standing business relations долгосрочный long-term; долгосрочный кредит long-term credit
долевой взнос (*в страховании*) *см.* взнос
должник debtor
должность post, position
должный due; в должное время in due time (*или* course)
домицилировать to domicile
дополнительно in addition, extra; стоимость упаковки 75 фунтов дополнительно the cost of packing is £75 extra
дополнительный additional, supplementary; дополнительные данные additional (*или* supplementary) data
допуск 1. (*доступ*) admittance; 2. (*допускаемое отклонение*) tolerance
доставка delivery; со срочной доставкой (*надпись на конверте*) express delivery
доставлять, доставить to deliver
достаточный sufficient; вполне достаточная компенсация fair compensation
достижение achievement
доход income
дружеский, дружелюбный, дружественный friendly, amicable; дружеским путем amicably *или* in a friendly way; дружеское разрешение спора amicable settlement of a dispute; дружеское урегулирование претензии amicable settlement of a claim
дубликат duplicate
дюйм inch (*обозначается сокр.* in. *или знаком " над числом*); 5 дюймов 5 inches *или* 5 in., *или* 5'

Е

единица unit
единоличный sole, single; единоличный арбитр single (*или* sole)

arbitrator
единообразие uniformity
единообразный uniform
единственный sole, only; единственный экспортер (импортер) the sole exporter (importer); единственный в своем роде unique
ежегодно annually, every year, yearly
ежегодный annual, yearly
ежемесячно, ежемесячный monthly
еженедельно, еженедельный weekly
емкость capacity
если не, если только не unless
еще 1. *(все еще, до сих пор)* still; товары еще находятся на складе the goods are still in the warehouse; 2. *(с отрицанием не)* not yet, not ... as yet; пароход еще не прибыл the steamer has not arrived (as) yet; 3. *(вдобавок, дополнительно - пред числительными в сочетании с названием меры)* another, more; вчера мы погрузили еще 500 тонн yesterday we loaded another 500 tons *(или* 500 more tons); 4. *(для указания на наличие достаточного времени, достаточных условий для совершения чего-л.)* still, yet; можем ли мы еще разработать новое предложение? can we still work out a new offer? can we work out a new offer yet? 5. *(уже)* already мы еще вчера телеграфировали им we already cabled them yesterday 6. *(так давно как)* as long ago as, as far back as; этот пароход был построен еще в 1950 г. this steamer was built as long ago as 1950 г.; 7. *(после вопросительных наречий и местоимений)* else; что еще вы можете нам предложить? what else can you offer us? 8. *(со словами какой, какие)* what other; какие еще товары вы можете нам предложить? what other goods can you offer us? 9. еще раз again; мы еще раз телеграфировали этой фирме we cabled this firm again

Ж

жалеть *см.* сожалеть
жалоба complaint *(на что-л. -* about)
жаловаться to complain *(на что-л.* of, about); жаловаться на плохое качество товара to complain of the bad *(или* inferior) quality of the goods
ждать *см.* ожидать
желание desire, wish; согласно вашему желанию as desired by you *или* according to your desire

желательно it is desirable; желательно, чтобы товар был отправлен в сентябре it is desirable that the goods should be despatched in September
желать to desire, to wish
жидкий liquid
жидкость liquid

З

забота care, trouble; anxiety
заботиться to take care *(о -* of)
забраковать *см.* браковать
заваривать *(свариваться)* to weld
заведующий manager; заведующий экспортным отделом export manager *или* manager of (the) export department
заведовать to manage, to be in charge of
заверение assurance
завертывать, завернуть to wrap
завершать, завершить to complete
завершение completion
заверять, заверить 1. *(уверять)* to assure; 2. *(засвидетельствовать)* to certify; заверенная копия certified copy
зависеть to depend *(от -* on); зависеть от кого-л. в отношении чего-л. to depend on somebody for something
завод plant, works, factory; mill; завод-изготовитель manufacturing plant *или* manufacturing works
заголовок heading; title
заграничный foreign
загруженность: загруженность (срочной) работой pressure of work; загруженность (срочными) заказами pressure of orders
загруженный: быть полностью загруженным заказами to be fully engaged with orders
задаток deposit
задерживать, задержать *(о поставке, отгрузке, уплате, ответе)* to delay; *(о задержке судна сверх срока)* to detain
задержка delay; задержка в поставке delay in delivery; задержка в ответе на письмо (телеграмму) delay in answering a letter (a telegram); задержка судна detention of a vessel
задолженность indebtedness
заем loan
заинтересованный interested; *(имеющий отношение)* concerned; заинтересованная сторона the interested party *или* the party concerned
за и от имени *см.* имя

заказ order; по заказу against the order; выполнить заказ to execute the order; выполнение заказа execution of the order; выдать заказ(ы) кому-л. или поместить (*или* разместить) заказ(ы) у кого-л. to place an order (orders) with somebody *или* to give somebody an order (orders)

заказное письмо *см.* письмо

заказывать, заказать to order (*у кого-л. - from*)

заканчивать, закончить to finish, to complete

закладная mortgage, bond

закладывать, заложить to pledge; закладывать товар в банке to pledge goods with a bank

заключать, заключить to conclude; заключить договор *или* to enter into a contract

заключение 1. (*вывод*) conclusion; придти к заключению to come to the conclusion; 2. (*завершение*) conclusion; заключение контракта conclusion of a contract; 3. (*доклад, мнение в письменной форме*) report; opinion

заключительный курс *см.* курс 1.

закон law

законный legal, lawful, rightful; законный владелец rightful owner

закупать, закупить to purchase, to buy (*у кого-л. - from*)

зал hall; выставочный зал exhibition hall; демонстрационный зал showroom

заложить *см.* закладывать

замедлить: мы не замедлим сообщить (*телеграфировать, послать и т.д.*) we shall not fail to inform (to cable, to send, etc.)

замена replacement

заменять, заменить to replace (*чем-л. - by*)

замер measurement

заместитель (*в названиях должностей*) deputy, vice-; заместитель председателя vice-president *или* deputy chairman

замечать, заметить 1. (*принимать к сведению, обращать внимание, видеть*) to notice, to note, to observe; to take note, to take notice; из вашего письма мы замечаем, что товар еще не отгружен; we note (*или* we observe, we notice) from your letter that the goods have not been shipped yet; 2. (*в сочетании со словом себе*) to note, to note down; мы заметили себе ваш адрес we have noted (down) your address; мы заметили себе, что вы являетесь фабрикантами насосов we note that you are manufacturers of pumps; 3. (*вставлять замечание в разговоре*) to remark, to observe

заниматься to be engaged (*чем-л. - in*); заниматься экспортом (импортом, продажей) товаров to be engaged in the export (the import, the sale) of goods; занимающийся engaged

запас stock; store; запасы на складах stocks

запасный spare; запасные части spare parts; (*разг.*) spares

заполнять, заполнить to fill in (*или* up); заполнить анкету to fill in a form

запрашивать, запросить (*послать запрос*) to enquire (*или* inquire), to send an enquiry (*или* inquiry)

запрет *см.* запрещение

запретительный prohibitive; запретительная пошлина prohibitive duty; запретительная цена prohibitive price

запрещать, запретить to prohibit

запрещение prohibition; судебное запрещение injunction

запрос enquiry (*или* inquiry); запрос на руду enquiry for ore

заранее beforehand, in advance; (*заблаговременно*) in good time; уплатить заранее to pay in advance; зафрахтовать судно заранее to charter a vessel in good time

засвидетельствовать (*удостоверять, заверять*) to certify; засвидетельствованная копия certified copy

застраховать *см.* страховать

затрата expense; (*издержки*) disbursement

затрачивать to spend

затруднение difficulty

заходить to call; пароход зайдет в Гамбург the steamer will call at Hamburg

заявление 1. (*декларация*) statement, declaration, notice; заявление о претензии notice of claim; исковое заявление statement (*или* points) of claim *или* plaint; 2. (*просьба, ходатайство*) application

знак 1. (*изображение*) mark; sign; обозначить (*или* пометить) знаком to mark; торговый знак trade-mark; 2. (*свидетельство, символ*) token в знак доброжелательности as a token of goodwill

значительно considerably

395

значительный considerable

И

игнорировать to ignore, to disregard
идентичный см. тождественный
избирать *(выбирать голосованием)* to elect
известие news, information
известить см. извещать
известный well-known
извещать, известить см. сообщать
извещение *(письменное)* advice, notification, notice (o - of, about); извещение о готовности товара к отгрузке advice of the readiness of the goods for shipment; извещение *(брокера)* о продаже advice of sale; извещение о готовности судна к погрузке (к разгрузке) - нотис notice of readiness of the vessel for loading (for discharging)
извинение apology; просить извинения у кого-л. to apologize to somebody; приносить извинения to offer one's apologies; примите, пожалуйста, наши извинения please accept our apologies
извинить, извинить to excuse; извините excuse me, (I am) sorry
извиняться to apologize; извиниться пред кем-л. за что-л. to apologize to somebody for something
изготавливать, изготовить to manufacture, to make, to produce; изготовить заказ to execute an order
изготовитель manufacturer, maker, producer; завод-изготовитель см. завод
изготовление manufacture; качество изготовления workmanship
издание 1. *(печатное произведение)* publication; 2. *(выпуск в свет)* edition; 3. *(тираж)* impression, printing
изделие manufactured article; *мн. ч.* изделия manufactures
издержки costs; издержки производства costs of production; судебные издержки costs
из-за owing to, because of
излишек surplus; excess; излишек веса excess weight
изменение change, alteration; *(исправление)* amendment; изменение заказа alteration of (*или* to) order; внести изменения в конструкцию машины to make alterations in the design of the machine
изменять(-ся), изменить(-ся) to change; *(частично)* to alter; изменять к лучшему to improve *или* to amend
измерение measurement
изнашивать(-ся), износить(-ся) to wear out; быстро изнашивающиеся части rapidly wearing out parts
износ wear; естественный износ natural wear
износить(-ся) см. изнашивать(-ся)
израсходовать to spend
изъян fault; с изъяном *или* с изъянами faulty *или* defective
иллюстрация illustration; picture
иллюстрированный illustrated
иллюстрировать to illustrate
именно: а именно namely, viz. *(сокр. слова* videlicet; *читается:* namely)
импорт importation, import; *(когда речь идет о количестве или стоимости ввезенных товаров)* imports
импортер importer
импортировать to import
импортированные товары imported goods; imports
импортная пошлина см. пошлина
имя name; от имени кого-л. on behalf of; за и от имени кого-л. for and on behalf of; на имя кого-л. in the name (*или* in favour) of
иначе *(в противном случае)* otherwise
инвентаризация stock-taking
индоссамент, индоссо endorsement (*или* endorsement); бланковый индоссамент blank endorsement; с бланковым индоссаментом endorsed in blank; именной индоссамент special endorsement; ограниченный индоссамент restrictive endorsement
индоссировать to endorse (*или* indorse)
инженер engineer; главный инженер chief engineer
инициалы initials
инкассировать to collect
инкассо collection; посылать документы на инкассо to send documents for collection
иностранная валюта см. валюта
иностранный переводный вексель foreign bill of exchange
инспектировать to inspect
инспектор inspector; *(в морском транспорте и страховании)* surveyor
инспекция inspection; Государственная инспекция России по качеству the State Inspection of Russia for Quality
инструктировать to instruct
инструкция instruction *(обычно во мн. ч. -* instructions*)*; инструкции по отгрузке товара shipping instructions

for the goods; инструкции по уходу и эксплуатации maintenance and operation instructions; постоянные инструкции standing instructions *или* standing orders

инструмент tool

интервал interval

интерес interest; представлять интерес для кого-л. to be of interest to somebody

интересный interesting; оказаться интересным для кого-л. to prove interesting to somebody

интересовать to interest; интересоваться to be interested *(чем-л. - in)*

информация information; согласно полученной информации according to the information received; мы получили информацию we have received information

иск action, claim, suit; иск об убытках claim *(или* action) for damages; встречный иск counter-claim; предъявить иск к кому-л. to bring (in) an action *(или* to institute proceedings) against somebody; отказать в иске to reject *(или* to dismiss) the case *или* to pronounce judgement against the plaintiff; удовлетворить иск to pronounce judgement for the plaintiff

искажать, исказить *(о телеграмме)* to mutilate

исключать, исключить to exclude; to except; исключая excluding *или* exclusive of, *или* except

исключение exclusion, exception; за исключением except *или* with the exception of; с исключением to the exclusion of

исключительный exceptional

исковое заявление *см.* заявление

искренне: искренне ваш(и) *(формула вежливости перед подписью в письмах)* yours sincerely

исполнение *см.* выполнение

исполнять, исполнить *см.* выполнять

использование 1. use, utilization; 2. *(осуществление)* exercise; использование права exercise of a right

использовать 1. to use, to make use of, to utilize; мы не можем использовать ваше предложение we cannot use *(или* make use of) your offer; 2. *(осуществлять)* to exercise; использовать право to exercise the right; использовать право удержания товара to exercise a lien on the goods

исправление correction; *(изменение, улучшение)* amendment; исправление дефектов elimination of defects

исправлять, исправить to correct; *(изменять, улучшать)* to amend; исправить дефекты to remedy *(или* to eliminate) the defects

испытание test, testing; испытание судна trails; заводское испытание works test; свидетельство *(или* сертификат*)* о заводском испытании certificate of works test *или* works test certificate; окончательное испытание final test; рабочее испытание running test; эксплуатационное испытание service test; протокол испытания *см.* протокол; производить испытание to make *(или* to perform*)* a test; проходить испытание to undergo a test

испытывать, испытать 1. *(проверять)* to test; to try; 2. *(изведать, ощущать)* to experience; испытывать затруднения *(или* трудности*)* to experience difficulties

истекать, истечь *(о сроке)* to expire; срок поставки истек the time for delivery has expired; срок платежа истек payment is overdue

истец claimant, plaintiff

истечение *(о сроке)* expiration

итого *(перед количеством, суммой)* total quantity; total sum; total

К

кабель cable

каботаж coasting trade

какао-бобы cocoa beans

как ..., так и both ... and; как покупатели, так и продавцы both the buyers and the sellers

калькулировать to calculate

калькуляция calculation

кантовать to turn over; не кантовать! *(надпись на ящиках)* do not turn over!

канцеллинг cancelling date

канцелярский: канцелярские принадлежности stationary; канцелярская ошибка *см.* ошибка

капитал capital; акционерный капитал share capital; оборотный капитал working capital

капитан captain, master; помощник капитана mate

касательно concerning, regarding

касательство connection *(к - with)*; anything to do *(к - with)*; мы не имеем никакого касательства к этому делу we have no connection *(или* we have nothing to do*)* with the matter *или* we are not concerned in the matter

397

касаться 1. *(упоминать, затрагивать)* to touch (on, upon); в своем письме агент касается вопроса о ценах in his letter the agent touches upon the question of prices; **2.** *(иметь отношение)* to concern; это дело нас не касается the matter does not concern us *или* we are not concerned in the matter; что касается as regards *или* as to, *или* as for; поскольку это касается чего-л. so far as something is concerned

каталог catalogue; *(в США и Канаде)* catalog; каталог машин catalogue of machines

качество quality; высокое качество high *(или* superior) quality; низкое качество low *(или* inferior) quality

килограмм kilogram *(сокр. kg., мн. ч. kgs)*

кипа bale

класс class, category, group; относить к классу to class; быть отнесенным к классу to be classed

клиент customer, client

код code

кодировать to code

колебание 1. *(частое изменение, неустойчивость)* fluctuation; variation; **2.** *(нерешительность)* hesitation

колебаться 1. *(меняться, быть неустойчивым)* to fluctuate; to vary; **2.** *(быть нерешительным)* to hesitate

количество 1. *(с исчисляемыми сущ.)* number, quantity; **2.** *(с неисчисляемыми сущ.)* quantity; **3.** *(сумма)* amount

командировать to send

комиссионер commission agent; agent; broker

комиссионный: комиссионная фирма commission house; комиссионное вознаграждение, комиссионные commission; комиссионная продажа sale on commission *или* commission sale

комиссия 1. *(вознаграждение)* commission; брокерская комиссия brokerage; комиссия за делькредере del credere commission; **2.** *(временный или постоянный орган)* commission, committee

комитент principal *(обычно во мн. ч. - principals)*; client(s)

компаньон partner

компенсация *см.* возмещение

компенсировать to compensate, to recompense; to indemnify; *(об истраченных суммах)* to refund

компетентный competent

компетенция competence *(или* competency)

комплект set; полный комплект коносаментов full set of bills of lading

комплектно complete; комплектно со всеми принадлежностями complete with all accessories

комплектный complete; комплектный завод complete plant; комплектная фабрика complete factory

компонент component

компрессор compressor; воздушный компрессор air compressor

конверт envelope; в отдельном конверте under separate cover

конвертировать *см.* переводить 2

конкурент competitor

конкурентный competitive

конкурентоспособный competitive

конкуренция competition

конкурировать to compete

коносамент bill of lading *(мн. ч.* bills of lading); коносамент, выписанный приказу какого-л. лица a bill of lading made out to order of somebody; коносамент на груз, принятый для погрузки *(или* перевозки) "received for shipment" bill of lading; бортовой коносамент "ob board" bill of lading; оригинал коносамента original bill of lading; чистый коносамент clean bill of lading; полный комплект чистых бортовых коносаментов, выписанных приказу какого-л. лица full set of clean "on board" bills of lading made out to order of somebody; выписать коносамент to make out a bill of lading; товар по коносаменту № 1 (по всем коносаментам) goods on bill of lading No. 1 (on all bills of lading)

консервы tinned goods; *(ам.)* canned goods; рыбные консервы tinned *(или* canned) fish; фруктовые консервы tinned *(или* canned) fruit

консигнация consignment; послать товар на консигнацию to send goods on consignment

конструировать *(сооружать)* to construct; *(проектировать)* to design

конструкция 1. *(сооружение)* construction; **2.** *(проект, структура)* design

консультант consultant, adviser

контакт contact

контора office, bureau; *(отдел объединения)* department; главная контора head office

конторщик clerk

контракт contract, agreement *(на - for)*; по контракту *(или* по договору) *(согласно контракту, на основании* *контракта)* under the contract; по контракту покупатели обязаны открыть аккредитив under the contract the buyers are obliged to open a letter of credit; цена по контракту the contract price; *(в счет контракта, в частичное или полное погашение контракта)* against the contract; мы отгрузили 3000 тонн руды по контракту № 100 we have shipped 3,000 tons of ore against Contract No. 100

контрпредложение counter-offer
конференция conference
конфликт conflict
концерн concern
кормовые продукты feeding stuffs
коррозия corrosion
котировать to quote; котировать цену to quote a price; to quote *(на - for)*
котировка quotation
коэффициент coefficient; ratio; factor; коэффициент полезного действия efficiency
краб crab; крабовые консервы tinned crab meat
крайне extremely, very (very) much; мы будем вам крайне обязаны we shall be (very) much obliged to you; товар крайне нужен нашим комитентам the goods are urgently needed by our clients
крайний 1. *(чрезвычайный, исключительный)* extreme; 2. *(последний, окончательный)* last, final; крайний срок поставки final date of delivery; ваше предложение должно быть получено к 25 мая, как крайний срок; your offer must be received by us by the 25th May at the latest; 3. *(самый низкий)* lowest; крайняя цена lowest price; по крайней *(или* по меньшей*)* мере at least; в крайнем случае in the last resort
кран crane; плата за пользование краном cranage
красить to paint
краска paint
краткий short, brief, concise; в кратких словах briefly *или* in short *или* in a few words
краткосрочный short-term; краткосрочный кредит short term credit; краткосрочный вексель short-dated bill *или* bill at short date
кредит credit; в кредит on credit; долгосрочный (краткосрочный) кредит long-term (short-term) credit; предоставить кредит to grant a credit
кредит credit; отнести *(или* записать*)* в кредит вашего (нашего) счета у нас (у вас) to place to the credit of your (our) account with us (with you)
кредитовать to credit; кредитовать счет to credit an account *или* to place to the credit of the account; просим кредитовать наш счет этой суммой please place this sum to the credit of our account
кредитовый credit; кредитовое авизо credit note *или* credit advice; кредитовое сальдо credit balance
кредитор creditor
кроссированный чек *см.* чек
кубический cubic; кубический метр (фут) cubic metre (foot)
кукуруза maize; *ам.* corn
купец merchant
курс 1. *(валютный)* rate (of exchange); заключительный курс closing *(или* close*)* rate; средний курс average *(или* mean*)* rate; 2. *(на товарной или фондовой бирже)* quotation; 3. держать кого-л. в курсе *см.* держать

Л

лаборатория laboratory
лебедка winch
лебедчик winchman
лес *(лесоматериалы)* timber, wood goods; *(в США)* lumber
лесовоз timber carrier
лесоматериалы *см.* лес
лесопильный завод saw-mill
ликвидация liquidation
ликвидировать to liquidate
лимит limit
лимитный: лимитная цена limit price
лист sheet, list; проверочный лист check sheet; упаковочный лист packing list
листовка leaflet
лихтер lighter
лицевая сторона *см.* сторона 1
лицензия licence *(или* license*)*; получить лицензию to obtain a licence; предоставить *(или* выдать*)* лицензию to grant *(или* to issue*)* a licence
лишать to deprive *(чего-л. - of)*
лоцман pilot
лоцманский сбор pilotage fees, pilotage
лошадиная сила horse power *(сокр.* h.p., H.P.*)*; тормозная лошадиная сила brake horse power *(сокр.* b.h.p.*)*
льгота privilege
льготный privileged, preferential; льготные дни *см.* день;
льготная пошлина *см.* пошлина
любезность kindness

люк hatch, hatchway; грузовой люк cargo hatch; рабочий люк workable hatch; угольный люк bunker hatch

М

мазут fuel oil
максимальный maximum; максимальная цена maximum price; максимальное количество maximum quantity
максимум maximum; как максимум as a maximum
малейший least; slightest; ни в малейшей степени not in the slightest degree
манифест manifest; грузовой манифест manifest of cargo
марганцевая руда manganese ore
марка 1. *(почтовая)* stamp, postage-stamp; 2. *(гербовая)* stamp; 3. *(отличительный знак, клеймо)* mark; sign; brand; фабричная марка trade-mark; 4. *(сорт, качество)* grade, sort, brand; 5. *(модель)* model; новая марка *(машины)* new model
маркировать to mark
маркировка marking, marks
масло 1. *(животное)* butter; 2. *(растительное или минеральное)* oil; смазочное масло lubricating oil; веретенное масло spindle oil; машинное масло machine oil; цилиндровое масло cylinder oil;
материал material; сырой материал raw material; рекламный материал advertising matter
машина 1. machine; *мн. ч.* машины machines; machinery *(машинное оборудование)*; части машины parts; 2. *(двигатель, мотор)* engine, motor; паровая машина steam engine; 3. *(автомобиль)* car, motor car; lorry, truck; легковая машина (motor) car; грузовая машина lorry или truck
международный international; международная торговля international trade; международное право international law
менее less; более или менее more or less; тем не менее nevertheless или none the less
менять(ся) *см.* изменять(-ся)
мера measure; принимать меры to take measures *(или* steps*)*; в значительной мере in a large measure *или* to a considerable extent; по крайней *(или* по меньшей*)* мере at least; по мере возможности as far as possible; по мере того как as
местный local; местные условия local conditions
место 1. place, в другом месте elsewhere; 2. *(отдельная вещь груза, багажа)* package; 3. *(должность)* post
местожительство place of residence, residence
метр metre
метрический metric; метрическая тонна metric ton
мешать, помешать *(препятствовать)* to hinder, to prevent, to stop; бурная погода, мешающая погрузке stormy weather preventing loading; отсутствие ваших инструкций помешало нам отгрузить товар the absence of your instructions prevented us from shipping the goods
мешок bag, sac
миллиард *(тысяча миллионов)* milliard; *(в США)* billion
миллиметр millimetre *(сокр.* mm*)*
минерал mineral
минимальный minimum; минимальное количество minimum quantity
минимум minimum; как минимум as a minimum
минус minus, less
мнение opinion; по моему (нашему, вашему и т.д.) мнению in my (our, your, etc.) opinion; особое мнение dissenting opinion
множество a great number, a great quantity, a great amount; a great deal; это дело причинило нам множество хлопот the matter has caused us a great deal of trouble
модель model, type
момент moment; в данный момент at the moment
монтаж mounting, erection, installation
монтировать to mount, to erect, to assemble, to fit
мореходность seaworthiness
мореходный seaworthy
морской sea; marine; maritime; морская вода sea water; морская перевозка sea transportation, oversea(s) transportation; морские опасности perils of the sea; морские риски marine risks; морской порт seaport; морское право maritime law; морское страхование marine insurance; морской страховой полис marine insurance policy
мотор engine, motor
мощность capacity, output; двигатель мощностью (в) 500 лошадиных сил an engine of 500 H.P.

Н

набирать *(буквы или цифры на телефонном аппарате)* to dial
наблюдать *(надзирать, контролировать)* to supervise;
наблюдать за чем-л. to supervise something
набор set
набросок *(проект)* draft
навалом in bulk
надёжность reliability
надёжный reliable; надёжная работа машины reliable service of the machine; надёжное сообщение reliable information
надзирать *(наблюдать, контролировать) см.* наблюдать
надлежащий proper; надлежащим образом properly
надобность need, requirement
надпись inscription; передаточная надпись *см.* индоссамент
назначать, назначить 1. *(кого-л.)* to appoint, to nominate; назначить арбитра to appoint *(или* to nominate) an arbitrator; назначить агента to appoint an agent; назначить кого-л. арбитром (агентом) to appoint somebody as an arbitrator (as an agent); 2. *(о встрече, сроке)* to fix; назначить день to fix the day; назначить встречу to make *(или* to fix) an appointment (на - for); 3. *(о цене, условиях сделки)* to quote; назначить цену (условия) to quote a price (terms); 4. *(о судне)* to nominate, to place; назначить судно для выполнения контракта to place a vessel against a contract
назначение 1. *(на должность, работу и т.п.)* appointment; nomination; 2. *(цель)* purpose; отвечать своему назначению to answer the purpose; 3. место назначения destination
накладная consignment note; waybill *(или* way-bill); железнодорожная накладная railway bill
наливом in bulk
наличие presence, availability; быть *(или* иметься, оказаться) в наличии to be available; этих товаров нет в наличии в настоящее время these goods are not available at present; иметь что-л. в наличии to have something available
наличность 1. *(наличие)* presence, availability; быть *(или* иметься, оказаться) в наличности to be available;

2. *(денежная)* cash, cash on hand, amount on hand: кассовая наличность cash on hand; 3. *(товарная)* stock; наличность товаров на складе stock; быть в наличности на складе to be in stock
наличный 1. available, on hand; наличный запас *(товаров)* stock; наличный расчёт cash payment *или* payment in cash; 2. наличные *(деньги)* cash; наличными in *(или* by) cash; *(платёж)* наличными против документов (payment) in *(или* by) cash against documents; *(платёж)* наличными без скидки (payment) net cash; *(платёж)* наличными при выдаче заказа (payment) cash with order; немедленный платёж наличными payment spot cash
налог tax
намереваться to intend
наносить; нанести визит *см.* визит; наносить ущерб *см.* ущерб
наоборот on the contrary
напоминание reminder
напоминать, напомнить to remind; напоминать кому-л. о чем-л. to remind somebody of something
направлять, направить to direct
направляться to proceed; направляющийся *(о судне)* bound; судно, направляющееся в С.Петербург a vessel bound for St.Petersburg
напротив *(наоборот)* on the contrary
напряжение тока voltage
нарушать, нарушить to infringe, to violate; to break; нарушить условия договора to infringe the terms of the contract
нарушение infringement, violation; breach
настаивать to insist (на - on)
настоящий 1. *(о времени)* present; в настоящее время, до настоящего времени *см* время; 2. *(подлинный)* genuine, real; 3. настоящим *(данным письмом)* hereby
насыпью in bulk
натурный вес natural weight
наугад, наудачу at random
находиться *(иметься, пребывать)* to be; товар находится в С.Петербурге the goods are *(или* are lying) in St.Petersburg
начало beginning; в начале марта at the beginning of March; early in March
начисление charge
начислять, начислить 1. *(записать в дебет)* to debit an account, to charge; 2. *(записать в кредит)* to credit an

account
небрежность negligence
небрежный careless
невозможность impossibility, inability
невыгодность disadvantage
невыполнение non-performance, non-execution; failure to perform, failure to execute, failure to carry out
невыполненный *см.* неисполненный
недавний recent
недействительный invalid, void, null and void; делать недействительным to invalidate; становиться недействительным to become void
недогрузка short shipment, under-shipment
недоразумение misunderstanding
недосмотр oversight; по недосмотру through an oversight
недостаток 1. *(дефект)* defect; 2. *(нехватка)* deficiency, shortage
недостаточность insufficiency, inadequacy
недостаточный inadequate; insufficient
недостача deficiency, shortage
незавершенный, незаконченный non-complete
незначительный 1. *(небольшой)* slight; 2. *(второстепенный)* minor
неисполнение *см.* невыполнение
неисполненный unfulfilled, unexecuted; неисполненная часть заказа unexecuted part of the order
неисправный faulty, defective
неистекший unexpired
нейтральный neutral
немедленно immediately, at once; *(разг.)* straight away
немедленный immediate, prompt
необоснованный unreasonable; unjustified
необходимость necessity
необходимый necessary
неожиданный unexpected
неотъемлемый integral; неотъемлемая часть договора integral part of the contract
неподходящий unsuitable, unsuited, unfit
непосредственно direct
непоставка *см.* несдача
непредвиденный unforeseen; непредвиденное обстоятельство *см.* обстоятельство
непреодолимая сила force-majeur
непрерывный uninterrupted
непригодный unsuitable, unfit *(для - to, for)*; непригодный для торговли unmerchantable
неприемлемый unacceptable *(для кого-л. - to)*
непринятие non-acceptance, rejection, failure to accept

непроданный unsold
непромокаемый waterproof
неразборчивый *(о почерке, подписи)* illegible
нерасфасованный in bulk
несдача non-delivery; failure to deliver
несмотря на in spite of, despite, notwithstanding
несомненно undoubtedly, (there is) no doubt
несоответствие non-conformity
несоответствующий inadequate
нетто net *(или* nett); вес нетто net weight
неудобство inconvenience
неудовлетворенный dissatisfied *(чем-л. - with)*
неудовлетворительный unsatisfactory
неуплата non-payment, failure to pay
неявка *(в суд)* default; судебное решение в пользу истца ввиду неявки ответчика judgement by default against the defendant
ниже below
низкий low; низкое качество poor *(или* inferior) quality; низшее качество inferior quality
номенклатура nomenclature; range; номенклатура станков range of machine-tools
номер 1. *(порядковый или условный)* number; номер ссылки reference number; номер телефона telephone number; ошибиться номером to get the wrong number; 2. *(размер)* size
номинальный nominal
норма rate; норма погрузки (разгрузки) rate of loading (of discharge)
нужда need, requirement
нуждаться to need, to require; нуждаться в чем-л. to need *(или* to require) something

О

обанкротиться *см.* банкротиться
обертывать to wrap
обеспечение security
обеспечивать, обеспечить to secure, to cover; обеспечить потребности to cover the requirements
обжалование appeal; обжалование решения appeal against *(или* from) a decision
обжаловать to appeal; обжаловать решение to appeal against *(или* from) a decision
обзор survey, review
облагать, обложить *(пошлиной, сбором)* to levy, to impose

обмен exchange, interchange; обмен письмами (телеграммами) exchange of letters (of telegrams); натуральный обмен barter; в обмен in exchange *или* in return (*на что-либо* - for)

обмениваться to exchange; копии писем, которыми мы обменялись copies of letters exchanged by us with

обнаруживать to discover, to find

обобщать, обобщить to summarize

обозначать, обозначить (*помечать*) to mark; обозначить буквой (*или знаком*) "V" to mark with V

оборот 1. (*оборотная сторона*) reverse side; 2. (*размер операций*) volume of business; 3. (*круг при вращении*) revolution; обороты в минуту revolutions per minute (*сокр. r.p.m.*)

оборотный 1. (*находящийся на обороте*) reverse; оборотная сторона reverse side; 2. (*который может быть переуступлен - о документе*) negotiable; оборотный документ *см.* документ

оборудование equipment

оборудовать to equip

обоснованный (*разумный*) reasonable; (*подкрепленный доказательствами*) substantiated

обрабатывать, обработать 1. (*о сырье, продуктах*) processing; 2. (*на станке*) machining

образец (*торговый*) sample; (*узора, рисунка*) pattern; (*пример*) specimen; отбор образцов sampling; образец подписи specimen of signature; образец контракта form of contract; образец пшеницы sample of wheat; арбитражный образец arbitration sample

обратная почта *см.* почта

обратный (*оборотный*): обратная сторона *см.* оборотный 1

обращать внимание *см.* внимание

обращаться, обратиться 1. (*адресоваться к кому-л.*) to apply to somebody; to address oneself to somebody; обращаться к кому-л. с просьбой to request somebody; обращаться с письмом к кому-л. to address a letter to somebody; 2. (*уделить внимание переписке, газетной и журнальной статье и т.п.*) to refer; если вы обратитесь к нашему письму if you will refer to our letter; 3. (*обходиться с чем-л.*) to handle; обращаться с осторожностью! handle with care!

обращение 1. (*обхождение, пользование*) handling; обращение с машиной handling of the machine; 2. (в суд за помощью) recourse; без обращения в общие судебные учреждения without recourse to general courts of law; 3. (*оборот*) circulation

обслуживание service; техническое обслуживание technical service

обстоятельство circumstance; в зависимости от обстоятельств according to the circumstances *или* as the case may be; непредвиденное обстоятельство unforeseen circumstance *или* contingency; при данных обстоятельствах in (*или* under) the circumstances; ни при каких обстоятельствах in (*или* under) no circumstances; по не зависящим от нас обстоятельствам for reasons not depending on us

обсуждать, обсудить to discuss; (*рассматривать*) to consider

обсуждение discussion

обусловливать, обусловить to stipulate

общий 1. (*относящийся ко всем*) general; общие условия general conditions; общая авария *см.* авария 2; общий каталог general catalogue; 2. (*суммарный, итоговый*) total; общее число total quantity (*или* number); общая цена total price

объем volume

объявление announcement; (*реклама*) advertisement

объяснение explanation

обыкновение (*обычай, узанс*) usage; торговое обыкновение usage of the trade

обычай custom; торговый обычай custom of trade; портовый обычай custom of the port

обычно usually; normally; как обычно as usual

обычный 1. (*обыкновенный*) usual; 2. (*согласно обычаю*) customary

обязанность duty; obligation; исполняющий обязанности заведующего acting manager

обязанный 1. (*благодарный, признательный*) obliged, grateful; мы будем обязаны, если вы сообщите нам we shall be obliged if you will inform us; 2. (*связанный обязательством*) obliged, bound; вы обязаны по контракту you are obliged (*или* bound) under the contract

обязательный obligatory; binding (*для - upon*); обязательный для обеих сторон binding upon both parties

обязательство obligation, engagement; undertaking; commitment; без обязательства without obligation *или* without engagement; выполнить свои

403

обязательства to meet one's obligations
обязываться to undertake; to bind oneself
оговорка 1. *(условие)* provision, stipulation, clause; 2. *(ограничение)* qualification
ограничение restriction; limitation
ограниченный индоссамент *см.* индоссамент
ограничивать, ограничить to restrict, to limit
одинаковый identical (*c* - with); the same as; одинаковый с образцом equal to sample
одинаково however
одобрение approval
одобрять, одобрить to approve
одолжать, одолжить to lend
одолжение *(любезность)* kindness, favour
ожидание waiting (for); expectation (of); в ожидании вашего ответа awaiting (*или* waiting for) your answer; в ожидании (*или* в предвидении) чего-л. in expectation of; в ожидании решения суда pending the decision of the court; превысить все ожидания to exceed all expectations; обмануть чьи-л. ожидания to disappoint somebody *или* to come short of one's expectations
ожидать 1. *(находиться в ожидании)* to wait *(чего-л.* - for something*)*, to await *(чего-л.* - something*)*; ожидая вашего ответа awaiting (*или* waiting for) your answer; 2. *(ждать чего-л. интересного, приятного)* to look forward *(чего-л.* - to something*)*; ожидаем с удовольствием встречи с вашими представителями we look forward with pleasure to meeting your representatives; ожидаем с интересом вашего ответа we look forward with interest to your reply; 3. *(предполагать, думать, предвидеть)* to expect; мы ожидаем падения цены we expect a fall in the price; мы ожидаем, что пароход прибудет 15 мая we expect the steamer to arrive on the 15th May
ознакомить(ся) to acquaint (oneself)
ознакомление *(прочтение)* perusal; посылаем вам для ознакомления we are sending for your perusal
оказывать to render, to afford, to give; оказывать помощь кому-л. to give somebody help (*или* assistance); оказывать содействие кому-л. to render (*или* to afford) somebody assistance; оказывать услугу кому-л. to render somebody a service; оказывать влияние на что-л. to affect (*или* to influence) something; оказывать гостеприимство кому-л. to show somebody hospitality; оказать честь кому-л. to do somebody an honour
оказываться to turn out, to prove, to be found to be; части оказались дефектными the parts proved (to be) (*или* turned out (to be), were found (to be) defective; оказывается, что it appears that; оказалось, что it turned out that *или* it appeared that; не оказаться *или* отсутствовать to be missing; среди документов не оказалось спецификации the specification was missing from the documents
окончательный final; окончательная фактура final invoice
окрашивать to paint
опасность danger, peril; морские опасности perils of the sea
опечатывать, опечатать to seal
описание description
описательный descriptive
описывать, описать to describe
оплата payment; payment for; оплата документов payment (*или* paying) for the documents
оплачивать, оплатить *(платить за что-л.)* to pay for; оплатить документы (товар) to pay for the documents (for the goods)
определенно definitely
определенный definite; на определенный срок for a definite period; через определенные промежутки времени at definite intervals; определенная цель specific purpose
определять, определить to determine; *(устанавливать)* to ascertain
оптовый wholesale; оптовая торговля wholesale trade; оптовые цены wholesale prices; вести оптовую торговлю чем-л. to be engaged in wholesale trade in *или* to be wholesalers of
оптом wholesale
опцион *см.* усмотрение 1
опыт 1. *(практика)* experience; богатый опыт wide experience; 2. *(эксперимент)* experiment
опытный 1. *(имеющий опыт)* experienced; опытные рабочие experienced workers; 2. *(предназначенный для опытов)* experimental
ордерный чек *см.* чек
оригинал original; оригинал коносамента original bill of lading
осадка draught, draft; судно имеет осадку 20 футов the vessel draws 20 feet

освидетельствовать *см.* осматривать
осложнение complication
осматривать, осмотреть to examine, to inspect; *(о грузе, судне)* to survey
осмотр examination, inspection; *(груза, судна)* survey
основа basis, foundation
основание *(мотив, причина)* ground, reason; на основании *(по причине)* on the grounds *или* for the reason; *(опираясь на что-л., исходя из чего-л.)* on basis; образец, на основании которого был заключен контракт the sample on the basis of which the contract was concluded; иметь основание to be justified
основывать 1. *(учреждать)* to establish, to found; 2. *(базировать)* to base; основываться to be based
особенность: в особенности *или* particularly
особый special; particular; особое мнение *см.* мнение
оспаривать to dispute
оставаться to remain; остающаяся сумма (остающееся количество) the remaining amount (the remaining quantity) *или* the balance
остальной 1. *(другой)* other; все остальные условия all (the) other terms; 2. *(остающийся, оставшийся)* remaining; остальные 2000 тонн the remaining 2,000 tons *или* the balance of 2,000 tons; остальное количество будет отгружено в октябре the remaining quantity the balance, the rest) will be shipped in October
остаток balance, rest, remainder
осторожно carefully, with care
осторожный careful
осуществлять, осуществить to realize, to accomplish, to bring about; осуществлять право to exercise the right
отбирать, отобрать to select
отбор selection, choice; отбор проб *(или* образцов) sampling
отборный choice, select, selected
отвергать, отвергнуть to reject, to decline; отвергнуть предложение to reject *(или* to decline) an offer; отвергнуть товар to reject the goods
отвесы weight accounts, weight note(s)
ответ answer, reply, response *(на - to)*; в ответ на in answer to *или* in reply to *или* in response to
ответственность responsibility, liability; принять на себя ответственность to accept responsibility *или* to hold *(или* to consider) oneself responsible
ответственный responsible, liable; считать себя ответственным to hold *(или* to consider) oneself responsible *или* to accept responsibility; считать кого-л. ответственным to hold *(или* to consider) somebody responsible
ответчик respondent, defendant
отвечать, ответить to answer, to reply (на - to); отвечать требованиям to meet *(или* to answer) the requirements
отгружать, отгрузить *(морем)* to ship
отгрузка shipment; инструкции по отгрузке товара shipping instructions for the goods
отделение branch
отделка workmanship
отдельный separate
отзывать, отозвать to revoke, to withdraw; отозвать предложение to revoke *(или* to withdraw) an offer
отзывный аккредитив *см.* аккредитив
отказ 1. *(нежелание)* refusal; отказ уплатить или отказ от уплаты refusal to pay; отказ принять или отказ от принятия refusal to accept; 2. *(неприятие)* rejection, refusal; отказ от товара rejection of the goods; 3. *(добровольное неиспользование своего права)* waiver
отказываться, отказаться 1. *(не пожелать)* to refuse; отказаться принять *(или* от принятия) to refuse to accept; отказаться уплатить *(или* от уплаты) to refuse to pay; 2. *(отвергать, не принимать)* to reject; to refuse; отказаться от товара to reject the goods; 3. *(не использовать свое право)* to waive; отказаться от права осмотреть товар to waive the right to examine *(или* to inspect) the goods; отказаться от претензии *см.* претензия
откладывать, отложить 1. *(в сторону)* to lay aside; 2. *(отсрочивать)* to postpone, to put off, to delay, to defer
отклонение *(отказ)* declining, refusal; отклонение предложения declining an offer *или* refusal to accept an offer *или* refusal of an offer
отклонять, отклонить to decline; отклонить предложение to decline *(или* to refuse to accept) an offer
отклоняться в пути *(о судне)* to deviate
открывать, открыть to open; открыть аккредитив *см.* аккредитив
открытый open; оставаться открытым to remain open; мы держим оферту открытой для вашего акцепта *см.* держать
отличать, отличить to distinguish
отличаться to differ

отличие difference
отличительный distinctive, characteristic
отличный 1. (*превосходный*) excellent; perfect; 2. (*отличающийся, другой, иной*) different
отложить *см.* откладывать
относительно about, concerning, regarding
относиться 1. (*касаться, иметь отношение*) to relate; документы, относящиеся к грузу documents relating to the cargo *или* documents covering the cargo; 2. (*применяться, распространяться*) to apply; новые правила не относятся к этому заказу the new regulations do not apply to this order
отношение (*причастность, касательство*) concern; иметь отношение к чему-л. to be concerned in something; *мн. ч.* отношения relations; торговые (деловые) отношения trading (business) relations; в отношении чего-л. *или* по отношению к чему-л. in respect of (*или* to); в одном (этом) отношении in one (this) respect; во многих (всех) отношениях in many (all) respects
отобрать *см.* отбирать
отозвать *см.* отзывать
отплывать to sail
отправитель sender; отправитель груза shipper
отправка forwarding, despatching (*или* dispatching); (*отправка морем*) shipment
отправлять, отправить to send, to forward, to despatch (*или* to dispatch); (*отправлять морем*) to ship
отражать, отразить to reflect
отсрочивать, отсрочить to postpone, to put off
отсрочка postponement
отсутствие absence; (*недостаток*) lack; в отсутствие кого-л. in the absence of; в мое отсутствие in my absence; за отсутствием чего-л. for lack of; за отсутствием времени for lack of time; быть в отсутствии *см.* отсутствовать
отсутствовать 1. (*быть в отъезде, не быть в помещении*) to be absent, to be away (*на, в - from*); отсутствовать в Москве to be absent from Moscow; 2. (*не быть на месте, не иметься в наличии*) not to be available
оферта offer; оферта на товар offer of (*или* for) goods; отклонить оферту *см.* отклонять; принять (*или* акцептовать*) оферту to accept an offer;

отозвать оферту *см.* отзывать; отклонение оферты *см.* отклонение; принятие (*или* акцепт) оферты acceptance of an offer
оценивать 1. (*исчислять*) to estimate (в - at); 2. (*определять стоимость*) to value (в - at)
оценка (*определение стоимости*) valuation; (*наметка*) estimate
очевидно evidently, obviously
очевидный evident, obvious
ошибка error, mistake; по ошибке by mistake; из-за канцелярской ошибки through a clerical error; из-за ошибки машинистки through a typing error; исключая ошибки и пропуски (*приписка в конце счета*) errors and omissions excepted (*сокр.* E. & O.E.)

П

пакет parcel
паковать to pack
палата chamber; торговая палата chamber of commerce; Всероссийская торговая палата the Russian Chamber of Commerce
палуба deck; грузить на палубу to load on deck
палубный груз deck cargo
парафин (*твердый*) paraffin (*или* paraffine) wax
парафировать to initial; парафировать договор to initial a contract
пароход steamer, steamship (*сокр.* S.S., S/S, s.s., s/s)
партия (*товара*) lot, parcel, consignment
пени penalty, fine
первоклассный first-class; first-rate
первоначально originally
первоначальный original; первоначальное предложение original offer
первостепенный major; иметь первостепенное значение to be of major importance
первый (*из двух названных*) the former
перевод 1. (*о денежных суммах*) remittance, transfer; почтовый перевод mail transfer; телеграфный перевод telegraphic (*или* cable) transfer; 2. (*пересчет*) conversion; перевод долларов в фунты стерлингов conversion of dollars into pounds sterlings; 3. (*с одного языка на другой*) translation; перевод на русский (*на английский*) язык translation into Russian (into English), Russian (English) translation; перевод с рус-

ского на английский translation from Russian into English; перевод с русского (с английского) translation from the Russian (from the English)
переводить 1. (*о денежных суммах*) to remit, to transfer; 2. (*пересчитывать*) to convert; переводить доллары в фунты стерлингов to convert dollars into pounds sterling; 3. (*с одного языка на другой*) to translate; переводить с русского на английский to translate from Russian into English
переводный вексель *см.* тратта
перевозка transportation, transport; conveyance; морская перевозка sea (*или* oversea(s), marine) transportation; сухопутная перевозка overland transportation; воздушная перевозка air conveyance; во время перевозки during transportation; in transit
перегружать to tranship
перегрузка transhipment
передавать, передать 1. (*отдавать*) to give; передать заказ кому-л. to give somebody an order *или* to place an order with somebody; 2. (*переслать полученное откуда-л. кому-л. другому*) to pass, to pass on; мы передали ваш запрос В/О "Россэкспорт" we have passed (on) your enquiry to V/O "Rossexport"; 3. (*вручать*) to hand, to hand over; 4. (*послать для рассмотрения*) to refer; передать спор в арбитраж to refer the dispute to arbitration
передаточная надпись *см.* индоссамент
перекись peroxide; перекись марганца peroxide of manganese
переносный portable
перепродавать, перепродать to resell
перепродажа resale
перерабатывать, переработать 1. (*о конструкции*) to re-design; эта модель перерабатывается this model is under re-designing; 2. (*о сырье, с.-х. продуктах*) to process
переработка 1. (*о конструкции*) re-designing; эта модель находится в стадии переработки this model is under re-designing; 2. (*о сырье, с.-х. продуктах*) processing
пересматривать, пересмотреть 1. (*рассмотреть заново*) to reconsider, to review; 2. (*рассмотреть, обсудить с целью изменения*) to revise
пересмотр 1. (*рассмотрение заново*) review; 2. (*рассмотрение, обсуждение с целью изменения*) revision
пересчет 1. (*заново*) counting again; 2. (*перевод, конвертирование*) *см.* перевод 2; в пересчете на рубли (*фунты, доллары*) converted into roubles (pounds, dollars) *или* in terms of roubles (pounds, dollars)
пересчитывать, пересчитать 1. (*считать заново*) to count again; 2. (*переводить, конвертировать*) *см.* переводить 2.
переуступать, переуступить to assign
переуступка assignment
перечень enumeration; (*список*) list
перечисление (*перечень*) enumeration; (*перевод денег*) remittance
перечислять, перечислить 1. (*в перечне, списке*) to enumerate; to specify; 2. (*переводить деньги*) to remit
период period
печатать 1. (*в типографии*) to print; печататься to be printed *или* to be in the press; 2. (*на пишущей машинке*) to type
печать (*организации*) seal
письменный: в письменном виде in writing
письмо letter; письмо от 20 сентября letter of (the) 20th September; гарантийное письмо letter of guarantee; заказное письмо registered letter; рекламационное письмо letter of complaint *или* claim; рекомендательное письмо letter of introduction; сопроводительное письмо covering letter
плав: (*всегда*) на плаву (always) afloat
план plan, programme; план отгрузки shipping programme; грузовой план (*на судне*) cargo-plan
платеж payment; платеж наличными, наличными без скидки, наличными при выдаче заказа, немедленный платеж наличными *см.* наличный; платеж частями (*или* в рассрочку) payment in (*или* by) instalments; просроченный платеж overdue payment
платить, заплатить, уплатить to pay
плюс plus
погрузить to load
по-видимому apparently
повреждение damage; повреждение судна (товара) damage to the ship (to the goods); получить повреждение *или* to suffer (*или* to sustain) damage
повышать, повысить (*о ценах*) to raise, to increase, to advance (*на - by*)
повышаться, повыситься (*о ценах*) to rise, to increase, to advance (*на - by*)
повышение rise, increase, advance; повышение в цене rise (*или* advance) in the price *или* increase in (*или* of) the price

погожий рабочий день *см.* день
погружать, погрузить to load
погрузка loading
погрузочные документы *см.* документ
погрузочный наряд loading order
податель bearer
подбор selection; assortment
подвергать to subject
подверженный liable, subject to; подверженный ржавчине liable to rust; подверженный быстрому износу subject to rapid wear
поддержание *(оказание содействия)* support
подобный similar *(чему-л. - то)*; подобный по качеству similar in quality; подобным образом in a similar manner
подобрать, подбирать to select; to assort
подписание signing; после подписания контракта after *(или* upon*)* signing the contract; послать документ для подписания to send a document for signature
подписывать, подписать to sign; подписанный надлежащим образом duly signed
подпись signature; послать на подпись to send for signature; за надлежащими подписями duly signed; образец подписи specimen of signature; скреплять подписью to countersign
подразумевать to imply; подразумеваемое условие implied condition
подробно in detail
подробность detail, particular
подробный detailed
подтверждать, подтвердить 1. *(сообщать о получении)* to acknowledge; подтверждаем получение вашего письма we acknowledge the receipt of your letter; 2. *(оставлять в силе, удостоверять, свидетельствовать; соглашаться, считать правильным, санкционировать; гарантировать оплату - об аккредитиве)* to confirm; подтверждаем нашу телеграмму (наше письмо, наш телефонный разговор) we confirm our telegram (our letter, our telephone conversation); подтверждаем, что мы продали вам we confirm having sold you; подтверждаем вашу цену we confirm your price
подтверждение 1. *(сообщение о получении)* acknowledg(e)ment; мы не получили от вас подтверждения получения нашего чека we have not received from you an acknowledg(e)ment of our cheque; 2. *(сообщение об оставлении в силе, о согласии, о правильности, о санкционировании, о гарантии оплаты - об аккредитиве)* confirmation в подтверждение нашей телеграммы (нашего письма, нашего телефонного разговора) in confirmation of our telegram (our letter, our telephone conversation); подтверждение цены confirmation of the price; 3. *(доказательство)* proof; support; в подтверждение иска in support of the claim; окончательное подтверждение качества final proof of quality
подтвержденный аккредитив *см.* аккредитив
подходить, подойти *(быть в соответствии)* to suit; качество не подходит нашим требованиям the quality does not suit our requirements; подходить для чьей-л. цели to suit somebody's purpose
подходящий suitable *(для - to, for)*
подшипник bearing
поездка trip
позволять, позволить to allow, to permit; позволить себе сделать что-л. to take the liberty of doing something
поздний late; как самый поздний срок или самое позднее at (the) latest
позиция 1. *(в спецификации, перечне)* item; 2. *(время, в течение которого судно может прибыть под погрузку)* position
покрывать to cover
покупатель buyer, purchaser; customer
покупать to buy, to purchase *(у кого-л. - from)*
покупка purchase
полагать to think, to believe, to suppose
полезный useful *(для кого-л. - somebody)*
полет flight
полностью fully, in full; completely
положение 1. *(местонахождение)* position; 2. *(состояние)* condition, state; position; финансовое положение financial position *или* (financial) standing
поломка breakage; *(машины)* breakdown
получатель receiver; получатель груза receiver of the cargo *или* consignee; получатель платежа payee
получать, получить 1. *(принимать, брать)* to receive, to get; получить письмо (телеграмму, запрос, заказ и т.д.) to receive a letter (a telegram, an enquiry, an order etc.); 2. *(добывать, доставать)* to obtain; пол-

учить лицензию to obtain a licence
получение receipt; подтверждаем получение вашего письма we acknowledge (the) receipt of your letter; подтвердите, пожалуйста, получение please acknowledge receipt
польза use, benefit; в нашу (вашу) пользу *(об аккредитиве, сумме)* in our (you) favour
пользование use
пользоваться чем-л. to use something
помешать *см.* мешать
помещать, поместить to place; поместить заказ у кого-л. to place an order with somebody
помощник капитана mate
помощь assistance, help; оказывать помощь *см.* оказывать
понижать, понизить *см.* снижать
понижение *см.* снижение
порт port; порт захода port of call; порт назначения *см.* назначение; порт погрузки port of loading *или* port of shipment; порт разгрузки port of discharge; войти в порт to enter port; выйти из порта to leave port
портить *(причинять ущерб)* to damage
портовые сборы *см.* сбор
порядковый ordinal, serial; порядковое число ordinal number; порядковый номер serial number
посещение visit; посещение Москвы visit to Moscow
последний 1. *(предыдущий, предшествующий)* last; наш последний заказ our last order; 2. *(самый новый, позднейший)* latest; последний каталог the latest catalogue; 3. *(второй из двух названных)* the latter; за последние несколько лет for some years past; за последнее время lately *или* for some time past
последовательный subsequent; *(логичный)* consistent; последовательные дни running days
посольство embassy
поставка 1. *(сдача)* delivery; принимать поставку to accept *(или* to take) delivery; 2. *(снабжение)* supply
поставлять, поставить *(сдавать)* to deliver *(кому-л. -* to*); (снабжать)* to supply
поставщик supplier
поступать, поступить 1. *(действовать)* to act; to do; 2. *(прибывать)* to reach; ваше предложение должно поступить к нам your offer should reach us
посчитать *(назначить цену, поставить в счет, брать, взимать)* to charge

посылка *(посылаемая запакованная вещь)* parcel, package; почтовая посылка postal parcel; посылать почтовой посылкой to send by parcel post
потенциальный potential
потеря loss
потребитель user; consumer
потребительские товары consumer goods
потребление consumption
потреблять to consume
потребность requirement, need; удовлетворять потребности to satisfy *(или* to meet) the requirements *(или* the needs)
почта post; с обратной почтой by return (of) post *или* by return (of) mail *или* by return
пошлина duty; импортная пошлина import duty; вывозная пошлина export duty; льготная пошлина preferential duty; облагаемый пошлиной dutiable *или* liable to duty; таможенная пошлина custom duty *или* customs
правило rule, regulation; правило, установленное законом rule of law; с соблюдением правил, установленных законом subject to the rules of law; правила производства дел *(в арбитраже)* rules of *(или* for) procedure; правила транспортного страхования *(Ингосстраха)* Transport Insurance Rules
правильность correctness
правильный correct
право 1. right; право собственности right of ownership *или* title; право собственности на товар title to the goods; право удержания *(имущества)* lien; право удержания груза в обеспечение получения платежа за фрахт a lien on the goods *(или* on the cargo) for freight; давать право to give the right *или* to entitle; иметь право to have the right *или* to be entitled; отказаться от права to waive the right; осуществлять право to exercise the right; 2. *(совокупность правовых норм)* law; международное право international law; морское право maritime law; советское право Soviet law; торговое право mercantile law; договор подчиняется советскому праву the contract is subject to Soviet law
пребывание stay
превосходный *см.* прекрасный
превышение excess; превышение веса excess weight
предварительно beforehand; in advance
предварительный 1. *(предшествую-*

409

щий чему-л.) preliminary; предварительные переговоры preliminary negotiations; 2. *(который может быть изменен, неокончательный)* provisional; предварительная фактура provisional invoice; предварительное заявление (*или* извещение) о претензии provisional notice of claim

предвидеть to foresee, to anticipate

предел limit; за пределами России outside Russia

предлагать, предложить 1. *(заявлять о готовности продать что-л., помочь, услужить)* to offer; предлагать товар to offer goods *или* to quote for goods; предлагать судно to offer a vessel; предлагать помощь *(свои услуги)* to offer help (one's services); предлагать цену (условия) to offer a price (terms); 2. *(сообщать для рассмотрения, обсуждения)* to propose, to suggest; предлагать план to propose a plan; мы предлагаем, чтобы вы снеслись с поставщиками we suggest (*или* propose) that you should contract the suppliers

предложение 1. *(оферта, заявление о готовности помочь, услужить, решить спор)* offer; предложение *(оферта)* на товар offer of (*или* for) goods *или* quotation for goods; *см. тж.* оферта; предложение цены; *(исходящее от продавца)* quotation, offer of a price; *(исходящее от покупателя)* bid; предложение помощи (услуг) offer of help (of services); 2. *(сообщение для рассмотрения, обсуждения)* proposal, suggestion; предложение, чтобы proposal (*или* suggestion) that

предложить *см.* предлагать

предмет: предмет договора subject (*или* subject-matter) of the contract

предназначать, предназначить to intend

предоставлять, предоставить to allow, to grant, to give; предоставить кредит to grant a credit; предоставить скидку to allow (*или* to give, to grant) a discount; предоставить право to give the right *или* to entitle; предоставить что-л. в чье-л. распоряжение to place something at somebody's disposal

предосторожность precaution; мера предосторожности precaution *или* precautionary measure; принимать меры предосторожности to take precautions

предписывать to prescribe

предполагать 1. *(думать)* to suppose;

2. *(намереваться)* to intend *(с инфинитивом или герундием);* мы предполагаем отгрузить 100 тонн we intend to ship (*или* shipping) 100 tons

предпочитать to prefer

председатель chairman, president

представитель representative; *(агент)* agent; единственный представитель sole representative *или* sole agent; генеральный представитель general representative; торговый представитель России Trade Representative of Russia

представительство representation; *(агентство)* agency; торговое представительство (*или* торгпредство) России the Trade Representation of Russia; *(в Англии)* the Trade Delegation of Russia

представление 1. *(предъявление)* presentation; 2. *(понимание)* idea; общее представление general idea; представление о цене idea of the price

представлять, представить 1. *(действовать от чьего-л. имени, по чьему-л. поручению)* to represent; 2. *(представлять на рассмотрение, предъявлять, показывать)* to submit *(кому-л. - to);* представить документы to submit documents; представить доказательства to submit proofs; 3. *(знакомить, рекомендовать)* to introduce; 4. *(быть, являться)* to be; представлять интерес to be of interest

предстоящий forthcoming

предупреждать, предупредить 1. *(не допускать, предотвращать)* to prevent; 2. *(предостерегать)* to warn; 3. *(официально уведомлять)* to give notice, to notify

предупреждение 1. *(предотвращение)* prevention; 2. *(предостережение)* warning; 3. *(официальное уведомление)* notice

предусматривать to provide for something; договор предусматривает платеж наличными the contract provides for payment in cash

предшествовать to precede

предшествующий previous; preceding

предъявитель bearer

предъявление presentation; после предъявления after presentation

предъявлять, предъявить to present, to produce; предъявлять документы к платежу to present documents for payment; предъявлять иск к кому-л. to institute proceedings *или* to bring an action against somebody *или* to sue somebody; предъявлять претензию к кому-л. to make a claim on (*или* against) somebody *или* to claim on somebody

предыдущий previous; preceding

прейскурант price-list; цена по прейскуранту list price

прекрасный (*превосходный - о качестве*) excellent; в прекрасном состоянии in excellent condition

прекращать, прекратить to discontinue, to stop

прекращение cessation, termination

преобладать to prevail

препятствие obstacle, hindrance

препятствовать *см.* мешать

пресная вода fresh water

пресс press; гидравлический пресс hydraulic press

претензия claim; претензия о возмещении убытков (*о скидке*) claim for damages (for a reduction in the price); предъявить претензию к кому-л. о чем-л. to make a claim on (*или* against) somebody for something *или* to claim something from somebody; лишиться права на претензию to forfeit a claim; отказаться от претензии to abandon (*или* to withdraw) a claim; отклонить претензию to decline a claim; признать претензию to admit a claim; рассмотреть претензию to consider a claim; удовлетворить претензию to satisfy a claim

преувеличивать to exaggerate

прибавление addition

прибавлять to add

приблизительно approximately, about

приблизительный approximate

прибывать, прибыть to arrive

прибытие arrival; прибытие судна arrival of the vessel; по прибытии on arrival

приглашать, пригласить to invite

приглашение invitation

пригодный suitable, fit (*для - to, for*); пригодный для торговли merchantable; качество, пригодное для торговли merchantable quality

приготовить to prepare

приемка acceptance

приемлемый acceptable (*для кого-л. - to*)

признавать, признать to acknowledge, to admit

признательный grateful, obliged (*кому-л. - to*); мы признательны фирме "Смит и Ко." за сообщение вашего адреса we are indebted to Messrs. Smith & Co. for your address *или* we owe your address to Messrs. Smith & Co.

приказ order; приказу какого-л. лица to the order of somebody; приказ о выдаче товара delivery-order

прилагать, приложить 1. (*вкладывать в тот же конверт*) to enclose (*к - with, in*); **2.** (*прикреплять скрепкой, булавкой и т.п.*) to attach (*к - to*); **3.** (*применять*) to apply; приложить все старание to do one's best; **4.** приложить печать to affix the seal

приложение 1. (*к письму, документу*) enclosure; письмо с приложением грузовых документов a letter with shipping documents enclosed *или* a letter enclosing shipping documents; **2.** (*к договору*) appendix (*мн. ч.* appendices)

применение application, use

применимый applicable

применять(ся) to apply

примечание note

принадлежности accessories

принимать, принять to accept; (*гостей, посетителей*) to receive; (*метод, стандарт, технические условия*) to adopt; принять предложение to accept an offer; принять (*оплатить*) грузовые документы to take up the shipping documents; принимать поставку (*или сдачу*) товара to take delivery of the goods; принимать к сведению to note

принудительный compulsory; принудительное взыскание, взыскивать принудительным путем *см.* взыскание, взыскивать

принятие acceptance; принятие предложения acceptance of an offer

при сем 1. (*после глагола* to send, to enclose) herewith; **2.** (*после глагола* to attach) hereto

приспособление fixture

пристань quay, landing stage, landing place, pier

приступать, приступить to begin, to proceed; приступить к исполнению заказа to proceed to the execution of the order

присущий inherent

причал berth; независимо от того, имеется свободный причал или нет berth or no berth; независимо от того, находится судно у причала или нет whether in berth or not

причина reason, cause; по причине чего-л. owing to *или* because of *или* by reason of *или* for the reason; по следующей причине for the following reason; по вышеуказанной причине for the reason stated above; по многим причинам for many reasons; по той или иной причине for some reason or other

причинять, причинить to cause; просим извинить нас за причиненное вам беспокойство (неудобство) we apologize for the trouble (the inconvenience) caused you

причитаться to be due (*от* - from, *кому* - to); причитающийся due

проба sample; отбор проб sampling

проверять, проверить to check

продавать to sell; продавать в кредит to sell on credit; продавать за наличные to sell for cash; продавать с аукциона to sell by public auction

продажа sale; продажа с аукциона sale by public auction, public sale; продажа по образцу (по описанию) sale by sample (by description); пригодный для продажи merchantable; непригодный для продажи unmerchantable; иметься в продаже to be available for sale

продлевать, продлить to extend, to prolong; продлить аккредитив to extend a letter of credit; продлить вексель to renew a bill of exchange

продление extension, prolongation; продление аккредитива extension of a letter of credit; продление векселя renewal of a bill

продлить *см.* продлевать

продолжать, продолжить to continue; продолжаться to continue, to last

продукт product; stuff; кормовые продукты feeding stuffs; пищевые продукты food-stuffs

проект project, plan, scheme; (*машины*) design; (*договора*) draft

проектировать (*конструировать*) to design

производитель 1. (*сырья, с.-х. продуктов*) producer; производитель руды (*пшеницы*) producer of ore (wheat); 2. (*изделий*) manufacturer, producer, maker; производитель турбин manufacturer of turbines; завод-производитель manufacturing plant *или* manufacturing works

производительность capacity; outturn; productivity; efficiency; расчетная производительность estimated production

производить 1. (*делать, совершать*) to make, to effect; производить платеж (*или* to effect) payment; производить поставку to make (*или* to effect) delivery; производить страхование to make (*или* to effect) insurance; 2. (*добывать, выращивать, вырабатывать - о сырье, с.-х. продуктах*) to produce; производить руду (пшеницу) to produce ore (wheat); 3. (*изготовлять*) to manufacture, to produce; производить машины to manufacture (*или* to produce) machinery; производить впечатление *см.* впечатление; производить расходы *см.* расход

производство 1. (*сырья*) production; (*изделий*) manufacture, production; издержки производства costs of production; 2. (*судебное, арбитражное*) procedure, proceedings; правила о производстве дел rules of (*или* for) procedure; арбитражное производство arbitration proceedings

происходить *см.* случаться

происхождение origin; происхождением из России of Russia origin

промежуток interval (of time); через равные (определенные) промежутки времени at regular (definite) intervals (of time)

промптовое судно prompt vessel

пропорционально proportionately, in proportion, pro rata

пропорциональный proportional, proportionate

просить to ask, to request; просить извинения to apologize

проспект prospectus (*мн. ч.* prospectuses); (*на одном листе*) prospectus, leaflet

просроченный overdue

простой (*судна*) demurrage; на простое on demurrage

простой вексель *см.* вексель

просьба request; согласно вашей просьбе according to your request *или* in accordance with your request *или* as requested (by you)

противоположный contrary; в противоположном смысле to the contrary

протокол 1. (*дипломатический или торгово-дипломатический документ*) protocol; 2. (*запись решения собрания, заседания*) minute (*обычно во мн. ч.* - minutes); 3. (*акт*) report; протокол испытания report on the test *или* test report

проходить 1. (*подвергаться*) to undergo; 2. (*переходить*) to pass; проходить границу to pass the border

процент 1. (*сотая доля, обозначаемая знаком %* - *с предшествующим числом*) per cent. (*или* per cent, percent); 5 процентов 5 per cent.;

1/2 процента a half of one per cent, *или* half per cent.; 2. *(часть, доля в процентах, процентное отношение, процентное содержание - без предшествующего числа; употребляется часто с прилагательными большой, малый, высокий, низкий)* percentage; большой процент разбитых ящиков a large percentage of broken cases; процент разбитых ящиков большой the percentage of broken cases is large; 3. *мн. ч.* проценты *(плата за пользование деньгами)* interest *(только в ед. ч.)*; проценты в размере 5% годовых interest at the rate of 5 per cent. per annum; причитающиеся *(или* начисленные*)* проценты interest charges; 4. учетный процент rate of discount, discount rate

процесс 1. process; 2. *(судебное дело)* action, legal action, action at law, proceedings; возбудить процесс против кого-л. to bring *(или* to institute*)* an action *(или* proceedings*)* against somebody

пункт *(контракта)* clause; пункт о цене price clause; пункт об условиях платежа payment clause

пшеница wheat; озимая пшеница winter wheat; яровая пшеница spring wheat

Р

работа work; *(о машине)* operation, running, service
рабочая сила labour
равномерный 1. *(однородный)* uniform; 2. *(повторяющийся через одинаковые промежутки времени)* regular
равноценный equivalent, of equal value
равный equal; равный по качеству equal in quality; равный образцу equal to sample
радиограмма radiogram
разбирать, разобрать 1. *(выяснять)* to examine, to investigate; 2. *(рассматривать в суде)* to hear, to try; разбирать дело в суде *или* в арбитраже to hear *(или* to try*)* a case; 3. *(демонтировать)* to dismantle; разобрать машину to dismantle a machine
развивать, развить to develop; развивать деловые отношения to develop business relations
разгружать, разгрузить to discharge, to unload
разгрузка discharge, unloading; порт разгрузки *см.* порт

различный different, various
размер 1. *(величина в каком-л. измерении)* dimension, measurement; размеры ящика dimensions *(или* measurements*)* of the case; внутренние размеры internal dimensions; габаритные размеры *см.* габаритный; доска размером в 3 метра a board measuring 3 metres; 2. *(номер, формат, калибр, общая величина)* size; 3. *(количество, норма)* rate; в размере at the rate of; проценты в размере 5% годовых interest at the rate of 5% per annum; размер фрахта rate of freight; размер страховой премии rate of insurance *или* insurance rate

размещать: размещать заказы *см.* заказ

разница difference
разногласие difference, disagreement
разойтись *см.* расходиться
разрабатывать, разработать 1. *(подготавливать)* to work out; to prepare; разработать проект договора to work out a draft of a contract; 2. *(проектировать)* to develop; to design; разработать новую модель to develop a new model
разработка 1. *(подготовка)* working out, preparation; 2. *(проектирование)* development; designing
разрешать, разрешить 1. *(позволять)* to permit; to allow; 2. *(решать, урегулировать)* to settle; разрешить спор to settle the dispute
разрешение 1. *(позволение)* permission; 2. *(официальное письменное)* permit; разрешение на отгрузку release (note) for shipment; 3. *(решение, урегулирование)* settlement; дружественное разрешение споров amicable *(или* friendly*)* settlement of disputes
разумный reasonable; в разумный срок within a reasonable time
раскодировать to decode; в раскодированном виде decoded
расписка receipt; штурманская расписка *(расписка помощника капитана в приеме груза)* mate's receipt; сохранная расписка trust receipt
распоряжаться, распорядиться 1. *(дать указание)* to order, to give instructions; 2. *(позаботиться об устройстве, использовании, продаже чего-л.)* to dispose *(чем-л. - of something)*

413

распоряжение 1. (*указание, приказание*) order, instructions; 2. (*ведение, управление*) disposal; в нашем (вашем) распоряжении at our (your) disposal; передать что-л. в чье-л. распоряжение to place something at somebody's disposal
распределение 1. (*размещение*) distribution; 2. (*назначение*) allocation; распределение тоннажа allocation of tonnage
распределять, распределить 1. (*размещать*) to distribute; 2. (*назначать*) to allocate; распределить тоннаж to allocate tonnage
распространяться to apply, to extend
рассматривать, рассмотреть 1. (*обсуждать, изучать*) to examine, to consider; 2. (*с последующим как*) to consider, to regard ... as; 3. (*разбирать в суде*) to try, to hear
рассмотрение 1. (*обсуждение, изучение*) consideration, examination; 2. (*разбирательство в суде*) hearing, trial
рассрочка: в рассрочку by (*или* in) instalments
рассчитывать 1. (*подсчитывать*) to calculate; 2. (*предполагать*) to expect; to believe; 3. (*намереваться*) to intend, to expect; 4. (*полагаться*) to rely (*на* - on)
расход expense; charge; банковские расходы bank charges; накладные расходы overhead charges (*или* expenses); расходы по спасанию (*на море*) salvage charges; производить расходы to incur expenses
расходиться, разойтись 1. (*о письмах, телеграммах*) to cross; наше письмо разошлось с вашим our letter crossed yours; 2. (*различаться, не совпадать*) to differ; расходиться во мнениях to have a different opinion *или* to dissent; 3. (*о печатном издании*) to be out of print; каталог разошелся the catalogue is out of print
расхождение (*различие, несовпадение*) difference, divergence
расчёт 1. (*подсчёт*) calculation; (*приблизительный подсчёт*) estimate; из расчёта at the rate of; проценты из расчёта 5% годовых interest at (the rate of) 5 per cent. per annum; 2. (*уплата*) settlement, payment; за наличный расчёт for cash (payment) *или* for payment in (*или* by) cash; 3. (*соображение*) consideration; принимать в расчёт to take into consideration (*или* into account)
расширение expansion

регистровая тонна *см.* тонна
регулярный regular
редакция *см.* формулировка
резервировать to reserve
результат result; в результате as a result; явиться результатом чего-л. to result from *или* to be the result of; привести в результате к to result in
рейс voyage
реклама 1. (*рекламирование*) advertising, publicity; 2. (*объявление*) advertisement; поместить рекламу в газету to put an advertisement in a newspaper
рекламация (*жалоба*) complaint (*на* - about); (*претензия, требование*) claim *см.* претензия
рекламировать 1. (*объявлять, пользуясь рекламой*) to advertise; рекламировать товары to advertise goods; 2. (*предъявлять рекламацию*) to claim
рекомендация 1. (*совет*) recommendation, advice; 2. (*рекомендательный отзыв*) reference
рекомендовать *см.* советовать
ремонт repair(s)
ремонтировать to repair
решать, решить to decide
решение decision; (*суда*) judgement; (*суда, арбитров*) award; вынести решение to pronounce judgement
решительно decidedly
ржавчина rust
риск risk; риск от утечки risk of leakage; на риск(е) покупателя (продавца) at the risk of the buyer (of the seller); военный риск war risk; морские риски marine risks
род nature; род товара nature of the goods
рождение birth; год рождения year of birth; место рождения place of birth
розница retail; в розницу by retail
розничный: розничная торговля retail trade; розничная цена retail price; розничный торговец retailer
рубль rouble
руда ore; железная руда iron ore; марганцевая руда manganese ore; руда перекиси марганца peroxide of manganese ore; хромовая руда chrome ore
руководство manual
ручательство guarantee (*или* guaranty), warranty
ручаться to guarantee
рынок market; выпустить на рынок to put on the market; выступать на рынке to be in the market; состояние рынка the state of the market
ряд (*число, количество*) a number;

ряд фирм a number of firms

С

сальдо balance; сальдо в нашу (вашу) пользу balance in our (your) favour
сбор *(денежный)* dues *(мн. ч.)*, duty, fee; арбитражный сбор arbitration fee; гербовый сбор stamp duty; гербовый сбор по векселю stamp duty on the bill of exchange; портовые сборы port dues
сборка assembling; assembly; erection; mounting
сведения information *(ед. ч.)*; получить сведения to receive information *или* to be informed; принимать к сведению что-л. to note something; доводить до сведения to inform *или* to advise, *или* to notify (о - of)
светокопия photostatic copy; светокопия чертежа photostatic copy of a drawing *или* blue-print
свидание appointment, interview, meeting; назначить свидание на 5 часов to make (*или* to fix) an appointment for 5 o'clock
свидетельство *(документ)* certificate; свидетельство о происхождении certificate of origin; свидетельство о заводском испытании certificate of works test
свободный free; свободно на борту *или* франко борт free on board; свободно от частной аварии free from (*или* of) particular average; свободный доступ free access
своевременно in (good) time, in due time; duly
связывать, связать to bind; связывающий binding; связывающее предложение binding offer; связывающий обе стороны binding upon both parties
связь connection (*или* connexion); в связи с in connection with; в этой связи in this connection
сдача delivery; частичная сдача part delivery; условия сдачи terms of delivery; срок сдачи time of delivery; место сдачи place of delivery
сделка transaction, deal, business *(мн. ч. business)*; заключить сделку to conclude a transaction
себестоимость cost price, cost; выше (ниже) себестоимости above (below) cost; по себестоимости at cost
середина middle; в середине мая in the middle of May

сертификат *см.* свидетельство
серьезный serious
сила force; strength; power; вступать в силу to come into force, to come into effect; оставаться в силе to remain in force; терять силу to become invalid *или* to become void; в силу чего-л. on the strength of
синька *(светокопия чертежа) см.* светокопия
сиф cost, insurance, freight *(обычно сокр. c.i.f.);* сиф Ливерпуль c.i.f. Liverpool; на условиях сиф on c.i.f. terms
скидка discount, allowance, reduction; скидка с цены a discount from the price *или* a reduction in the price; скидка в размере 10% 10 per cent. discount *или* a discount of 10 per cent; скидка для торговцев resale discount; без скидки without discount *или* net; цена строго без скидки strictly net price; наличными без скидки net cash; предоставить скидку to allow (*или* to give, to grant) a discount
склад 1. *(товарный)* warehouse; store; 2. *(запас)* stock; со склада *(франко склад)* ex warehouse; со склада *(из запаса)* from stock; на складе *(в запасе)* in stock
складирование storage; warehousing; расходы по складированию storage expenses *или* storage
складировать to warehouse, to store
склонный inclined
скоропортящийся perishable; скоропортящийся товар perishable goods
скорость speed
скорый speedy; rapid, fast; *(близкий по времени)* near; в скором времени soon *или* at an early date; в скором будущем in the near future; скорее чем rather than
скреплять; скреплять подписью to countersign
следующий 1. *(ближайший по времени, первый из последующих)* next; в следующее воскресение next Sunday; на следующей неделе next week; в следующем месяце (году) next month (next year); в следующий раз next time; следующая партия будет отгружена в мае the next lot will be shipped in May; 2. *(тот, который следует далее)* following; следующим образом in the following way; мы получили телеграмму следующего содержания we have

415

received a telegram reading as follows *или* we have received the following telegram; мы отгрузили следующие товары we have shipped the following goods

случай 1. *(обстоятельство, событие)* case; в случае чего-л. in case (*или* in the event) of something; в случае неуплаты (непоставки) in case of non-payment (non-delivery); в случае необходимости in case of need; в таком случае in that case; во всяком случае in any case *или* at any rate; ни в коем случае on no account; 2. *(возможность)* opportunity, chance; при первом удобном случае at the first opportunity; мы пользуемся случаем, чтобы напомнить вам we take this opportunity to remind you; 3. *(происшествие)* event, incident; несчастный случай accident

случаться to happen, to occur

смазка 1. *(действие)* lubrication, lubricating; *(жидким веществом)* oiling; *(густым веществом)* greasing; 2. *(смазочное вещество)* lubricant; *(густое смазочное вещество)* grease; *(жидкое смазочное вещество)* liquid lubricant, lubricating oil

смазывать to lubricate; *(густым веществом)* to grease; *(жидким веществом)* to oil

смесь mixture

смета estimate

снабжать, снабдить to supply, to furnish, to provide

снабжение supply, supplies

снижать, снизить to reduce, to decrease; снижаться to decline; to decrease; цены снизились the prices have declined (*или* have decreased)

снижение reduction, decline, decrease; снижение цены reduction in the price

сноситься с кем-л. to contact somebody, to communicate with somebody, to get in touch with somebody

соблюдать to observe, to comply with

собственность property, ownership (*на -* in); собственность на товар property in the goods; право собственности *см.* право 1

совершенствовать to perfect

советник *(в составе посольства)* counsellor; торговый советник commercial counsellor

советовать to advise, to recommend

совместно jointly

совместный joint; совместное действие joint action

согласие consent (*на -* to)

согласиться *см.* соглашаться

согласно according to; as per; согласно вашим инструкциям according to your instructions; согласно приложенной спецификации according to the specification enclosed *или* as per specification enclosed

согласный agreeable; willing; быть согласным *см.* соглашаться

согласовывать, согласовать to agree, to come to an agreement; согласовывать вопрос to agree on a question (*или* on a matter) *или* to come to an agreement on a question (*или* on a matter); согласованный agreed; согласованные и заранее оцененные убытки *см.* убытки

соглашаться, согласиться to agree; соглашаться на что-л., (*или* с чем-л.) to agree to something; соглашаться с кем-л. (с чьим-л. мнением, с чьей-л. точкой зрения) to agree with somebody (with somebody's opinion, with somebody's point of view); не соглашаться to disagree

соглашение agreement, arrangement, understanding; прийти к соглашению to come to an agreement

содействие assistance, help; *(содействие развитию)* promotion; оказывать содействие кому-л. to render somebody assistance; содействие развитию внешней торговли promotion of foreign trade

содействовать to assist, to help; содействовать чему-л. to promote something *или* to contribute to something; мы надеемся, что этот визит будет содействовать развитию дружественных отношений между нашими организациями we hope that this visit will contribute to the development of friendly relations between our organizations

содержание contents (*мн. ч.*); содержание вашего письма нас удивило the contents of your letter have surprised us; телеграмма (телекс) следующего содержания a telegram (a telex) running (*или* reading) as follows

содержать to contain; содержаться to be contained

содержимое *см.* содержание

сожаление regret; к сожалению, к нашему (моему) сожалению to our (my) regret; unfortunately; **к сожалению, мы не можем** we regret that we cannot; **с сожалением сообщаем вам** we regret (*или* we are sorry) to inform you

сожалеть to regret, to be sorry

сообщать, сообщить to inform, to advise; **сообщать кому-л. что-л.** (*или* **о чём-л.**) to inform (*или* to advise) somebody of something; **просим сообщить нам ваши цены** we request you to inform (*или* to advise) us of your prices

сообщение 1. (*как письменное, так и устное*) information; 2. (*письменное*) advise, notification; **телеграфное сообщение** telegraphic *или* cable advise; 3. (*связь*) communication; **железнодорожное (телеграфное, телефонное) сообщение** railway (telegraphic, telephonic) communication

соответственно 1. (*соответствующим образом*) accordingly; **мы отгрузили товар и соответственно известили покупателей** we have shipped the goods and informed the buyers accordingly; 2. (*в соответствии с, согласно чему-л.*) according to, in accordance with; **соответственно вашим инструкциям** according to (*или* in accordance with) your instructions; 3. (*по отношению к каждому в отдельности из указанных лиц или предметов в том же порядке*) respectively; **цены сорта А и сорта Б составляют соответственно 15 и 12 фунтов стерлингов за тонну** the prices for Grade A and Grade B are £15 and £12 respectively

соответственный, соответствующий 1. (*пригодный, подходящий*) suitable, equal, adequate; **соответствующий требованиям** suitable (*или* equal) to the requirements; 2. (*относящийся к каждому в отдельности из указанных лиц или предметов в том же порядке*) respective; **соответствующие цены за сорт А и сорт Б составляют 5 и 4 фунта стерлингов за тонну** the respective prices for Grade A and Grade B are £5 and £4 per ton; 3. (*имеющий отношение к данному делу*) concerned; **мы снесёмся с соответствующими организациями** we will communicate with the organizations concerned

соответствие accordance, conformity; **в соответствии с** in accordance with *или* in conformity with, **в соответствии с вашей просьбой** in accordance with your request, *или* in compliance with your request

соответствовать to correspond (*чему-л.* - to , with), to conform (*чему-л.* - to), to be in conformity with, to be in accordance with; **товар не соответствует спецификации** the goods do not conform (*или* do not correspond) to the specification

соответствующий *см.* соответственный

сопровождать to accompany; **сопровождаться кем-л. (чем-л.)** to be accompanied by somebody (by something)

сорт grade; quality

сослаться *см.* ссылаться

составлять, составить 1. (*о количестве, сумме*) to amount to; to be; **расходы составляют 500 рублей** the expenses amount to 500 roubles; **вес составляет 2 тонны** the weight is 2 tons; **цена составляет 200 фунтов стерлингов** the price is £200; 2. (*о документе*) to draw up; **составить договор** to draw up a contract; 3. (*представлять собой*) to form, to constitute; **общие условия составляют часть контракта** the general conditions form a part of the contract

составной component; (*неотъемлемый*) integral; **составная часть договора** integral part of the contract

состояние position , state; (*о товаре*) condition; **быть в состоянии** to be able *или* not to be in a position; **не быть в состоянии** to be unable *или* not to be in a position; **хорошее (плохое) состояние товара** good (bad) - condition of the goods

сотрудничество co-operation (*или* cooperation)

сохранять, сохранить 1. (*сберегать*) to keep, to preserve; 2. (*резервировать*) to reserve; **сохранять право** to reserve the right; 3. (*удерживать*) to keep, to retain

спасение (*судна или груза*) salvage

специалист specialist, expert

специальность speciality, profession

спецификация specification

список list; **составить список товаров** to make a list of the goods *или* to list the goods

сплав alloy

сполна in full, fully; **сполна оплаченный** fully paid

спор dispute; **спор по вопросу о качестве** dispute on the quality

спорный disputable; спорная сумма a sum in dispute; спорное дело a case in dispute; спорный вопрос *или* предмет спора a question at issue
справочник directory, handbook
справочный номер reference number
спрос demand (*на* -for); хороший (плохой) спрос good (poor) demand; пользоваться спросом to be in demand
сравнение comparison; по сравнению с (as) compared with *или* in comparison with
сравнивать to compare
сравнительно (*относительно*) comparatively; сравнительно с in comparison with *или* (as) compared with
средний 1. (*находящийся посередине, промежуточный*) middle, medium; 2. (*о величине*) average, mean; 3. среднее, средняя (средняя величина) average; в среднем on an average; выше (ниже) среднего above (below) the average
срок time, period; срок поставки (*или* сдачи) time of (*или* for) delivery; срок платежа по векселю due date of the bill of exchange *или* maturity; срок отгрузки time of shipment *или* shipping date; срок гарантии period of guarantee; срок действия validity; в срок in time; в какой срок how soon
срочно (*немедленно*) promptly, immediately; (*неотложно*) urgently; товар срочно требуется the goods are urgently needed (*или* required, wanted)
срочный (*немедленный*) prompt, immediate; (*неотложный*) urgent; (*о сроке платежа по векселю*) due (for payment); вексель срочный 10 мая a bill due 10th May; срочная поставка prompt delivery; срочное уведомление prompt notice; срочная телеграмма urgent telegram
ссылаться, сослаться to refer (*на - to*); ссылаясь на наше (ваше) письмо with reference (*или* referring) to our (your) letter; снова ссылаясь на наше (ваше) письмо with further reference to our (your) letter
ссылка reference
ставка rate; ставка страховой премии rate of insurance premium *или* insurance rate; фрахтовая ставка rate of freight
сталийные дни lay days

сталкиваться to collide; to be in collision
стандарт standard; государственный стандарт (*типовой образец*) government (*или* state) standard; Петербургский стандарт (*мера для лесоматериалов*) St. Petersburg standard
станок machine-tool, machine; расточной станок boring machine; алмазно-расточной станок precision boring machine; сверлильный станок drilling (*или* boring) machine; токарный станок lathe; фрезерный станок milling machine; шлифовальный станок grinding machine; круглошлифовальный станок cylindrical grinding machine
станция station; пограничная станция border station; телефонная станция exchange
старание endeavour; приложить все старания to make every endeavour *или* to do one's best
стараться to endeavour; (*пытаться*) to try
стерлинги sterling; 500 фунтов стерлингов 500 pounds sterling *или* £500 sterling; в фунтах стерлингов in pounds sterling
стивидор stevedore
стивидорный: стивидорные работы stevedoring; стивидорные расходы stevedoring charges
стоимость 1. (*ценность, продажная стоимость, валовая стоимость, стоимость товара, включая накладные расходы*) value; стоимость сиф (фоб, фас) c. i. f. (f. o. b. ,f. a. s.) value; валовая стоимость gross value; стоимость экспорта (импорта) value of exports (imports); застрахованная стоимость груза insured value; аккредитив на полную стоимость товара a letter of credit for the full value of the goods; стоимость товара по контракту contract value of the goods; 2. (*стоимость какой-л. операции, услуги, элемента калькуляции*) cost; стоимость фрахта (страхования) cost of freight (insurance)
столкновение collision
сторона 1. (*поверхность*) side; лицевая сторона face (side); оборотная (*или* обратная) сторона reverse side; передняя сторона front side; правая (левая) сторона right-hand (left-hand) side; с наружной стороны on the outside; 2. (*лицо или группа лиц*)

part; с моей (нашей, вашей и т. д.) стороны on my (our, your, etc.) part; со стороны кого-л. on the part of somebody; с одной (другой) стороны: *(об участниках договора)* on *(или* of*)* the one (the other) part; *с точки зрения)* on the one (on the other) hand; 3. *(в судебном процессе, договоре, сделке)* party; сторона в договоре a party to the contract; ответная сторона the respondent party; сторона, выигравшая дело the successful party; заинтересованная сторона the party concerned

стояночное время lay time

страхование insurance *(от* - against*)*; страхование от военных рисков insurance against war risks *или* war risk insurance; страхование от поломки insurance against breakage

страхователь *(лицо, отдающее имущество на страх)* the insured

страховать, застраховать to insure (*от* - against; *у, в* - with); страховать в Ингосстрахе to insure with Ingosstrakh

страховой: страховой полис insurance policy; страховой сертификат insurance certificate; страховая премия insurance premium; страховое возмещение insurance indemnity

страховщик *(лицо, принимающее имущество на страх)* insurer; underwriter

строго strictly; строго без скидки strictly net

строй: ввести в строй to put into operation *(или* into service*)*; вывести из строя to bring to a standstill *или* to put out of action; выбыть из строя to be brought to a standstill *или* to be put out of action

субпоставщик sub-contractor

суд *(государственный)* court of law, law-court; арбитражный суд *см.* арбитражный; апелляционный суд court of appeal

судно vessel, boat, ship

судья judge; третейский судья *или* супер-арбитр umpire

сумма amount, sum; на сумму to the amount of

супер-арбитр *см.* судья

сухопутный overland; сухопутная перевозка overland transportation *или* transportation by land

существенно essentially; *(в значительной степени)* materially

существенный essential; *(важный)* important

счет 1. *(бухгалтерский)* account; выписка из счета statement of account; выписка из вашего счета у нас statement of your account with us; текущий счет current account; открыть счет в банке to open an account with a bank; за счет кого-л. *(на средства кого-л.)* at some body's expense *или* for somebody's account; в счет *(в частное погашение причитающейся суммы)* on account; 2. *(за выполненную работу, за услуги)* account, bill; счет за фрахт account *или* bill; 3. *(счет - фактура) см.* фактура

счет - фактура *см.* фактура

считать 1. *(сосчитать)* to count; 2. *(полагать)* to consider; to think; считаем необходимым сообщить (указать, сделать и т. д.) we consider it necessary to inform you (to state, to do, etc.)

Т

таблица table

таймшит *(или* тайм - шит*)* time-sheet

таможенный: таможенная декларация customs entry *(или* declaration*)*; таможенная очистка customs clearance; таможенная пошлина *см.* пошлина; возврат таможенных пошлин *см.* возврат 3; таможенный тариф customs tariff

танкер tanker

тариф tariff

твердый firm; fixed; твердая цена firm *(или* fixed*)* price; твердая оферта *или* твердое предложение firm offer

текущий current; текущего месяца *(после числа месяца)* instant *(сокр.* inst.*)*; письмо от 10 числа текущего месяца letter of the 10th instant

телеграмма telegram; wire; *(посланная заграницу)* cable; *(посланная по телетайпу)* telex; телеграммой by telegram *или* by wire, *или* by cable, *или* by telex; адрес для телеграмм telegraphic address

телеграф telegraph; по телеграфу = телеграммой *см.* телеграмма

телеграфировать to telegraph, to cable; *(во внутренней торговле и в разговорной речи)* to wire; телеграфировать по телетайпу to telex; телеграфировать клером to cable in clear

телеграфный telegraphic, cable; телеграфное извещение *(или* уведомление*)* telegraphic *(или* cable*)* advice;

телеграфный перевод telegraphic (*или* cable) transfer
телекс telex
телетайп teleprinter; по телетайпу by telex; послать телеграмму (*или* телеграфировать, передать) кому-л. по телетайпу to telex somebody
телефон telephone; (*разг.*) phone; по телефону on the telephone *или* by telephone; позвонить кому-л. по телефону to telephone (*или* to phone to somebody *или* to ring somebody up); вызов по международному телефону *см.* вызов
теплоход motor vessel, motorship (*сокр.* M. V., m. v., M/V, m/v)
техника technics, technique, engineering
технический technical
течение: в течение 1. (*на вопрос как долго?*) for (*этот предлог может быть опущен*); аккредитив должен быть действителен в течение 45 дней the letter of credit is to be valid (for) 45 days; 2. (*в пределах, не позже чем через*) within; отгрузка будет произведена в течение 6 недель shipment will be made within 6 weeks; 3. (*на вопрос когда?*) during, in the course of; в течение последних десяти дней цены значительно упали the prices considerably declined during the last ten days
типография printing works
титул (*право на имущество*) title
ткань fabric, cloth, textile; хлопчатобумажная ткань cotton cloth, cotton textile; набивная хлопчатобумажная ткань printed cotton cloth; хлопчатобумажная ткань в кусках cotton piece goods; суровая ткань grey cloth; шерстяная ткань woollen cloth; шелковая ткань silk
товар 1. (*любой предмет купли - продажи*) goods (*мн. ч.*); товар(ы) прибыл(и) the goods have arrived; 2. (*только для обозначения сырья, полуфабрикатов, массовых товаров*) commodity (*мн. ч.* commodities)
товарообмен barter; товарообменная торговля barter trade; товарообменные сделки barter transactions
то есть that is (*сокр. i. e. - от латинского выражения* id est)
тождественный identical (*чему-л.* - with)
ток current; электрический ток electric current; переменный ток alternating current (*сокр.* A. C.); постоянный ток direct current (*сокр.* D. C.)
толкование (*договора*) interpretation, construction
толковать (*договор*) to construe

тонна ton; длинная (*или* большая английская) тонна long (*или* English) ton; короткая (*или* малая) тонна short ton; метрическая тонна metric ton; обмерная (*или* фрахтовая) тонна cargo (*или* measurement) ton; регистровая тонна register ton; брутто-регистровые тонны gross register tons
тоннаж tonnage; space; shiproom
торговать to deal (*чем-л.* -in)
торговая палата *см.* палата
торговец merchant, dealer; оптовый торговец wholesaler; розничный торговец retailer
торговля trade; commerce; внешняя торговля foreign trade; внутренняя торговля home (*или* domestic) trade; международная торговля international trade; мировая торговля world trade; оптовая (розничная) торговля wholesale (retail) trade; вести оптовую (розничную) торговлю чем-л. to be wholesalers (retailers) of
торговое качество merchantable quality
торговое обыкновение см. обыкновение
торговый обычай *см.* обычай
торгпредство *см.* представительство
точка point; точка плавления melting point; точка зрения point of view *или* standpoint
точный exact, precise
транзит transit
транспорт transport, transportation
транспортировать to transport
трассант (*лицо, выставившее тратту*) drawer
трассат (*лицо, на которого выставлена тратта*) drawee
трассировать (*выставлять тратту на кого-л.*) to draw; трассировать на кого-л. на какую-л. сумму сроком на to draw on somebody for (the amount of) ... at
тратить to spend
тратта bill of exchange, bill, draft; тратта срочная по предъявлении sight draft *или* bill payable at sight; тратта, срочная через ... дней после предъявления (после даты выдачи) bill at ... days after sight (after date); тратта с платежом в долларах (фунтах стерлингов) dollar (sterling) bill *или* dollar (sterling) draft; банковская тратта banker's draft; внутренняя (иностранная) тратта inland (foreign) bill; акцептировать тратту to accept a bill (*или* a draft); не акцептировать тратту not to accept a bill *или* to dishonour a bill (*или* a draft); оплатить тратту to pay a bil

или a draft); выставить тратту на кого-л. на ... дней (месяцев) на сумму to draw a bill (of exchange) on somebody at ... days (months) for; пролонгировать тратту to renew a bill

требование 1. *(настоятельная просьба в категорической форме)* demand; по требованию on demand; 2. *(претензия)* claim см. претензия; 3. *(спрос)* demand; 4. *(условия, которым что-то должно соответствовать)* requirements *(мн. ч.)*; удовлетворять *(или отвечать)* требованиям to meet the requirements

требовать 1. *(просить в настойчивой форме, считая это своим правом)* to demand; 2. *(предъявлять претензию)* to claim; см. тж. претензия; требовать возмещения убытков to claim damages

требоваться *(иметь потребность в чем-л.)* to require, to need; нам требуется we require *или* we need; в требуемый срок at the required time; требующийся нам (вам) срок отгрузки the time of shipment required by us (by you)

трудность difficulty

трюм hold; грузовой трюм cargo hold

турбина turbine; газовая турбина gas turbine; паровая турбина steam turbine

тщательно carefully

тщательный careful

тюк bale

У

убедительный convincing, conclusive; убедительное доказательство convincing *(или* conclusive) proof *(или* evidence)

убеждать, убедить 1. *(уговаривать)* to persuade; 2. *(доказывать правоту)* to convince

убыток 1. loss, damage; 2. мн. ч. убытки *(потери)* losses; *(возмещение убытков)* damages; возмещение убытков compensation for losses *или* damages; терпеть убытки to suffer *(или* to incur) losses; присудить убытки to award damages; возмещать убытки to pay damages, согласованные и заранее оцененные убытки agreed and liquidated damages

увеличение increase *(на* - by, *до* - to)

увеличивать(ся), увеличить(ся) to increase *(на* - by, *до* - to)

уверение assurance

уверенный sure, confident

уверять, уверить to assure

удержание *(вычет)* deduction; право удержания см. право 1

удерживать, удержать 1. *(вычитать)* to deduct; 2. *(оставлять у себя)* to retain

удивление surprise; сильное удивление great surprise *(или* astonishment); мы с удивлением узнали we are surprised to learn

удивляться to be surprised (чему-л. - at)

удобный convenient *(для* - for)

удовлетворение satisfaction; к удовлетворению всех участвующих сторон to the satisfaction of all concerned; встречное удовлетворение consideration

удовлетворительный satisfactory

удовлетворять, удовлетворить to satisfy; to meet; быть удовлетворенным to be satisfied *(чем-л.* - with); удовлетворить просьбу to satisfy *(или* to meet) a request; удовлетворить претензию to satisfy a claim; удовлетворять требованиям спецификации to meet the specification

удостоверять, удостоверить to certify; удостовериться to make sure *(или* to convince) oneself

указание 1. *(сообщение)* statement; телеграмма с указанием погруженного количества a telegram stating the quantity loaded; 2. *(инструкция)* instruction(s); дать указания кому-л. to instruct somebody *или* to give somebody instructions; в соответствии с вашими указаниями in accordance with your instructions

указывать, указать 1. *(сообщать, заявлять)* to state; как указано выше (в нашем письме) as stated above (in our letter); 2. *(обращать внимание на что-л.)* to point out; указать кому-л. на ошибку to point out a mistake to somebody

укладка *(груза на судне)* stowage

укладывать *(груз на судне)* to stow

улов catch; икра улова 19... г. caviar of 19... catch

улучшать, улучшить to improve

улучшение improvement

уменьшение decrease *(на* - by, *до* - to)

уменьшать(ся), уменьшить(ся) to decrease, to diminish *(на* - by, *до* - to)

унция ounce *(сокр. для ед. и мн. ч.* oz)

упаковка packing; без упаковки unpacked; *(о массовых товарах)* in bulk
упаковывать, упаковать to pack
уплата *см.* платеж
упоминать, упомянуть to mention; упомянутый выше mentioned above
урегулирование settlement; adjustment; урегулирование спора settlement of a dispute
урегулировать to settle; to adjust
уровень level
ускорять, ускорить to expedite, to speed up
условие condition, term, stipulation, provision; условия платежа (поставки) terms of payment (of delivery); общие условия general conditions; технические условия technical conditions; на условиях сиф (фоб) on c.i.f. (f.o.b.) terms; при условии если *или* при условии что on condition (that) *или* provided (that), *или* subject to (*с существительным или герундием*)
усмотрение 1. (*опцион, право выбора*) option; по нашем (вашему) усмотрению at our (your) option *или* in our (your) option; по усмотрению покупателей (продавцов, фрахтователей) at (*или* in) buyers' (sellers', charterers') option; 2. (*заключение, решение*) discretion; на усмотрение кого-л. to the discretion of somebody; по усмотрению кого-л. at the discretion of somebody; зависеть от усмотрения кого-л. to be within the discretion of somebody
устав statutes, rules
устанавливать, установить 1. (*определять*) to determine; 2. (*выяснять*) to ascertain; 3. (*назначать*) to fix; установить время; to fix the time; установить цену to fix a price 4. (*налаживать*) to establish; установить деловые отношения to establish business relations; 5. (*монтировать*) to install, to assemble, to mount, to erect
установка 1. (*монтаж*) installation, mounting, erection; 2. (*машина, агрегат*) plant, set, installation, unit; паротурбинная установка steamturbine plant
устраивать, устроить to arrange; to make arrangements
устранение elimination; устранение дефектов elimination of the defects
устранять, устранить to eliminate; устранить дефекты to eliminate the defects

утвердить *см.* утверждать 2
утверждать 1. (*заявлять*) to maintain, to assert; утверждать (что) якобы to allege; вы утверждаете, что товар якобы хуже образцов you allege that the goods are inferior to the samples; 2. (*санкционировать*) to confirm, to approve, to sanction
утверждение 1. (*заявление*) statement, assertion; contention; 2. (*без основания*) allegation; 3. (*санкционирование*) confirmation, approval, sanction
утечка leakage
уточнение more precise definition; внести уточнения в некоторые пункты договора to word some clauses of the contract more precisely
уточнять, уточнить to make more exact, to make more precise; to define more precisely; to clarify; уточнить некоторые пункты договора to word some clauses of the contract more precisely
уход maintenance; уход за машиной maintenance of the machine
учитывать, учесть 1. (*принимать во внимание*) to take into consideration, to take into account, to bear in mind; 2. (*купить или продать вексель до истечения его срока, дисконтировать*) to discount; учесть тратту to discount a bill
ущерб 1. (*повреждение, убыток, потеря*) damage (чему-л., для чего-л. - to something); 2. (*ограничение прав*) prejudice; без ущерба для чьих-л. прав without prejudice to somebody's right; наносить ущерб правам to prejudice the rights

Ф

фабрика factory, mill, works, plant
фактически actually, as a matter of fact
фактический actual, real
фактура (*счет-фактура*) invoice; консульская фактура consular invoice; окончательная фактура final invoice; предварительная фактура provisional invoice; примерная фактура proforma invoice; выписать фактуру to make out an invoice
фамилия surname
фас (*франко вдоль борта судна*) free alongside ship (*сокр. f.a.s.*); фас Петербург f.a.s. Petersburg
фиксировать to fix
филиал branch, branch office
финансировать to finance
финансовый financial; финансовый год financial year

фирма firm; *(акционерная компания)* company; письмо от фирмы "Браун и. Ко." a letter from Messrs. Brown & Co.
фоб *(франко борт судна)* free on board *(сокр.* f.o.b.*)*; *(в США)* free on board vessel *(сокр.* f.o.b. vessel*)*; фоб Лондон (Одесса) f.o.b. London (f.o.b. Odessa); фоб Нью-Йорк f.o.b. vessel New york
формальный formal
формулировать to word, to formulate
формулировка *(редакция)* wording; изменить формулировку to change the wording; уточнить формулировку to make the wording more precise
форс-мажор force-majeur
фотокопия photo-copy
франко free; франко вагон free on rail; *см. тж.* фоб, фас
фрахт 1. *(груз)* freight; обратный фрахт home *(или* homeward*)* freight; 2. *(плата за провоз)* freight; фрахт уплачивается в порту выгрузки freight forward; фрахт уплачен freight paid; фрахт уплачен в порту погрузки freight prepaid; аванс фрахта freight advance; ставка фрахта rate of freight; мертвый фрахт dead freight
фрахтование chartering
фрахтователь charterer
фрахтовать to charter
фрахтовый: фрахтовый рынок freight market; фрахтовая ставка rate of freight; обмерная фрахтовая тонна (= *1,12 куб. м*) freight ton
фундамент foundation
фундаментный: фундаментная плита *(для машины)* foundation plate; engine bed; фундаментный чертеж *см.* чертеж
фунт 1. *(единица веса)* pound *(сокр.* lb.*)*; 5 фунтов 5 pounds или 5 lbs.; 2. *(денежная единица)* pound *(пишется сокр.* £ *перед числом)*; 1 фунт one pound *или* £1; 5 фунтов 5 pounds *или* £5
фут foot *(мн. ч.* feet*)* *(обозначается сокр. в ед. и мн. ч.* ft. *или знаком* ' *над числом)*; 5 футов 5 feet или 5 ft., или 5'

X

хлеб *(в зерне)* grain
хлопок cotton
хлопоты (*беспокойство, труды)* trouble; благодарим вас за (ваши) хлопоты we thank you for your trouble; просим извинения за причиненные вам хлопоты we apologize for the trouble caused you
хлопчатобумажный cotton; *см. тж.* ткань
ход *(течение, развитие, продвижение)* course, development, progress; ход выполнения заказа progress of the order
ходатайство application; ходатайство о визе application for a visa
хранение storage; расходы по хранению storage (expenses)
хранить to keep; *(на складе)* to store, to warehouse

Ц

целый 1. *(полный, весь)* whole; в целом *или* целиком wholly; 2. *(неповрежденный)* intact
цель purpose; с целью сделать что-л. in order to do something *или* for the purpose of doing something, *или* with the view of (*или* with a view to) doing something
цена price; *(предложенная покупателем)* bid; базисная цена basis price; скользящая цена sliding (*или* escalator) price; твердая цена firm (*или* fixed) price; по цене at the price of
ценить 1. *(определять стоимость, оценивать)* to value, to estimate (в - at); оценить слишком высоко to overestimate; 2. *(признавать ценность, значение)* to appreciate; мы ценим ваше приглашение we appreciate your invitation
ценность 1. value; ценность экспорта (импорта) value of exports (imports); представлять большую ценность to be of great value; не представлять ценности to be of no value; 2. *мн. ч.* ценности valuables
ценный valuable; ценные бумаги securities
центнер *(1/20 тонны)* hundredweight *(ед. и мн. ч., пишется сокр.* - cwt(s).*)*; большой (*или* английский) центнер long cwt.; американский центнер short cwt.; метрический центнер *(1/10 метрической тонны)* metric quintal
цилиндр cylinder
циркуляр, циркулярное письмо circular letter
цитировать to quote

Ч

чартер, чартер-партия charter party, charter; **рейсовый чартер** voyage charter *или* trip charter; **тайм-чартер** time charter

частичный partial; *(в функции определения)* part; **частичная поставка** *(отгрузка)* part delivery (shipment)

частная авария, свободно от частной аварии, включая частную аварию *см.* авария 2

частность: в частности in particular, particularly

частный 1. *(особый, отдельный)* particular; **2.** *(личный или относящийся к частной собственности)* private

часть part; **частями** in parts; **запасные части** *см.* запасный; **сменные части** replacement parts

часы занятий *(в учреждении, конторе)* office hours

чек cheque; *(в США)* check; **банковский чек** banker's cheque; **ордерный чек** order cheque *или* cheque to order; **предъявительский чек** bearer cheque *или* cheque to bearer; **кроссированный чек** crossed cheque; **туристский чек** traveller's cheque; **курс чеков** cheque rate; **курс чеков в Лондоне на Париж** London cheque rate on Paris; **выписать чек на банк на 1000 фунтов** to draw a cheque on a bank for £1,000; **получить деньги по чеку** to cash a cheque

чертёж drawing; **рабочий чертёж** working drawing; **чертёж общего вида** general view drawing; **чертёж общего расположения** general arrangement drawing; **сборочный чертёж** assembly drawing; **фундаментный чертёж** foundation drawing.

число 1. *(количество)* number; quantity; **из числа** from the number *или* from among; **2.** *(дата)* date; **от того же числа** of the same date; **от вчерашнего числа** of yesterday's date; **пометить числом** to date; **письмо без числа** undated letter *или* letter without date; **в первых числах мая** early in May

чистый clean; *(нетто)* net; **чистый коносамент** *см.* коносамент; **чистый вес** net weight; **за фунт чистого веса** per pound net; **чистая вместимость судна** net tonnage

чрезмерный excessive

Ш

ширина width

шкала scale; **шкала Цельсия** *или* **стоградусная шкала** Centigrade; **50 градусов по шкале Цельсия** (*или* по стоградусной шкале) 50 degrees (*или* 50) Centigrade

штивка *(укладка груза на судне)* stowage

штраф penalty, fine

штука piece; *(о приборах, аппаратах)* unit

Э

экземпляр *(документа, книги)* copy; **по одному экземпляру** single copies; **в двух экземплярах** in duplicate; **в трех экземплярах** in triplicate; **в четырех экземплярах** in quadruplicate

экспедитор(ы) forwarding agent(s), shipping agent(s)

эксперт expert

экспертиза examination by experts

экспертный expert; **экспертная комиссия** expert commission

эксплуатация *(машины, оборудования)* operation, working, running; service; maintenance

экспонировать to exhibit

экспорт exportation, export; *(когда речь идет о количестве или стоимости вывоза)* exports

экспортер exporter

экспортировать to export

эмбарго embargo; **наложить эмбарго на** to lay (*или* to place) an embargo on

этикетка label; **с этикетками** with labels *или* labelled; **без этикеток** without labels *или* unlabelled

эффективность effectiveness; efficiency

эффективный effective; **принять эффективные меры** to take effective measures

Ю

юридический legal, juridical; **юридический адрес** legal (*или* juridical) address; **юридическое лицо** juridical person

юрист lawyer

Я

ясный clear; делать ясным to clarify
ячмень barley
ящик case, box; упаковочный ящик packing case; ящик, выложенный жестью tin-lined case *или* case lined with tin; ящики, пригодные для морской перевозки cases suitable for sea transportation; упаковывать в ящики to pack in cases; *(ам.)* to box

О ПОЛЬЗОВАНИИ АНГЛО-РУССКИМ И РУССКО-АНГЛИЙСКИМ СЛОВАРЯМИ

1. Английские слова в англо-русском словаре и русские слова в русско-английском словаре расположены в алфавитном порядке.

2. Отдельные значения слова в каждой словарной статье с относящимися к ним пояснениями, словосочетаниями и примерами отмечены арабской цифрой с точкой: 1., 2., 3. и т.д.

3. Слова в скобках, напечатанные курсивом, являются пояснениями и не входят в перевод. В русско-английском словаре, в частности, они указывают на различные значения или оттенки значений русского слова, которым соответствует данный английский перевод. Например:
   а) **award** решение *(суда или арбитров)*
   б) **оборот: 1.** *(обратная сторона)* reverse side; **2.** *(размер операций)* volume of business; **3.** *(круг при вращении)* revolution

4. Слова и выражения в скобках, начинающиеся со слов тж. или или, указывают на синонимические слова или варианты. Например:
   а) to appeal against *(или* from*)* a decision = to appeal against a decision, to appeal from a decision
   б) to send for consideration послать на рассмотрение *(или для обсуждения)* = to send for consideration послать на рассмотрение, послать для обсуждения
   в) обозначить буквой *(или знаком)* V = обозначить буквой V, обозначить знаком V

5. Окончание -ся, помещенное в скобках после русских глаголов показывает, что английский глагол соответствует как глаголу без -ся, так и глаголу, оканчивающемуся на -ся:
   а) advance повышать(ся) = advance повышать, повышаться
   б) увеличивать(ся), увеличить(ся) to increase = увеличивать, увеличиваться, увеличить, увеличиться to increase

6. Английские слова в скобках, которым не соответствуют слова в скобках в русском переводе или, наоборот, русские слова в скобках, которым не соответствуют английские слова в скобках, показывают, что данное сочетание встречается в языке как со взятыми в скобки словами, так и без них:

а) **(in) care of** по адресу, через = **in care of** по адресу, через; **care of** по адресу, через

б) двигатель мощностью **(в)** 500 лошадиных сил an engine of 500 HP = двигатель мощностью в 500 лошадиных сил, двигатель мощностью 500 лошадиных сил an engine of 500 H.P.

7. Английские слова в скобках, которым соответствуют русские слова в скобках в русском переводе или, наоборот, русские слова в скобках, которым соответствуют английские слова в скобках, показывают на новое сочетание и его перевод:

а) **exchange of letters (telegrams)** обмен письмами (телеграммами) = **exchange of letters** обмен письмами; **exchange of telegrams** обмен телеграммами

б) по нашей **(вашей)** вине through our (your) fault = по нашей вине through our fault; по вашей вине through your fault

СПИСОК СОКРАЩЕНИЙ, ЧАСТО ВСТРЕЧАЮЩИХСЯ В ДЕЛОВЫХ ПИСЬМАХ И ДОКУМЕНТАХ

@ a at по
A1 first-class 1-й класс, первоклассный
a.a.r. *или* A.A.R. against all risks против всех рисков
A.C. *или* a.c. 1. account current текущий счет; 2. alternating current переменный ток
a/c *или* acct. account счет
a/d after date от сего числа, от даты векселя
ad val. ad valorem с ценности, с объявленной ценности, "ад валорем"
advt. advertisement объявление, реклама
a.g.b. any good brand любой коммерческий сорт
agt. agent агент
a.m. ante meridiem до полудня
Amp. ampere ампер
amt. amount сумма
a.o. *или* a/o account of за счет кого-л.
a/or and/or и/или
approx. approximate, approximately приблизительный, приблизительно
Apr. April апрель
arrvg. arriving прибывающий
arrvl arrival прибытие
arrvls arrivals прибывшие партии
art. *или* Art. article статья; предмет; товар
arts *или* Arts статьи; предметы; товары
a/s 1. after sight после предъявления (тратты); 2. account sales отчет (комиссионера) о продаже товара
atm. atmosphere(s) атмосфера (атмосферы)
Aug. August август
aux. auxiliary вспомогательный
av. *или* Av. 1. average среднее число, в среднем; 2. avenue авеню
a.w. actual weight фактический вес

a.w.b. *или* A.W.B. air waybill накладная на груз, перевозимый самолетом

b. *или* B. 1. bale кипа, тюк; 2. bid предложение цены (*со стороны покупателя*), 3. bill of exchange переводный вексель (тратта)
bbl(s) barrel(s) бочонок (бочки); баррель (*баррели*)
bdl(s) *или* b'dle(s) bundle(s) связка (связки)
B.E. *или* B/E 1. bill of exchange переводный вексель, тратта; 2. bill of entry таможенная декларация
b.h.p. brake horse-power тормозная лошадиная сила
bl. 1. bale кипа, тюк; 2. barrel бочонок; 3. bill счет; вексель
B/L bill of lading коносамент
Blading = B/L
bls. bales кипы, тюки; 2. barrels бочки, баррели
Bros. Brothers братья
B.S. British standard британский стандарт
bsh. bushel бушель
bus. bushel бушель
bxs. boxes ящики

C Centigrade стоградусная шкала, шкала Цельсия
c. 1. cent цент; 2. centimetre сантиметр; 3. cubic кубический
c.&f. *или* c. and f. cost and freight каф (*стоимость и фрахт*)
c.&i. *или* c. and i. cost and insurance стоимость и страхование
cap. capacity производительность, мощность, грузоподъемность

capt. captain капитан
Cel(s) Celsius шкала Цельсия, стоградусная шкала
cent. 1. centigrade стоградусная шкала, шкала Цельсия; 2. centimetre сантиметр
cert. certificate удостоверение, свидетельство, сертификат
c.ft. cubic foot, cubic feet кубический фут, кубические футы
Ch. chapter глава
ch. fwd. charges forward расходы подлежат оплате грузополучателем
chges charges расходы
chq. cheque чек
c.i.f. cost, insurance, freight сиф
c.i.f. and c. cost, insurance, freight and commission сиф, включая комиссию посредника
cir. circa приблизительно
cl. 1. class класс; 2. clause статья, пункт, условие, оговорка
cm. centimetre сантиметр
C.N. 1. credit note кредитовое авизо; 2. consignment note транспортная накладная
Co. общество, компания
c/o или C/o care of через, по адресу
C.O.D. cash (или collect) on delivery оплачивается при доставке, наложенный платеж
com(m), commn commission комиссия, комиссионное вознаграждение
Comp. company общество, компания
confmd confirmed подтвержденный
Con. Inv. consular invoice консульская фактура
cont. 1. continuation продолжение; 2. contract контракт, договор
Contd. или Cont'd продолжено, продолжение
co-op. co-operative кооперативный
Corp(n) corporation корпорация
C.P. 1. carriage paid провоз оплачен; 2. charter-party чартер-партия
C/P charter-party чартер-партия
cp. compare сравните
Cr. creditor, credit, credited, кредитор, кредит, кредитовано
crs. cars автомобили, автомашины
crt(s) crate(s) упаковочная клеть (упаковочные клети)
C.T. cable transfer телеграфный перевод
ctl. cental центал, малый центнер
cts. 1. centimes сантимы; 2. cents центы
cu(b). cubic кубический
cu. cm. cubic centimetre кубический сантиметр
cu. ft. cubic foot (cubic feet) кубический фут (кубические футы)
cu. in. cubic inch кубический дюйм
cu. m. cubic metre кубический метр
cu. yd. cubic yard кубический ярд
c.w.o. cash with order наличный расчет при выдаче заказа
cwt. hundredweight центнер
Cy. company общество, компания

d. penny, pence пенс, пенни, пенсы
D/A 1. documents against acceptance документы против акцепта; 2. documents ati....d документы приложены
D/B document ..... bill документированная тратта
dbl(s) double двойной
D.D. demand draft тратта, срочная по предъявлении
D/D 1. documentary draft документированная тратта; 2. demand draft тратта, срочная по предъявлении
dd. 1. dated датированный; 2. delivered доставленный; доставлено; сданный, сдано
d/d 1. dated датированный; 2. days after date через ... дней от сего числа; 3. delivered доставлено; сданный, сдано
Dec. December декабрь
dec. decimetre дециметр
deg. degree градус, степень
deg. cent. degrees Centigrade градусы Цельсия
dely. delivery доставка; поставка, сдача
dem. demurrage плата за простой, простой
Dep. 1. department отдел, департамент; 2. deputy заместитель
d.f. dead freight мертвый фрахт
di(a)., diam. diameter диаметр
disbs. disbursements расходы, издержки
dis(c). discount скидка
dm. decimetre дециметр
do. 1. ditto то же самое; 2. dollar доллар
d/o delivery-order деливери-ордер
dos dollars доллары
D/P documents against payment документы за наличный расчет
Dr. debtor, debited должник, дебетованный, дебетовано
d/s days after sight через ... дней после предъявления
d.w. или D/W deadweight дедвейт, полная грузоподъемность судна
dz. dozen дюжина, дюжины

429

E.&O.E. errors and omissions excepted исключая ошибки и пропуски
e.b.p. end boiling point конец кипения
E.E. errors excepted исключая ошибки
e.g. exempli gratia = for example например
elct(r). electricity, electrical электричество, электрический
emb. embargo эмбарго, запрет, запрещение
encl. enclosed enclosure приложенный, приложение
enclo(d) = encl.
E.P. English patent английский патент
Esq. esquire эсквайр
etc. et cetera и так далее
exc. except исключая
ex. gr. exempli gratia = for example например
expn. expiration истечение
exps. expenses расходы
exs. = exps.

f. 1. farthing четверть пенса, фартинг; 2. foot (feet) фут(ы)
f.a.a. *или* **F.A.A.** free of all average свободно от всякой аварии
fact(s) factory (factories) фабрика (фабрики), завод(ы)
f.a.q. fair average quality справедливое среднее качество; по среднему качеству
f.a.s. *или* **F.A.S.** free alongside ship фас (*франко вдоль борта судна*)
f.b.p. final boiling point конец кипения
f.c.s. *или* **F.C.S.** free of capture and seizure свободно от пленения и захвата
f.e. for example например
Feb. February февраль
fgt. freight фрахт; груз
fig(s). figure(s) цифра (цифры)
f.i.o. free in and out фио
f.o.b. *или* **F.O.B.** free on board фоб (*англ.* - *франко борт судна, ам.* - *франко вагон*)
f.o.b. (*или* **F.O.B.**) vessel *ам.* фоб (*франко борт судна*)
f.o.c. *или* F.O.C. 1. free on car франко вагон; 2. free of charge бесплатно
f.o.q. *или* **F.O.Q.** free on (the) quay франко набережная
f.o.r. *или* **F.O.R.** free on rail фор (*франко вагон*)
f.o.t. *или* **F.O.T.** free on truck франко ж.-д. платформа
f.o.w. *или* **F.O.W.** first open water первая открытая вода

f.p. 1. flash point температура вспышки; 2. freezing point точка замерзания
f.p.a. *или* **F.P.A.** free from particular average свободно от частной аварии
frgt. freight фрахт; груз
ft. foot, feet фут, футы

gal(l) gallon(s) галлон(ы)
G.C. general cargo генеральный груз, смешанный груз
gds. goods товар(ы); груз(ы)
G.M. general manager главный управляющий
g.m.b. *или* **G.M.B.** good merchantable brand хороший коммерческий сорт
g.m.q. *или* **G.M.Q.** good merchantable quality хорошее коммерческое качество
gn(s) guinea(s) гинея (*гинеи*)
g.o.b. *или* **G.O.B.** good ordinary brand обычный коммерческий сорт
gr. 1. grade степень; сорт; градус; 2. gramme грамм; 3.gross брутто; гросс (*12 дюжин*)
G.R.T. gross register tons брутто-регистровые тонны
gr. wt. gross weight вес брутто
gtd. *или* **GTD** guaranteed гарантировано, гарантированный
guar. guarantee, guaranteed гарантия, гарантированный
g.w. gross weight вес брутто

h. hour час
ha. hectare гектар
hdbk. handbook справочник
h.p. *или* **H.P.**, **H/P** horse-power лошадиная сила
hrs hours часы
h.v. high voltage высокое напряжение

i.b.p. initial boiling point начальная точка кипения
id. idem тот же, то же
i.e. id est = that is то есть
i.gal. *или* **I. gal.** imperial gallon английский галлон
i.h.p. *или* **I.H.P.** indicated horse-power индикаторная мощность, номинальная мощность в лошадиных силах
imp. bu. imperial bushel английский бушель
imp. gal. imperial gallon английский галлон

in. 1. inch(es) дюйм (дюймы); 2. interest проценты
Inc. incorporated зарегистрированный как корпорация
inc. including, inclusive включительно, включающий
ince insurance страхование
ins. insurance страхование
insce = ins.
inst. instant текущего месяца
insur. = ins.
int. 1. interest проценты; 2. internal внутренний; 3. international международный
int. al. inter alia между прочим
inv. invoice счет-фактура

Jan. January январь
jnr. или Jnr. junior младший
jnt. joint объединенный, совместный
jr. или Jr. = jnr.
jt. = jnt.

K. 1. kilogram килограмм; 2. knot морской узел
kg(s) 1. keg(s) бочонок *(бочонки)*; 2. kilogram(s) килограмм(ы)
kilo(g). kilogram килограмм
kilom. kilometre(s) километр(ы)
KW. или kW. kilowatt киловатт
kw/h или KW/h kilowatt-hours киловатт-часы

l. 1. pound(s) фунт(ы) *(денежная единица)*; 2. litre(s) литр(ы)
£ = l.
£A Australian pound австралийский фунт *(денежная единица)*
£E Egyptian pound египетский фунт *(денежная единица)*
£NZ New Zealand pound новозеландский фунт *(денежная единица)*
l.a. letter of advice извещение, авизо
lb. pound фунт *(мера веса)*
lbs. pounds фунты *(весовые)*
L.C. или L/C letter of credit аккредитив
Ld. limited с ограниченной ответственностью
lg. tn. long ton большая *(или английская)* тонна
lic. licence лицензия
liq. liquid жидкий, жидкость
lit. litre литр
lkg. leakage утечка
lkg. & bkg. leakage and breakage утечка и поломка

L.S. 1. left side левая сторона; 2. locus sigilli место печати
Ltd. limited с ограниченной ответственностью

m. 1. metre(s), metric метр(ы), метрический; 2. mile(s) миля *(мили)*; 3. milli- милли-; 4. month месяц
mag. magazine журнал
man. manufacture изделие
manfd. manufactured изготовленный, изготовлено
max. maximum максимум, максимальный
m.d. или m/d. ... months after date через ... месяцев от сего числа
med. medium середина, средний
mem(o) memorandum меморандум
Messrs. Messieurs господа; фирма
mfd. manufactured изготовленный
mnfr(s) 1. manufacture(s) изделие (изделия); 2. manufacturer(s) фабрикант(ы), заводчик(и)
mfst. manifest судовой манифест
mg. milligram миллиграмм
mgm. = mg.
Mgr. manager заведующий, управляющий
mgr(m) = mg.
mill. million миллион
min. minimum минимум, минимальный
M.I.P. marine insurance policy полис морского страхования
mkt. market рынок
Mn. manganese марганец
mo. month, monthly месяц; ежемесячный, ежемесячно
mos. months месяцы
m.p. melting point точка плавления
M/R mate's receipt штурманская расписка *(расписка помощника капитана)*
Mr. Mister мистер, господин
M.S. motor-ship теплоход
M.T. 1. metric ton метрическая тонна; 2. motor tanker наливной теплоход, моторный танкер
m.t. 1. machine-tool станок; 2. metric ton метрическая тонна; 3. motor tanker наливной теплоход, моторный танкер
m.v. или m/v, M/V, M.V. motor vessel теплоход

N. number номер; число
n. net нетто; чистый
N.B. nota bene примечание, отметка
Nb. number номер, число

N.B.S. 1. National Bureau of Standards Национальное бюро стандартов (в США); 2. New British Standard новый британский стандарт
n/e not exceeding не превышающий
n/m no marks, not marked без маркировки *(о грузовых местах)*
nom. nominal номинальный
nom. cap. nominal capacity номинальная мощность
Nos. numbers номера, числа
Nov. November ноябрь
n.p. net proceeds чистая выручка
n.r. net register нетто-регистровый, чистый регистровый
n.r.t. net register tonnage чистый регистровый тоннаж, чистая вместимость
nt. wt. net weight вес нетто; чистый вес
n. wt. = nt. w.

O.C. office copy копия, остающаяся в делах
Oc. B/L ocean bill of lading морской коносамент
Oct. October октябрь
O/D или **O.D.**, **o/d** 1. on demand по требованию; 2. overdraft овердрафт, превышение кредита
o.d. outside diameter наружный диаметр
o.e. omissions excepted исключая пропуски
off. offer, offered предложение, предложенный
O.K. all correct все в порядке, все правильно; утверждено, согласовано
O/o order of по поручению, по распоряжению; приказу кого-л.
opt. 1. option опцион, выбор, усмотрение; 2. optional необязательный, зависящий от усмотрения

P. 1. patent патент; 2. perishable скоропортящийся; 3. port порт; 4. power сила, мощность, энергия
p. page страница
p.a. или **P.A., P/A** 1. particular average частная авария; 2. per annum в год, ежегодно; 3. power of attorney доверенность
para(h) paragraph параграф, пункт, раздел
pars paragraphs параграфы, пункты, разделы
Pat. Off. Patent Office Бюро патентов
P/Av. particular average частная авария
pay(m)t или **paym't** платеж, уплата

p/c или **P/c** prices current существующие цены; курсы дня
p.c. 1. per cent процент(ы); 2. post card почтовая карточка
pcl. parcel пакет, посылка; тюк; партия *(товара)*
pcs. 1. packages места *(груза)*; 2. pieces штуки
per an. или **per ann.**, **Per an. per annum** в год, ежегодно
per pro. per procurationem по доверенности
pkg. package место (груза)
plff. plaintiff истец
pm. premium премия
p.m. post meridiem ... часов дня
P.O. 1. postal order денежный перевод по почте; 2. post office почтовое отделение
P.O.B. post-office box почтовый ящик *(какого-л. учреждения или предприятия)*
P.O.C. port of call порт захода
P.O.D. pay on delivery наложенным платеж, наложенным платежом
p. p. per procurationem по доверенности
ppd. prepaid оплаченный заранее
p. pro = p.p.
pro. tem. pro tempore временный, временно
prox. proximo следующего месяца
prs. pairs пары
P.S. 1. postscript постскриптум, приписка; 2. private secretary личный секретарь
ps. pieces штуки
pt. 1. part часть; 2. payment платеж, уплата; 3. point пункт; 4. port порт
p.t. pro tempore временный, временно
p.t.o. please turn over смотрите на обороте

Q. 1. quantity количество; 2. quarter четверть; квартал; квартер; 3. quintal квинтал
q. 1. quart кварта; 2. quantity количество; 3. quintal квинтал
Qr. = Q.2
qt. = Q.1,2
qtr. = Q. 2
qts quarts кварты
qty quantity количество
qual. quality качество

R. 1. railway железная дорога; железнодорожный; 2. rouble(s) рубль (рубли); 3. rupee(s) рупия (рупии)

r. 1. receipt расписка, квитанция; 2. received получено
rct. = r.1
rcts receipts поступления, доход
rc(v)d received получено
r.d. running days последовательные дни
re: или **re., Re., Re:** 1. regarding касательно, относительно; 2. in re. по делу
recd. received получено
recpt. receipt квитанция, расписка
ref. 1. refer смотрите, обратитесь; 2. reference ссылка, справка
regd. registered зарегистрированный, заказной *(о почтовых отправлениях)*
rem. remittance денежный перевод
remy referring to my ссылаясь на мое *(письмо, мою телеграмму - в тексте телеграмм)*
Rep. representative представитель
resp. 1. respecting относительно; 2. respective, respectively соответственный, соответственно
retel referring to telegram ссылаясь на телеграмму *(в тексте телеграмм)*
reur referring to your ссылаясь на ваше *(письмо, вашу телеграмму - в тексте телеграмм)*
reurlet = reulet
reurtel referring to your telegram ссылаясь на вашу телеграмму
revs per min. revolutions per minute ... оборотов в минуту
r.h.p. rated horse-power расчетная мощность в лошадиных силах
Rly Stn railway station ж.-д. станция
R.M. registered mail заказная почта
R.P. reply paid ответ оплачен
r/p return of post обратная почта
r.p.m. ... revolutions per minute оборотов в минуту
Rs. rupees рупии
R.T. rye terms условия для ржи
Rw. railway железная дорога
Ry. = Rw.

S. 1. series серия; 2. ship судно; 3. south, southern юг, южный; 4. street улица
s. 1. shilling шиллинг; 2. second секунда; 3. section отдел, раздел, секция
S. & H. exc. Sundays and holidays excepted исключая воскресенья и праздничные дни
S.D. или **S/D** 1. sight draft тратта, срочная по предъявлении; 2. sea damaged поврежденный морской водой

sec(s) 1. second(s) секунда (секунды); 2. section(s) раздел(ы)
Sept. September сентябрь
ser. 1. series серия; 2. serial серийный, порядковый
s.f. semi-finished полуобработанный
S.G. standard gauge нормальная колея
sg. 1. signature подпись; 2. signed подписан, подписано
s.g. specific gravity удельный вес
sgd. signed подписано, подписанный
shtg. shortage недостача, нехватка
sh. tn. short ton малая (или короткая) тонна
sk. sack мешок, куль
sks. sacks мешки, кули
slgs. sailings отходящие суда; расписание отхода судов
Soc. society общество
spec. 1. specification спецификация; 2. specimen образец; 3. special особый, специальный
specif. specification спецификация
sq. square квадратный
sq. ft. square foot (square feet) квадратный фут (квадратные футы)
sq. in. square inch(es) квадратный дюйм (квадратные дюймы)
sq. m. 1. square mile(s) квадратная миля (квадратные мили); 2. square metre(s) квадратный метр (квадратные метры)
sq. yd. square yard квадратный ярд
s.s. или **s/s, S.S., S/S** steamship пароход
St. 1. street улица; 2. station станция, вокзал
st. standard стандарт
stg. sterling стерлинги
Stn. station станция; вокзал
sx. sacks мешки, кули

T. 1. tare вес тары; тара; 2. transfer перевод, перечисление
t. ton тонна
tab. table таблица
Tel. 1. telephone телефон; 2. telegram, telegraph, telegraphic телеграмма, телеграф, телеграфный
Tel. Add. telegraphic address телеграфный адрес
telg. telegram телеграмма
tgm. = telg.
T.L.O. total loss only только в случае полной гибели
T.M. trade mark торговый знак
T.M.O. telegraph money order денежный перевод по телеграфу
tn. тонна

t/q tale quale (*или* tel quel) телькель (*такой, как есть*)
T/R trust receipt сохранная расписка
tr. oz. ounce troy тройская унция
T.T. telegraphic transfer телеграфный перевод
T.V. tank vessel наливное судно, танкер
T.W. total weight общий вес
tx taxe(s) налог(и)

U. 1. union союз; 2. universal всеобщий, всемирный, универсальный
u. 1. unit единица; 2. unpaid неоплаченный
U.K.C. United Kingdom or Continent порты Соединенного королевства или один из европейских портов
U.K.C.H.H. United Kingdom or Continent, Havre-Hamburg порты Соединенного Королевства или один из европейских портов между Гавром и Гамбургом
U.K.f.o. United Kingdom for orders с заходом "на ордер" (*за распоряжениями*) в один из портов Соединенного Королевства
ult. ultimo прошлого месяца
undld undelivered недоставленный, непоставленный
urgt urgent срочный
U.S.S. United States Standard американский стандарт
u.u.r. under usual reserve с обычной оговоркой
V. 1. vessel судно; 2. vice- вице-; 3. volume объем; том
v. 1. versus против; 2. via через; с заходом в; 3. vide смотри
val. value стоимость, ценность
viz. videlicet = namely а именно
vol. volume объем; том
vou. voucher расписка; оправдательный документ
voy. voyage рейс
V.P. vice-president вице-президент
vs. versus против

W. west, western запад, западный
w. weight вес
w.a. *или* **W.A.** with average с ответственностью за частную аварию
W.B. way bill накладная, транспортная накладная
W.C.U.K. West Coast of United Kingdom Западное побережье Соединенного Королевства
w.g. weight guaranteed вес гарантирован
wh. wharf пристань
whs. warehouse товарный склад
wkly weekly еженедельный; еженедельно; еженедельник
W.N.P. wire non-payment телеграфируйте в случае неплатежа
W.P. wire payment телеграфируйте о платеже
w.p.a. *или* **W.P.A.** with particular average с ответственностью за частную аварию
W.R. warehouse receipt складская расписка; складочное свидетельство
wt. *или* **Wt.** 1. варрант, складочное свидетельство; 2. warranted гарантированный, гарантировано; оговорено; 3. weight вес; 4. without без
W.W. warehouse warrant складской вариант

Y.A.R. York-Antwerp rules Йорк-Антверпентские правила

ОГЛАВЛЕНИЕ

Глава I. Структура коммерческих писем. The structure of business letters. 5
§§ 1 -15
Части коммерческого письма и их расположение. Заголовок. Дата письма. Наименование и адрес получателя письма (внутренний адрес). Обозначение в адресах названий графств Англии и штатов США. Вступительное обращение и заключительная формула вежливости. Указание на общее содержание письма. Письма, не помещающиеся на одной странице. Подпись. Указание на приложения. Постскриптум. Конверт. Правила употребления прописных букв в коммерческих письмах. Упражнения.

Глава II. Простые коммерческие письма. Simple commercial letters........... 27
§§ 16 - 23
Стандартные выражения в деловых письмах. Выражения, употребляемые для подтверждения получения писем, телеграмм и т.п. Ссылки на даты в тексте письма. Letters. Telephone conversation. Слова и выражения к §§ 17 - 20. Пояснения к §§17 -20. Упражнения.

Глава III. Простые коммерческие письма (продолжение). Simple commercial letters (continued) 40
§§ 24 - 31
Просьбы. Выражения, употребляемые при посылке документов, каталогов и т.п. Выражения, употребляемые при ссылках на документы, переговоры и т.д. Letters. Telephone conversation. Слова и выражения к §§ 24 - 28. Пояснения к §§ 24 - 28. Упражнения

Глава IV. Простые коммерческие письма (продолжение). Simple commercial letters (continued) 54
§§ 32 - 36
Expressions of regret. Apologies. Correction of errors. Telephone conversation. Слова и выражения к §§ 32 - 33. Пояснения к §§ 32 - 33. Упражнения
§§ 37 - 42
Correspondence in connection with the purchase of caviar. Letters. Conversation at the office. Слова и выражения к §§ 37 - 39.Пояснения к §§ 37 - 38. Упражнения.

Глава V. Простые коммерческие письма (продолжение). Simple commercial letters (continued) 69

§§ 43 - 48

Correspondence connected with an invitation of a representative of a foreign firm to Moscow. Telephone conversation. Letters expressing gratitude for assistance and hospitality. Слова и выражения к §§ 43 - 45. Пояснения к §§ 43 - 45. Упражнения.

Глава VI. Запросы и предложения. Enquiries and offers 79

§§ 49 - 54

Enquiries. Some of the expressions used in enquiries for catalogues, brochures, etc. and in answers to such enquiries. Exchange of letters in connection with an enquiry for catalogues of machine-tools. Слова и выражения к §§ 49 - 51. Пояснения к §§ 49 - 51. Упражнения.

§§ 55 - 62

Some of the expressions used in enquiries for prices and terms. Enquiry for paraffin wax. Enquiry for peroxide of manganese ore. Enquiry for caviar. Enquiry for cotton textiles. Слова и выражения к §§ 55 - 59. Пояснения к §§ 55 - 59. Упражнения.

§§ 63 - 69

Enquiry for a Diesel engine. Enquiry for a portable air compressor. Enquiry for machinery for coagulating, extracting and drying synthetic rubber. Enquiry for machine-tools. Слова и выражения к §§ 63 - 66. Пояснения к §§ 63 - 66. Упражнения.

§§ 70 - 78

Answers to enquiries. Manufacturers promise to send a quotation. Enquiry passed to another organization. Different quality offered. Machine undergoing final tests. Factory fully engaged with orders. Слова и выражения к §§ 70 - 75. Упражнения.

Глава VII. Запросы и предложения (продолжение). Enquiries and offers (continued) 105

§§ 79 - 86

Offers. Offer of paraffin wax. Conversation. Offer of peroxide of manganese ore. Conversation. Слова и выражения к §§ 79 - 83. Пояснения к §§ 79 - 83. Упражнения.

§§ 87 - 92

Offer of caviar. Conversation. Quoatation for a heavy-oil engine. Слова и выражения к §§ 87 - 89. Пояснения к §§ 87 - 89. Упражнения.

Глава VIII. Запросы и предложения (продолжение). Enquiries and offers (continued) 126

§§ 93 - 98

Quotation for a portable compressor station. General Conditions of Sale. Conversation. Слова и выражения к §§ 93 - 95. Пояснения к §§ 93 - 95. Упражнения.

§§ 99 - 104

Quotation for rubber processing equipment. Conditions of sale. Conversation. Слова и выражения к §§ 99 - 101. Пояснения к §§ 99 - 101. Упражнения.

§§ 105 - 111

Expressions used in offers and contracts in connection with terms of payment. Example of a clause providing for payment in currency different from the currency of the price. Example of a clause providing for acceptance by buyers of sellers' draft against documents. Example of a clause providing for payment in instalments by acceptances. Слова и выражения к §§ 105 - 108. Пояснения к §§ 105 - 108. Упражнения.

Глава IX. Пересмотр цен и условий. Акцептирование и отклонение предложений. Revision of prices and terms. Accepting or declining offers. ... 147

§§ 112 - 115

Correspondence relating to the sale of paraffin wax. Telephone conversation. Слова и выражения к §§ 112 - 113. Упражнения.

§§ 116 - 123

Request to revise quotation. Conversation. Informing manufacturers that quotation has been sent to clients for consideration. Specimen letters for accepting or declining offers. Reducing previous advance in price. Слова и выражения к §§ 116 - 120. Пояснения к §§ 116 - 120. Упражнения.

§§ 124 - 128

Correspondence relating to an order for a turbo-alternator set. Conversation between the manager of department of "Rossimport" and a representative of a foreign machine-building company. Слова и выражения к §§ 124-125. Пояснения к §§ 124-125. Пояснения к §§ 124-125. Упражнения.

Глава X. Телеграммы во внешней торговле. Telegrams in foreign trade 170

§§ 129 - 133

Составление телеграмм. Some phrases frequently used in connection with telegrams. Exchange of correspondence between the British Steel Co., Ltd., Manchester, and V/O "Rossexport", Moscow, relating to the sale of manganese ore. Слова и выражения к §§ 129-131. Упражнения.

Глава XI. Продажа товаров через агентов. Sale of goods through agents 180

§§ 134-138

Proposal to act as agents. Possibilities of reciprocal trading in machine-tools between a British company and V/O "Rossimport". Слова и выражения к §§ 134-135. Пояснения к §§ 134-135. Упражнения.

§§ 139-143

Sale of wheat through brokers. Telephone conversations between a grain broker of V/O "Rossexport" and the manager of the grain department of Rossexport. Слова и выражения к §§ 139-140. Пояснения к §§ 139-140. Упражнения.

Глава XII. Договоры в экспортной торговле и их исполнение. Contracts in export trade and their performance 199

§§ 144-147

Form of contract for the sale of oil products. Слова и выражения к §144. Пояснения к § 144. Упражнения.

437

§§ 148-151
Letters in connection with the shipment of oil products under c.i.f. contract. Letters in connection with the shipment of oil products sold under f.o.b. contracts. Слова и выражения к §§ 148-149. Упражнения.

§§ 152-154
Correspondence relating to the fulfilment of contract for the sale of barrelled and tinned caviar. Слова и выражения к § 152. Упражнения.

§§ 155-156
Form of contract for the sale of machine-tools. Слова и выражения к § 155.

Глава XIII. Договоры в экспортной торговле и их исполнение (продолжние). Contracts in export trade and their performance (continued). 225

§§ 157-158
Form of contract for sale of grain. Слова и выражения к § 157.

§§ 159-161
Extract from a standard form of contract for the sale of timber through brokers in the U.K. Слова и выражения к § 159. Пояснения к § 159.

§§ 162-163
Extract from a contract form for the supply of goods to agents on consignment basis. Слова и выражения к § 162.

Глава XIV. Импортные заказы и их исполнение. Orders in import trade and their execution 241

§§ 164-167
Form of order. General Conditions of the order. Слова и выражения к § 164. Пояснения к § 164. Упражнения.

§§ 168-169
Extract from a form of contract for the purchase of goods by an importing organization. Слова и выражения к § 168. Упражнения.

§§ 170-179
Sellers request buyers to revise delivery time and guarantee clause of the contract. Confirmation of order by sellers. Exchange of letters concerning the time of delivery of a turbine plant. Goods delayed. Buyers remind sellers of the damages clause of the contract. Notice of readiness of goods for inspection. Letter waiving inspection. Letter of guarantee. Слова и выражения к §§ 17-176. Пояснения к §§ 170-176. Упражнения.

Глава XV. Рекламации и претензии. Арбитраж. Complaints and claims. Arbitration 268

§§ 180-182
Settlement of claims. Слова и выражения к § 180. Упражнения.

§§ 183-187
Phrases and expressions used in connection with delay in delivery. Phrases and expressions used in connection with unsatisfactory or damaged goods. Phrases and expressions used in connection with shortage in weight, unsatisfactory packing, etc. Слова и выражения к §§ 183-185. Упражнения.

§§ 188-193
Complaint about inadequate packing. Complaint about the buyers' failing to advise the sellers of the expected arrival of vessel at the port of loading. Claim for inferior quality of coffee. Слова и выражения к §§ 188-191. Упражнения.

§§ 194-198
Example of clause in a contract between a Russian organization and a British firm providing for arbitration in a third country. Example of a clause in a contract in a Russian organization and a foreign firm providing for arbitration in the country of the respondent party. Extract from the Rules of Procedure of the Foreign Trade Arbitration Commission at the Russian Chamber of Commerce. Слова и выражения к §§ 194-196. Упражнения. §§ 199-202 Dispute between a British importer and an Italian exporter. Exchange of letters between the parties and their solicitors in connection with the dispute described in § 199. Слова и выражения к §§ 199-200. Упражнения.

Глава XVI. Морская перевозка грузов. Sea transportation of goods. 308
§§ 203-204
Extract from the Soviet Coal Charter 1962. Слова и выражения к § 203.

§§ 205-206
Form of Bill of Lading used by the U.S.S.R. State Baltic Shipping Line. Слова и выражения к § 205.

§§ 207-210
Telephone conversations between a department manager of V/O "Sovfracht" and foreign brokers abroad. Specimens of telegrams in connection with the chartering of vessels. Letters in connection with the chartering of vessels. Слова и выражения к §§ 207-209.

Глава XVII. Морское страхование грузов. Marine insurance of goods. 323
§§ 211-215
Form of insurance policy issued by Ingosstrakh. Слова и выражения к § 211. Extract from the Transport Insurance Rules of Ingosstrakh. Слова и выражения к § 213. Form of Lloyd's marine policy.

Глава XVIII. Финансовые документы. - Financial documents. 332
§§ 216-223
Bill of Exchange. Telegraphic transfer. Mail transfer. Cheques. Bank credits. Specimen Letter of Credit (revocable). Слова и выражения к §§ 216-222.

Глава XIX. Обозначение и чтение денежных сумм в английской валюте и в валюте США. English and American money. 341
§§ 224-226
Денежные суммы в английской валюте. Денежные суммы в валюте США. Упражнения.

ПРИЛОЖЕНИЯ:

Счета-фактуры, консульские фактуры и свидетельства о происхождении товара 348
Англо-русский алфавитный словарь 351
Русско-английский алфавитный словарь 386
О пользовании англо-русским и русско-английским словарями 426
Список сокращений, часто встречающихся в деловых письмах и документах 428

Справочное издание

ИЗРАИЛЕВИЧ Е.Е.

Коммерческая корреспонденция и документация на английском языке

Издание подготовлено Объединенной брокерской конторой СП "Л.А.-Росс". Текст воспроизводится по изданию, осуществленному Внешторгиздатом дважды (в 1947 и 1964 годах), с изменениями.

Ответственная за выпуск
зав. редакцией Р.А.Кострюкова

Подписано в печать с оригинал-макета 14.08.92.
Формат 60x90 1/16. Печать офсетная. Усл.печ.л. 28.
Уч.изд.л. 34,38. Тираж 50 000 экз.
Заказ N 437
Лениздат, 191023, Санкт-Петербург, Фонтанка, 59.

Государственная типография № 4 г. Санкт-Петербурга Министерства печати и информации Российской Федерации. 191126, Санкт-Петербург, Социалистическая ул., 14

Израилевич Е.Е.

И39 Коммерческая корреспонденция и документация на английском языке. -- СПб.: Лениздат, 1992. -- 446 с.
ISBN 5-289-01616-3

В книге приводятся сведения по структуре коммерческой переписки, составлению запросов и предложений, исполнению договоров в экспортной и импортной торговле, рекламациям и претензиям.

Представлен обширный англо-русский и русско-английский словарь.

Предназначена для деловых людей, желающих овладеть деловой перепиской на английском языке.

Издательство "Лениздат"
предлагает

предприятиям, организациям, кооперативам и частным лицам услуги по рекламе.

Информацию
о вашей деятельности, о перспективных проектах, оригинальных технологиях
вы можете разместить

в книгах издательства.

Достоинства рекламы в книгах Лениздата:
чрезвычайно широкий круг возможных потребителей (тиражи книг составляют от 100 тысяч до 1 миллиона экземпляров);
охват всех крупнейших регионов страны (книги Лениздата продаются на всей территории России и других государств СНГ);
рекордная долговечность рекламы (газета живет один день -- книга живет годы).

С предложениями обращаться по адресу:
191023, Санкт-Петербург, наб.Фонтанки, 59.
Служба маркетинга издательства
Телефоны: 210-80-57, 311-94-74

Государственный издательско-полиграфический комплекс

ЛЕНИЗДАТ

предлагает полный комплекс редакционно-издательских и полиграфических услуг по быстрому и эффективному выпуску вашей печатной продукции в свет.

Высокопрофессиональное литературное, техническое и художественное редактирование материалов любой сложности.

Изготовление целых тиражей для монопольного распространения.

Выпуск совместных изданий по оригинал-макетам, подготовленным Партнерами.

Уступка части тиража оптовым покупателям на льготных условиях.

С предложениями обращаться по адресу:
191023, Санкт-Петербург, наб.Фонтанки, 59.
Служба маркетинга издательства
Телефоны: 210-80-57, 315-62-67, 311-94-74
Факс **(812) 315-12-95**

Издательство "Лениздат" предлагает

долговременное и взаимовыгодное сотрудничество
издательствам, типографиям и другим заинтересованным организациям
пополосные диапозитивы,
сведенные в монтажные листы,
полностью подготовленные к офсетной печати,
следующего издания:

Павловский А.
Ночь в Гефсиманском саду
Избранные библейские истории
476 с., формат 84x108 1/32

Прекрасная книга, написанная писателем и ученым, поможет понять современному читателю, почему Библия являлась постоянным источником вдохновения для многих великих живописцев, писателей и музыкантов.

Книга богато иллюстрирована репродукциями с гравюр знаменитого французского художника Г.Доре.

С предложениями обращаться по адресу:
191023, Санкт-Петербург, наб.Фонтанки, 59.
Служба маркетинга издательства
Телефоны: 210-80-57, 311-94-74

Новая книга Лениздата

Россия

Энциклопедический словарь, составленный на основе материалов томов 54 и 55 известного многотомного Энциклопедического словаря Брокгауза и Ефрона 1898 года издания.
Большой формат (70х100 1/16), твердый переплет с тиснением, художественный форзац.

Эта книга дает полное представление о России конца XIX века, основывающееся на одной из крупнейших дореволюционных русских энциклопедий, до сих пор являющейся нашей национальной гордостью.

Лениздатовский Энциклопедический словарь "Россия" -- наше обращение к богатству отечественной мысли.

Любое количество экземпляров может быть представлено покупателям со склада издательства в Санкт-Петербурге немедленно.

С предложениями обращаться по адресу:
191023, Санкт-Петербург, наб. Фонтанки, 59
Телефоны. 210-80-57, 315-62-67

Новая книга Лениздата
Улучшенное подарочное издание

Великий князь Александр Невский

Подробное жизнеописание с рисунками, планами и картами (по изданию 1893 года).
320 с. Офсетная печать. Твердый переплет.

В XIII веке на Руси нашелся человек, который хорошо понял, что раздробленной на множество мелких феодальных княжеств Русской земле не будет счастья и процветания. Он сумел объединить русские земли и сплотить русских князей, превратив Русь в уважаемую всеми державу. Это было давно. Но имя одного из любимых национальных героев русского народа Александра Ярославича Невского до сих пор свято для всех нас.

Выпущенная Лениздатом книга воскрешает нелегкий жизненный путь Великого князя Александра Невского -- заступника Отечества.

Объединенная брокерская контора
ОБК СП «Л.А. — РОСС»

Осуществляет брокерское обслуживание клиентов на ведущих биржах г. С.-Петербурга:

— товарно-фондовой бирже «С.-Петербург»
— С.-Петербургской фондовой бирже
— «Интерлесбирже».

ОБК СП «Л.А.—РОСС» поможет Вам быстро и выгодно продать и купить прокат черных металлов, средства транспорта, ТНП и другие товары, выполнить маркетинговые исследования и оказать услуги в области жилищного строительства.

Оперативность и высокое качество обслуживания клиентов гарантируются.

АДРЕС: СПб, Наличная ул., д. 6
ТЕЛЕФОНЫ: 356 — 44 — 28 /брокерский отдел/
355 — 67 — 64 /факс/

в лице ...   = represented by ...
             = vertreten durch